湛庐 CHEERS

与最聪明的人共同进化

HERE COMES EVERYBODY

COMMON SENSE ON MUTUAL FUNDS

10TH ANNIVERSARY EDITION FULLY UPDATED

共同基金常识

10周年纪念版

[美] 约翰·博格（John C. Bogle）◎著
巴曙松 吴博 等◎译

北京联合出版公司
Beijing United Publishing Co.,Ltd.

献给沃尔特·摩根（Walter L. Morgan）

1898—1998年

惠灵顿基金创始人、共同基金业的权威人士

普林斯顿大学校友、导师、朋友

他给了我第一份工作

他无时无刻不是忠诚的

他给予我勇气，支持我继续前行

各方赞誉

尽管经历了多次金融危机的冲击，美国基金市场依然是全球最富有活力的市场，而约翰·博格则是美国基金业发展的标志性人物之一，他不仅是领航集团的创始人，也是第一只指数型基金的建立者。他思考基金业的经典著作《共同基金常识》风行十多年，对全球基金业产生了深远的影响。该书根据新的市场状况更新的十周年纪念版，必然会促进我们对中国基金业发展方向的思考。

金旭 招商基金管理有限公司总经理

中国的基金业在经历了起步阶段的快速发展之后，开始进入一个新的以质量提升和创新发展为重点的探索时期。本书对危机冲击下的美国基金行业改革和发展的反思，不仅对中国的基金投资者有重要的参考价值，对基金行业的发展同样具有启发意义。

高良玉 前南方基金管理有限公司副董事长

约翰·博格的《共同基金常识》之所以风靡金融市场十余年，而且在10年后还被全面更新再度出版。我认为，它不仅仅是一部关于基金行业发展深入浅出的奠基之作，还是一部学习资本市场投资理念返璞归真的入门之作，以及管理一家良好资产管理公司现身说法的反思之作。

万放 平安资产管理有限责任公司董事长

这本书令人信服、坦诚直率且切中要害，是每一位投资者的必读书目。博格通过推行自己的改革，为美国的投资者做出了实际的贡献。本书精彩绝伦，特别是第四部分“基金管理”。我衷心希望一些新闻工作者和证券交易委员会的相关人士能在阅读此书后有所启发。

沃伦 · 巴菲特

约翰 · 博格为公众奉献了两份大礼：领航集团和《共同基金常识》。这是一本关于如何管理个人投资组合的入门书籍，简单易懂。好好利用博格的礼物，并请将它传送给你所爱的人。

大卫 · 斯文森，耶鲁大学首席投资官

虽然我不知道是谁最先发明的轮子，但是，我敢说第一只广泛分散化且对投资者友好的指数基金，正是由约翰 · 博格独创的。倘若你只想读一本关于个人如何精明投资的书籍，请不要选择巴菲特关于价值发现的出版物。巴菲特不可能使你或我成为沃伦 · 巴菲特。然而，约翰 · 博格却能通过最小化换手率和无用的销售费用，帮助我们中的任何一位成为一名精明的投资者。唯一比博格的原版《共同基金常识》优秀的是它的修订版。好好享用吧！

保罗 · 萨缪尔森

诺贝尔经济学奖获得者，麻省理工学院名誉教授

如果只允许我给亲朋好友推荐一本投资读物的话，那么一定是更新版的《共同基金常识》。没有其他任何一本书，可以让你如此轻松地获取专业技能和洞察力，以及驾驭金融市场的巨大力量。这是一本投资界不愿你读到的书籍，它甚至比10年前的原版更加优秀。好好阅读它，你的子孙后代会感谢你的。

威廉 · 伯恩斯坦，华尔街著名金融家，

《投资者宣言》《财富的诞生》作者

在这本最近更新的经典著作中，博格为我们提供了新研究、新视角的主要脉络，并将其与一系列丰富的智慧相结合，包括伟大的彼得·伯恩斯坦，中世纪学者威廉·奥卡姆，远古时期希伯来人的犹太法典等，以此在当前的市场环境中，为个人投资者应该如何构建自己的投资组合，开出了一剂实际有效的良方。

马丁·莱博维茨（Martin Leibowitz），摩根士丹利常务董事

大半个世纪以来，约翰·博格所提供的投资见解和开创性的产品，对大型以及小型的投资者都有所帮助。若要记载现代投资管理业的行业发展史，约翰·博格必定是其中最杰出的人物之一。

拜伦·韦恩（Byron R. Wien），黑石集团副董事长

如何才能趋于完美呢？随着《共同基金常识》（10周年纪念版）的问世，这一最优秀的共同基金初级读本已经更加完善了。很显然，约翰·博格的著作经得起时间的考验。博格的反省和补充更加突出了他穿越时空的洞察力。本书仍然是对基金感兴趣的人们的必读书目。

唐·菲利普斯（Don Phillips），晨星基金常务董事

在这本《共同基金常识》中，约翰·博格对他曾经的最佳著作进行了修订。新版讲述了后危机时代的投资之道，帮助你在当今金融产品的大观园里游览穿行。博格是少数一直维护普通投资者利益的人之一。他的口号“简单”和“低成本”，将会是你所能发现的最精密复杂的投资方法。

简·布莱恩特·奎恩（Jane Bryant Quinn），金融专栏作家

时间是最好的朋友

张 磊
高瓴资本创始人兼首席执行官

长久以来，凡大智慧者并非上知天文，下知地理，中晓人和之能人异士，而是洞悉本质，化繁为简，大巧无工之通人达士，在基金管理行业更是如此。全球基金业的快速发展，为广大基金管理人提供了施展才华的绝佳时机，然而，奇门阵法只能昙花一现，唯有回归投资常识，才能踏上赢得非凡业绩的大道通途。我庆幸能在投资生涯早期就读到约翰·博格先生所著的《共同基金常识》，书中用大量篇幅论述基金投资的常识性智慧，这无疑成为我在投资管理中始终恪守的投资哲学。

在我看来，《共同基金常识》所强调的有三个方面：第一，对于卓越理性的追求；第二，对于伟大格局观的探索；第三，对于非凡投资品格的坚守。

第一，基金管理人应当具有卓越的理性智慧。约翰·博格先生从投资策略、投资选择、投资业绩三个角度，反复论述“常识和简单化”是财务回报的关键。对于基金管理人来说，市场择时和高换手率无法永远战胜市场，试图通过短期波动获益无异于一场赌博。无论何时，投资中最值得信任的常识永远是：**投资回报应来源于企业的盈利和成长。**因此，从理性出发，投资者应当选择最好的企业，并坚持长期持有。因为，最好的企业往往是由最好的企业家掌舵，而卓越的企业家注定会创造非凡的价值，当然这些都需要时间来满足。在坚持长期投资的基础上，约翰·博格先生强调，回报、风险、成本、时间共同构成了投资的基本要素，缺一不可。大多数人往往重视回报，少数人管理风险，却极少有人关注成本，极少有人真正理解时间的价值。**简单来说，回报会随着时间日益增多，成本会随着时间变本加厉，而风险会随着时间相对缓和。**人们能够理解复利的力量，但成本会随着资产规模的扩大和交易频次的增多而愈加显著，成为高回报的阻碍因素。因此，一家低成本的投资基金就等于给予持有人更高的回报。同时，风险的短期波动性会随着时间的推移逐步被市场理解和消化，因此，长期持有会降低投资的不确定性。约翰·博格先生所讲述的，正是投资的本质：追求风险和成本调整之后的长期、可持续的投资回报，克服恐惧和贪婪，相信简单的常识。

第二，基金管理人应当塑造伟大的格局观。对于投资来说，基金管理人的格局观并不仅仅意味着宽广的国际视野、大胆的投资谋略和精准的市场判断，格局观的本质是你信守的投资哲学。约翰·博格先生在投资选择中，并不推崇单纯的股票型基金、债券型基金或者是全球化的资产配置。在他看来，所有把投资变复杂的情形，都会让人们面临新的不确定性。与此对应的是，他十分推崇指数化投资，理由有四：第一，广泛的分散化，以降低风险；第二，最小的投资组合换手率，避免短期交易冲动；第三，极低的成本，包括运营和交易成本以及税金；第四，长期投资。从某种程度上来说，指数化投资就是紧紧锚定于企业的盈利和成长，而不是投机性的短期波动。因此，回归基本面，在熟悉的环境中按照合理的逻辑去思考关键性问题，才是基金管理人应当塑造的格局观。

第三，基金管理人应当坚守非凡的投资品格。归根到底，投资策略充分体现了基金管理人的专业操守和投资品格。我们看到，伴随着信息技术、交易技术的快速发展，众多投资机构不再笃信传统的商业感知和专业判断，而是希望快速寻找“风口”，通过频繁交易或者投资技术来取得投资业绩。但是，他们忽视的却是巨大风险。或许，他们的忽视来源于两个原因：其一，专业能力的不足，让他们只能另辟蹊径；其二，信托责任的迷失，让他们不顾风险管理的底线。坦率地来说，对于“潮流”的热衷会使基金管理人无法实现资产的有效管理，难以保持资产的长期收益。基金管理行业日趋复杂，但投资的常识仍和过去相同：寻找最有安全边际的价值投资，并长期持有。在此基础上，尊重企业家精神，始终将基金持有人利益放在首位，塑造基金管理人非凡的投资品格，从而赢得未来。

最后，我想无论是个人投资者，还是基金管理人，都应向约翰·博格先生致敬。《共同基金常识》自初版以来，始终是投资领域的必读书目。约翰·博格先生欣赏真正专注于资产管理，始终为基金持有人服务的投资机构，因此，我们有充分理由感到自豪：高瓴资本自创立以来，始终践行价值投资，并牢记受托人责任，在充分理解市场收益驱动因素和内生风险的基础上，回归投资常识。我们相信，价值投资在中国会获得更多的期待和回报，因为对于我们来说，时间是最好的朋友。

以开放的视野拓展中国基金业发展新途径

缪建民
中国人民保险集团副董事长、总裁、副书记

从全球基金业的发展轨迹来看，不同基金市场的发展初期，往往会经历一段从无到有、从小到大的规模快速扩张期。而在规模达到一定程度后，将面临市场发展的动力如何从规模扩张到质量提升主导的转变。这一转变的进程，直接关系到行业的可持续发展。2008年金融危机以来，在经历了此前的快速扩张之后，中国基金业一直十分强调的规模外延式增长模式似乎遇到了瓶颈，一个典型的实例是，整个基金行业的份额近年来实际上处于停滞不前的状况，这也表明，其正处于从追求规模的外向扩张向更注重质量的内在提升而转变的重要关口。

从1998年第一只封闭式基金的成立算起，中国基金业的规范发展已有13年的历史。在此期间，基金业资产管理规模实现了每年47%的复合增长率，截至2010年年底，中国共有基金管理公司62家，基金产品超过700只，基金资产净值接近2.5万亿元，持股市值占A股总流通市值的比重超过10%。无论是管理资产的绝对数值，还是占股票市场的相对比例，中国基金业均已具备了相当的规模，证券投资基金已经成为关系着中国资本市场整体稳定和发展的重要力量。

在中国基金业快速发展的同时，我们也看到部分基金公司出现了重规模、轻质量的现象，基金行业整体规模从2007年年底3.2万亿的高点缩水之后，近三年以来，一直未能延续之前的高速增长。这些都迫使我们去思考基金业的现状和未来发展模式。本轮金融危机的不期而至，客观上为中国基金业放缓扩张脚步、审视发展质量提供了良好时机。当前，我们需要正视中国基金业存在的不足，借鉴美国等发达国家的市场发展经验与教训，促使中国基金业迈向更高的发展台阶。

首先，基金投资理念应从注重短期业绩向长期价值投资回归。当前，基金之间的竞争，主要集中在年度甚至更短期的投资业绩相对排名上。在这样的短期激励约束下，基金经理倾向于根据短期市场热点和趋势频繁操作，不利于形成中长期稳定收益的投资组合。这还会引发机构投资者追逐短期市场热点的"羊群效应"，加剧资本市场波动。基金作为中国资本市场上主要的机构投资者，需要秉持着眼于长远的价值投资理念进行投资，在为投资者获取长期稳定收益的同时，也成为中国资本市场长期稳定发展的基石。

其次，基金业需要树立以投资者为中心的服务理念。基金业的本质是受人之托、代人理财。为投资者提供专业高效的投资管理服务，保护投资者的利益是基金管理公司的最高宗旨。要通过合理的制度设计，逐步降低在完全固定管理费收取的模式下，基金管理公司因"旱涝保收"而出现重规模轻管理、重营销轻投资的倾向。另一方面，为了避免频繁交易带来过高的交易成本对投资收益的侵蚀，基金管理公司需要在适当交易以追求收益的同时，也重视指数基金等消极投资管理方式，以控制管理和交易成本。

再次，要继续加强基金产品和投资方式等方面的创新。在资产规模增速放缓的前提下，基金管理公司要在激烈竞争中生存和发展，更需要注重创新，以差异化的产品和精细化的经营取胜。其中最主要的是，要进行产品类型的创新，如根据投资者风险偏好水平的不同对基金产品进行分级，根据细分行业和投资主题设计专门的主题基金，为追求大盘长期收益的投资者提供各类指数基金，为高端客户提供"一对多"的基金专户理财业务等。此外，还要进行投资方式的创新。2010年三四月份，中国分别推出了融资融券、股指期货等金融工具，这给基金进行多样化的产品创新、满足投资者的多样化需求提供了可能。2010年7月，中国证监会允许基金专户理财参与股指期货的投资，从而使基金开始可以采用对冲交易等灵活的投资方式。

当前，中国基金界正在讨论修订《基金法》，其中有不少修订建议认为，要逐步降低基金管理公司股东的准入条件，明确基金持有人大会的权利，探索设立公司型基金，逐步改善基金管理公司的内部治理结构，逐步形成股权结构分散化、基金持有人有适当的发言权、建起内部激励机制合理有效的公司治理结构，从而稳定并完善基金管理公司经营，更好地保护投资者利益，从而促进整个基金行业的健康持续发展。

最后，要完善行业自律和外部监管以促进基金业的平稳规范发展。对于当前的中国基金业来说，加强监管、放松管制可以说是应当并行的两个政策主线。一方面，采取严格监管措施规范市场秩序，强调“老鼠仓”、非公平交易、利益输送等底线绝对不可触及，将日益壮大但透明度不够的私募基金纳入监管体系；另一方面，放松对合理市场行为的过多管制，进一步释放市场自身的活力和创造力，如在2010年实行的多通道审批制度，分别通过不同通道对偏股型、固定收益型、QDII、创新型和专户一对多5种产品进行审批，加快了产品发行节奏，有力地促进了基金业的创新活动。

由于中国基金业发展历史相对发达市场还比较短，在进一步提升发展质量的过程中，可以从发达国家的市场中吸取有益的经验和教训。从1868年英国政府的“海外及殖民地政府信托”发行算起，全球基金业已经有140余年的历史，美国基金业在80多年的发展过程中也经历了历史的重重检验，在本轮全球金融危机中受到了较大的冲击。因而美国基金业的发展经验和教训，为我们应对危机、持续发展提供了重要的借鉴参考。

《共同基金常识》10周年纪念版是美国基金界最为经典的专业著作，这部著作的一大特点，就是既能深入历史，从历史数据中总结出规律性的结论；又能直面现实，更新了截至2009年的发展动态，不仅评述了本轮金融危机中美国基金业的现状和问题，还预见性地剖析了未来进一步发展完善的可能趋势。**本书总结的投资理念和倡导的管理方法，对当今中国基金投资者和基金业尤其富有启发意义和参考价值。作者所推崇的指数化投资，有助于避免代价高昂的短期获利冲动；而消极的投资管理可以降低交易成本和管理成本，相应地保护和提高投资者所获得的投资收益率水平；基金公司由基金持有人实际拥有和控制的“共同治理结构”，为中国未来设立公司型基金提供了实践参照。**

巴曙松教授一直跟踪研究基金行业的发展，对中国基金业有着深入的理论研究和丰富的实践经验。我很高兴地看到巴曙松研究员带领他的研究团队，及时将《共同基金常识》这么一部颇具分量的美国基金业名著的最新版本翻译完成。镜鉴过往方能烛照未来，他山之石亦可攻玉。读罢译稿，我深感本书对美国基金业发展的种种灼见，恰似一面镜子照出了中国基金业所面临的相同或相似的问题，为中国基金业在提升发展质量的道路上树立了引人深思的路标。在此我也乐于将这本书推荐给广大的中国投资者，以及正在迈向发展新阶段的中国基金业。

是为序。

回归常识

巴曙松
中国银行业协会首席经济学家
香港交易所首席中国经济学家

经常应邀参与一些为资本市场上的分析师进行打分排名的活动，我一直较为提倡的一个做法是：**找出这位分析师两年前或者一年前的报告再看看，重点是看这位分析师的分析报告是否有一贯的逻辑，与市场的走向相比出现了多大的偏差，其中的原因是什么。**这种稍稍往回看的对比，就可以使当下看起来似乎难以区分高下的几位分析师，很快就有了明显的差异。

在波动不定的资本市场上，时间是投资者的朋友，也是鉴别有价值的研究报告者的朋友。

本书的作者约翰·博格是知名的领航集团[①]创始人，也是第一只指数型共同基金的建立者，美国基金业的先驱者。他关于共同基金的经典著作，在经历了10年的波动之后重新出版，既显示了这本书的经典地位，也显示了作者的自信。

① 领航集团（The Vanguard Group, Inc.）以前也被称作先锋集团。——编者注

姑且不说 10 年的时间之长，且看看这是一个怎样的 10 年。在这 10 年间，美国经济和全球经济经历了多次程度不同的危机冲击，特别是 2008 年以来席卷全球的金融危机，到现在还在影响着全球的金融市场，同时也在深刻地改变着整个金融业的生态。在经历了这样的 10 年之后，这本共同基金的经典著作还在稍作补充修订之后重新出版，本身就是一件有价值的事情。

什么是常识（common sense）？韦伯斯特词典的解释是，“依靠简单的知觉和事实进行的正确而明智的判断”。提到“常识”一词，在美国的语境下，自然容易想到作者在本书中引用的、对整个美国发展产生深远影响的小册子《常识》。当年潘恩的小册子《常识》在发表后迅速轰动，三个月内售出 10 多万册；在当时人口仅有 250 万的北美洲，可能总共售出了 50 万册，其影响力可见一斑。作者用“常识”作为标题，并且引用潘恩在《常识》中的看法，也可以窥见作者希望自己的著作在基金领域能发挥类似潘恩当年《常识》的影响力。

如果继续对比潘恩与博格的《常识》，就会发现他们都对许多大家习以为常的错误看法进行了纠正和梳理，或者说他们的革命性是一个突出特征。约翰·亚当斯评价潘恩，“善于推翻而不善于建设”，博格则从自身的阅历经验出发，分析了共同基金管理中的基本常识，许多看法到现在来看，还具有其颠覆性。

如果说到当下的中国，也曾经有一本冠名为《常识》的书，一度让读者趋之若骛。大家都纷纷读《常识》，是不是说明我们确实有许多常识是不具备的呢？

至少，在当前的中国资本市场上，许多常识的缺乏，确实是一个现实。

因此，选择翻译这本在基金界具有深远影响，并且经历了时间和金融危机检验的经典著作《共同基金常识》，是为了**在中国的资本市场上推介一些常识，或者是让大家可以回到常识的思考方法。这正是我们的目的所在。**

在《共同基金常识》中，多次将资本市场的起起落落、宏观经济周期的波动，比拟为花园里的四季轮回：

> 在花园里，草木生长顺应季节，有春、夏，也有秋、冬，然后又是春、夏，只要它们的根基未受损伤，草木的一切都将会恢复正常。

在进行公司的评估时，博格提出了十分简单的所谓“奥卡姆剃刀原则”，认为决定股市长期回报率的无非是三个变量：初始投资时刻的股息率、随后的盈利增长率以及在投资期内市盈率的变化。他用这样简单的分析框架来分析一只股票以及一种股票产品的价值。

是的，这些都是常识，但是，**在市场的波动中，最容易遗忘的往往也是常识**。

《共同基金常识》出版10年以来，既是全球共同基金快速发展的时期，也是基金行业经历危机洗礼的时期。**一方面，全球基金资产规模不断扩大，基金产品不断创新；而另一方面，基金行业受到本轮全球金融危机的冲击，暴露了许多体制上的不足与缺陷，经历了大幅度的资产缩水和赎回浪潮**。在危机最为严重的时期，全球基金业资产从2007年年底的26.13万亿美元缩水至2009年第一季度的约18万亿美元；不同类型基金的组成结构也发生了显著的变化，被动管理、低成本的指数型基金越来越受到市场认可，目前美国约有1/3的基金投资者至少拥有一只指数基金。

一个投资者希望追求的理想境界，往往是不受市场涨跌冲击、客观冷静的市场旁观者的境界。投资者希望能够洞悉经济周期的起伏、行业发展的规律、价格波动的方向，从而做出精彩的投资决策。然而，现实却是每个投资者都是市场的组成部分。投资者的情绪和行为，难以避免地会随着牛市和熊市相互更替的“钟摆”在乐观和悲观之间摆动。那么对于投资者而言，如何尽可能降低“黑天鹅事件”发生造成的损失呢？在现代投资市场中，什么样的投资工具和投资方法才是持久稳定且值得信赖的呢？经历了本轮金融危机的洗礼之后，基金业的投资理念和治理结构应该如何加以完善？对这些问题，约翰·博格在本书中给出了经历时间考验的思考。**在这个日益崇尚复杂的市场中，博格却强调重视“常识和合理的推理”。他基于历史事实和数据的研究，给投资者的建议大都是看似极其简单的“常识性法则”**。

在这本书中，博格反复证明，对于投资业绩来说，“均值回复”是必然的，即无论什么类型的基金，其最终的回报必将回归到长期的平均水平。因而，试图通过不同的投资风格、市值规模、股票价格、发行市场的选择以期获得超额回报，这在长期来看是徒劳的。作者尤其强调提醒投资者要注重成本对业绩的影响。无论交易成本还是税收成本，都会使投资业绩受到明显削弱，保守估计主动管理型基金的各种成本将使投资回报率每年降低2%以上。

基于不同的市场环境和市场发展阶段，不少读者可能会对博格的“均值回复”不以为然，但我想强调的是，这本书在分析均值回复过程中所运用的一系列评估分析框架，本身对于读者把握资本市场就是很有参考价值的。

在诸多对本书的褒奖中，诺贝尔经济学奖获得者保罗·萨缪尔森教授的评语一语中的地指出了本书的价值所在，他说：**“巴菲特不可能使你或我成为沃伦·巴菲特。然而，约翰·博格却能帮助我们中的任何一位成为一名精明的投资者。”**因而，从这种意义上来讲，约翰·博格的《共同基金常识》所传达的投资哲学，对机构和个人投资者同样具有启发价值。

作为一名投身基金投资领域长达半个世纪之久的理论和实践先驱者之一，博格对目前基金业面临的诸多由来已久的不合理问题，也有着深刻的批判性认识。无论是美国还是全球市场，博格批评说，当前基金公司越来越倾向以积极的基金营销取代有效的投资管理，并以此作为经营的首要任务；基金经理过分追求频繁买卖带来的短期绩效而不顾成本剧增的现实；通过募集超大的基金规模以获取管理费，而对边际业绩递减的事实熟视无睹；名目繁多的金融创新，有些只是基金公司聚敛资金和牟取佣金的工具，而基金份额持有人缺乏对基金公司经营管理的发言权等；甚至在投资者的资产出现了损失严重的同时，基金经理依然攫取着丰厚管理费的不公平现象。这些问题归结为一点，就是基金公司更多地为了基金经理和基金公司的利益而经营，而在一定程度上背离了代投资者理财和为投资者服务的行业初衷。因而，当美国基金行业在金融危机中暴露出诸多问题之际，如何唤起投资者对自身应有利益的关注，如何促使基金业以一种更加透明、更负责任和以最大化投资者实际投资回报为目标的方式进行经营，是基金业未来发展不可回避的问题。**本书作者所推崇的消极指数化投资管理、降低管理费用、保持适度的管理规模等变革措施，及其实践多年的强调关注投资者利益的“共同”基金治理结构，为美国乃至全球的基金业革故鼎新、更好地服务于投资者指出了一个清晰的方向，虽然事实证明这样的变革注定是痛苦和艰难的。**

本书的作者约翰·博格先生首先是一个勇于实践和创新的金融家，其次是一个关注市场的研究者。我个人在金融领域十分偏好这种理论与实践紧密结合的研究者和金融家。博格于 1975 年创办了全球首个指数基金：领航 500 指数基金；截至 2010 年 6 月，领航集团旗下共有 160 只基金，其中规模最大的 4 只基金都是指数基金；领航集团管理的净资产规模达 1.4 万亿美元，居美国各基金管理公司之首。多年来，博格所倡导的投资理念影响了许多个人投资者的投资布局，同时，他对整个基金行业的使命感和责任感推动了美国基金业整体的反思和变革。

作为原书的 10 周年纪念版，本书保留了原版的完整内容，同时对 1999—2009 年以来的美国基金业的最新进展进行了全面的更新。作者用这 10 年的数据和事实，对原版书中提出的观点进行了坦率的验证，这些后验的历史事实愈加凸显了原版书中绝大多数观点的参考价值。

2008 年以来，全球基金业在金融危机的强烈冲击下进入了深度调整的过程。我国基金业在经历了 2007 年的快速发展之后，也承受了 2008 年以来在全球金融危机冲击下的再平衡和再调整，如今已经开始进入一个新的发展阶段。几年来，基金份额基本没有什么增长，这必然促使中国的基金行业寻求新的发展路径。应该说，**当前全球基金业在后金融危机的同一背景下，面临着类似的发展命题，在此时翻译和介绍这样一部美国基金业的经典著作，对我们站在后金融危机的时点上，总结和展望中国基金业的发展，具有重要的借鉴作用。**

本书由我牵头组织翻译，我和吴博博士共同负责翻译的整体协调和具体组织。翻译小组的成员包括：巴曙松、吴博、赵勇、韩明睿、廖慧、段端和韩丽，小组成员在我的组织下共同进行了原稿的初译和交叉校对工作。初译的分工如下，巴曙松、赵勇第一部分，段端和韩丽第二部分，巴曙松、吴博第三部分，韩明睿第四部分，第五部分及文前内容和附录由巴曙松、廖慧完成。巴曙松、吴博主要负责对译稿全文的统稿和校对工作。中国证监会基金部张旗女士、长盛基金管理有限公司副总经理杨思乐先生、金融工程研究员王超先生等对译稿提出了不少专业的修订建议，湛庐文化的编辑们为本书的编辑出版做了大量细致的支持工作，在此一并致谢。

经过我们从 2010 年初夏到现在的持续努力，这本全球基金业的经典名著最新版终于呈现于中国读者面前了。这样一部经历了时间检验的基础性著作，兼有学术研究的严谨和通俗读物的流畅，我们在翻译时力求体现作者语言和观点的特色原貌，但由于水平所限，谬误之处在所难免，还请各位读者不吝指正。我们也深切地知道，翻译工作是一项十分艰苦的基础性工作，及时把优秀的经典著作翻译介绍到国内，对于客观把握海外市场的动向，无疑具有积极的作用。

测一测

你了解后危机时代的投资之道吗？

- 对于几乎所有的投资者而言，共同基金就是最合理有效的分散投资方式，这是“指数基金教父”约翰·博格的观点吗？

  A. 是

  B. 否

扫码鉴别正版图书
获取您的专属福利

- 均衡的投资方法一定能提供更高的回报率吗？

  A. 一定

  B. 不一定

扫码获取全部测试题及答案
看一看你是否了解后危机
时代的投资之道

- 以下哪项不是约翰·博格倡导的投资原则？

  A. 时间是你的朋友

  B. 冲动是你的敌人

  C. 坚持复杂化

  D. 掌握基本的算术

COMMON SENSE
ON MUTUAL FUNDS

目录

第一部分 投资策略

第二部分 投资选择

第三部分 投资业绩

第四部分 基金管理

第五部分 基金精神

见证全球基金业十年蜕变

大卫·斯文森　耶鲁大学首席投资官

约翰·博格，理应得到美国大众诚挚的谢意。**首先，他为了带领投资者在缺乏信任的金融服务市场顺利前行，投入了大量的时间和精力。其次，他创立了领航集团，这是一个将投资者利益放在首要和核心位置的杰出金融机构。**没有约翰·博格的努力与付出，美国大众将缺乏一种富有吸引力的投资选项。

博格的建议极其简单：购买那些低成本、低换手率、严格遵守投资组合策略的指数基金。不幸的是，很少有人听从他的合理建议。大多数投资者都热衷于积极管理的投资游戏，但他们皆因两个原因而失败。第一，他们选择的主动管理型共同基金，几乎从未兑现其战胜市场的承诺。亏损来自疯狂的、但最终适得其反的伴随着市场冲击和交易佣金的过度交易和不合理的管理费用，这种费用远远超过基金经理带来的价值增值，如果有的话。正如博格所指出的，几乎所有的共同基金经理都认为税收无关紧要，从而增添了不必要的高昂税负。当投资大众在 4 月 15 日与美国国内税务署（Internal Revenue Service，IRS）打交道时，这些税负经常让他们猝不及防。

第二，投资者紧盯基金以往的业绩来进行交易。通过抛售已淡退的昔日热门基金，并追逐今日的当红基金，共同基金投资者进行系统性的低买高卖。这是一种很糟糕的生财之道。此外，疯狂地转换共同基金通常会引发更重的税负。如果投资者听从博格的建议购买指数基金，他们将能借助于低成本的优势击败绝大多数的基金经理。听从博格的建议通过稳健地配置资产来避免错误的择时操作，他们将会获取几乎所有的市场收益。

当然，作为一名金融专家，我有自己的见解，对于博格的成功投资诀窍，我有两点小小的修正。**首先，我着重强调国际化分散投资的价值，特别是投资新兴市场。其次，由于美国政府的信用问题，我将限量持有债券。**如同投资者在 1998 年和 1987 年的市场紊乱期间所经历的，在最近的金融危机中，投资者的经历显然说明了为什么信用风险和期权性风险暴露并削弱了从一开始就持有债券的理由。即便如此，约翰·博格书中的本质内容都是对的。请听从他的建议。

博格的明智建议理应得到更多的关注。个人投资者必须训练自己执行成功投资计划的能力。无论投资者追寻什么样的投资方法，阅读都能够为教育投资者提供关键基础。约翰·博格是少数有思想见地的实践型作家之一，这些作家包括伯顿·马尔基尔（Burton Malkiel）和查尔斯·埃利斯（Charles Ellis）等人，也许我也可以算其中的一个，他们清楚地阐述了一些合理的、有独到见解的投资方法。读罢《共同基金常识》，再看看马尔基尔的《漫步华尔街》（*A Random Walk Down Wall Street*），埃利斯的《赢得输家的游戏》（*Winning the Loser's Game*），和我的《不落俗套的成功》（*Unconventional Success*）。与共同基金业天花乱坠的营销广告、经纪界的胡诌哄骗以及电视脱口秀的衰弱杂音相较，这些书的投资理念有如浊世清音。即使在“每日秀”节目中被琼·斯图尔特（Jon Stewart）狠狠教训了一番，吉姆·克拉默（Jim Cramer）仍厚颜无耻地给《金钱万能》节目①的观众们兜售着糟糕透顶的建议。几乎在投资领域的每个方面，他都站在约翰·博格的对立面。请忽略吉姆·克拉默，关注约翰·博格！

约翰·博格的成就远非仅限于教育投资大众。在共同基金业让投资者投资失利时，他的领航集团提供了一种新的投资选择。作为仅有的两只不以盈利为目的的基金集团之一（另外一只是 TIAA-CREF, 我在其董事会中任职），领航集团对所有的投资者一视同仁。除了领航集团和 TIAA-CREF，几乎所有的共同基金管理公司都在追逐盈利，还对外标榜为投资者服务。不幸的是，当盈利动机与信托责任相冲突时，贪婪占了上风，盈利动机获胜。为投资者服务的理念消失殆尽，投资者也蒙受损失。**约翰·博格如此令人信服地告诉我们，当今盈利驱动的基金公司密切关注市场营销，确保收取高额的费用，且只进行很少的实际投资管理。明智的投资者应规避主动管理的陷阱，接受指数化的确**

① 《金钱万能》（*Mad Money*）是美国财经电视台 CNBC 的一档财经股票评论节目，股票分析师吉姆·克拉默是主持人。——译者注

定性，并选择以投资者为中心的基金经理。

尽管约翰·博格提到了有关共同基金业结构、运营和业绩失败的负面言论，但他对投资世界仍抱有乐观的看法。我自认为是一个积极向上的人，但仍担忧作为个人投资者缺少成功的投资机会。近年来，养老金的供应负担已经严重地从雇主转移到了雇员。政策变换引发了一系列问题。首先，个人储蓄不足。其次，储蓄的也大多是高收入人群，这也不足为奇。来自美联储的消费信贷调查的惊人统计数据显示：在养老金定期缴纳计划中，前1/4的高收入人群有88%的平均财富超过260 000美元；在后1/4的低收入人群中，不到11%的平均财富低于2 000美元。难道退休计划仅仅是为富人准备的吗？再次，无论富人还是穷人，在以盈利为目的的共同基金的支配下，投资者面临的投资选择并不达标。最后，投资者购买这些不达标的投资工具，并都由此做出错误的择时决策。正如约翰·博格所指出的，其最终结果是，投资者没能从投资全球证券市场中获得公平的回报。

约翰·博格为投资大众奉献了两份大礼：领航集团和《共同基金常识》。领航集团是一个为投资者最佳利益服务的杰出投资管理公司，而《共同基金常识》是一本关于如何管理个人投资组合的简单易懂的入门书籍。好好享用博格的礼物，并将它传送给你所爱的人。

为何本书如此与众不同

彼得·伯恩斯坦　美国著名金融史学家

约翰·博格所著的这本关于投资的书，是我迄今为止见过的最与众不同的书，因为他讨论了其他作者所忽略的一些敏感问题。我不大愿意去思索为何这些主题不被别人重视，我猜测，要么是其他学者的眼界不如博格开阔，要么是他们对于读者的切身利益不够关注。

人们经常忘记博格超越投资专家的一面，他非常关注个人投资者如何管理他们辛辛苦苦挣得的财富。首先，也是最重要的，他是一个非常成功的商人，凭借自己的技能和决策建立起了自己的基金之国，这是一个伟大的基金帝国。他一直朝着自己梦想的方向前进，经营着自己的共同基金帝国。许多年前他开始创业时，也正是这种梦想激励着他。本书的读者将会欣赏到对共同基金业本质的一次独特而质朴的描述，也将领略到共同基金是如何影响个人手中的财富的。

尽管我们会听到一些来自公司发言人的高谈阔论，但卖方和买方的利益冲突是内生于经济系统的。**博格的目标就是通过最小化利益冲突，建立起一个主要致力于消费者利益的行业，但同时要经营得成功，以便能够继续增长和自我维持**。然而，博格所致力于的这项艰巨而复杂的工作，使他能够以一种独特的视角来看待竞争。本书清楚地表达了博格的不满。

投资管理是一个行业，而不仅仅是个专业，我们必须将其看成是在经济系统框架内的一个整体商业活动。**投资管理行业是个暴利的商业活动。正因如此，其本身遵从着资本运营的铁律：资本会流向预期回报率最高的领域。**在过去的10年中，共同基金的数量从2 710只增加到6 870只；与此同时，基金经理的数量从1 260人爆增到5 810人。**另一方面，投资管理行业违背了另一个资本运营的铁律：高额回报率不可避免地吸引着新的资本进入，由于新竞争者努力从原有的参与者手中抢占市场份额，资本的回报率随之降低。**约瑟夫·熊彼特（Joseph Schumpeter）的一句名言将这个过程称为“创造性毁灭”。这也是为什么经济系统运转如此成功，尽管瑕疵多多但仍被广泛接受的本质所在。

投资管理公司却对上述事情置若罔闻。基金经理人数的增长速度远远超过了他们所服务的客户人数的增速。不管愿意与否，越来越多的人进入到这个领域，但并未降低已成立基金的盈利能力。偶尔会有一个新创公司没能发展成功，或者一个稳固的公司在糟糕的环境中因经营失败而消失，但大部分基金经理都照常凭借其自有资本赚取着令其他行业只能眼羡的回报。

博格关于如何投资、如何理解资本市场这种非比寻常的智慧，是阅读此书再充分不过的理由。但本书中最大的启示是，个人投资者财富的变化离不开财富管理行业的结构。博格关于行业结构对于个人财富影响的独特见解，是本书最有价值的地方。本书不仅仅是一本趣味读物，读后你必将获益良多。

10周年纪念版前言

10年时间的变化如此之大！在新千年的头10年，也即继1999年原版《共同基金常识》出版后的这10年间，差异是令人惊奇的。在之前的20年间，美国的股票市场的平均年回报率达17%，是其200年历史中的最高水平。在过去的10年间，伴随着2000—2002年和2007—2009年两个主要的熊市，股票市场的回报率整体转为负值，年回报率仅为-1.5%。这是在股市的200年历史中，记载的回报率最低的两个10年之一。

类似地，我们的经济已经从一个繁荣强大的长盛时期，过渡到了一个以2008—2009年的经济大衰退为起点、未知长短的新时期。现在看来，这种衰退已经见底，并伴随着适度的经济恢复，其中经过通货膨胀调整的经济体实际增长率的"新的正常"水平更可能是年增长2%，而非20世纪特有的3%的增长水平。

这些仅仅是当今世界已发生变化的几个例子。全球化如今是理所当然的趋势。战争与和平形影相随。政权更替司空见惯，正如我们联邦政府中的民主党已经接替共和党执政。负债已经猛增至史无前例的、不可持续的水平。当我们的国民在努力减少负债水平时，美联储的负债实际上却在爆炸式地上升，而且近期几乎没有减少的迹象。

在某种程度上，最近发生的所有变化都已经对共同基金业形成了冲击。尽管股票型基金的回报率必然会落后，但平均而言，与股票市场的回报率持平。20世纪90年代积累的股票市场动量在21世纪生效了，这10年间，共同基金的资产规模已从1万亿美元增长至5万亿美元，在2007年秋天一度超过了12万亿美元，而随后在股市崩盘的余波中骤降至10万亿美元。即便如此，共同基金仍然继续吸引着基金持有人，10年前的5 000万的基金投资者大军如今已经有9 200万人的庞大规模。

时代确实已经不同了。在国家金融财政、退休计划和经济系统中，共同基金业逐渐变成了更重要的因素。共同基金的经营也显得更加重要，借用一句1940年的《投资公司法案》里的原话："这关系到了全国公众和投资者的利益。"

10年以后的2009年似乎是一个值得纪念的时刻。全面更新的《共同基金常识》不仅得以出版，它的启示也得以重新评估。为了达到此目的，我没有更改原版中的任何字眼，而是增加了自1999年以来的大量数据和对重大历史事件回顾性的评论。评论分散在每一章中，为了便于解释清楚，用灰色背景突出显示。不管历史事件是否证实了我10年前的观点，我都尽量不偏不倚地描述它们。就本质而言，对就是对，错就是错。

我很开心地在此报告，我的首要目标“通过共同基金建立一个健全的投资计划，以帮助读者成为更成功的投资者”已经实现。我在1999年版中所陈述的原则仍然成立，而且还远不止于此。**是的，在股票和债券之间平衡恰当的投资组合是成功的关键。是的，简单化原则仍然关键。是的，股票市场最终反映的是盈利增长、分红收益、公司经营等实体经济的业绩表现。是的，投资成本仍尤为重要，税收也是如此。**而且，消极管理的股票型和债券型指数基金的业绩将会继续优于主动管理型基金。

当然，在各种投资板块中获得的回报率，包括美国市场和国际市场，仍然回复于市场的均值水平或以下。是的，正如昨日业绩表现优异的基金有可能成为明日的落后者，单只基金的回报率也在继续向市场的均值水平回复。这些简单的原则仍然适用，我后来将它描述为“简单算术的铁则”。确实如此，毕竟“基本原则亘古不变”。

可惜，我的第二个目标“为共同基金业的变革制定方向”没能实现。尽管我热衷于这种变革，而且现实也强烈要求变革，但基金业的状况还是越来越糟糕。技术进步有好的一面，如速度、效率和信息量等，但同时也是坏的一面的推手。比如说，技术创造了极其复杂、充满风险的金融工具，怂恿投资者像频繁交易股票一样去交易基金。市场营销的地位仍然优于基金管理，销售的作用也胜过于管理。基金经理们仍然忽略了他们是为基金投资者工作，是扮演着基金受托人的角色。基金业的管理结构仍然是不利于基金投资者而有利于基金经理的。因此，我虚心地承认，我关于“时间和推理”（借用托马斯·潘恩的表述）将一起推进基金业改革的期望仍未实现。

总而言之，尽管我的投资法则的确广受欢迎，至少是获得了精明的投资者、有责任心的投资顾问和学识渊博的学者等的支持，但显然，我的基金业改革运动还并未成功。但是，请相信我，“时间和推理”将继续支持我。尤其是在当前的后危机时代，投资逻辑在未来的数10年中将不可避免地进行重构。

正如我已故挚友彼得·伯恩斯坦在本书1999年版的序中写道的：“个人投资者财富的变化离不开财富管理行业的结构。”行业结构确实有巨大的缺陷，它已经削弱了大量信任共同基金的投资者的财富。尽管重建共同基金业非常重要，但广泛的行业既得利益者将对改革的成功形成巨大阻力。因此，我借用托马斯·潘恩的话来安慰我自己，在上一版的前言结尾部分也曾引用过："斗争越是艰难，成功就越辉煌。"

约翰·博格

原版前言

在写作本书时，我想达成两个目标：首先，我想帮助读者成为更成功的投资者；其次，我想为共同基金业的变革制定方向。第一个目标是我熟悉的领域。在1993年出版的《博格谈共同基金》（*Bogle on Mutual Funds*）一书中，我就通过共同基金，提出以一种常识性的方法来构造一个健全的投资计划。相似地，**本书也只是专注于共同基金，因为我认为，对于长期投资而言，包含股票、债券的一个广泛分散的投资组合是非常重要的。对于几乎所有的投资者而言，共同基金就是最合理有效的分散投资方式。**尽管《共同基金常识》包含了我前本书中的一些相同的观点，但它主要论述了已经发生在投资领域的一些重大变化。

我的第二个目标是想开辟一个新的研究领域。在过去10年中，发达的金融市场使共同基金成为成千上万的基金持有人的投资工具，这个行业已经出现的一些做法，可能降低长期投资的成功概率。在共同基金业令人不知所措的促销声中，《共同基金常识》辨别出这些做法，并介绍了一些执行一个稳健的投资计划所需的简单法则。这些投资法则也构成了我所呼吁的行业改革的基础。只要共同基金仍然是美国家庭的投资选择，改革就相当紧迫。

是投资者研讨这些问题的时候了。共同基金持有人现在有5 000万人之多，并且这一规模还在快速增长。整个行业的资产规模超过5万亿美元，而在20世纪90年代初，仅有1万亿美元。在我们的经济生活中，共同基金已经呈现出日益重要的作用；对于大多数投资者而言，他们都怀有美好希望，希望能够达到如安稳的退休生活等重要目标。这些问题决定了基金持有人和基金业在下个世纪能否成功，考虑这些问题迫在眉睫。

本书的观点鲜明，且日益得到共同基金投资者的支持，但很少听到基金业其他领导者的赞同之声，至少在他们的公开言论中没有。确实，我的立场更可能收到负面的反应：勉强接受，明显怀疑，完全反对，甚至是刺骨的斥责。

在这个行业中，我的观点只有少数人支持，可能甚至得不到任何一位行业领导者的支持，因此我只能依赖于常识和合理的推理了，借此寻求投资者的认可。我注重对历史事实的仔细分析。然而，历史仅仅只是历史，因此我不仅解释了我的投资哲学在过去是如何发挥作用的，还解释了其发挥作用的原因。**本书中展示的投资理论实际操作起来很简单，因为常识和基本逻辑决定了它必然会起作用。**确实，精明的投资原来与常识和合理的推理没多大差别。投资者越快了解这些基本法则，他们积累有价证券资本的能力就越强。对于基金持有人而言，时间确实就是金钱。

“常识”的定义

《牛津英语大词典》第二版（*OED Ⅱ*）对于“常识”的定义，抓住了其本质：**“理性人所拥有的智力禀赋，每个人与生俱来的平凡才智，良好且合理的推理。”**在本书中，我尽量尊重这些特性，并且我坚信这些直白的理由不仅对共同基金的投资来说至关重要，而且对于共同基金业的变革也非常有说服力。第二版《牛津大词典》也提供了一个恰当的引述，刊登在 1888 年伦敦《泰晤士报》上：**“对包括理解力、准确的判断、公正的评判、清晰的看法的一般性需求和对这一切的理智思考，就被称为常识。”**我相信，共同基金投资者最终会有这方面的需求，而且随着基金持有人的人数和共同基金资产规模的持续增长，这种需求将日益迫切。

我之所以选择《共同基金常识》作为标题，不仅是为了强调在前文中定义的“常识”的重要性，也是因为“常识”是一篇在 1776 年问世的很著名的小册子的标题。它的作者是托马斯·潘恩（Thomas Paine），费城人，美国的奠基人之一，他一直渴望结束英国乔治三世（George Ⅲ）在美国的殖民统治。或许他比任何人都更积极致力于为美国的独立战争做准备。在他四卷本的小册子第一卷的开篇是这样定义“常识”的，他承认他正面临的挑战：

> 可能下文所包含的一些观点并没有时髦到足以获得广泛支持的程度。一个不辨是非的长期习惯造成了一种什么都对的肤浅表象。面对转变，一开始总会有为了保卫旧俗的强烈抗议。但这种抗议很快就会趋于平静。在这种转变的过程中，时间比推理更有效。

我关于基金业的观点，也“并没有时髦到足以获得广泛支持的程度”。虽然如此，我坚信当今毫不怀疑地接受共同基金业现状的可怕舆论将很快改观。但我期望的是，让时间和推理来共同促进这种转变，而且常识最终将促进这种转变。

亲爱的读者，当你在探究共同基金成功投资、对基金业思考的新的重要方法时，请你耐心听我讲。如同托马斯·潘恩一样，我也提出几点建议：

> 在下文中，我只不过提供了一些简单的事实、朴素的观点和一些常识；请读者放下自己的成见和先入为主的观念，跟随自己的理智与情感来做决定，除此之外我对读者没有其他的要求；一个人所具有的或者说他不愿意丢掉的真正的特性，将极大地拓宽他现有的视野。

五个部分的内容安排

本书被分成五个独立的部分。前三部分是考察三个主要领域的常识性法则。这三个领域与投资者建立基金投资组合的关系应该最密切：投资策略、投资选择和投资业绩。第一部分“投资策略”强调了长期投资的必要性，对股票和债券市场回报率本质的理解，以及资产组合中资产配置的重要作用。在这部分的每一章中，我都得出了相同的结论**常识和简单化是财务成功的关键**。在第二部分“投资选择”中，这些相同的结论同样成立。我首先介绍了指数型基金，然后叙述了在各种股票型基金和债券型基金之间的选择，以及在各种不同投资风格之间的选择。我也全面深入地探讨了全球化投资，强调这种投资技巧所伴随的额外风险，但我再次发现，常识大获全胜。当我讨论追寻“圣杯”时，也再次得出相同的结论。“圣杯”是指那些提供可预见的较高回报率的共同基金。在第三部分“投资业绩”中，那些富有挑战性的投资经历定能引发令人清醒的启示，同时我还谈到了一个很深远但鲜有讨论的问题，那就是关于以前基金和金融市场回报率的趋势。不管回报率是高是低，将来基金和金融市场的回报率都将回复到长期的均值。我也探讨了当前尚不明确的短期相对回报率，基金资产规模政策的负效应，以及大多数基金特别突出的税收无效性问题。最后，我研究了时间所扮演的重要角色：时间能够增加回报率、降低风险，当然，也能够放大投资成本所带来的有害影响。

在一本关于如何成功投资共同基金的书中，对于书中最后两部分内容，许多读者可能感到惊奇。假如在第四部分“基金管理”中所讨论的问题不是前面章节中所谈到的较低回报率的主要原因，那它们确实不适合出现在此处。但是，这个行业已经偏离了它的传统法则。如今，它更关注于市场营销而非经营管理，它所惯用的完美的现代信息技术对投资者是不利的。总而言之，基金持有人的利益并不能被很好地保证。我认为，问题的根源在于共同基金的治理结构和行业异常的经营结构上。在这一结构中，基金董事们将所有的基金运营都委派给外部的基金管理公司。我再次表明，**常识和简单化是解决这些问题的不二法门**。一个可供选择的方法是：重组基金业，以便能够更好地服务于共同基金投资者。然而，考虑到即使是最佳的公司治理结构，都不可避免地要反映公司组织者的个人价值，在第五部分“基金精神”中，在关于企业家精神和领导才能方面，我冒昧地讨论了我参与建立一个大型的、结构独特的基金公司的经历。最后，我以在这一特殊环境中服务的员工和享受这些服务的投资者的反应结束全书。

在进一步介绍之前，对此书我还有些未尽之言。为了阅读的连贯性，我按照章节组织全文，后续内容以前面的法则为基础。但我的目标是使每一章成为关于某个特殊主题的相对独立的篇章。因此，有时有必要重申某些主题或者数据。我希望通过此番强调，能方便读者根据兴趣和时间安排来关注某个特定主题。有些读者可能对部分章节的内容比较熟悉，因为这些主题在之前的演讲中或者期刊杂志中研究过，但在此处它们都更趋完善了。然而，绝大部分内容都是以各种形式首次出现的。

回归常识

尽管我接下来所要讲述的常识性投资法则和行业结构的常识性法则，如同潘恩所说的那样“并没有时髦到足以获得广泛支持的程度”，但我希望读者不要被“保卫旧俗的强烈抗议”所击退。潘恩符合常识的激进观点最终得到了殖民地居民的支持，从而美国独立战争才会出现。我也希望我常识性的观点能够很快得到基金投资者的支持。

《共同基金常识》将证明，基金投资者所遭受的不幸和不公平的待遇，与我们那些在英国专制统治下的祖先并无不同。共同基金业盛行着基金经理收取高额费用的“隐形税收”。而基金董事会为其提供便利，默许了这种适得其反的管理政策和收取超额费用的行为，而没有充分考虑到对基金持有人的回报率所产生的严重负面影响。如同北美殖民地的居民一样，基金持有人应当负起责任实行自治。

正如潘恩所指出的：“未受监督的国王是不值得信任的，对绝对权力的渴求是君主制度的天敌。”在管理基金持有人投资的过程中，共同基金管理公司就像得到了国王的权力。如果 18 世纪英国贵族都抱有对国王权力的幻想，那不就是与基金董事会一样了吗？对于管理公司关注自己的利润，我并无怨言，但基金持有人的收益和基金管理公司的收益之间的权衡，看起来并无有效的独立监管机构或者平衡机制可以依赖。正如同在美国的所有其他公司一样，基金持有人也应控制这些基金。

法则和实践

共同基金投资者应当回归到本书前三部分所描述的稳健投资法则和实践中去，他们也应该坚持要求自己所持有的基金也这么做。因为基金业的公司结构已经导致那些投资法则和实践被抛弃，基金投资者应该坚决要求共同基金改变组织结构，以弥补现存的所有权和控制权之间的不匹配。我尽力用常识性的方法来推理这些问题，希望你委托给共同基金的资产回报率能够有所提高。

你肯定没怎么听过潘恩那本书的结尾部分。当你回顾本书所讨论的重要问题时，毫无疑问，你会认为有些问题细想起来比较陌生且难以解决。确实如此，在1776年，潘恩用下面一段话结束了他《常识》的第四卷：

> 这些事情起初可能看上去比较陌生，也难以解决，但是，像我们经历过的所有其他事情一样，这些事情将马上会变得熟悉且容易接受。直到宣布美国独立之前，欧洲大陆都感觉自己像一个日复一日被烦事缠身的人，虽然知道这必须完成但不愿下定决心去做，希望早点结束却仍担忧是否有必要性。

我并没有心存幻想。这并不容易，而且肯定在我的有生之年也不能完全实现。但是，我还是要用潘恩最有名的一句话来提醒你，这句话写于乔治·华盛顿将军在1777—1778年的严冬宿营瓦利福奇（Valley Forge）击败敌军的前一年：

> 磨炼大家灵魂的时候到了，要成就大事就不容许有丝毫退缩。但他内心坚定，在良知的鼓舞下追求原则、至死不渝，如同地狱般黑暗的专制并不容易征服，但是斗争越是艰难，成功就越辉煌。

约翰·博格

第一部分

投资策略

导读

投资者应当考虑的首要问题就是投资策略。从一开始，投资是一项关乎信念的行为，也是一种推迟眼前消费获取未来所得的意愿。长期投资是投资者获取最优回报的核心要务。但不幸的是，大多数共同基金的经理和持有人都未遵守长期投资的理念，即规避投资组合频繁换手的基金，持有管理稳健、可作终身投资的基金。

为了突出长期投资的优点，在这一部分我考察了美国股票市场和债券市场特有的历史回报率和风险，以及决定这些回报率的来源:（1）由盈利和股利所代表的基本面部分;（2）投机部分，表现为基本面部分的市场估值大幅波动。在长期看来，第一个因素可靠且可持续；第二个因素则表现出临时性和不可持续性。而历史经验是理解投资的关键。

对回报率和风险的探讨，是进一步研究资产配置的前提。现在，所有睿智的观察者实际上都认为，资产配置是迄今为止投资者获得长期回报率的一项最重要的决策。

最后，我要探讨一个悖论：在更崇尚复杂化的今天，简单化才是最佳投资策略的基础。

第1章

长期投资：强斯和花园

投资是一项关乎信念的行为。我们将资金委托给投资公司管理是基于以下的信念：至少他们的努力能够为我们的投资带来高额回报。当我们购买美国公司的股票和债券时，我们对美国经济的长期繁荣以及金融市场的持续发展充满了信心。

当我们投资于共同基金时，我们确信，职业基金经理将谨慎地管理我们所托付的资产。我们也认识到了，通过投资于大量股票和债券而实现的分散化投资的价值。一个分散化的投资组合可将风险降低至股票和债券市场的平均水平，从而使持有单只证券的风险最小化。

美国人的投资信心起起伏伏，时而被牛市点燃，时而被熊市降温，但依然没有破灭。虽然历经了大萧条和两次世界大战，以及一系列令人气馁的冲击：繁荣与破产、通胀与通缩、大宗商品价格的震荡、信息技术革命以及金融市场的全球化，美国人投资信心依然不减。近年来，我们的信心还进一步强化，甚至有些过度，这来自始于1982年并且还在不断加速的股票牛市。直至20世纪末，它仍未有明显中止的迹象。当新千年来临时，我们对股市的信心达到了空前的高点。

十年以后

投资的悖论

随着21世纪的前10年接近尾声，我们很难回避这样的结论：投资者的信任已被辜负。我们所投资的公司的回报率太过虚幻，而这样的回报率是由所谓的金融工程创造的，而且我们还承担着大量风险。1933年后，最严重的衰退使得美国的经济增长戛然而止，在两次股市崩盘之后，即2000—2002年以及2007—2009年的股市崩盘，股票市场回到了1996年的水平（不考虑股利因素）。投资者的财富在13年中停滞不前。

更严重的是，我们的很多共同基金经理，对于我们所托付的资产，并未履行谨慎管理的职责，反而是以牺牲基金持有人的利益为代价去满足自己的私欲。这样的事例不胜枚举，包括收取过高的费用，为了交易而支付过量佣金（与销售基金份额的经纪商相串谋），以及侧重短期投机而非长期投资等。在最为严重的一起破坏信托责任的案件中（2002 年由纽约总检察长埃利奥特·斯皮策 [Eliot Spitzer] 披露），近 20 家基金管理人选择自己偏好的机构作为投资顾问，允许自己所偏好的投资者群体（通常为对冲基金），参与复杂的短期市场择时交易，这就直接损害了这些基金中坚持长期投资的基金份额持有人的利益。

从任何方面看，在千年之交的 10 年以后，投资者对于股票的信心似乎正在消失。我之前曾有过这样的担心：我们投资的信心已在 1982—1999 年间的牛市中过度强化。而现在看来，这种担心似乎有某种预见性。当我们信心满满时，市场估值亦是如此。我们现在希望并期待硬币的另一面。当我们信心低迷时，市场估值很可能具有吸引力。我们完全可以称其为“投资的悖论”。

园丁强斯、花园和长期投资

或许，是某些不可预见的经济波动触发了另一次严重的萧条，以致于摧毁了我们对投资的信心？也许是这样。过度相信平静的海面，让我们看不到风暴的危险。历史上充满了这样的插曲：投资者的狂热推动了股票价格达到甚至超过合理的价位，然后投资者被卷入投机的漩涡中，最终导致不可估量的损失。投资充满了不确定性。然而作为长期投资者，我们不能因为存在巨大损失的可能就被吓跑。没有风险就没有回报。

“风险”是“机会”的代名词。在今天这个浮躁且快速变化的复杂世界里，关于园丁强斯的故事，对于长期投资者而言，寓意深刻。花园历经季节的循环变化，与经济和金融市场的周期类似。因此，我们可以效仿园丁的理念，相信事物过去的模式将决定其未来的轨迹。

强斯[①]是一个中年男子，生活在某个富人宅院的孤室中，他与外界接触甚少。强斯有两个消磨时间的爱好：看电视和打理他居室外的花园。宅院的主人过世后，强斯首次跨出宅院，踏进外面的世界。一次，他被一辆豪华房车撞到，受

① 强斯即英文的“chance”，意为“机会”，此处为双关语。——译者注

了伤。车的主人是一位颇具实力的企业家，并且还是总统顾问。当强斯被紧急送到这位企业家的家里并实施医疗救护时，他仅称自己是“园丁强斯”（Chance the gardener）。在混乱中，他的名字随即被误以为是“昌西 · 格德纳”（Chauncey Gardiner）。

当总统造访这位企业家时，恢复中的强斯也坐在旁边。当时，经济形势不景气，美国的诸多蓝筹股公司备受压力，股票市场濒临崩溃。总统出乎意料地向强斯征求意见。

强斯开始有点畏缩，之后，他感到自己的思维仿佛突然从湿润的泥土中破土而出，与这看似不利的气氛缠绕在一起。最后，他盯着地毯说：“在花园里，草木生长顺应季节，有春夏，也有秋冬，然后又是春夏，只要草木的根基未受损伤，它们将顺利生长。”

他慢慢抬起眼睛，看到总统对他的回答似乎很满意。实际上，总统非常高兴。

“我必须承认，格德纳先生，这是很长时间以来，我听到的最令人振奋和乐观的看法。我们中的很多人忘记了自然界与人类社会的相通之处。正如自然界一样，从长期来看，我们的经济体系保持着稳定和理性，这就是我们不必害怕自然规律的原因……我们坦然迎接不可避免的季节更替，却为经济的周期变动而烦恼，我们是多么愚蠢啊！”

这个故事并非我杜撰的。它是泽西 · 康辛斯基（Jerzy Kosinski）的小说《妙人奇迹》（*Being There*）前面几章的内容概括。后来，这本小说被拍成了令人难忘的电影，并由已步入晚年的彼得 · 塞勒斯（Peter Sellers）主演。就像强斯一样，我基本上也是一个乐观主义者，我认为我们的经济健康而稳固，虽然它会增长抑或衰退，但它的根基依然强健。尽管受到周期变化的影响，我们的经济依然保持向上的态势，渡过了一次又一次的难关。

图 1-1 按照时间顺序，记录了美国经济在 20 世纪的增长历程。即使在大萧条时期那些最黑暗的日子里，我们对未来的信心最终都获得了回报。从 1929 年到 1933 年，美国的经济产出累计下降了 27%。然而，经济随后开始复苏，在 20 世纪 30 年代余下的时间里，美国经济累计扩张了 50%。从 1944 年到 1947 年，当原本为第二次世界大战服务的经济基础设施难以与和平时期的生产任务相匹配时，美国经济曾经历了一个短暂而严重的萎缩时期，产出下降了 13%。但之后，我们又进入了一个增长期，在 4 年内弥补了几乎所有的损失。**在此后的 50 年里，美国的经济模式经历了一个演化过程：从对商业周期极端敏感的资本密集型产业经济，发展到庞大的服务型经济，并对经济的极端波动**

不再那么敏感。

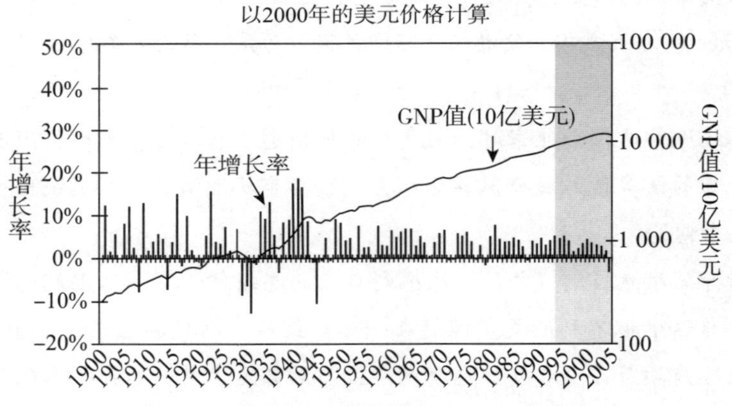

图 1-1　实际国民生产总值（1900—2009 年）

至少对美国而言，长期增长似乎已经确定成为经济发展的轨迹。在 20 世纪，美国实际的国民生产总值（GNP）平均每年增长 3.5%；在第二次世界大战后的半个世纪里，这被称为现代经济时代，该指标每年增长 2.9%。我们将不可避免地经历下降周期，但是，我们确信，长期增长终会重现。

秋之斑斓、冬之荒芜、春之绿意和夏之炎热，四季在循环交替。股票市场也在遵循尘世的轨迹而增长着。在本章里，我将回顾最重要的金融资产，即股票和债券的长期回报率和风险。历史记录饱含经验教训，这奠定了长期投资成功的基础。我希望展示的是由历史数据支持且具有非同寻常力量的结论：**若想投资成功，你必须成为一个长期投资者**。股市和债市在短期皆难以预测，但是人们已经证明，其风险和回报的长期模式具有足够的持久性，这可作为取得长期投资成功的基础。不管历史记录是多么牢靠，过去的经验仍然无法保证未来的成功。然而，**对过去的探究，加之使人自律的常识，这依然是一个聪明投资者最可依靠的方法。**

与长期投资相对的一种方案，是在股市和债市上进行短线操作。无数来自财经媒体、职业投资者或是个人投资者实际操作的例子，都显示出短期投资策略内在的危险性。在当下这些兴高采烈的日子里，大量投资者置稳健的长期投资策略于不顾，却采用疯狂的短期行为，这样的气氛弥漫在我们的金融市场里。一些投资者试图先于市场行动（当预测市场上涨时就入市，当预测市场下跌时则出场）而获利，这导致了投资组合的快速换手，这些投资组合原本是为寻求长期目标而设计，但这么做却适得其反。我们不能控制自己的投资回报，但是，**如果我们坚定对未来的信心，仔细关注我们可以控制的投资要素：风险、成本和时间，那么，一个长期的投资计划必将在未来获益。**

十年以后

令人不适的严冬

在过去 10 年中，除去股市中的偶然不快，我们的经济在持续以 1.7%（剔除通货膨胀因素）的实际增长率稳步增长，该增长率恰好是“现代经济时代”增长率 3.4% 的一半。尽管有始于 2008 年的衰退，美国的实际国民生产总值全年还是微弱增长了 1.3%，然而据预测，2009 年将大约下降 4%，这是自 1991 年以来的第一次下滑。

但是，在从 2008 年年中直至 2009 年年底的这段令人不快的严冬之后，我们享受到了如春夏般温暖的复苏。与 10 年前相比，证券市场所提供的价值远高于我们的实体经济，且这种情况较 10 年前更甚。当时，美国证券市场的总市值是其国民生产总值的 1.8 倍，这已是一个空前高的比例。截至 2009 年，美国证券市场的市值为 10 万亿美元，而美国的国民生产总值为 14 万亿美元，此时二者的比例跌至约 0.7，从原来的峰值下跌了 60%，现在这一比例大致接近了历史平均水平。

在此基础上的股票估值较为现实，对长期投资很可能具有吸引力。不可避免的经济周期变化使得我们心绪不宁，园丁强斯却对此表示了不屑。这种不屑是一个及时的提醒，它告诉我们：我们不能仅依靠情感，更要依赖理智，去洞察具有创造力和创新性的美国经济在长期中如何增长。

我们的花园如何成长起来

在回顾股票和债券回报率的长期历史时，我主要依据宾夕法尼亚大学沃顿商学院的杰里米·西格尔（Jeremy J. Siegel）教授的研究成果。虽然他的材料略显琐碎，但因其研究为长期投资提供了有力的佐证，故值得仔细探究。正如强斯所说，就像花园与花儿的关系，我们的金融市场为投资创造了成长的机会。图 1-2 基于西格尔教授的佳作《股市长线法宝》（*Stocks for the Long Run*）。如图 1-2 所示，在几种主要的金融资产如股票、债券、国库券和黄金中，股票的回报率最高。此图涵盖了从 1802 年到 2008 年美国股票市场的全部历史。假设从 1802 年起，在股票市场的初始投资为 1 万美元，并且所有的股利全部进行再投资（忽略税收因素），则投资的终值为 56 亿美元（扣除通货膨胀因素)。而如果同样的初始资金投资于美国政府长期国债,所有的利息收入均再投资,到期终值将只略高于 800 万美元。股票的年实际回报率为 7%,而债券的只有 3.5%。至少对于一个像玛士撒拉(Methuselan)[①] 那样能够有 196 年时间的投资者而言,股票的高增长率(整个期间均按复利计息)所带来的显著优势,最终导致了股票和债券二者终值的大相径庭。

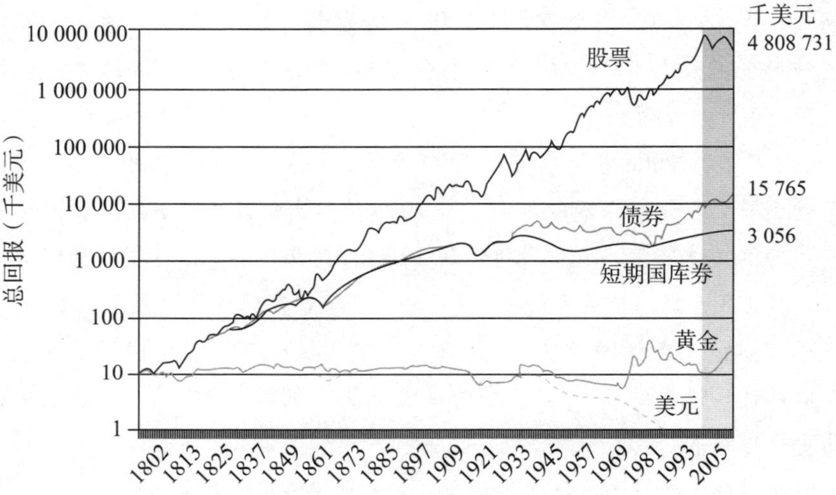

图 1-2 1 万美元初始投资的总的实际回报(1802—2008 年)

西格尔教授的研究发现:我们的证券市场从早期直至今天,可划分为三个阶段,在每一阶段里,股票的回报率基本保持一致。**第一个阶段是从 1802 年到 1870 年,西格尔指出:"在此期间,美国从农业经济转型为工业经济。"在第二个阶段,即从 1871 年到 1925 年,美国成为全球重要的一个经济和政治大国。第三个阶段从 1926 年至今,通常被认为是现代股票市场的时代** [②]。

这些长期的数据仅覆盖了美国的金融市场,大多数研究表明,其他国家股票的回报率更低,而风险更高。在早年,这些数据是基于零碎的回报率信息的;并且,由于这些信息主要侧重于生存下来的大公司,故这些信息常有大量的偏差。同时,当时的股票市场在特征和规模方面,与当今的市场大相径庭,例如,在今天严格、透明的会计制度下得到的公司盈利数据,其可靠性与过去的相关数据不可同日而语。19 世纪早期的回报

① 玛士撒拉是《圣经》里诺亚(Noah)的祖先,据说活到 969 岁。毫无疑问,他的寿命足够长到能培养出独一无二的洞察力,去发现经济和金融市场的周期。

② 第一阶段的数据,在一定程度上可视为轶闻;对于第二个阶段,数据来自考尔斯委员会(Cowles Commission)1938 年的研究,该委员会是一个令人尊敬的独立研究团体;第三个阶段涵盖了完整的、高度可信的标准普尔指数系列的历史数据。

率数据主要来自银行股票；美国南北战争以后来自铁路股票；在20世纪早期则来自商业股票，包括几家主要生产绳索、麻绳和皮革制品的企业。在最初列入道琼斯工业平均指数的12只样本股票中，至今唯有通用电气公司尚存。但是股票市场确实具备一些持续的特征，在西格尔教授所研究的三个阶段中的每个阶段里，美国股票市场都表现出这样一种趋势：其实际回报率（扣除通货膨胀因素后）围绕7%的标准上下波动，在1871年到1925年的第二阶段偏低，在现代的第三阶段又偏高。

针对债券市场，西格尔教授检验了美国政府长期国债的回报率，该指标一直是固定收益类投资业绩的比较基准。美国政府长期国债的实际回报率平均为3.5%。但是，与股票市场异常稳定的长期实际回报率相比，债券市场各阶段的实际回报率波动频繁。在前两个阶段平均为4.8%，在第三个阶段跌到2.0%。在20世纪下半叶，债券的回报率显得特别易变且难以预测。

十年以后

1999—2009年的总回报率

1802年，1万美元的初始投资，到1997年年末累积的实际回报达到560万美元。这笔初始投资在1999年年末达到810万美元的高点，而到2009年年中则仅剩480万美元，只稍高于1996年年末的水平。因此，在过去两个多世纪的时间里，截至1999年，股票的年历史回报率为7.0%；而截至2009年年中，该回报率下降到了6.5%。将股票市场的回报率类推，或依赖过去的回报率来探究未来的变化，这看起来似乎是合理的，但其实毫无意义。股票市场从来不是一张保险精算表[①]。

债券市场也是如此。直至1997年，美国政府长期国债的实际回报率平均为每年3.5%，在随后的10年里跃升为6.2%，随着2009年利率的上升，截至该年年中，其年回报率跌至4.5%。这种上升容易预测，主要是因为长期国债的回报率直至1998年中期，一直为稳健的5.25%。但是在随后的十多年里，长期国债回报率随着利率而走低（债券价格走高），初始投资于债券的1万美元仅上涨了50%，实际价值从1997年的810万美元变为2009年年中的1 350万美元。这与股票组合价值的深度下跌形成了鲜明的对比。这种必要的对比表明了在投资方案中平衡股票和债券的重要性。

① 即股票未来的回报率无法预测。——译者注

在近期，短期国库券的实际回报率还不足1%，这符合以往的历史记录，但该回报率只能对冲通货膨胀率，而不能产生一个足以支撑实际回报率为正值所需的额外溢价。在金融风暴中，黄金常被视为一个避难所。一如往常，在1999—2009年的10年内，这种贵金属的价格涨幅超过原来的3倍。但是黄金这类投机品的定价只是基于市场预期，而没有内部回报率一说。黄金不像股票和债券，它不能产生内部价值；而股票可以通过盈利增长和股利分红产生内部价值；债券则可通过利息支付取得内部价值。因此在图1-2中显示，在两个多世纪的进程中，初始投资于黄金的1万美元实际仅增长到2.6万美元。事实上，在1980年黄金早期的繁荣期，它的价格已达峰值。自那以后，其实际价值已经下滑了近40%。

股票市场回报率

让我们首先看看股票市场，如表1-1所示，其中包括两列股票市场的回报率：名义回报率和实际回报率，数字大者为名义回报率。名义回报率未扣减通货膨胀率。而实际回报率扣减了通货膨胀率，故更能够准确地反映投资者购买力的增长。因为**投资的目的在于积累实际财富，这表现为不断提高对商品和服务的购买能力，因而长期投资的最终目标一定是实际回报率而非名义回报率。**

表1-1　股票市场的平均年回报率（1802—2008年）　单位：%

	名义总回报率	消费者价格指数	实际总回报率
1802—1870年	7.5	−0.7	8.3
1871—1925年	7.2	0.6	6.6
1926—1997年	10.6	3.1	7.2
1802—1997年	8.4	1.3	7.3
1982—1997年	16.7	3.4	12.8
1998—2008年	1.3	2.5	−1.2
1982—2008年	10.1	3.1	6.8
1802—2008年	8.0	1.4	6.5
1926—2008年	9.3	3.0	6.1

在早年的股票市场上，几乎不区分名义回报率和实际回报率。在从 1802 年到 1870 年的第一阶段（当时的数据来源很可疑），通货膨胀率为每年 0.1%，故实际回报率比 7.1% 的名义回报率仅低 0.1%。

在 19 世纪的大部分时间里，通货膨胀率一直保持在极低的水平。在股票市场的第二个主要阶段，即 1871 年到 1925 年间，虽然通货膨胀率在后期急剧上升，但回报率几乎与第一阶段相等。股市的名义回报率为每年 7.2%，其实际回报率为每年 6.6%。二者的差距是由平均每年 0.6% 的通货膨胀率造成的。

在现代阶段，通货膨胀率急剧上升，达到年平均 3.1%，实际回报率和名义回报率之间的差距相应加大。自 1926 年以来，股市的名义回报率为每年 10.6%，而经通货膨胀率调整后的回报率为每年 7.2%。自第二次世界大战以来，通货膨胀率一直居高不下。例如，从 1966 年到 1981 年，通货膨胀率飙升至每年 7.0%，而股市的名义回报率为每年 6.6%，导致实际回报率为 –0.4%。此后，通货膨胀率开始下降。从 1982 年到 1997 年，在这个长期大牛市里，实际回报率平均为 12.8%，在所有长期牛市里的任一可比时段里，该值已经接近美国历史上任何可比时间段的最高点（1865 年到 1880 年间的 14.2%）。

美国的货币体系已从金本位转变为纸币本位，这是造成通货膨胀率在现代阶段高企的主要原因。在金本位制度下，流通中的每 1 单位美元，可以兑换成固定重量的黄金。在现代纸币本位的制度下，美元的价值除了由公众的集体信心支撑外，别无其他基础。这就几乎不能限制美国政府发行更多美元。有时候，迅速增长的货币供给促使价格急速上升。但这对股市长期的实际回报率没有显著的影响。即使名义回报率已经与通货膨胀率同步上升，实际回报率依然稳定在 7.0% 左右，大致等同于 19 世纪的水平。

股票市场风险

虽然在长期股市的实际回报率明显趋于稳定，但每年的实际回报率仍然有较大的波动，我们使用年回报率的标准差来测度其波动性。表 1-2 列出了股市回报率的逐年波动情况，时间跨度为 3 个主要阶段，以及自 1982 年以来的情况。该表也列出了每个阶段回报率的最大值和最小值。从 1802 年到 1870 年，回报率的均值为 7%，标准差为 16.9%。换句话说，在大约 2/3 的时间内，实际回报率在 –9.9%～+23.9% 之间波动。从 1871 年到 1925 年，标准差为 16.8%，与第一阶段相比几乎未变。在现代，从 1926 年至今，回报率的标准差升至 20.4%，如表 1-2 所示，股市年回报率的下降当然可能超出其标准差描述的范围。股市的最高点出现于 1862 年，实际回报率达到 66.6%；最低点出现于 1931 年，实际回报率为 –38.6%。很清楚的是，**由股市实际回报率的曲折历史所**

形成的简化模式，几乎无法推断在任何给定年份的预期回报率。

表 1-2　　股票市场的年波动率（1802—2008 年）　　单位：%

	实际年回报率的标准差	最高的年回报率	最低的年回报率
1802—1870 年	16.9	66.6	–29.9
1871—1925 年	16.8	56.1	–31.2
1926—1997 年	20.4	57.1	–38.6
1802—1997 年	18.1	66.6	–38.6
1982—1997 年	13.2	31	–11.5
1998—2008 年	20.8	29.2	–37.3
1982—2008 年	17.4	32.5	–37.3
1802—2008 年	18.3	66.6	–38.6
1926—2008 年	20.5	57.1	–38.6

尽管如此，这些大幅度的波动，随着时间的增加而急剧下降。如图 1-3 所示，一年期的标准差为 18.1%，而 5 年期的标准差仅为 7.5%，下降超过一半；而 10 年期的标准差又下降了将近一半到 4.4%。虽然波动的大部分在 10 年后基本消退，并且还随着时间延长而持续下降，直至 50 年的投资期限后，年回报率的标准差减为 1.0%，这意味着回报率的上限为 7.7%，下限为 5.7%。时间越长，年平均回报率的波动越小。投资者不应该低估时间跨度。一个投资者在 25 岁时开始为其退休计划做准备，75 岁或更老时退休并领取累积的资本。这样，他将会有 50 年或更长的投资生命期。学院、大学和其他很多的永久性机构，本质上有无限的投资期限。

标准差是什么

从学术角度看，标准差是一个公认的测度变异性的指标。在给定的时间范围内，它指出了投资回报的变动范围。例如，如果某项投资的平均年回报率为 10%，且年回报率有 2/3 可能会处在 –5%～+25% 的范围以内（在上下任何一个方向上都有 15% 的变化），则年回报率的标准差为 15%。而两倍标准差将涵盖 95% 的年回报率的变动范围。

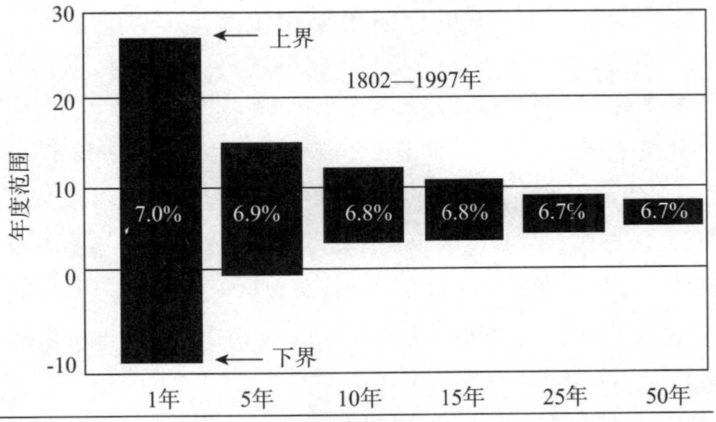

回报率标准差(%)						
上界	25.1	14.4	11.2	10.3	8.7	7.7
下界	−11.1	−0.6	2.4	3.4	4.7	5.7
标准差	18.1	7.5	4.4	3.3	2.0	1.0

图 1-3a　股票市场年回报率的范围

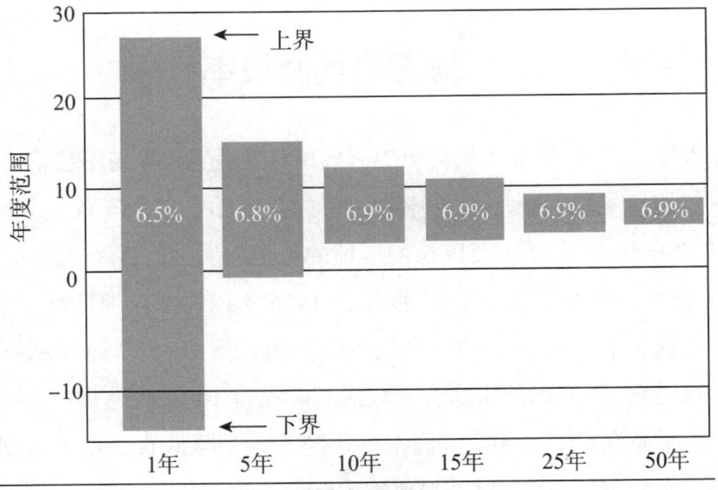

回报率标准差(%)						
上界	24.8	14.2	11.5	10.9	8.3	7.9
下界	−11.7	−0.6	2.3	2.9	5.5	5.8
标准差	18.3	7.4	4.6	4.0	1.4	1.0

图 1-3b　10 年以后，股票市场年回报率的范围[a]

注：a. 在第 14 章中，将讨论长期标准差和财富积累的关系。

十年以后

股票回报率和风险

对于整个美国股市历史里的任何一个15年的区间，股市在1982—1997年期间的年回报率最高（名义回报率为16.7%，实际回报率为12.8%）。仅仅过了两年，这样高额的回报率便消失了。自1997年以来，年回报率勉强维持为正值，每年1.3%，实际回报率却变成了–1.2%。虽然这一时期的数据可能让人失望，但现在看来，此结果似乎不可避免。综合早期的上升和随后的下降，1982年至2009年期间开始为牛市，而后转为熊市，这期间的实际回报率平均每年为6.8%，几乎精确地等同于前一历史阶段的水平。

在过去10年里，风险反而较为稳定。在1998—2009年期间，由标准差所测度的年回报率的波动率为20.8%，较之于现代阶段的20.5%（1926年至今），这个数值略高一些，但二者没有明显差异。这传递出的信息是：股票总是易变的，几乎没有理由期望股票的波动将很快减弱。

债券市场回报率

也许令人惊奇的是，债券市场的历史回报率竟比股票市场更不稳定。自1802年以来，美国长期国债的年实际回报率为3.5%；如表1-3所示，然而在此期间回报率的波动也很大。从1802年到1870年，美国长期国债的年平均实际回报率达到4.8%。从1871年到1925年，该回报率平均为3.7%。但是自1926年以后，长期国债的实际回报率仅为2.0%。在第二次世界大战以后的一个较短时期内，债券的实际回报率特别不稳定。从1966年到1981年，年实际回报率为–4.2%。然而自1982年到1997年，情况发生了彻底的转变，当时债券市场的年实际回报率达到了一个罕见的9.6%的高水平。尽管这与同期股市12.8%的强有力的实际回报率相比有点黯然失色。

表1-3　债券市场的年平均回报率——美国政府长期国债（1802—2008年）　单位：%

	总的名义回报率	消费者价格指数	总的实际回报率
1802—1870年	4.9	0.1	4.8
1871—1925年	4.3	0.6	3.7
1926—1997年	5.2	3.1	2.0

续前表

单位：%

	总的名义回报率	消费者价格指数	总的实际回报率
1802—1997 年	4.8	1.3	3.5
1982—1997 年	13.4	3.4	9.6
1998—2008 年	8.8	2.5	6.2
1982—2008 年	11.6	3.1	8.3
1802—2008 年	5.1	1.4	3.6
1926—2008 年	5.7	3.0	2.6

关于长期历史回报率的忠告

此处所讨论的长期投资回报率，主要是指股票和债券的长期平均回报率。但投资者应当留心的是：使用平均值会最大程度地平滑回报率的变动，而这种变动不可避免地贯穿于历史之中。正如史蒂芬·杰伊·古尔德（Stephen Jay Gould）所著的《高朋满座：从柏拉图到达尔文的薪火传承》（*The Spread of Excellence from Plato to Darwin*）中所言："变动作为基本的现实而存在；而平均值将其抽象化。"古尔德的这段论述近来被一篇报告所引用，该报告由具有经济学家背景的金融史学家彼得·伯恩斯坦所著。他增加了如下精彩的批注：

长期均值像灯塔般闪烁微光，或者像海上女妖高声歌唱，一直诱惑着投资者面向长远的将来，以取得类似于平均回报率的结果。回报率暂时的大幅波动会在其间发生，但在长期将逐渐减退，于是平均回报率决定了我们的期望值。

但是，这些变动既不是毫无关联的事件，也不是一系列偶然中的个别插曲。每个事件都同样生动而深刻地帮助我们理解市场的功能究竟如何。每个插曲都是前一插曲的结果，你可以将"插曲"定义为任何事情，从昨天所发生的到前一季度所发生的，直至 70 年或 100 年前所发生的所有事情。

伯恩斯坦还引用了一篇来自《投资组合管理期刊》（*Journal of Portfolio Management*）的文章，该文出自福特基金会（Ford Foundation）财务官劳伦斯·西格尔（Laurence Siegel）之手且言辞坦率：

风险不是短期的波动，因为长期投资者可以忽略短期波动。而且，并不存在任何预定的回报率，而仅仅可能是一个无法实现的期望回报率，风险是这样一种可能性。在长期，股票的回报可能很差。

上述评论对于理解金融市场未来回报的不确定性，是一个很好的提醒。但是这些评论几乎无损于我的核心要旨：关注长期远优于关注短期，但几乎没有多少投资者能领会这个教训。

债券市场风险

由于回报更低，债券的风险通常比股票要低。表 1-4 分别列出了三个主要投资阶段以及自 1982 年以来的长期市场中债券回报率的标准差，以及最高和最低的年回报率。自 1802 年以来，债券回报率的平均年标准差为 8.8%，比股票的标准差小一半。从 1802—1870 年，债券回报率的标准差仅为 8.3%。在第二个主要时期，即 1871—1925 年，波动有所缓和，年标准差为 6.4%。相比之下，自 1926 年以来，债券回报率的年标准差升至 10.6%。同时，在 1982—1997 年期间，该指标达到 13.6%，它甚至超过了同期 13.2% 的股市回报率的标准差。这种偏离历史轨迹的情况，可能是同期通货膨胀率迅速而剧烈变化的结果，当时的通货膨胀率在早期急剧上升，随后又大幅下降。

表 1-4 债券市场的年波动率——长期国债（1802—2008 年） 单位：%

	实际年回报率的标准差	最高的年回报率	最低的年回报率
1802—1870 年	7.2	20.9	–21.9
1871—1925 年	6.4	17.8	–16.9
1926—1997 年	10.6	35.1	–15.5
1802—1997 年	8.8	35.1	–21.9
1982—1997 年	13.6	35.1	–21.9
1998—2008 年	8.9	19.4	–11.3
1982—2008 年	11.8	28.6	–11.3
1802—2008 年	8.8	35.1	–21.9
1926—2008 年	10.4	35.1	–15.5

尽管在不同时期，通货膨胀率的变化对股票市场实际回报率的影响甚微，但其对债券的实际回报率的冲击甚大。债券在到期之前，需偿还固定的利息。当债券价格迅速上涨时，固定利息的实际价值大幅下跌，从而降低了债券的实际回报率。如果投资者预计通货膨胀率高企，就会要求债券发行者提供相应更高的利率作为补偿，以弥补预期的通货膨胀率带来的损失，并确保获得一个可接受的实际回报率。但历史资料表明，投资者

通常无法预测到通货膨胀率的迅速变化。比如，在第二次世界大战以后的35年中，投资者宁愿忽视通货膨胀率的影响，直在20世纪80年代早期才要求补偿。但截至1982年，通货膨胀率实质上已被控制住了（我想起了“进行最后一战的将军们”）。债券的实际回报率变化很大。因此，从现实情况来看，以债券过去的回报率为基础预测其未来回报率，这几乎没有任何帮助。

近来引入的两种新型美国政府长期国债，避免了传统的债券风险。**其一，为零息债券**。它在期限为25年甚至更长的时间内保证了一个固定的复利回报率，使得投资者可以锁定一个确定的长期回报率，其一般等于期限相同的普通息票债券的现行利率。**其二，为通胀保值债券**。它的利息率更低，但可以完全确保投资者避开消费者价格指数（CPI）上升带来的风险。然而，上述这两种债券，都没有保证其名义回报率或实际回报率将超过传统的债券，仅仅是其回报率将更可预测。

十年以后

债券回报率和风险

1978年至1981年不断飙升的利率，在1982年至1997年造成了长期债券的年回报率达到异常高的13.4%。但是，随着利率趋于稳定并随后开始下降，债券的平均回报率变得更低，自此以后平均为8.8%，但仍处于历史高位。随后，债券的长期历史回报率显著增长：从1997年的4.8%增长到2008年的5.1%。因为近来的通货膨胀率达到高于平均水平的3.5%，而债券的实际回报率为3.6%，事实上已几乎与前者相当。

自1997年以来，美国政府长期国债的实际回报率平均为6.2%，远低于历史上1982年至1997年间9.6%的实际回报率，而当时的利率接近历史高峰。经过计算，1982年至2009年中期，债券的平均实际回报率保持在8.3%的较高水平。而同期的政府长期债券利率（回报率）约为4.5%。债券如此高的回报率实际上不可能重现。而更可能的是，政府长期债券的回报率，在未来将回落至4%～5%之间。

在过去的两个世纪里，债券回报率的波动率大致为股票波动率的一半。债券的标准差为8.8%，仅约为股票标准差18.3%的一半。然而，在20世纪80年代早期和2008—2009年间，债券的标准差为11.8%，更接近当时股票17.4%的标准差。

播下增长的种子

对于长期投资者而言，股票和债券所带来的长期风险与回报，勾勒出了一幅投资策略的常识性轮廓。首先，长期投资者应当对股票充满信心。自1802年以来，在西格尔教授检验的每一个期间内，股票的回报率高于债券，并提供了最佳的长期增长机遇，同时还可防范通货膨胀的威胁。数据清楚表明：**如果风险指的是无法在长期取得实际回报率的可能性，则债券的风险比股票更高。**如果你相信我们的经济就像一个健康肥沃的花园，那么收获长期回报的最佳方式是：如同怀着期望播下增长的种子一样，投资于普通股。但是，你必须也要做好准备以应对不可预料的寒冬侵袭。那时，债券将扮演关键角色。

自1802年以来，在美国曲折的历史中，股票回报率的波动大于债券。在短期，股票的风险超过债券。甚至在长期，股票的业绩也劣于债券。实际上，从我们的证券市场建立以来，在187个连续10年的滚动期中，债券的业绩在其中的38个滚动期里超过股票，仅占1/5。然而，若持有期更长，债券市场占优的情形则异常罕见。自1802年以来，在172个25年的滚动期里，仅在其中的8个滚动期里债券的表现优于股票，仅占1/21。长期投资者应当将债券纳入其投资组合，将其作为针对股票短期波动的不足的弥补。这样的一种平衡投资策略将在第3章详细讨论。**无论市场上涨或下跌，选择一个包括股票和债券的理性平衡组合，并坚定地持有它，你不仅可以积累收益并且可抵抗逆境。**

金融市场并非只是个卖场

然而，此处提及的市场回报率，它虽然可作为确定长期投资策略的有效基准，但也暴露出一个重大缺陷。这些回报率仅反映了一种纯理论的无成本投资的可能性。从整体来看，投资者能够获得的收益会更少，因为市场回报率不可避免地被投资成本抵消掉一部分。共同基金业内投资成本的差异幅度极大。对于一只主动管理型的小盘股票型基金，与总资产相关的收费可能高达3%，包括运行费用和交易成本。而费用最低者是市场指数基金，它是一种消极管理型基金，仅购买并持有某种特定指数的成分股票。因为它没有顾问费或交易成本，仅收取最低标准的运行费用，其成本可低至其资产的0.20%乃至更低。平均来看，一只普通的由专业投资顾问管理、力图获得超越市场收益的股票型共同基金，其年运行费用大致为其资产的 1.5%（称为费率）。同时，其投资组合交易的成本保守估计也要 0.5%，二者相加，其每年的总成本将使总收益至少降低两个百分点。

当我们估计未来的预期收益水平时，长期投资者必须意识到：成本将消耗掉一部分投资收益。成本将使名义回报率和实际回报率都降低同样的百分点。但是，持续的通货膨胀率几乎总是成比例地消耗掉更大份额的实际回报率。此处有一个例子：假定股票的年名义回报率为 10%，某只股票型共同基金的年费率为 2% 的行业平均水平，达到市场年回报率的 1/5。现在，若通货膨胀率为 3%，则市场的实际回报率为 7%，成本将消耗掉市场回报率的 1/3。而且，投资者迟早必须纳税。无论公平与否，税收是按更高的名义回报率而不是按实际回报率来确定的。如果对基金收入以及资本利得征税，假设这将使税前回报率减少 2%，达到 5%（这是一个相当审慎的假设）。那么在税后，这 2% 的总成本将占税后市场实际净回报率的四成。更明确地说，**支付最低成本的长期投资者，最有可能赚得最高的股市实际回报率。**

馅饼理论

现在让我们考虑现实世界里成本的实际影响。假设始于 1926 年的现代股票市场，其总的名义回报率为 11%，该数字未做通货膨胀调整，包括从 1982 年至 1997 年间实际上高达 17% 的年回报率。如果将这个回报率视作一个扁平的圆形平面，比如一张馅饼，根据定义，11% 就是那张全部市场参与者能够分配的馅饼。如果我们汇总所有表现较好的投资者的回报率，其回报率一定会被所有表现较差的投资者的总回报率所抵消。准确地讲，抵消的幅度相等。这就是那张扣减成本前的总馅饼。因而，成功投资者的所得就是 2% 的回报率，恰好被不成功投资者那 2% 的损失等量抵消。成功的一方盈利 13%，而另一方盈利 9%。

现在做如下假设，所有市场参与者的投资成本均为 2%，这张 11% 的总馅饼将缩小为 9% 的净馅饼，以供所有的市场参与者分配。事实就是这么简单，赢家赚得 11% 的净回报率（等于市场的总回报率），同时输家只能得到 7% 的净回报率（落后 4%）。在考虑成本后，赢家仅仅获得等同于市场的回报率，而输家的回报率落后赢家 4 个百分点。这个事实给人以启示，为何获得市场的平均回报率同样很困难，而取胜的概率则更小。

以馅饼做类比几乎没有什么新意，甚至可以用一道简单的二年级代数式来表示：

市场的总回报率 − 成本率 = 市场的净回报率

这个三段论的演绎十分清楚：

- 所有的投资者拥有整个股市，主动投资者（作为一个群体）和被动投资者一直持有所有的股票，因此他们一定获得总的股市回报率。
- 主动投资者所承担的管理费用和交易成本，大大高于被动投资者所承担的部分。
- 因此，根据定义，由于主动投资者和被动投资者一定共同获得同一个总回报率，则被动投资者一定获得更高的净回报率。证毕。

如果在充满不确定性的金融世界里，哪怕仅有一点基本的、不言而喻的确定性，毫无疑问就是上面的内容。这构建起被动投资方式的基本原则，最显著的就是被动管理的指数基金。在本书中，我将对指数基金多做论述。故此，我们应当向提出有效市场理论的扩展方程式组和完成其优美证明的学者表示敬意。该理论由获得诺贝尔奖的经济学家和金融专家们发展而来，如：保罗·萨缪尔森（Paul Samuelson）、詹姆士·托宾（James Tobin）、弗兰科·莫迪利亚尼（Franco Modigliani）、威廉·夏普（William Sharpe）、哈里·马科维茨（Harry Markowitz）和默顿·米勒（Merton Miller）。同时,我们应当认识到，人们无须达到有效前沿，只需找到复杂问题的简单答案即可。而有效前沿是一个能提供与所承受风险相匹配的最优效用的市场回报率。而且，正如我们将在第 4 章探讨的，在积累金融资产这一严肃的竞争中，简单战胜了复杂。

背离原则的行为

战胜市场的概率很低，这点已由馅饼理论清楚地阐明了，它还有一些其他深刻的含义。如果长期投资的理想是构造一个在股票和债券间分散投资的合理平衡组合，无论市场如何变迁都始终持有它，并力争将成本保持在最低。这应该成为共同基金经理和投资者一致崇尚的原则。但实际上这两个群体却对该原则经常违反，少有遵从。对战胜市场的追逐，似乎已经淡化了我们应该掌握的简单信条。《哈特福德新闻报》（*Hartford Courant*）的编辑查尔斯·杜德利·沃纳（Charles Dudley Warner）曾说：“人人都在谈论长期投资，但无人付诸行动。”

无论专业投资者抑或个人投资者，并非都对历史教训一无所知，但他们不愿意吸取这些教训。太多的基金经理、投资顾问、证券经纪商和大量的财经新闻，以及电视节目（也许出于明显的原因），都以做短期预测为目的。他们预测市场趋势和热门股票，偶尔也涉及冷门股票。如此一来，当今过热的投资氛围似乎总在催促人们行动，正所谓：

“马上行动，否则就晚了。”

为了展示短期方法对于长期投资的缺陷，我将检验两条普遍的短期策略，以显示共同基金投资者如何在效仿之后受到损害。**第一条，是市场择时**。即将资产从股票转为债券或现金以避开股市下跌，然后将资产从债券或现金转为股票，以企图赶上随后的股市升浪。对大多数效仿者而言，市场择时容易招致相反的结果：在股市下跌时身陷其中，市场高企时却置身其外。

那种投资者应根据铃声提示来决定何时入场或何时退场的想法，完全不可靠。在这个行业度过近 50 年的岁月后，我还未曾听说有谁曾经以此获得成功且保持下去的，我甚至不知道有谁说过这回事。然而，市场择时正被越来越多的共同基金投资者和基金经理所信奉。

第二条，是长期投资组合的高换手率。很明显，共同基金投资者和基金经理都有这样的行为，而这种行为代价高昂。可以预见的是，这很像市场择时。该行为基于这样一种信念：投资者能够投资于特别有吸引力的股票或共同基金，并静观其上涨，然后在投资组合达到高点时抛出。如同市场择时一样，没有任何证据表明：高换手率可提高基金投资者或基金经理的回报率。

新闻报道中的市场择时——“股票之死”

财经媒体提供了一个很好的平台，让我们可以评估以下策略的效果，这些策略包括市场择时或其他永恒追逐超越市场回报率的策略。媒体报道既反映了由所有投资者的决策所决定的金融市场活动，也借助了突出甚至在某些方面的大肆渲染来夸大市场活动的影响。

看看两则来自《商业周刊》的封面故事，它是美国最受推崇的商业期刊之一。1979 年 8 月 13 日，《商业周刊》登出一篇题为《股票之死》的封面文章。如图 1-4 所示，这个关于择时的故事不幸到极点：当该文写就时，道琼斯工业平均指数为 840 点。截至 1980 年年底，该指数升至 960 点。在随后的两年中，该指数一路下挫，到 1982 年 7 月跌至 800 点，然后又开始反弹，到 1983 年 5 月升至 1 200 点。到 1983 年 5 月 9 日，自 1979 年 8 月的文章刊出以后，市场已上涨了近 50%。《商业周刊》于当天又登出另一篇题为“股市的重生”的封面文章。当这篇文章发表后，我对一位同事说：“小心，乐子要结束了。”果然，股市的好运气很快变向。当道琼斯工业平均指数在 840 点时，《商业周刊》说，应“卖出”；当该指数攀升至 1 200 点时，它又说要“买入”。然而，在推荐买入后的两年，到了 1985 年 5 月，道琼斯工业平均指数依然徘徊在 1 200 点左右。

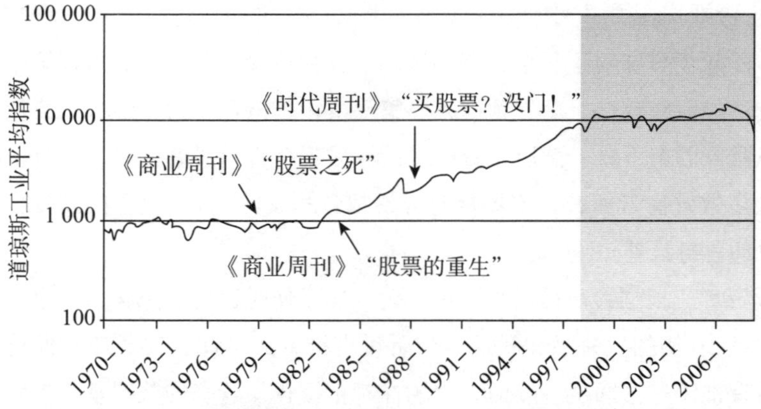

图 1-4　跟着媒体报道投资——《商业周刊》与《时代周刊》

这样专挑《商业周刊》的毛病可能不公平，《时代周刊》给了我们另外一个同样深刻的例子，该例子表明：对未来股市走势持强硬且明确预判的风险极高。1988 年 9 月 26 日出版的《时代周刊》刊登了一篇封面文章，题为《买股票？没门！》，并在封面上画了一只巨大的熊。该文对于股市有如下的"真知灼见"："这是一场危险的游戏……这是一次事关信心的投票，而事情正变得更糟……市场已变成一场赌博……小投资者已受到威胁……在这个世界上，股市是最低级的行当之一。"当这篇文章发表时，道琼斯工业平均指数正在 2 000 点的水平，刚从 1987 年 10 月股市崩盘前的高峰 2 700 点滑落下来。自那时起，道琼斯工业平均指数开始攀升，一直登顶达到 9 000 点，增长至原来的 4 倍还多。投资者若遵照《时代周刊》的结论行动，那他只能悲伤地错过这历史上最强劲的一轮牛市。

我既无意批评《商业周刊》和《时代周刊》，也无意将它们作为绝佳的反例，它们的绝妙建议总是如此一贯的错误，以至我们仅仅按其建议反向操作就能够盈利。我的要点在于：**在任何逐月甚至逐年的短期基础上，市场完全不可预测。我们既不应当指望它变得可预测，也不应当根据传统观念所引发的冲动做出投资决策。无论这些号召来自权威刊物的头条，还是来自我们日常的希望和恐惧，它们通常会让我们关注短期，模糊我们对长期的认识。**

共同基金投资者的市场择时

不幸的是，可用的数据表明：**共同基金的个人份额持有者没有克制住自己的冲动，并且从众心理明显。**正因为基金持有人对股价波动的反应过度，共同基金投资已被证明对市场极端敏感。如图 1-5 所示，锯齿状的尖峰和波谷标示了流入和流出股票型共同基金的现金流，该现金流以基金资产的百分比来衡量。在1973年至1974年期间，市场下跌了48%，投资者即从股票型基金中撤出。从1975年第二季度至1981年第一季度，投资者在连续24个季度里从其持有的股票型共同基金中撤资，总额累积为140亿美元，足有初始总持有量的44%。然后，就在从1982年第三季度开始的长期牛市来临之前，基金投资者最终再次活跃起来。直至1987年第三季度，流入基金的现金总计达到800亿美元，为基金初始资产的122%。

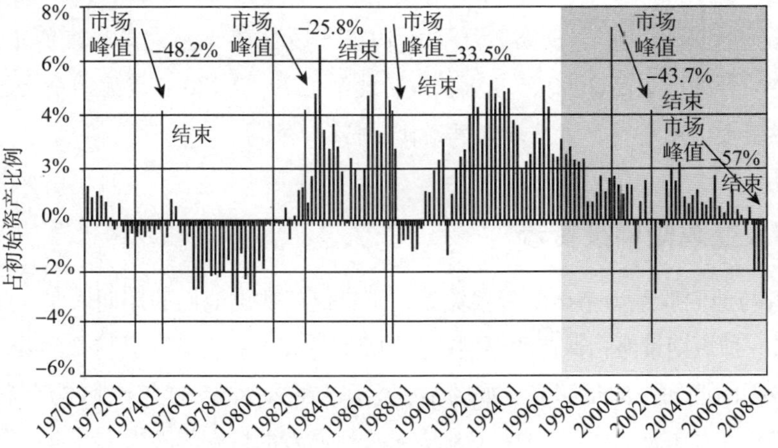

图1-5 股票基金现金流情况（1970—2008年）

在1987年的前9个月，投资者投入大量资金到共同基金（占800亿美元累积流入量的280亿美元）。这大部分投资，其价格已被证明是虚高的。随后，1987年10月，股市崩盘，投资者的资金损失殆尽。在随后一年半中的每个季度，持续飙升的股票基金赎回额超过了不断下降的新份额认购，近5%的股票基金资产被清算。直至此时，股票的估值才显得合理，而令人悲哀的是，就在市场即将迅速反弹之际，那些退出的投资者已经放弃了参与市场的机会。

1987年10月的股灾，使得很多非理性的投资者退出了股市，但是一旦牛市重现暴涨，这些退出的投资者又改变了他们的轨迹。每个季度都有大量资金流入股票型基金，这样的势头不减，一直保持到1998年年中。涓涓细流最终汇成了咆哮大河。1983年是牛市的第一个年头，基金的净认购额为10亿美元；到了1997年，这个数字变成了原来的200倍还多，达到2 190亿美元。如果把大量来自投资者的共同基金的流入和流出作为股市的反向指标，则近来该行业资金的流入可能不是一个好消息。但无论未来会如何，这些数字都证明了股市的最大悖论之一：当股票价格高涨时，投资者争相跳上这趟花车；当股价低迷时，却无人问津。

十年以后

共同基金投资者的市场择时

在1998—2009年期间，共同基金投资者持续着其一贯且适得其反的投资模式。在截至2000年年中的牛市第一阶段大升浪期间，投资者增加了6 500亿美元的股票持有额；在股价上涨并从2002年的低点复苏时，他们撤出了920亿美元；当市场的复苏似乎将于2007年秋季告停时，他们又大举投入了7 250亿美元的投资金。而当股价正处于自1929—1933年以来最深幅度的下跌中，撤资重又开始，直至2009年春天，市场达到低点，2 280亿美元的资金已逃离股票型基金。难道投资者从未领悟到什么吗?

基金持有人变成短期投资者

投资者与他们股票型基金的爱恨关系，不仅仅反映出他们的短期取向，此外，他们还采用了另一种短期策略：保持股票型基金的高换手率。投资者对其持有的共同基金投资组合频繁换手的倾向一向很明显。如图1-6所示，在20世纪60年代和70年代的大部分时间里，年换手率在8%的范围内，意味着基金所有者的持有年限为12.5年。持有年限的估算很简单，对换手率求倒数即可得到。当前，基金份额的换手率达到每年31%，意味着典型的股票型基金投资者，持有其份额只勉强达到3年。这31%包括股票型基金的赎回率，每年平均为基金资产的17%；加上14%流出股票型基金的部分，或者进入其他股票型基金，或者进入债券和货币市场基金。共同基金的持有期限下降了75%，这完全是一个错误。因为如此短暂的持有期将会影响一个理性的长期投资策略的实施。

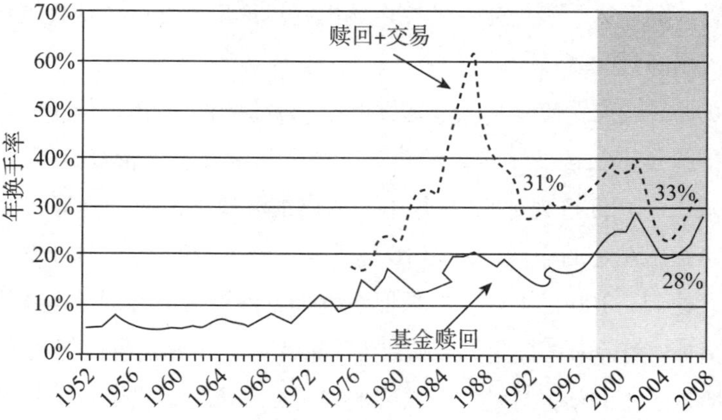

图1-6　股票基金份额投资者的年换手率（1952—2008年）

图1-6中需要特别注意的是，份额换手率在1987年急剧上升，这与上一次的市场大跌并非巧合。当时的换手率飙升至62%，持有期仅为1.6年。这不禁使人纳闷：如果在下次市场回报率急剧下跌时，持有人仍采取类似的赎回模式，共同基金业该如何应对呢?

十年以后

基金持有人仍然是短期投资者

共同基金持有期较短这种不同寻常的趋势，一直持续到了2002年，那时的换手率已达到每年41%，普通投资者的平均持有期估计仅为两年半。而当时共同基金的择时交易丑闻已被曝光，即许多大型基金允许享有特权的投资者在美国市场临近收盘时，通过交易基金份额获得几乎确定的收益，因为此时的交易价格是欧洲和日本市场在数小时前的收盘价格。

这些机会主义的投资者往往是对冲基金，它们以直接牺牲基金长期持有人的利益为代价，获取了不当所得。当共同基金做市商与对冲基金经理之间的这些阴暗面被揭露后，这些非法的行径即被禁止。这个禁令使得换手率在2004年至2007年间应声下跌，最终跌去近一半，仅为24%。但在2007年至2009年的股市崩溃之际，赎回率又窜升至36%。通常我们认为，共同基金是买入并做长期投资之用，但上述这种疯狂的行为与该观点相左。无论是否合法，如此频繁的基金份额换手率不仅是基金业的丑闻，更是对理性投资原则的悍然背弃。

以基金经理为榜样

毫无疑问，基金投资者所采用的这种短期投资哲学，正是从管理着投资者资产的基金经理那里学到的。从20世纪40年代到60年代中期，典型的股票型基金组合的年换手率为适中的17%。到1997年，美国股票型基金的平均换手率达到85%，令人瞠目地升至原来的5倍！基金经理的平均持股期仅一年多一点！对于已受托的，以诚信责任谨慎管理客户资产的投资顾问而言，这是一种奇怪的行为。实际上，他们跟短期投机者一样都在不断更换投资组合。在过去的几十年中，借助于尖端通信技术的不断发展，管理他人资产的基金经理采用了一种新的方法试图战胜市场，即“快速射击交易”（rapid-fire trading），这种方法会让投资者承担了高额的交易成本和税收成本。哥伦比亚大学法学院教授路易斯·洛文斯坦（Louis Lowenstein）在其1988年的一篇文章中表示：共同基金经理“表现出对瞬时股价变化的一贯关注，而他们却彻底遗忘了这个特殊行业的微妙精细之处”。除去我所引用的一些“表现最佳”的共同基金（那些遵从相对稳定的低换手率策略者），共同基金业现在正走向一条只能创造更少价值的道路。在图1-7中，基金组合的换手率显示出惊人的攀升。

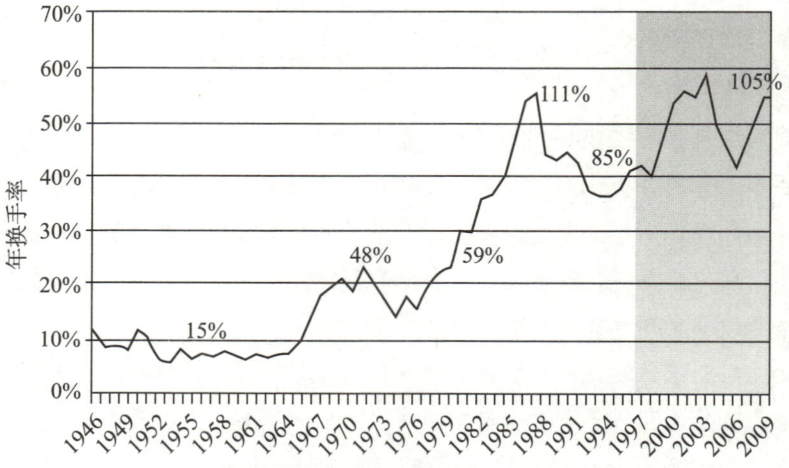

图1-7　共同基金投资组合的换手率（1946—2009年）

基金经理们也忽视了沃伦·巴菲特所倡导的长期投资的规则，他无疑是美国最为成功的投资管理人。在他庞大的投资组合里（仅集中于相对较少的几只股票），换手率不但很低，而且实际上几乎为零。在他所掌握的投资控股公司伯克希尔哈撒韦公司1996年的年报中，他的投资哲学是这样被描述的：

> 不作为是一种可以警醒我们的明智行为。不论是我们，还是大多数企业的高管，都不会因为美联储对贴现率的细微调整或因为某位华尔街的智者已改变了其对市场的观点，而狂热地想要交易那些高收益的股票。以我们在这个奇妙行业里的渺小地位，为什么我们还要另辟蹊径呢？

有人可能会问：为什么会有受托人不遵守巴菲特的原则呢？**巴菲特先生描绘其不同寻常的有效投资方法为：保持“我们所主要持有的大多数股票，不管其价格相对于其（当前的）内在价值是多少……至死不渝……我们一直在找寻确信在未来一二十年仍有巨大潜力的企业。作为投资者，对于动荡的行业，我们应像对待太空探险一样，为努力而喝彩，但我们宁愿置身其外”。**

高换手率已成为共同基金的鲜明特征，巴菲特先生对此并不赞成：

投资经理们太活跃了，与他们的行为相比，游荡的穆斯林托钵僧显得更沉稳。实际上，“机构投资者”这个术语已成为修辞上的一种自相矛盾，与“巨大的小虾”[①]“女子泥浆摔跤选手”以及“廉价的律师”等类似。

对于现代共同基金业的状况，巴菲特先生迅速给出了正确的结论，他说：

一个投资者虽然不了解具体企业的经济状况，但又想成为美国产业的长期拥有者，应当定期地投资于指数基金。以这种方式，一无所知的投资者就能够超越大多数投资专家。但悖谬的是，当迟钝的投资者承认其局限时，他就再不迟钝了。长期投资者就像寓言里步履蹒跚的乌龟，最终赢得了与投机者的竞赛，而投机者就像那只跑跑停停的兔子。共同基金业忽视了这个道理。

让我们考虑如下问题：基金业的高换手率是否对执行良好的、拥有高回报率的投资计划有副作用呢？答案很明显：若把行业视为一个整体的话，它并没有。由于基金现在已经控制了股票总量的1/3，主要是基金经理相互之间的大量交易。因而，对基金持有人整体而言，每笔交易相互抵消，这是一场零和博弈。但重要的是，一部分交易资金被交易商赚取，这意味着该项活动变成了负和博弈。该结论有据可依：晨星公司（Morningstar）近来的一项研究发现，几乎没有基金经理能够通过投资组合的频繁换手来显著提高回报率。而由高换手率所导致的回报率的略微增长，依靠的则是买入更高风险的股票来实现的。这项研究的结果不支持基金业的高换手率政策。

进而，我本人多年的研究认为，晨星公司的结果可能太过乐观。我所了解的证据表明，**绝大多数基金只要仅仅在年初持有其投资组合不变，并在随后的12个月中不采取任何操作，都能获得更高的回报率**。不管基于什么原因，如今专业基金经理的高换手率，超过了该行业长期以来的低换手率，这已使基金业绩远远落后于市场的平均水平。我认为，**由于疯狂交易所带来的高额成本，要承担基金业绩不断落后的部分责任。**

短期投资取代了长期投资

1951年，当我在普林斯顿大学撰写有关共同基金的学位论文时，我表达了对不成熟地乐观看待共同基金组合交易在金融市场上重要作用的忧虑。我认为，

① 表示自相矛盾，与后面两个比喻“女子泥浆摔跤选手”以及“廉价的律师”相同。——译者注

基金经理的专业分析能力，伴之以他们专注于价值投资而非预测股价的变动，将给市场带来对“稳定的、成熟的、开明的、可分析的证券的需求，该需求本质上基于企业绩效而非大众对其股价的评判”。

在这个方面，我一直在回应约翰·梅纳德·凯恩斯的观点：市场上投机行为的强势地位，来自投资者持有股票数量的不断增长，而这些投资者“毫无专业投资知识……而传统的股票定价方法，是基于大量无知个体的群体心理”。专业投资者及证券行业专家的意见将不能抵消群体的观点，于是他们将试图去预测公众对股票估值的变化。

而我认为，共同基金和其他金融机构将变得更为重要，因此，我得出了与凯恩斯相反的观点。我认为：基于对股票长期性质的理解，这些机构将依赖其专业的投资知识并精确地为股票定价。而不是基于无知个体的心理（或者，如凯恩斯爵士所言，不是发现“关于股票价值的普遍观点的平均值”）预测股价。当基金组合的年换手率远低于20%时，我认为共同基金的持续增长：“将意味着对企业的投资不再（用凯恩斯的话说）‘仅是一个投机漩涡所产生的泡沫’。”

令人悲哀的是，正如基金组合换手率的数据所显示的，我年轻时的乐观主义错了。今天该行业的行为，很接近法律所规定的短期投机的限度，远离了长期投资。

在这个创造力不断增加的行业里，我们无疑将目睹无数新的短期策略的涌现，其中每一个都对我们许以诱人的承诺：对一个长期投资组合施以过度活跃的短期管理策略，将比合理地买入并持有的策略更佳，但这些承诺最终将一无所获。因此，市场择时只是失败的策略之一；投资组合的高换手率亦是最无效的。无论是对基金还是基金投资者而言，换手率不断提高所导致的高成本和高税收，注定将使情况更糟糕。

十年以后

基金投资组合换手率仍居高不下

尽管投资组合的高换手率对共同基金整体具有明显的不良后果，然而在过去10年里，交易活动却仍在持续增长。实际上，2009年普通的股票型基金投资组合的年换手率达到105%，甚至高于1997年的85%。

以换手率而言的交易规模之大，令人惊讶。截至2009年年中，基金资产的总市值为3.5万亿美元左右。而股票型基金的经理买入了2.9万亿美元的股票，同时卖出的金额达到3万亿美元（部分是为了弥补基金份额的净清算额），总的交易规模达到5.9万亿美元，这几乎是基金总市值的两倍。

简单浏览一下图1-7，就能使这一悲观结论十分清晰：在1946—1965年间，基金的年换手率低于20%，处于一个合理的水平；在1/4个世纪后，该指标的上升幅度为100%，达到一个新的（明显无法支撑）高点。总而言之，这个行业已经背弃了长期投资的常识，转而追求愚蠢的短期投机。

理解投资经济学

在我看来，市场择时和高换手率：由基金投资者实施并承担相应的影响，这已将投资者引入歧途。具体表现为：**其一，基金投资者缺乏对投资经济学的理解；其二，基金投资者的投资过程缺乏理智**。正如我将于第2章明确阐述的，金融市场长期回报的来源很容易解释：对股票市场而言，是企业的盈利和分红；对债券市场而言，是利息支付。可是，市场回报率是在扣除投资成本之前计算出的。而且可以确定的是，市场回报率并非来自投机和频繁交易，这样做除了将回报在不同投资者之间转移，别无用途。对于长期投资者而言，投资回报与美国企业的经济基本面紧密相关，而与股票买卖的具体过程毫不相关。我认为：**共同基金投资艺术的关键在于简单和常识**。

如果个股的价值来自发行股票的企业，那么很明显，整个的股市不仅仅是股票凭证的汇总，更代表了美国企业有形和无形净资产的总和。不考虑成本因素，投资者取得的长期回报率必然接近美国企业的盈利和分红。对投资者整体而言，高换手率最终不能产生丝毫价值，因为它与提高企业的盈利和分红水平毫不相干。同样，市场择时也不能影响美国企业的内在价值。长期投资者的理想投资方式为：**无论市场潮起潮落，都持有一个股票和债券保持合理均衡的投资组合，并达到合理的平衡**。

长期成功的简单原则

尽管大多数投资者尚未接受这种长期投资的理想方式，但令人惊奇的是，实现它并不困难。在实际投资共同基金时，聪明的投资者一定要注意自己可控的长期投资要素。

无论多么难以实现，投资者绝不能只关注市场的短期走势，也不必去找寻下一个热门基金，应该把心思花在挑选基金上。**基金选择的关键不在于只关注未来的回报，因为这是投资者所不能控制的，而应关注风险、成本和时间这些投资者能够控制的因素。**

正如花园里的花朵开始发芽并慢慢成长直至花开，它的根基只有经历季节变化才会变得坚固。同样，投资的成功也需要时间，给自己尽可能多的耐心，你可以从 20 多岁时开始投资，即使是很少的资金量，经过复利这个奇迹的滋养，你的投资组合将随着市场的起伏而积累起来。比如，在一个 10 年的周期内，如果市场的年平均名义回报率为 10%，一笔 1 万美元的初始投资，10 年后将增长为近 2.6 万美元，是初始投资的 2.5 倍以上，若假设实际回报率为 7%，初始投资的购买力将近翻了一番。在 50 年内，假设保持同样 10% 的回报率，1 万美元将增长为近 120 万美元，这是初始投资的 120 倍。

为了充分利用复利在现实市场获取收益，应特别注意成本的负面作用，即投资咨询的成本、投资组合的管理费用和行政费用、交易的费用，以及税收等所有成本。一旦完成退休金的积累后，你会发现个人的各种投资组合的回报率，几乎远比市场回报率低，因为后者理论上不承担费用及税收等总成本。表面上二者每年回报率的差异很小，但随着时间流逝将逐步扩大，与最终积累的资本总额将有巨大的差距。给予你的投资组合足够的时间，让它受益于复利的魔力，并使你的成本最低。绝不要忘记成本，它就像野草一样阻碍花园的繁茂。

这些简单的原则是长期投资策略的基础，该策略将使投资者对投资的信任得到回报。很多共同基金投资者偏离了长期投资的理念，他们最后仅能收获期望的破灭。他们贪婪地追逐不切实际的业绩，并采取成本不菲的短期策略，最终偏离了投资成功最为重要的秘诀：简单化。当他们将投资过程复杂化以后，他们更可能滑向一条通往失意的阴暗道路。遵循一个简单的计划，听任市场沿其轨道发展。**投资的秘诀就是根本没有秘诀。**

于是，我又回想起花匠强斯的智慧。我们已经历了一个漫长的春季和夏季——历史上持续最长的牛市，但是“也会有秋季和冬季”。不必对季节的变化吃惊，因为它一如既往、变化如斯。实际上，此时正是展望未来之际。如果你在长期严守以下几条简单的规则，你的投资将生存下来并最终成功：

- **你必须投资。**最大的风险不是短期股价的波动，尽管这仍然存在，更不是那些会带来长期风险的项目，而是不将你的钱投资于回报丰厚的项目。
- **时间是你的朋友。**给你自己尽可能多的时间。在二十多岁时开始投资，即使那时的资金很少，但绝不要停顿。在困难时间进行最平常的投资，将帮助你保持前进的步伐，并使之成为一种习惯。你要认识到，复利是一个奇迹。

- **冲动是你的敌人。**将情绪因素从你的投资计划里消除，保持对未来回报率的理性预期，并避免因市场波动而改变预期。寒冷、黑暗的冬季终将让位于明亮、丰饶的春季。
- **掌握基本的算术。**保持你的投资费用的可控。你的净回报率等于你投资组合的总回报率，减去你所承担的成本，包括销售佣金、咨询费、交易成本等。降低成本将使你的目标更易完成。
- **坚持简单化。**不要使过程复杂化，投资的基本点在于简单、合理地配置你的股票、债券和现金储备。选择侧重投资高等级证券的中庸的基金；注意平衡风险、收益和（切勿忘记的）成本。
- **坚持到底。**无论发生什么，坚守你的投资方案。我已说过一千次“坚持到底”，每次都是认真地提醒你们。这是我能给你们的最重要的一条投资建议。

让短暂而不确定的日子过去吧，让我们充满信心地面对未来。也许未来的某个冬季比以往更漫长且更寒冷，或者某个夏季将更干燥且更炽热。然而在长期，我们的经济和金融市场仍将稳定而理性地发展。不要让短期波动、市场心理、错误希望、恐惧和贪婪阻碍正确的投资判断，如果你记住强斯的经验，你将与成功同在：

> 我很熟悉花园，我终生都在那儿劳作……那儿的一切将应时茁壮生长，那儿有很多空间可供各种新的树木和花儿生长。如果你喜欢花园，你就不介意在那儿劳作并等待。然后，在合适的季节里，你一定会看到它繁花似锦。

十年以后

要改变投资的规则吗

绝不！没有什么——包括过去10年中股市和债市的变化，抑或是基金份额持有者，或是资金管理者的行为，能说服我改变上述6条理性投资原则中的哪怕一条。是的，我们已置身其中的冬季，比以往更漫长而寒冷。但是按照常识投资，就像强斯对季节永恒变化的态度和他对正在成长的花园的看法一样，再次提醒我们投资原则的持久性。

但是，投资者、资金管理者以及企业高管是如何与我们的金融市场打交道的呢？现行的规则必须修改，马上！我们需要重建诚信的传统准则，以使我们企业的高管和资金管理者成为投资者利益的唯一代表，只有那时，投资才能再次成为充满信任的行为。

回报的本质：奥卡姆剃刀原则

《旧约·传道书》讲道："已过的世代，无人纪念；将来的世代，后来的人也不纪念。"[①]这种观点十分契合一些投资者的心意，他们关注的是美国金融市场所表现出的飘忽不定、不可预测的短期波动。但是，在发展一种长期投资策略时，记住过去是必要的，因为这能帮助我们理解驱动证券价格的因素。当我们用理性去分析金融现实时，就可以洞察以往股票和债券长期回报率的来源和模式。对过去回报率的分析，是我们预判未来回报率性质的坚实基础。更重要的是，这也能够成为我们运用理性探讨未来投资的坚实基础。

威廉·奥卡姆爵士（Sir William of Occam）是 14 世纪英国的一位哲学家，他提出这样的观点：**越简单的解释，越有可能正确**。这条知名的假定被称为"奥卡姆剃刀原则"，我已将它用于分析金融市场的方法论中。我挥舞着威廉爵士的剃刀，修剪掉分析方法中所有的旁枝末节，并将投资回报率的来源归于三个必需的部分。我基于此分析得到如下判断：**单个证券的业绩不能预测；在短期，证券投资组合的业绩也无法预测。尽管投资组合的长期业绩同样无法预测，但对过去回报率的细致检验，有助于投资者探讨预期回报率参数的概率取值。这为聪明的投资者提供了理性预测未来回报率的基础。**

对于一些共同基金的长期投资者，他们以适中的成本选择充分分散化的投资组合，在金融市场上充分应用了奥卡姆剃刀原则。本章所提及的市场回报率是指总回报率，但投资者作为一个群体必然获取更少的回报（参见第 1 章关于投资成本的讨论）。因此，无论我们预期市场回报率为多少，我们必须将减掉其两个百分点（或更多）的投资成本。

由于长期回报率在传统上是由一些跟踪美国股市和债市的市场指数来衡量的，所以我的分析和跟踪同样基准的指数基金有最直接的关联。（关于指数基金的内容见第 5 章）。侧重于大流通市值公司的分散化股票型基金，以及投资于高等级债券的基金，都很适用这种分析。在上述两种情形下，那些成本最低的基金，其回报率与市场回报率之间的差距也最小。

① 见《旧约·传道书》1:11。——译者注

奥卡姆剃刀原则和股票市场

我们的探讨始于一个近两百年的投资之旅。正如我们在第1章所了解的，自1802年以来，股票的年实际回报率（扣除掉通货膨胀率）平均约为7%，虽然曾经历短暂的巨幅波动，即1862年高达67%，1931年低至–39%。尽管7%的年均回报率已被证明为市场长期回报率的一个相当稳定的标准，但106个百分点的巨大波动幅度，则有力地警示了股市的短期风险。

图2-1显示了近两百年来的股票回报率。早至1802年，一笔1万美元的股票投资，以7%的实际平均速度增长，现在其实际价值（将通货膨胀调整后）将高达56亿美元。现在让我们在更短的时间框架内，以25年为周期考虑西格尔教授关于回报率的数据。

十年以后

25年期的股票回报率

在市场走强的20世纪80年代和90年代，25年期的股票实际回报率不断提高。在截至1999年的25年里，股票年回报率达到11.7%，与1882年空前绝后的峰值相等，稍微高于1967年的现代时期的高点。然后，在经历2000—2002年的熊市之后，25年滚动期的回报率跌至7.8%，而截至2009年年中，该值又跌到更低的6%，仅约为25年以来其高点的一半。

当早期牛市的喜悦被时间逐步冲淡后，实际上，25年期的回报率肯定会下跌。例如，如果在以后的15年里（这只是一个假设而非预测），股市年平均回报率为6.5%。那么，到2024年，25年期的回报率将大约下跌到每年仅为2%。这个疲软的回报率甚至低于早期出现于1859年、1953年和1981—1990（含）年期间的低点3%。同时也低于1931年2.1%的水平。图2-1所示的数据确凿地证明：随着时间的流逝，历史将会重演。然而，预先知道何时达到峰值和低谷，这并非我们的能力所及。

如图2-1所示，在196个独立的年份中，股票回报率的高点和低点之间的差距达106个百分点之多；当以25年为期限时，则变为172个重叠的时间窗口，此时股票回报率的高低点之差大大缩小。在每个这样的时间窗口里，股票的年实际回报率介于2%到

12% 的正值区间内，没有一个 25 年期的回报率为负值。在 2/3 的情况下，年回报率在 4.7% 到 8.7% 的范围内，与基准值的偏离都 2 个百分点以内，这就意味着年实际回报率的标准差为 2%。

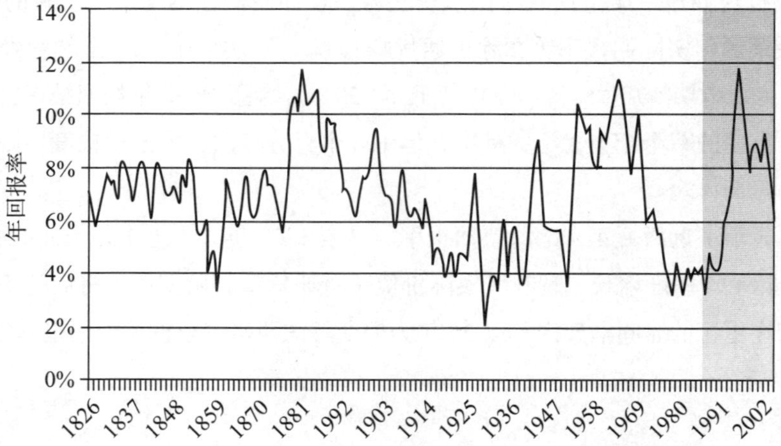

图 2-1　股票 25 年滚动期的实际回报率（1826—2008 年）

这些回报率说明了什么？它们来自哪里？它们的性质是什么？为什么波动幅度随着时间而减小？根据实际情况，股票市场具有一定的近乎永恒的特征。**当时间窗口从 1 年增至 25 年后，投机的短期影响力消退了，而投资回报率开始更紧密地、即便不是精确地遵从投资的基本面因素：股息率和盈利增长率，这两个要素共同构成了股票回报率的驱动力。**自 1871 年以来，我们就能够相当精确地追溯到这两个要素的影响；在 20 世纪 30 年代考尔斯委员会（Cowles Commission）所主持的详实研究中，就是以 1871 年为起点的。

我们能够运用历史数据去解答这个简单问题：为什么股票提供了 7% 的长期实际回报率？答案是：这几乎完全是由于美国企业的盈利和股利在不断增长[①]。在 1871—1997 年，实际股息率与盈利增长率之和，经通货膨胀调整后，实际达到了 6.7%。换句话说，这个长期实际回报率全部是来自股票的股利增长率和回报率，它完全等于 7% 的股市自身的实际回报率。而所有其他的因素综合起来，对由这两个基本面因素所决定的回报率而言，几乎产生不了什么显著的影响。

可以确定的是，回报率围绕这个基准会有显著的波动，而这些波动来自估值的变化，所谓估值，即投资者愿为 1 美元盈利所支付的价格，这也就是市盈率（P/E）。投机因素

① 这些数据基于 1871—1997 年间历史股息率和盈利增长率，总回报率（而并非其组成部分），只有 1802—1870 年的数据可用。然而，对我们预期寿命更短的凡人而言，用两个世纪的数据足以保证股票实际回报率的一贯性，7% 的股票实际回报率在这两个时段内很普遍。

已证明其力量巨大，经常能造成基础回报率一年上下波动 4 个百分点。例如，在一个 25 年期里，市盈率从 8 倍增加到 20 倍，这将使回报率增加 4 个百分点；而市盈率从 20 倍减到 7 倍后，其结果正好相反。因此，**股票基础回报率和实际回报率之间的差异来自投机因素。投机是一种投资者对普通股估值的变化，这种变化可由股价和股票每股盈利之间的关系所度量。**

图 2-2 很清晰地显示，在确定股票长期实际回报率方面，基础回报率具有决定性作用。如该图所示，在 1872—2008 年，由基本面因素产生的累积回报率和股市回报率，两条曲线分分合合，最终还是走向了汇聚。这种反复的分离可由市盈率的变化来解释；但显而易见的是：基本面因素占据了主导作用。

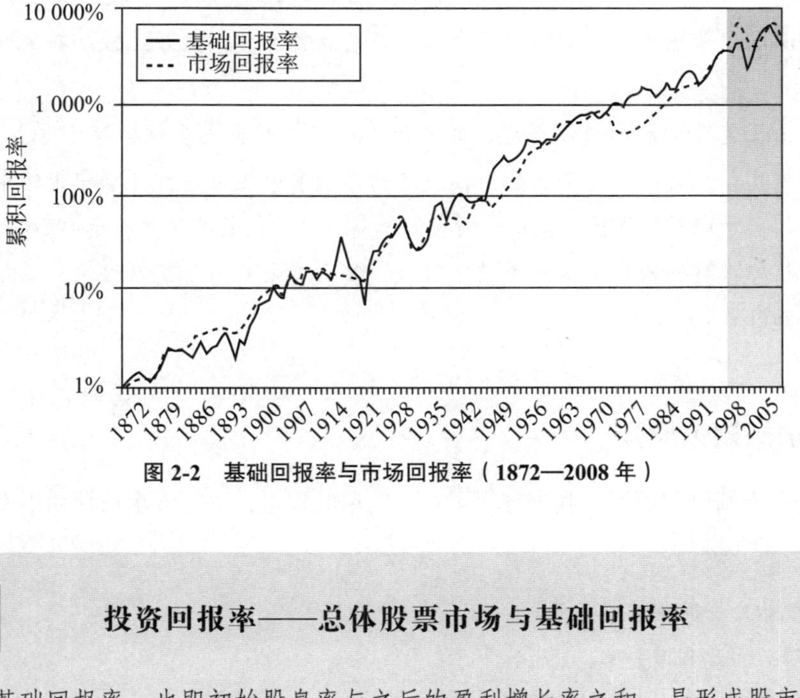

图 2-2　基础回报率与市场回报率（1872—2008 年）

十年以后

投资回报率——总体股票市场与基础回报率

基础回报率，也即初始股息率与之后的盈利增长率之和，是形成股市回报率的主导因素。不足为奇的是，自 1997 年以来，这个地位又再次得到确认。虽然在 2000 年，投机导致的市场累积回报率较之于基础回报率（我也将其定义为投资回报率）要高很多，但这两个数据在 2002—2003 年间趋于相等。然后，在 2009 年，当始于 2007 年的金融危机以及随后的经济衰退发生后，股利下降了近 20%，企业盈利荡然无存。基础回报率由正转负，且市场回报率紧随其后。截至2009年年中，这两个指标的累积值实际上是相等的：基础的长期实际年回报率为6.2%；而股市长期回报率为6.1%。

近期所发生的事件，促使我们考虑两种类型企业盈利之间的重要区别：(1) 营业收入，由企业的经营活动所赚取的收益；(2) 营业利润，营业收入加上或减去（通常是减去！）计量投资损失的资产减值（据说这“并非一再出现”）、耗尽企业价值的合并、商誉的损耗等。直至20世纪80年代，营业收入和营业利润之间的差异几乎还不存在；但近年来，这个差异达到令人瞠目结舌的程度。由于我们传统（商业）银行和投资银行的不良债务造成了大量的资产减值。在2008年，标准普尔500指数的营业收入为49.51美元；其营业利润为14.88美元。从这些压低的，同时也是令人沮丧的指标来看，实际上强劲的反弹已非常确定。

由于营业利润的变动很大，因此我们近来的数据更多地依赖于营业收入。尽管事实是：营业利润是企业长期成功的唯一有效测度指标，华尔街的市场策略师们出于明显的原因，包括其固有的乐观主义，仍然关注更稳定的数据指标，而这将产生更一致的市盈率乘数。所以，我们近来趋向于高估盈利，而低估市盈率乘数。

进入奥卡姆剃刀原则

根据奥卡姆剃刀原则，我推导出了一个简单的理论，决定股市长期回报率的三个变量是：

- 初始投资时刻的股息率。
- 随后的盈利增长率。
- 在投资期内市盈率的变化。

这三个部分几乎解释了持有期内各个时段所有的股市回报率。通过分析这三个因素对总回报率的贡献，我们能够理性地预测未来的回报率。**初始的股息率是一个已知的量。相对而言，在一个相当窄的参数范围内，盈利增长率通常是可预测的。同时，市盈率的变化已被证明具有高度投机性，总回报率就是这三个因素之和。**例如，假定初始股息率为3%，在随后的10年内，预测盈利增长率为每年7%，则回报率将为10%。如果市盈率从期初的15倍，预期变为期末的18倍，这将使总回报率增加两个百分点，股票回报率将达到12%。这个简单的计算是表2-1所示的历史分析的基础。

表 2-1　　10 年期股市名义回报率（1927 年至 2009 年年中）　　单位：%

期间		1	2		3	1+2+3		
开始 1月 1日	结束 12月 31日	初始回报率	10年期平均[a]	结束时市盈率[b]	市盈率效果[c]	计算所得回报率	现实回报率	差异
1927 年	1936 年	5.1	–1.9	16.8	4.5	7.7	7.8	–0.1
1930 年	1939 年	4.5	–5.7	13.9	0.4	–0.8	–0.1	–0.7
1940 年	1949 年	5.0	9.9	7.2	–6.3	8.6	9.2	–0.6
1950 年	1959 年	6.8	3.9	17.7	9.4	20.1	19.4	0.7
1960 年	1969 年	3.1	5.5	15.9	–1.0	7.6	7.8	–0.2
1970 年	1979 年	3.4	9.9	7.3	–7.6	5.7	5.9	–0.2
1980 年	1989 年	5.2	4.4	15.5	7.8	17.4	17.5	–0.1
1990 年	1997 年	3.1	7.3	24.1	5.7	16.1	16.6	–0.5
平均		4.5	4.2	14.8	1.6	10.3	10.5	–0.2
1990 年	1999 年	3.1	7.7	29.7	6.7	17.5	18.2	–0.7
2000 年	2009 年年中	1.2	–1.9	25.0	–1.8	–2.5	–2.0	–0.5
1927 年—2009 年年中		4.2	4.2	25	1.0	9.4	9.7	–0.3

注：数据基于标准普尔综合股价指数（S&P Composite Stock Price Index）。

a. 平均盈利增长率（营业收入）。

b. 初始市盈率为：10.9 倍。

c. 10 年期回报率由市盈率变化生成。

正如我在第1章所提到的，长期投资者的主要目标在于获取较高的实际回报率。由于实际回报率已根据通货膨胀率进行了调整，它代表了以投资金额为代表的购买力的真实增长。然而，我仍然用名义回报率进行分析，我这样做的原因在于，关于股息率、盈利增长率和市盈率的最精确数据，都是以名义量的形式给出的。虽然我们知道通货膨胀率对总的市场回报率有冲击，但无法将其影响精确地分摊到构成回报率的三个部分之上。实际回报率和根据奥卡姆剃刀方法求得的回报率之间存在差异；当然，这个差异与名义回报率和实际回报率之间的差异相等。

上述分析覆盖了始于1926年的现代股票市场阶段。如图2-1所示，几乎没有投资者（虽然这并不明智）有耐心去考虑在25年的时段内进行投资，对此我并不怀疑。

因此，我将运用奥卡姆剃刀模型检验10年期，而非25年期的股市回报率。但即使只有10年，也足以让我们忽略那些荒唐且常常无法解释的短期因素，这些因素正是导致市场每天甚至每年变化的基础。

如表2-1所指出的，自1926年至今的6个完整的10年期以及两个部分的10年期内，初始股息率、盈利增长率和市盈率变化三者之和，非常精确地接近于股市现实的名义回报率。在任何情况下，其差异都没有超过哪怕一个百分点。比如，从1960年1月到1969年12月，初始股息率（3.1%）、10年期年平均盈利增长率（5.5%）以及年平均市盈率变动（–1.0%），三者之和为7.6%，恰好与这10年期股票7.8%的现实回报率相差0.2%。对于整个时间段而言，计算所得的股票回报率为每年10.3%，几乎与10.5%的现实回报率完全相等，这种类似关系清晰而明确。

投资与投机

奥卡姆剃刀原则处理回报率构成的方式，与约翰·梅纳德·凯恩斯的理论有共通之处。凯恩斯可能是20世纪最有影响力的经济学家，他定义金融市场回报率的两个来源为：

- 投资，也就是他称之为的“事业”(enterprise)：“是在假定现在状态将无限期持续下去的基础上，在整个资产生命周期内，预测未来收益的一种活动。”
- 投机：“一种预测市场心理的活动，希望传统的估值基础发生有利的变化。”

在奥卡姆剃刀模型里，初始股息率和预期10年期的盈利增长率，这两个投资的基本面因素之和，类似于凯恩斯的事业的概念，即对资产在其生命周期内的预期回报率的估计。市盈率的变化类似于投机的概念、估值基准的变化或类似于投资者情绪的晴雨表。当投资者的预期提高时，他们为盈利支付得更多；当他们对未来失去信心时，他们则支付得更少。当股价以21倍或更高的市盈率定价时，投资者情绪高涨。当市盈率仅为7倍时，投资者的情绪陷入绝望。毕竟，市盈率仅代表为1美元盈利所支付的价格。但是，随着市盈率从21倍跌至7倍，股价下跌幅度为67%；如果发生相反的情况，则股价上涨幅度为200%。**如果市盈率没有发生变化，则股票总的回报率几乎完全依赖于初始股息率和盈利增长率。**

如表2-1所示，从长期来看，投资或者叫作事业，优于投机。从1926年至1997年连续的8个10年期中，名义初始股息率平均为4.5%，同时盈利增长率平均为4.2%，两部分之和为8.7%，这形成了股票的基础回报率，该回报率仅略低于同期股市实际提供的 10.5% 的名义回报率。我们可将剩下的 1.8% 归于投机因素，或者，但更可能的是由于我们的分析有欠准确。[①] 简而言之，投资的基础，股利和盈利增长，是需要牢记的历史。**在很长的周期里，投机因素对回报率的影响已被证明是中性的。投机不可能永远自我获益。**在某一个时期内，投机可能提高了回报率；而在随后的时期内，投机却会降低回报率。投机对回报率的影响无论多么令人信服，甚至是支配性的，这种影响始终是短期的，盼望投机可以重演只会导致我们误入歧途。在展望未来并思考终要发生之事时，我们要记住，投机是一个错误的选择。

知识的果实

上述分析的要点是实用主义的。如果条件合适可为投资回报率合理地制定精确的长期预测；同时，如果盈利和分红这两个基础回报率是实际塑造长期回报率的主导力量，那么对于一个视野长远的投资者而言，一个专注于上述基本面因素的策略，难道会不如一个投机策略成功吗？

短期投资策略实际上忽视了股息率和盈利增长率，而这两个因素在数周或数月的时间里无法体现其重要性。短期策略和投资毫无关系，却和投机联系紧密。短期策略的要点只是去猜测其他投资者在未来某个我们愿意卖出证券的时候所愿意支付的价格。

对于我们每日、每周，或每月时有看到的惊人的股价波动，投机通常是唯一的原因，但是投机也能在更长时期内发挥作用。例如，在 20 世纪 80 年代，股票的实际年回报率达到不同寻常的 17.5%，而其初始股息率为 5.2%，盈利增长率为 4.4%。此时市盈率从 7.3 倍变为 15.5 倍，增长为初始值之两倍多，这导致每年的估值增长了 7.8%。在此期间，投机因素远超过任意一个基本面因素，它已接近于两个基本面因素之和。

表 2-2　额废 10 年与黄金 10 年　单位：%

股票回报率的组成部分	颓废 10 年 20 世纪 70 年代	黄金 10 年 20 世纪 80 年代	黄金 10 年 20 世纪 90 年代	颓废 10 年 21 世纪第一个 10 年
投资组成部分				
股息率	3.4	5.2	3.1	1.2
盈利增长率	9.9	4.4	7.7	–1.9
总的基础回报率	13.3	9.6	10.8	–0.7
投机的部分	–7.6	7.8	6.7	–1.8
计算所得的回报率	5.7	17.4	17.5	–2.5
市场现实的回报率	5.9	17.5	18.2	–2.0

① 如果我们查看 1926—1997 年间所有 61 个滚动的 10 年期，结果实际上相等。

投机的狂热也能产生令人沮丧的回报，在20世纪70年代，股票的平均回报率为5.9%，这完全可由下述因素解释：初始股息率为3.4%，盈利增长率为9.9%，以及由于市盈率从15.9倍降为7.3倍导致每年的估值下降7.6%。市场信心的丧失严重抵消了丰厚的基础回报率所带来的收益。

如果前一个极端是“黄金10年”，后一个极端则是“颓废10年”（见表2-2）。两个10年总的回报率综合为11.5%，这并非完全出于偶然，该值非常接近11.4%的基础回报率（4.3%的平均股息率加上7.1%的平均盈利增长率）；市盈率从15.9倍到15.5倍①稍有下降，这仅使年回报率减少0.1%。总之，这些回报率综合起来确实表现了金融市场趋于“回归常态”的本质②。

十年以后

知识的果实

虽然在短期内，甚至如我们所知，在长达20年的时间里，投机能够兴风作浪，但在长期，投资回报率注定决定了股市的回报率。如果我们看看20世纪80年代和90年代这两个黄金10年，它们都不是孤立的事件，而是历史连续发展的一部分；并且它们同时被20世纪70年代和21世纪头10年这两个颓废时代所包夹；在整个时期，股市的名义回报率为每年平均7.3%，这很合理地接近9.0%的历史平均值。正所谓，“事虽万变，不离其宗”。

在过去的10年里，我们已看到一个偏低的初始股息率（仅高于1%）和一个急剧下降低至负值的盈利增长率（每年–2%），以及（使用后续12个月的盈利测算，市盈率从32倍跌至当前的5倍左右）投机回报率对均值的逾期回复。虽然目前的市盈率估值并不便宜，但股息率（2.6%）已是以前的两倍以上，预期盈利增长率（基于目前受压制的水平）也能大大超过长期标准。因此，目前这种充斥于市场的悲观主义可能有些过度。

从过去走向未来

当20世纪90年代开始时，我推断认为，这些长期数据能够有助于提供一个对后续

① 原文为15.9%到15.5%，疑有误。——译者注
② 这个趋势被称为均值回复，我称之为金融市场的引力定律，这部分的内容将在第10章详细讨论。

10 年的预期分析框架。我知道在 1990 年 1 月 1 日，当时的初始股息率为 3.1%，我仅需要预测出其他两个变量：10 年期内的盈利增长率和市盈率的变化。为了有助于得到这些预测，我将运用一个类似于表 2-3 所显示的矩阵，例如：

表 2-3a　20 世纪 90 年代股市总回报率矩阵　单位：%

	盈利增长率	总的股市回报率 0	2	4	6	8	10	12
最终市盈率	6	−5.1	−3.4	−1.7	0.0	1.8	3.6	5.3
	8	−2.6	−0.9	0.9	2.8	4.6	6.4	8.2
	10	0.6	1.2	3.1	4.9	6.8	8.7	10.6
	12	1.1	3.0	4.9	6.8	8.7	10.6	12.5
	14	2.5	4.5	6.4	8.3	10.3	12.2	14.2
	16	3.8	5.8	7.8	9.7	11.7	13.7	15.7
	18	5.0	7.0	9.0	11.0	13.0	15.0	17.0
	20	6.0	8.1	10.1	12.1	14.1	16.2	18.2
	22	6.7	8.7	10.8	12.9	14.9	17.0	19.1
	24	7.6	9.7	11.7	13.8	15.9	18.0	20.1
	26	8.4	10.5	12.6	14.7	16.8	18.9	21.0
	28	9.2	11.3	13.4	15.6	17.7	19.8	21.9

初始股息率 =3.1%，初始市盈率 =15.5。

十年以后

表 2-3b　10 年以后 21 世纪第一个 10 年期间股市总回报率矩阵　单位：%

	盈利增长率	总的股市回报率 0	2	4	6	8	10	12
最终市盈率	6	−10.7	−8.7	−6.7	−4.7	−2.7	−0.7	1.3
	8	−8.2	−6.2	−4.2	−2.2	−0.2	1.8	3.8
	10	−6.2	−4.2	−2.2	−0.2	1.8	3.8	5.8
	12	−4.5	−2.5	−0.5	1.5	3.5	5.5	7.5
	14	−3.0	−1.0	1.0	3.0	5.0	7.0	9.0
	16	−1.8	0.2	2.2	4.2	6.2	8.2	10.2
	18	−0.6	1.4	3.4	5.4	7.4	9.2	11.4
	20	0.4	2.4	4.4	6.4	8.4	10.4	12.4
	22	1.3	3.3	5.3	7.3	9.3	11.3	13.3
	24	2.2	4.2	6.2	8.2	10.2	12.2	14.2
	26	3.0	5.0	7.0	9.0	11.0	13.0	15.0
	28	3.7	5.7	7.7	9.7	11.7	13.7	15.7

初始股利率 =2.6%，初始市盈率 =25。

- 如果未来的盈利增长率为 8%，且市盈率从 15.5 倍下调至更合乎惯例的 14 倍，股市总回报率将大致为每年 10.3%。此时就可以构造这个矩阵了，盈利增长率相对其过去 5.8% 的历史水平偏高。而市盈率虽然低于当前水平，但仍高于历史标准。
- “太低了。”某人可能说，“20 世纪 90 年代将像 20 世纪 80 年代一样。”然而，为了能达到 20 世纪 80 年代的 17% 这个不同寻常的回报率，则初始股息率应大约为 3.1%，盈利增长率应为 9%，市盈率乘数（price-earnings multiple）应增至 24 倍。而这是对盈利的大胆预测；同时，市盈率的估值也过高，这些最终都将被市场下跌所修正。
- “太高了。”可能另有人说，“我预期会有 6% 的盈利增长率和 12 倍的市盈率。”最终的结果是年回报率为 6.8%，大约为 10.3% 的历史基准的 2/3，这相当于假设灾难已逼近我们。

在 1991 年一篇发表于《投资组合管理期刊》的文章中，我解释了我的推理：

> 这些实例的要点在于，这个模型为理性地探讨 20 世纪 90 年代的股市回报率，树立起了一个分析框架。很清楚的是，除非我们仍怀有导致 1999 年高市盈率的异乎寻常的乐观情绪（但为什么不是相反呢？），并且这 10 年中盈利增长率高于以往任何 10 年（同样，为什么不是相反呢？），否则股市回报率将会降低至 20 世纪 90 年代的 8% 到 12% 的范围内，也许年均为 10%。

我“为什么不是相反”的疑问，现在看起来几乎有如先知。自 20 世纪 90 年代中期以来，我们经历了美国经济非比寻常的繁荣，伴之以公司盈利异常稳健的增长；同时，由于投资者的狂热所导致的极端乐观情绪，使市盈率飙升至创记录的高点。综上，这些因素迄今已使股市回报率远超我最初的基础预期，甚至超过了 13% 的乐观预期。

磨快剃刀

1991 年的那篇文章发表后不久，我决定提出一个关于预测的更细致观点。我除了使用不同条件下回报率矩阵进行分析之外，我还开发了一个回溯模型，用于推测那些在过去数十年中本可以获得却未实现的回报率。我知道在每个 10 年开始时的股息率和市盈率，所做的预测将是一个基于回溯的估计，即预测在过去的每个 10 年期里的盈利增长率，以及预测在每个 10 年期末的市盈率。

对每个变量和每个预测的时间段而言，事先得到预定的预测结果，这本来就是一个徒劳的练习而已。如何能猜测到多大的盈利增长率可能会出现，投资者获得的盈利将是多少呢？我不愿回答这些问题。但是，我把（已知的）初始股息率加回到市场已发生的平均盈利增长率上，且假定最终市盈率会等于市场以往的平均市盈率。

为了测试这一方法，我检验了自 1926—1989 年的 53 个滚动 10 年期的测试结果。结果令人震惊，除了个别例外，标准普尔 500 指数的真实回报率与我完全依赖过去的简单模型所导出的预测值非常相似。大多数的例外情况发生在 20 世纪 30 年代痛苦的大萧条时期，以及混乱的第二次世界大战期间。图 2-3 显示了 1926 年到 1997 年，每个滚动 10 年期的真实回报率与模型预测值的比较，如图 2-3 所示，多数出乎预测的例外情况再现于 20 世纪 90 年代后期，而此时正值大牛市。用统计学的术语来说，预测和现实结果之间的相关系数为 +0.54，这即使远非完美却也令人印象深刻，因为该值无限优于纯粹出自偶然的零相关的情况。完全相关时的相关系数为 1，此时每一个预测值将与真实值精确吻合；而 +0.54 实际上高于完全相关时系数的一半。

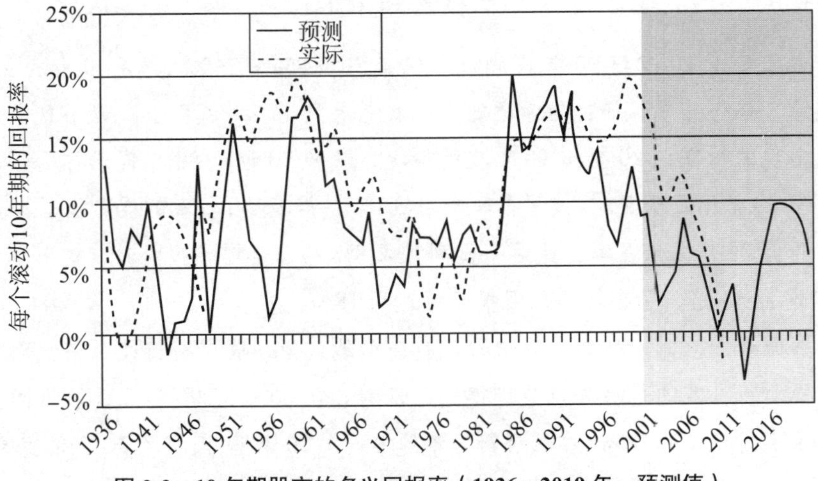

图 2-3　10 年期股市的名义回报率（1936—2019 年，预测值）

奥卡姆剃刀原则在运行

当然，应以怀疑的态度来审视回溯测试（“折磨数据直到得出结论”，这是看待回溯测试的习惯方式）。我的方法论的实际目的是将业绩作为预测工具，在最坏的情况下，预测结果较差；在最好的情况下，预测结果喜忧参半。

在 1991 年，我已表明，我们可以有理由相信，在整个 20 世纪 90 年代，股市的年回报率在 10% 以内。后来，在《投资组合管理期刊》上的第二篇文章中，我以历史情况为指导，提出了一个更精确的预测。在 3.1% 的初始股息率基础上，假定每年的盈利增长率为 6.6%，这是前 30 年的平均水平，分析结果为：在 20 世纪 90 年代的年投资回报率为 9.7%。而市盈率从当时的 15.5 倍下降至以往 30 年的平均水平的 14.1 倍时，这导致投机回报率每年减少 1.0%。结果是：股市 8.7% 的回报率稍低于我早期的估计值。

我认为，理性预期理论作为基本的预测工具仍然有用，而我的发现可作为该理论的变形。我仔细检查了所有 53 个自 1926 年以来的 10 年期时段，由本模型得到的结果有 1/3 相当准确，有 1/3 较好，余下的 1/3 时段则表现不佳。我将这些与预测的偏差作为一个有益的提醒，那就是股市不时会出现杂乱与异常的行为。我对预测的易错性从来都十分小心，所以要事先警告大家："不考虑发生异常情况的可能性，就运用这种新的预测工具，这是很不明智的。但可以肯定的是，更奇怪的事情，历史上都曾经发生过。"

十年以后

从过去到未来

虽然我对 20 世纪 90 年代股市年回报率在 8%～10%（已有很大的保留）的预测，显得非常保守。但幸运的是，我考虑到了（对我而言）以下这个不大可能出现的情况："20 世纪 90 年代的情况，就像 20 世纪 80 年代一样……达到了 17% 的非凡回报率。"该回报率来自 3.1% 的股息率，9% 的盈利增长率，以及上升至 24 倍的市盈率。此后，盈利将以 8% 的速度增长，同时市盈率也将从 24 倍增至 33 倍，且市场的总回报率将达到 18%。

然而最终，时间站在了我这边。我谨慎地认为，股市将持续以杂乱而异常的方式运行，我的这种观点最终得到了证实。在 20 世纪 90 年代，股市回报率达到了不同寻常的 18%；在随后新千年的第一个 10 年里，回报率为 –2%。结果是：20 年的平均回报率为 7.8%，接近我 20 年前预测的 8%～10% 范围的下限。我将此结果作为对于奥卡姆方法论的一个有力支持，同时这也是一个告诫：在相对短的时间段内，回报率实际上不可能预测；在长期，时间和基本面因素通常会起作用。

请把信封拿出来①

我两次关于股市回报率的分析都是正确的，但是以一种最违背常理的方式得到的。

① 很多颁奖礼上，获奖者的名字装于信封中，如有两位颁奖嘉宾，则在揭晓前其中一人会对持信封的另一人说这句话，让他 / 她把信封拿出来拆封。此处意指作者的预测准确。——译者注

尽管我的预测不尽完善，但仍然相当准确。我推测这 10 年期股市的年回报率为 8.7%，令人惊讶的是，该 10 年期前半程，即 1990—1994 年，实际的回报率正是 8.7%。由于我预测的依据是长期投资的基本面因素，而这些基本面因素的作用超过了对短期回报率有重大影响的投机因素。而且，我在 1995 年发表于《投资组合管理期刊》的第三篇文章中，回顾了此次非常准确的预测，我承认这里面有运气的因素，使得预测结果恰好与现实回报率相吻合。

唉，我在 1991 年的评论中提到的异常情况可能发生，这个评论很快也变成了现实。异常情况的确出现在我们面前，事实上，它在 20 世纪 90 年代后期，对股市产生了严重的影响。这表明，预测回报率是一项容易出错且应虚心对待的工作。自 1995 年股市开始起飞并令人吃惊地持续了三年多以来，每年的平均回报率达到了 31%。到 1998 年年末，实际情况与我早先预测的（在 10% 的范围内）相差甚远。当 10 年期仅剩 12 个月时，股市的平均回报率仍高达 18%。即使股价在这 10 年期的最后一年里下跌了 20%，平均回报率仍将达到 13.5%,，稍高于我在这 10 年期初的乐观预测值 13.0%（基于 9% 的盈利增长率和 17 倍的最终市盈率）。

1994 年后发生了什么

在 20 世纪 90 年代的后半期，市场稳健的回报率反映了两个不同寻常的进展：**第一，在这 10 年期开始的两年后，股票的盈利增长率增至自 1926 年以来的历史平均水平 6.9% 的两倍以上。**从低迷的 1991 年到 1997 年,企业的盈利以 16.6% 的年率增长。然而，有趣的是，若从这 10 年期初始的 1990 年 1 月开始，增长率为 7.3%，仅略高于我基于历史的预测 6.6%；若从 1990 年 1 月开始计算，盈利增长率仅为 7.3%，只比我由历史数据预测得到的 6.6% 略高一点。我预测在初始股息率为 3.1% 时，基础回报率为 9.7%，这与 10.4% 的实际值相比，是一个相当准确的预测了。

第二，随着企业盈利出现惊人的复苏，股价中的投机因素凸显出来。从 1990 年年初到 1998 年年中，股市市盈率从 15.5 倍膨胀至 27 倍，自 1926 年以来，仅有一次高于这个水平。巨大膨胀的市盈率与我计算的稍低的 14.1 倍的历史基准形成了鲜明对比，这足以解释迄今为止我的预测与市场实际回报率之间的差异。市盈率如此成倍地增长，实际上是不可能预测的。将每年 6.7 个百分点完全加至每年 10.4% 的基础回报率之上，这就使得在该 10 年期中，股市的总回报率达到每年 17.1%，仅落后股市 17.8% 的实际回报率 0.7 个百分点。

补充说明一点，我最初基于市盈率将回复到历史基准的预测，已被证明是错误的。

这再次证明了我常向投资者谈及的对投资的理解:"不要认为你比市场知道得更多,无人可做到这点。"换句话说,**在多变且不确定的金融市场上,理性只能为长期投资提供一个合理的预测范围**。(并且,在我撰写本章时,这个10年期尚未结束,而且可能还有惊喜在等着投资者。)根据定义,一个理性的模型无力预测基于"非理性繁荣"的股市泡沫,如果我们在20世纪90年代后期经历的确实是一个泡沫,如果美联储主席艾伦·格林斯潘在1996年对股价的警告是正确的话,那么就只能让历史来进行裁决了。

奥卡姆剃刀原则和债券市场

尽管方式不同,在预测市场未来回报率方面,奥卡姆剃刀原则已被证明在债券市场比股票市场更为有效。我所用的这套简单方法,与华尔街的计量经济学家们开发的债券市场模型完全不同,但至少在推测未来债券回报率方面,我的方法并不比他们的逊色。

我对债券回报率的分析,也是从1926年后开始的,这与我们研究股市回报率的时段相同。62年期的美国政府长期国债,其名义回报率平均为5.2%。这是一个奇怪的现象:1926—1979年,该债券的平均回报率仅为区区3.1%,而它在此后变为异常高的11.8%。然而,债券的历史回报率(不像股票)对预测其未来回报率毫无意义。更悲哀的是,除了"绝不要买债券"这个错误的经验以外,过去的历史经验几乎毫无帮助。

然而,幸运的是,简单的解释通常是正确的,而且它进一步巩固了奥卡姆剃刀原则的理念。在给定的10年期初,初始利率显然是决定随后债券回报率的决定性力量。如表2-4所示,它列出了在每个10年期初,美国政府长期国债的利率。对于预测未来的回报率而言,即使这并不完美,但它的确是一个有效衡量未来回报率的指标。**初始利率的有效性在于,它类似于股票的初始回报率,是一个已知量。然而,长期债券初始利率的作用,超过了其他两个因素:再投资回报率(就是将利息复利所得的回报率)和期末(或最终)债券回报率。**

表2-4　　10年期债市名义回报率——美国政府长期国债(1927—2008年)　　单位:%

期间		初始回报率[a]	现实回报率	差异
开始于1月1日	结束于12月31日			
1927年	1936年	3.5	4.9	1.4
1930年	1939年	3.4	4.9	1.5
1940年	1949年	2.3	3.2	0.9
1950年	1959年	2.1	0.1	2.2

续前表

单位：%

期间		初始回报率[a]	现实回报率	差异
开始于1月1日	结束于12月31日			
1960年	1969年	4.5	1.4	3.1
1970年	1979年	6.9	5.5	1.4
1980年	1989年	10.1	12.6	2.5
1990年	1997年	8.2	9.9	1.7
1990年	1999年	8.2	8.8	–0.6
2000年	2008年	6.8	10.5	–3.7
平均		5.3	5.9	–0.6

注：a. 2008年年末的回报率为3.0%。

这些变量恰好符合凯恩斯关于回报率的双重结构（dual formulation）理论。我把当期利率比作凯恩斯理论的第一个要素：投资，或叫作事业，因为若假设现在事物的状态（即息票）不变的话，长期国债的息票确实是对于该债券资产在整个期限内获利能力的最精确表述。息票再投资的回报率和10年后债券的回报率，对应着凯恩斯的第二个要素：投机，也就是将希望寄托于传统的估值基础发生有利的变化。故此，在债券到期前的时期内，利率总体水平的变化将导致债券市值的涨跌。然而，如果一直持有的美国政府长期国债到期，它将被联邦政府按其面值赎回。

再投资回报率对于预测债券回报率而言，非常重要。因为在长期，利息在债券回报中占主要部分，所以利息的再投资回报率的重要性超过了债券的期末回报率。然而，利率的变化对债券的价格和债券再投资回报率有抵消的作用：在到期日前，一个较高的回报率将会降低债券的价格，但是会提高再投资回报率（一个较低的回报率其作用正好相反）。结果是，在预测随后10年债券的回报率时，初始利率仍是至关重要的变量。该变量与债券后来的回报率之间，存在很强的相关性（+0.93）。当运用奥卡姆剃刀模型预测股市后来的回报率时，总的股息率、过去的盈利增长率和平均市盈率之间的相关性，能达到令人印象深刻的+0.54，但此相关性仍弱于前者的相关性（如第1章所指出的，美国政府长期零息票债券在到期前，其价格极其易变，但对于持有该债券直至到期日的投资者而言，既没有期限风险，也没有再投资风险）。

在1991年刊登于《投资组合管理期刊》的那篇文章中，我预测了债券的回报率。**我的预测基于包含三个要素的简单矩阵而非只依赖历史。这三个要素分别是：美国政府长期国债的初始回报率、一组假设的不同的再投资回报率和一组假设的10年期末的最终利率。**我运用这个矩阵以达到与股票回报率矩阵同样的目的：构建一个预测未来债券回报率的框架（见表2-5）。

假定初始利率为9%，该矩阵表明，如果10年后，利率最终会升至11%，同时，若再投资回报率平均为7%，则债券回报率将低至7.4%。然而，如果发生相反的情况：即期末利率跌至7%且再投资回报率升至11%，则债券回报率将升至10.7%。有趣的是，即使这两个自相矛盾的情景接连发生，债券未来回报率的变化范围并不特别大：从7.4%到10.7%。

表 2-5a　　20 世纪 90 年代债市总回报率矩阵　　单位：%

	再投资回报率 %（10 年期）	总的债市回报率[a]						
		6	7	8	9	10	11	12
最终回报率	12	6.6	7.0	7.3	7.7	8.0	8.4	8.2
	11	7.1	7.4	7.7	8.1	8.5	8.5	9.2
	10	7.5	7.8	8.2	8.5	8.7	9.3	9.7
	9	8.0	8.3	8.6	9.0	9.4	9.9	10.1
	8	8.5	8.8	9.3	9.5	9.9	10.2	10.6
	7	9.0	9.6	9.6	10.0	10.4	10.7	11.1
	6	10.0	9.8	10.2	10.5	10.9	11.3	11.7

注：a. 20 年期债券的初始回报率为 9%。

十年
以后

表 2-5b　　21 世纪第一个 10 年期间债市总回报率矩阵　　单位：%

	再投资回报率 %（10 年期）	总的债市回报率[a]						
		4	5	6	7	8	9	10
最终回报率	10	0.2	0.8	1.4	2.0	2.7	3.4	4.1
	9	0.9	1.5	2.2	2.8	3.5	4.2	4.9
	8	1.8	2.4	3.0	3.6	4.3	5.0	5.7
	7	2.6	3.2	3.8	4.5	5.1	5.8	6.5
	6	3.5	4.1	4.7	5.4	6.0	6.7	7.4
	5	4.4	5.0	5.6	6.3	7.0	7.6	8.4
	4	5.3	6.0	6.6	7.2	7.9	8.6	9.3

注：a. 20 年期债券的初始回报率为 5%。

在20世纪90年代初，我依靠奥卡姆原则的指导，预测了下一个10年的债券市场回报率。债券年回报率的长期历史基准为5.2%，但在20世纪80年代，债券的年均回报率为 12.6%。我认为，用 20 世纪 80 年代的债券回报率与现在的回报率相比较可能不太现实；而这样的长期基准几乎不能重现。也许长期国债到期回报率的最佳参考点是 8.2%，可能的上限为 20 世纪 80 年代的水平，中位数（5.5%）为 20 世纪 70 年代的水平。

基于奥卡姆剃刀原则的精神进行预测，仅需考虑初始利率，无须估计再投资回报率或最终回报率。截至 1994 年，即这个 10 年期已过去了一半，债券回报率已达 8.3%，接近我的预测值 8.2%。实际上，债券回报率的预测值与实际值之间的契合程度，几乎类似于股市的情况。在 20 世纪 90 年代的前 5 年里，奥卡姆剃刀原则完成了两个惊人的准确预测。

然后，到了 1995 年，利率下跌而债券（价格）上升。债券的年回报率升至 10.4%，稍好于我乐观的预测。截至 1998 年中，利率的急剧下降造成了更低的再投资回报率为 5.25%，债券回报率也已跌至 9.9%；并且在该 10 年期余下的时间内可能还将下跌。假定利率保持接近当前的水平，债券 10 年期的回报率应当在 9% 左右，接近 8.3% 的预测值，并且正好处在预测范围之内。

精确与反常

就 20 世纪 90 年代前半程而言，我恰巧由于纯粹而简单的运气，获得了准确预测股票和债券回报率的声誉。在 1995 年发表于《投资组合管理期刊》的文章里，我强调，有这样的运气是由于当时的回报率正好唯一地反映了投资的基本面因素，而没有太多的投机因素。我还补充到，在这 10 年期里我的发现是否再次得到支持，还有待于观察。正如现在的情况所表现出的，这 10 年期的实际情况，将很接近我对债券的预测，但却与我对股票的预测恰好相反，这主要是由于市场过于反常，将股票估值提高到前所未有的水平。

1992—1998 年，美国企业保持了强劲复苏的态势，而在此之前的 5 年里，美国企业的盈利状况糟糕透顶，无论这种复苏态势是否会持续，或者该态势是否会被股市新一轮的投机狂热所放大，这仍然有待观察。但是，某些评论家，包括来自伦敦《经济学人》的编辑们争辩道："美国正在经历一个严重的资产泡沫。" 1998 年 4 月的《经济学人》指出，**投机狂热与高速增长的货币供给相结合，从而加剧了资产价格的膨胀，特别是股价。**

知名刊物仅仅使用泡沫一词，便足以将金融界逼到崩溃的边缘。一篇《纽约时报》标题为“经济泡沫理论”的社论文章否认任何泡沫的存在，该文认为这是由经济学家们杜撰出来的：“尽管经济学家们竭尽全力，似乎也未发现值得担忧的泡沫。”《华尔街日报》也认同该观点，论述道：“让我们刺破泡沫理论。”并将其描述为：“对未来虚构灾难的极度偏执狂。”

然而，在同年稍晚时候，关于我们事实上正处于市场泡沫的观点广为流传。摩根士丹利[①]公司在《经济学》(*Economics*)上打出了这样的标题“美国大泡沫”。同时，《纽约客》一篇题为“刺穿这个泡沫”的文章中援引诺贝尔经济学奖获得者、货币史学家米尔顿·弗里德曼的观点作为支持：“1929 年的市场和今天的市场一样，都充斥着泡沫……我甚至怀疑今天的泡沫有过之而无不及。”不论何种情况，可以确定的是，无人能否认以下观点。正如《经济学人》所报道的：“无可置疑的是，根据经过时间检验的标准测度方法，价格已偏离了正轨。”而此时预测未来颇为困难。

今后 10 年的股票回报率

尽管这是一个相当大的挑战，但还是让我们看看奥卡姆剃刀原则在 1999 年以后的走势，能为我们带来什么。假设我们已知股票过去的情形，包括：回报率的基本面要素，也就是股息率和盈利增长率以及投机因素的波动性即股价市盈率。奥卡姆剃刀原则还是告诉我们，股价在 1998 年年末处于一个较高的水平。以下是相关的要点：

- 较之于 1926 年以后平均 4.3% 的水平，股息率达到 1.4% 的空前低点。
- 盈利增长率在 1992—1997 年间的令人陶醉的高增速（每年 16.6%）开始放缓。
- 1998 年的预期盈利增长率在 5% 左右，低于自第二次世界大战末期以来 6.6% 的标准。
- 股票市盈率高达空前的 27 倍，无可争议地远超其 14 倍的历史标准。

与股市的背景相映衬，我们正在享受一个充分就业且几乎没有过剩产能的经济增长所带来的好处。而带给我们如此好处的这种经济增长可能难以重现。但是，当展望未来 10 年时，即使我们假设盈利将以 6.6% 的历史水平，甚至以高达 10% 的水平增长（这不是熊市的情景），则股票的基础回报率将介于 8.0%~11.4% 之间。如果市盈率保持在 27 倍，那么在以后 10 年中，纯粹的投资回报率将等于市场的实际回报率，这与过去几年

① 全球最大的证券交易商之一，1997 年并购零售金融服务公司“添惠”(Dean Witter)之后改名为摩根士丹利添惠(Morgan Stanley Dean Witter)。2001 年 4 月公司更名为摩根士丹利，本书统一采用现名。——译者注

中 30% 多的年回报率相去甚远。

然而，值得注意的是，一个可维持的 27 倍的市盈率，将要求我们全面更新传统的看待股市风险的方法。即使新的标准为 20 倍市盈率，在新世纪的第一个 10 年中，股票的名义回报率也将自 8%～11% 的基础范围减少 3 个百分点，降为 5%～8%。当然，总是存在下述可能性：新的且更高的盈利增长率和市盈率将会出现。我将在第 10 章讨论这种可能性。

同时，一些大胆的所谓市场专家相信，我们已甩掉了束缚美国企业盈利的镣铐。这些真正的信徒们相信，被 20 世纪 90 年代痛苦的重组所解放的活力、信息技术革命和全球贸易的繁荣，都将使美国的企业称霸世界。在这个勇敢的新时代里，由美国企业稳健的盈利增长所支撑的 20 倍或更高的市盈率将成为标准，而不仅是一个使人愉悦的意外。

不过，与生俱来的谨慎个性使我对此持有异议，我们正开始享受美国企业利润长期增长的好处，这是完全可能的。我又想起自己经常给投资者的建议，决不能忘记在股市上任何情况都可能发生。事实上，如果现代 6.6% 的盈利增长率基准，已上调至一个新的更高标准比如 8%，那么一个更高的市盈率可能是合理的：比如达到 20 倍而不是历史标准的 14 倍。然而，即使所有这些增加值都不是小数目，也不足以提供一个未来回报率，能支持当前 27 倍的市盈率的股价水平。[①]

十年以后

今后 10 年的股市回报率

如今，始于 1999 年年末的这个 10 年期即将结束，我在 10 年前表示出的谨慎已明确得到证实。股市回报率未像先前的两个 10 年期那样，达到前所未有的 17% 以上；而我认为在新千年的第一个 10 年期内，股市的年回报率可能会低至 5%。但是，实际情况更为糟糕：由于盈利增长率和市盈率双双急剧下跌，股市回报率跌到每年的 –2%。

虽然我的预测明显有误，但我为自己在众人陶醉之时，仍然保持独立的观点而欣喜，纵然曾经有过美好时光，但现在已经走到了终点。并且，因为事实是“我与生俱来的谨慎”对所谓“我们已甩掉束缚美国企业……的镣铐”的观

① 针对关于股市前景的专业意见，我已增加了附录二，“1999 年年初对股票市场的一些思考”。

点提出了警告，我对“未来的回报率……将支持当今的股价水平”的观点，仍抱有深刻的怀疑，所以我现在的感觉更好。

今后 10 年的债券回报率

债券市场中的乐观情绪也正在高涨，尽管没有股市那么明显。随着美国政府长期国债回报率低至 5.25%，利率已跌至自 20 世纪 70 年代初以来的历史最低水平。因为通货膨胀似乎已被控制住，债券仍然提供了较之于历史标准更为丰厚的实际回报率。基于近期的债券回报率水平，奥卡姆剃刀法则给出了一个相当窄幅的未来回报率区间。

- 根据正常假设，即利率处于 5%～9% 之间，在随后的 10 年期里，债券回报率将为 5%，上下波动幅度为一个百分点。
- 在极端条件下，即利率在 4%～10% 之间，债券回报率最高可达 8.6%，最低为 3.1%。
- 在这些极端情况下，债券总回报率相对于最终回报率的敏感度，是它对再投资回报率敏感度的两倍左右。于是，随后 10 年债券的回报率将为多少这个棘手的问题，使得传统的预测方法面临尤为严峻的挑战。

我无意纠缠于如下观点的争论：在短期内，利率不可能达到 4% 并且保持该水平不变，虽然这确实似乎不可能；或者将升至 10%（也许更不可能），并且在一段时间内保持该水平不变。我更愿意提出以下观点：**如果我们知道了当今的息票利率，就掌握了预测今后 10 年债券回报率所必需的大部分内容**。然后，我们就能够开始理性地探讨其他假设：息票以多大的回报率再去投资？最终回报率是多少？

十年以后

今后 10 年的债市回报率

由于股票回报率的来源变化剧烈，预测其回报率易承受痛苦的失误。虽然初始股息率是一个已知量，但是盈利增长率甚至在 10 年之长的周期里，都容易产生显著的变化。同时，由于市盈率反映了投资者的希望、贪婪和恐惧，它极难预测。因此很正常的是，情绪比理性更难以预测。

但是，债券回报率的来源只有一个强有力的决定因素，而且该因素是事先可知的：当前的利率。因而十多年前，当我预测美国政府长期国债的回报率为

5.25% 多时，是根据 1998 年后期它的回报率为适中的 5.25% 做出的。随后 10 年该债券的实际回报率是 6.2%，该预期与后来的现实情况很贴合。

于是，当 2009 年年中美国政府长期国债的回报率为 4.5% 时，我有信心预测在随后的 10 年里，债券回报率将处于 4%～6% 的范围。当然，利率的任何戏剧性的变化，都会使得债券回报率变得更高或更低。比如说，处于 3%～7% 之间，但那还有待观察。然而，即使是这样的变化幅度，对于构造投资策略而言，也是一个有用的标准。

回到未来

我既不为奥卡姆剃刀原则的失误而道歉，也不为我评价回报率所用的三步法的简单而辩解。即使我意识到，如雷诺阿（Renoir）[①]所言："没有什么比简单更让人感到困窘。"对此，我加上了自己的评注：指望根据线性的方法，将过去的回报率草率地转换为未来的回报率从而进行预测，没有比这更徒劳无益了。很多刊登于金融期刊的复杂投资策略和预测方法，都完全是后视性的，而且常常完全依赖于特别选定的时段。其中某些已接近于巫术。奥卡姆剃刀原则提出的简单性，能有助于我们扫去缠绕在投资理论上的混乱。该理论偏向依赖于我们从以往回报率中所学到的经验，并结合我们对未来回报率的展望。该理论提供了一幅对未来可能性的简单而理性的图景。**奥卡姆剃刀原则不会告诉我们未来的回报率将是多少，但会告诉我们，在任何我们希望获得的股票和债券的回报率条件下，影响该回报率的要素该如何确定。**

你完全可以不同意我的结论，但特别需要重申的是，我们知道在金融市场上任何事情都可能发生，而且常常如此！由于市场并不总是理性的，故盲目信奉一个即使是理性的预测方法，是毫无道理的。不但可以允许判断，更要大胆鼓励判断。但是，我们现已完成的思维训练的要点在于：不同的看法必须基于事实且有数据支持，而不能仅凭直觉。经过奥卡姆剃刀原则的训练，应有助于投资者做出理智的投资决策。如果我们专注于投资的基本面，并去掉投机的糟粕，我们将取得与沃伦·巴菲特一致的结论，以下引自本杰明·格雷厄姆[②]《聪明的投资者》（*The Intelligent Investor*）一书：

> 在短期，股市只是一个投票机；在长期，它才是一个称重器。

① 法国 19 世纪著名的印象派画家。——译者注

② "现代证券分析之父""华尔街教父"，价值投资理论奠基人。其经典著作《证券分析》（原书第六版）由巴菲特亲笔作序推荐，该书已由湛庐文化策划，中国人民大学出版社出版。——编者注

预测未来回报率有多重要

投资者不可能不去思考金融市场未来的情况。在本章，最重要的是，我已尝试洞察那些驱动市场回报率的因素，这些因素值得了解和思考。但我们必须面对的现实是：对投资的基本面因素和投机因素之间关系的理性分析，只能让我们尽可能准确地预测市场未来的回报率（并且仅此为止），这场游戏对长期投资者也可能得不偿失。毕竟用我们的投资组合孤注一掷是非常愚蠢的，即使获胜的可能性有 80%，也不见得比 55% 的可能性对我们更有利。

在近来一篇发表于《投资组合管理期刊》的文章里，彼得·伯恩斯坦和罗伯特·阿诺特（Robert Arnott）提到了这个问题："牛市？熊市？你确实应该在意吗？"他们的结论是："对大多数长期投资者而言，牛市并不那么有益；同时，熊市也不完全如大多数投资者认为的那样，只具有破坏性。"他们正确地指出："牛市提高了资产价值，但相应地减少了自该时间点起，投资组合能产生的预期实际回报率。熊市的情况正好相反，减少了投资组合的价值，但此效果在很大程度上被预期回报率的上升抵消了。其他情况也是如此。"我们希望看到的理想情况莫过于此：在投资初期遇见熊市，而在投资结束时碰到牛市，这种对择时的把握已超出了我们的能力。

那些确信市场这种不可思议的势头将会维持的人认为：个人投资者将持续而大量地购入股票；而且，他们还认为：我们正处在一个全球增长的新纪元，将会保持股票配置与增长的趋势同步，甚至还可能不断增持。但是，那些如我一样相信诸如盈利和股利这些基本面因素将起作用的人则认为：在足够长的时间内，历史常规的某些类似情况将会占上风；而持这些观点的人，至少应适当远离在这轮大牛市里驱动高回报率的强劲风潮。同时，那些相信另一场大崩盘正临近的人，必须考虑更大幅度地减小其股票头寸。然而，不管未来将会怎样，我认为**股票应该作为长期投资者的投资选择（之一），在一个良好平衡的资产配置方案中占据主导地位。**

所以，**怀着理智和常识去投资。考虑未来时，就参与开明而理性的讨论。将资产的重要部分配置于股票和债券，避免对投资组合的配置做极端的修改。**同时，对你所得到的每个预测，包括我的预测，持怀疑态度。如果你已建立起了一条通向资本增值的理智之路，坚持在这条路上走下去，不管发生了什么。

让我们向奥卡姆剃刀原则及其简单的概念鞠躬致意，我希望我已经让你们更好地理解了何谓基础而何谓浮云，何谓投资而何谓投机，以此帮助你们理性地预期股票和债券长期回报率的范围。现在，我们能够开始专注于长期投资策略的最基础要素：在股票和债券之间配置我们的投资。

十年以后

回报的性质

在本书的第一版中，我的结论清楚如斯:“重要的是诸如盈利和股利这些基本面因素；而且，在足够长的时间内，历史常规的某些类似情况将会占上风。”这是我提出如下建议的出发点:“至少应适当远离在这轮大牛市里驱动高回报的强劲风潮，它将迅速终结；或者“更大幅度地减少……其股票”。正如现在我们所知，这些建议即使不算完美，至少在方向上是正确的。

即便是近期发生的一系列灾难性事件，也丝毫不能改变我10年前表述过的基本原则。股票回报率的来源依然在于:(1) 投资（或基础）回报率，包括初始股息率，加上随后每年的盈利增长率，加上或减去。(2) 投机回报率，即市盈率变化的年化比例,市盈率是投资者愿意为1美元盈利所支付的价格(P/E)。股票的回报率在长期由投资回报率驱动。同时，投机回报率虽然在短期很重要(且不可预测)，但在长期则逐渐弱化。就这么简单，但难道这不是奥卡姆所要告诉我们的吗?

资产配置：业绩归因之谜

资产配置并不比强斯对花园的看法更复杂，我们满怀信心地投资金融市场，将我们的投资组合在不同的资产组合之间进行分配；在经济周期的不同阶段，这些资产组合涨跌不一。遵循分散投资的简单逻辑，当市场繁荣时，我们努力以最大程度忙于市场的丰收季节；而当市场萧条时，我们确保能够生存下来。

对几乎所有投资者而言，基本的资产组合划分可浓缩为以下三类：普通股（追求最大化的总回报率）、债券（追求合理的收入），以及现金储备（追求本金的稳定）。每类资产组合的风险不同：股票最为易变；债券次之；而现金储备的名义价值则不变。

从《塔木德经》[①]到现代投资组合理论

在过去的25年里，就金融学者们所导出的严密统计模型而言，我们已经形成了分散化投资的简单逻辑框架：现代投资组合理论。投资者都接受了这套理论，该理论立足于建立这样的投资组合：其回报率将投资者愿意承担的风险最优化。而风险被定义为预期价值的短期波动。

现代投资组合理论的结论广为人知：投资组合的构成应该包括金融市场上所有流动性资产组合，不仅有美国股票、债券以及现金储备，而且还有国际投资、做空头寸，外汇和不同的贵金属（比如黄金）。这样一个选择范围，在理论上可能具有吸引力，但是其基本理念无须如此复杂。实际上，早在14个世纪以前，《塔木德经》已指出了这条简单的资产配置策略："一个人应当总是将其财产保存为三种形式：1/3为房地产，另外1/3为商品，余下的1/3为流动性资产。"与古老的犹太传统法典的建议相比，我的建议没什么不同。

然而，对于构造一个投资组合而言，我的焦点不在于房地产和商品，而在于可交易

---

① 犹太教法典。——译者注

的证券：股票和债券。出于简单的目的，在这个等式里，我忽略了现金储备，比如货币市场基金，因为它对回报率的影响很小，这样的现金储备应当被视作短期储蓄和应急之用，不应被视作长期资本积累的投资。对投资者而言，短期债券是货币市场基金一个更好的替代。对于利率的波动，短期债券相对不敏感；而长期债券则敏感得多。此书中的大多数例子都是基于中期和长期债券的。

像《塔木德经》的资产配置建议一样，我的指导方针很简单：**在原始起点，三分之二为股票，三分之一为债券。**从我在这个行业开始职业生涯算起，我的导师，即已故的沃尔特·摩根，他是该行业的先驱和惠灵顿基金的创始人，他曾向我传授投资组合平衡的理念。为了实现投资目标，比如为退休积累资产，平衡投资组合以优化股市的回报率。而持有一些债券，也将遭受损失的风险保持在了可以承受的水平。对于一些投资顾问而言，尽管（抑或是因为）股票的长期牛市使得平衡投资似乎显得过时且笨拙，如今，我仍继续呼吁平衡策略，甚至比以往还更加积极。

我的方针也遵从我所提倡的投资的四个维度：（1）回报；（2）风险；（3）成本；（4）时间。当你选择股票和债券作为投资组合的长期配置时，你必须针对所能预测到的盈利带来的回报，以及投资组合将承受的风险做出决策。你也必须考虑到将承担的投资成本，成本将减少你的回报并且会增加你必须承担的风险。可将回报、风险和成本视作一个立方体的三个维度：长、宽和高。然后，将时间视作暂时的第四个维度，它与其他三个维度发生作用。比如，如果你投资的时间跨度长，较之于时间跨度短者，你将能承担更多的风险；反之亦然。

前面的风险

到此为止，我都基本在用学术术语来描述风险：标准差，或者是月度、年回报率的波动性（如第 1 章所论述）。然而事实上，风险是非常难以量化的，它与你能承担多少损失且不会过度损害你的物质收入或精神有关。表 3-1 提供了自 1926 年以来对股票和债券配置不同投资者的损失频率和严重程度的历史记录，这一年是现代股票市场出现可用的准确统计数字的第一年。在此期间，股市大约每三年半出现一次负的回报率。在这些下跌的年份里，平均损失为 12%。该表也显示了这一平均损失率不同比例的债券缓释的程度，范围为 20%～80%。比如，一个典型的保守型平衡投资为 60% 的股票和 40% 的债券，这样将不会有 20 个损失的年份，只有 16 个，即每四年一次。同时，下跌带来的损失平均为 8% 左右，或者减少 1/3。

表 3-1a 风险与配置（1926—1997 年）

股票 / 债券配置（%）[a]	出现损失的年份数	平均一年期的损失（%）	三年期的损失（%）1930—1932 年	两年期的损失（%）1973—1974 年
100/0	20	−12.3	−60.9	−37.3
80/20	19	−9.8	−45.6	−29.2
60/40	16	−8.2	−30.2	−21.1
40/60	15	−5.5	−14.9	−13.0
20/80	14	−3.7	+0.5	−4.9

注：a. 配置不是每年再平衡的。

十年以后

表 3-1b 风险与配置（1926—2009 年）

股票 / 债券配置（%）[a]	出现损失的年份数	平均一年期的损失（%）	三年期的损失（%）1930—1932 年	两年期的损失（%）1973—1974 年	两年期的损失（%）2008—2009 年
100/0	24	−13.6	−60.9	−37.3	−24.9
80/20	23	−10.7	−45.6	−29.2	− 19.9
60/40	19	−8.2	−30.2	−21.1	−14.9
40/60	17	−5.2	−14.9	−13.0	−9.9
20/80	15	−3.6	+0.5	−4.9	−4.9

注：a. 配置不是每年再平衡的。

也许 1929—1933 年这三年间的市场下跌，是我们面对的最坏情况。当时，一个全股票组合的下跌幅度达到了惊人的 61%。然而，债券实际却升值了 16%；同时，一个包含 40% 债券和 60% 股票的组合，在这三年的崩溃中，若不改变其配置，损失为 30%，仅是前者的一半。40 年后，在 1973—1974 年，我们经历了过去 67 年里第二糟糕的市场形势，有趣的是，这两年期是 25 年以前股市较大幅度的一次下跌。在那短短两年内，一个仅包含股票的组合，非常像当今牛市中最兴奋的鼓噪者所宣扬的配置一样，其市值将缩水 37%（包含股利）。而一个含有 40% 的债券头寸组合又会减缓下跌的幅度，其资本的短期损失为 21%，其损失比全股票组合 37% 的损失的一半要高一些。

跨越季节的风险

这些例子能说明债券是优于股票的投资吗？某些经历过 1973—1974 年股灾磨炼的投资者，可能非常认同这个结论。然而，对于长期投资者而言，这样做则意味着悲剧。在随后的 23 年里，较之于仅为 10% 的债券回报率，股票的年回报率达到了 16.6%。一个初始配置为 40% 债券和 60% 股票且保持不变的组合，回报率将达到 14.6% 。在这段时期末，其股票配置将增长至 86%。

十年以后

风险和配置

正如我警告的，在 1973—1974 年的两年期内，股市下跌了 37%，可能代表了最坏的情形。近来的事件支持了我的谨慎。实际上，在 2007—2008 年，市场下跌了 33%，情况极为相似。这种风险本来能被组合配置中的债券所减少；一个 20/80 的股票 / 债券配置的回报率为 –6.5%，又一次合理地相似于前一次股灾期间的 –4.9% 的回报率。（如图 3-1 所示，其他配置组合的表现，也类似于 1973—1974 年的情况。）下一次将怎样，当然只能走着瞧了。

确定的是，在 2008—2009 年的两年期内，市场的崩溃和随后的反弹给出了另一个最糟糕的情景。这两年期股票的累积回报率（截至 2009 年 9 月）总计为 –25%，而一个 60/40 的股票 / 债券组合，其市值下跌幅度仅为 11%。

在一个股票组合中，债券的最佳用途是作为一个常规收入来源，同时还有缓解作用，并非只是股票的替代物。记住，**长期投资者的目标不是在短期保有资本，而是获取实际的、经通货膨胀调整过的长期回报率**。股市能够带来极度沉重的短期损失，但正如我们在第 1 章中看到的，在所有的时段内，自 1802 年以来，在所有 25 年期中的 95% 的回报率，以及在所有 10 年期中的 80% 的回报率，股票都能比债券提供更高的长期实际回报率。

债券的实际回报率是可变的，但它长期都保持在 3.5% 左右，是股票实际回报率 7% 的一半。换言之，由股票提供的购买力增长率是债券提供的两倍以上。正如先前所示，多年的复利能将很微薄的盈余积少成多。尽管在短期，股票变动极大，长期投资者若不承担这样的风险，付出的代价就太大了。

同时，不要忘记：回报率随时间增长得很快，而风险随时间减少得也很快。如第1章的图1-3所示，股票回报率的波动，随着持有期的增加而迅速降低。股票一年期的标准差为18.1%，25年期则下降为2.0%，但是这种下降主要发生在10年期末，此时的标准差为4.4%。

从平衡中获益

一个平衡投资方案的最大益处在于：它使得风险更为合理。一个包含了债券的配置可以减弱股票短期波动的影响，这将给风险厌恶型的长期投资者以勇气和信心，让他们去持有一个偏重股票的配置。你可以根据自己的独特背景：你的投资目标、时间跨度、风险容忍度，以及融资来源，去选择一个包含股票和债券的平衡配置。

表3-2显示了在不同配置条件下，你将获得的回报率。假如你：（a）在1973—1974年的下跌之前及期间持有股票两年；（b）在此期间及之后，持有股票两年；（c）持有股票6年，包括这段下跌的时期。（假设因股票和债券的不同市场表现，初始配置发生了改变，但在此期间的每年年末，组合将重新调整，回到初始配置。）

这显而易见就是强斯的观点：即使没有夏季，在几乎所有的组合配置里，之前的春季和随后的秋季都足以提供正的回报率。仅有两种最激进的组合出现了损失，即股票配置分别等于资产的100%和80%，但也仅出现在1971—1974年。因为这个时期正处于惨淡的熊市，在这三个时段的每一个时期内，具有最大份额债券配置的组合表现最优。事实上，仅投资于债券的组合表现最好。

表3-2　　风险、时间与配置（1971—2009年）　　单位：%

股票/债券配置[a]	年化总回报率（年）				
	1971—1974	1973—1976	1971—1976	1971—1997	1971—2009
100/0	–3.9	1.7	6.4	13.3	9.6
80/20	–1.8	3.1	7.0	12.7	9.7
60/40	0.2	4.4	7.4	12.0	9.7
40/60	2.1	5.5	7.7	11.2	9.6
20/80	3.8	6.4	7.8	10.4	9.2
0/100	5.4	7.1	7.9	9.2	8.7

注：a. 配置是每年再平衡的。

然而，随着时间的推移，同样的配置和数据有力地支持了偏重股票的长期投资。在1970年后的27年，回报率直接随着配置中股票比例的增加而提高。如表3-2所示，一个资产配置80%股票和20%债券的组合，其年回报率为12.7%。对一个配置正好相反的组合，即20%股票和80%债券，其回报率为10.4%。在整个时段内，一笔重仓于股票的10 000美元的投资，将增长至252 300美元；而同样一笔重仓于债券的投资，其资本则增值至144 600美元；前者多出后者107 700美元。**配置于股票越多，长期平均回报率就越高。**除去惩罚性的冬季，如20世纪70年代的早期，市场季节最终将如此变化：春季到来，然后是夏季。一个良好平衡的组合正处于获益的最佳位置。

打造你自己的平衡

如何才能确定你所需的平衡呢？我将继续倡导如图3-1所表述的简单模型：这是一个四象限的矩阵，对于处在不同投资生命周期阶段的年长或年轻投资者，该矩阵给出了不同的配置建议。该模型假设，股票在长期将优于债券，正如它们自1802年以来的表现。它还假设股票的回报率将更不可预测，正如其回报率具有更高的标准差一样。这些假设与历史记录相符合。

十年以后

风险、时间与配置

虽然有2000—2002年和2007—2009年的严重熊市。自1971年以来，股票的年回报率仍保持强势（每年9.6%），尽管远低于早先的1971—1997年的13.3%的超乎寻常的高回报率（注意起始时间相同）。但我们必须记住：在该时期开始时，债券回报率在9%的范围内，所以实质上，在这个时期内，债券回报率与股票回报率相等。因而，不同股票/债券配置的组合，其年回报率实质上是一致的，都恰好处在8.7%到9.7%之间。

较之于股票，债券的回报率是如此具有竞争力。这很不寻常，但也并非前所未有。只要股票存在一丝溢价，平衡型基金的投资者就将受益更丰。在上述条件下，我们可以从坚实的股票回报率以及远超历史标准的债券回报率中获益。

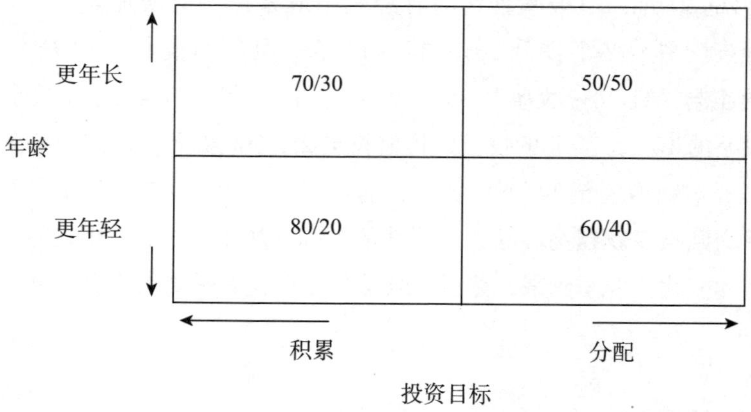

图 3-1　基本的资产配置模型（股票 / 债券）

这个矩阵的要点立足于常识。在你个人投资周期的积累阶段，当你在构建资产时，你把本可花掉的钱存起来（这绝不容易，但总是必需的），你将资本进行投资，并且将你所得的股利和资本利得进行再投资。由于你不是马上需要这些资产，所以你能将资本置于更多的风险之中，以追逐更高的回报。作为一个更年轻的投资者，你可能将组合中高达 80% 或更高比例的资产配置于股票，余下的配置于债券。随着你积累阶段后期的开始，你已变得更老，并且你拥有更少的时间去弥补组合价值的下跌。就此点而言，你可能将你的股票敞口限制在不超过 70% 的范围内。

在你投资周期的分配阶段，当你享受积累阶段的成果时，你依赖一个相对固定的资产池去产生你所需的收入。你提取自己的投资收入，而且你无法承担短期的巨大损失。在分配阶段的开始，你可能会将股票配置降低到 60% 左右。随着年龄的增长，你可能要将股票配置降至 50%。即便如此，获得适当的收入仍是一个挑战。在 1998 年的后半段，蓝筹股的回报率约为 1.4%，美国政府长期国债的回报率约为 5.4%，一个 50/50 的平衡市场组合，其回报率为 3.3%。若给定典型的股票和债券基金的平均运行成本，一个类似的共同基金组合的回报率仅为 2.0%，你的收入几乎减少了 40%。这个简单的计算，增强了你对基金成本巨大冲击的认识。在你的资产配置里，基金的选择突出了为何我要反复强调基金成本在你投资决策过程中的关键作用。

随着你不断改进战略性的长期资产配置方案、修改主要指导方针，以适应你的金融环境、年龄、目标以及风险偏好。一个具有高风险承受能力的年轻投资者（25 岁左右），开始为其退休做投资，若全部投资股票也并不显得轻率，只要他有信心在牛熊市都坚持定期投资。在分配阶段，一个收入颇丰、极度厌恶风险的年长投资者，可能将其股票配比压低至30%。这个决策的要点在于将要投资的资金和已经积累获得的资本之间的关系。一个年轻的投资者刚开始投资，每月只能投入150美元在个人退休金账户（IRA，或者是企业固定缴款的养老金或储蓄计划）。他不用担心时间问题，因为在开始时几乎没有风险。作为对比，一个年长的投资者必须同时考虑获得回报的机率，以及风险对更大和更重要资金的危害。如今，对一个有份合理报酬的职业、工作了40年的投资者来说，在税收递延计划中，拥有超过100万美元积蓄已成为标准。正所谓，时不我待。

年龄、资产和资产配置：综合的观点

年龄和资产水平的组合对风险的敏感程度，看起来几乎是不言自明的。一个年轻人在开始积累其资本时，自身资产很少，能够承担较大风险，努力获得股票投资的最大回报，并依靠时间熨平短期回报率的波动。对于一个更年长的投资者，他已拥有了很多的资产，但只有很少的时间从可能的损失中恢复，因而他应当追求有更大把握、更低风险和更持久收入的回报率，即使要以更低的资本回报率为代价。

也有相反的观点，如果你年轻且没什么财产，为何要承受股票的风险？如果你年长且拥有丰厚的退休金收入，为何不继续侧重于投资股票，将可能获得的最大财产传给继承人呢？难道更年轻的投资者就没有短期投资吗？难道更年长的投资者就没有无限的投资期限吗？

也许还有其他的现实生活情况。你的负债情况如何？你的现金流是正的，还是负的？你的收入在上涨，还是下跌？你的子女的大学教育如何？你期望能从固定收益类的养老金（包括社会保险）里获益多少？你是一个进取型的风险承受者，抑或是一个谨慎的保守派？

针对金融资本，学术界也提出了人力资本的观点。挣工资的年轻人未来劳动的现值，降低了投资的重要性。“我就是我的投资组合里最重要的资产。”确实如此。较之于关注相对数量更少的、个人将可能积累的金融资本，难道没有人愿意更好地管理自己的生活，以最大化其巨大的人力资本潜力吗？难道人力资本价值和股市价值，不被美国经济增长深深影响，并且高度相关吗？

所有的这些问题都很难回答，值得仔细思考。但是，以年龄和资产水平作

为构建资产配置底线的拇指法则（即经验法则），在我看来，对大多数（但并非全部）投资者，是一个明智的起点，因为他们所处的无数种不同环境，掩盖了适当的解决方案。资产配置不是万灵丹。对于金融市场上不可避免的不确定性，它即使不是完美的，也是一个理性的解决方案。

十年以后

打造你自己的平衡配置

在最近的时期里，“随着年龄的增长，不断减少你的股票比例，并相应增加你的债券比例”这一原则已得到重申，并且不止于此！2007—2009年股市的崩盘，对全股票组合而言是个灾难。但由于回报率为正，债券完成了其缓解风险的预期任务。

我原先立足于经验的资产配置模型，针对在投资计划分配阶段的年长投资者，配置为50/50。在此次崩盘前很久，我就对模型做了微调。作为一个大致的起点，我建议一个投资者的债券头寸应等于其年龄。比如，某位投资者的年龄为65岁，则应考虑资产配置为65/35的债券/股票。

很明显，这样的法则必须调整以反映投资者的目标、风险承受力和总体的金融形势。例如，养老金和社会保险支付被视作类似债券的投资。但关键点在于，随着年龄老去，我们常常:(1)有更多需要保护的财富;(2)更少去弥补严重损失的时间;(3)对投资收入有更高的要求;(4)对市场起伏变得更为神经质。所有上述的4个因素清楚地表明：随着年龄的增加，我们对债券的需求更多。

微调你的平衡

一旦你已确定了一个长期的资产配置战略，你必须决定这个平衡是否将是相对固定的抑或动态可调的。通常，有两个基本选择，你能够:（1）保持你的配置比例固定不变，定期地买卖股票和债券，以使你的组合恢复到最初的配置;（2）设定初始的配置，然后听任你的投资利润自行其是。在后一种情形中，你的初始配置将逐渐演变，并反映出股票和债券的相对业绩。

在第一个选择，即固定的配置比例之下，你将需要不时地重新平衡你的组合。如果股市走强，你就要将初始的 60% 股票和 40% 债券的配置改变为 70% 股票和 30% 债券，你可能需要卖掉一些股票，并将这笔收入投资于债券。对于一个税收递延的退休金账户，其组合调整不需计税，这种调整很容易完成。然而，对于应税账户而言，卖出证券完全可能触发不利的纳税后果。如果你持有的证券主要在一个应税账户中，明智的行动路线是将未来的配置重置于债券，并逐渐将你的组合恢复到最初比例。**采用固定比例的策略，其优势在于：当股价上升时，你将自动锁定收益并减少股票风险敞口。相应地，随着股票价值的下跌，你将提高持股比例（用出售债券的收入来实现，或重新调整投资），这将减少你的股票风险敞口；同时，这将保持风险和收益之间初始平衡的相对稳定。**相对于那种无所作为，任凭其投资组合风险敞口随股市波动而变化的策略（该策略合乎直觉，但可能后果不佳），很多投资者发现股票和债券的稳定平衡会让人觉得更加放心（这是一个与直觉相反的策略，但可能富有成效）。

如果你选择听任你的初始资产配置自行其是，实际上，你是在采取一种良性的忽视策略。在你确定了初始配置后，风险和回报的平衡将随着金融市场的节奏而起舞。开始的 60% 股票和 40% 债券的配置，可能最终变成 75% 或更多的股票，以及 25% 或更少的债券。一个近来的例子显示，在这个始于 1982 年的牛市到来之前，某个投资者配置 50/50 的股票 / 债券，在 16 年以后，最终将变为 76% 投资于股票，24% 投资于债券。

还有第三个选项，但仅为勇敢而自信的投资者准备，就是不放弃“坚持原定路线”的原则，但在风暴出现于地平线时，允许做中途的修正。如果理性的预测指出，较之于其他资产组合，某一资产组合具有更佳的投资机会，你可以适当调整资产组合比例，从判定为较缺乏吸引力的资产组合转向更具吸引力的资产组合。这种策略被称为战术资产配置。这是一种机会主义的、短暂的、激进型的策略。假如你具备技能、洞察力以及运气，较之于固定比例的方法或良性的忽视，它可能产生更高的长期回报率。

拥有技能和洞察力极为重要，虽然我们所有人都容易高估自己在这两方面的能力。但是，运气也在起作用，很多投资者确实是正确的，但却选错了时间。太早或太晚都不好。如果真的要使用战术资产配置的话，仅应当很有限地使用。也就是说，如果你的最优战略配置是 65% 的股票，则限制其变化不超过 15 个百分点（50%～80% 为股票），并且逐渐变化。你期望拥有技巧、洞察力和运气，能在一夜之间消除掉股票头寸，并在时机合适时，重新恢复头寸。在我看来，这样的愿望显然很荒谬。谨慎的战术资产配置可能对勇敢者是个诱惑，而所谓完善的战术资产配置则只能诱惑傻瓜。

什么可以指导战术资产配置做适当调整呢？举一个例子，关注那些估值相对债券明显偏高的股票。那么，只有那些怀着信念、充满勇气和严于自律的投资者才可能因谨慎而获益。我是说对谨慎保持恭敬，而非向其臣服。在一个无法避免不确定性的世界里，你的股票头寸的减少不应当超过 15 个百分点。如果在你的组合里，65% 为股票，那么至少将其维持在 50%；如果 50% 为股票，那么至少将其维持在 35%，等等。多一点的小心代表着纯粹的审慎，同时，如果相对来说你是风险厌恶型的，这能使你高枕无忧，这份福气并非微不足道。人们不必拥有投资经验就会承认一个行业谚语中的智慧："有年长的飞行员，也有勇敢的飞行员，但是没有年长且勇敢的飞行员。"

第三维度

一个理想的资产配置，包括两个最明显的投资维度：风险和回报。而投资成本代表了投资的第三个维度，它更微妙，但是同样关键。认为成本与资产配置的重要性相当的理念，并不被共同基金业所广泛接受。毕竟，在这个长期牛市里，股票的年回报率近 20%，并且近年来年回报率为 30%；而当今债券的回报率仅约为 5.5%，资产配置已经弱化了成本的重要性。成本的影响每年都不过是区区几个百分点。于是，业界出现了这样的共识：必须给予资产配置最高的优先权。通过忽略成本的影响，该行业含蓄地表明：成本不重要。但这个行业共识是错误的。

然而，一篇发布于 1986 年的严肃的学术研究论文，似乎印证了这个共识。在《金融分析家杂志》(*Financial Analysts Journal*) 上，作者布里森 (Brinson)、胡德 (Hood) 和毕博 (Beebower) 写道："投资策略 (即资产配置) 胜过投资战略 (即市场择时和证券选择)，平均来看，投资策略解释了为何 (养老金) 总方案的回报率变动为 93.6%。"在资产配置领域，这段陈述可能正是引用的来源，它确实是最常被引用的。

该文的作者们继续说："虽然投资战略能产生显著的回报，但它与来自投资策略，即资产组合的选择和正常的权重，所产生的回报贡献相比，则相形见绌。"换而言之，来自资产配置的回报贡献，胜过了其他因素。

该文研究了截至 1983 年的 10 年期，这个发现后来被另一项研究再次印证。后一项研究由布里森、辛格尔 (Singer) 和毕博于 1991 年完成，随后也发表于《金融分析家杂志》上，该项研究的时间跨度为截至 1987 年的 10 年期。在结束期的 1987 年，资产配置的影响估计达到了 91.5%，这是一个微不足道的变化。

财务圣经

我认为，如果能被正确地理解，这个结论就能经得起挑战。然而不幸的是，它很容易被误解。它常被引用为具有如下涵义：资产配置解释了养老基金之间年回报率的差异，而不是季节回报率的变化。我必须承认，在开始时，我犯了同样的错误：强调股票、债券和现金之间的资产配置。“我已解释了总回报率的差异居然高达惊人的 94%，而这些总回报率来自由机构管理的养老基金。”令人开心的是，通过提出正确无误的结论，我证明了这个仓促的论断：“长期的基金投资者，要更多地侧重于包含股票和债券的基金的投资配置，且减少关注持有哪些特别的股票和债券，就可能盈利。”虽然今天我仍然坚持这个结论，但我一定要增加如下内容：“……尽可能地保持成本固定且低廉。”换而言之，在低成本基金中做出你的选择。

威廉·扬克（William Jahnke），凭借一篇发表于《金融分析家杂志》的著名文章，成为 1997 年的“格雷厄姆及多德”奖的获得者。他在文中谈到了这种普遍的误解。他提到，虽然资产配置可以解释季度组合回报率的 93.6% 的变动，但对大多数投资者而言，短期回报率的适度变动几乎毫无意义。使用初始研究的数据，扬克得到了结论：在股票、债券和现金储备之间做正常配置的某个养老金计划的投资策略，仅解释了长期总回报率差异的 14.6%。扬克随后给出了有力解释：“对很多个人投资者而言，成本才是决定组合业绩的最重要因素，既不是资产配置策略，更不是市场择时或证券选择。”

也许有些不同寻常，我发现自己坚定地保持中间立场。资产配置确实至关重要，但成本也至关重要。对一个包含高等级股票和债券的分散化投资而言，如果跟这两个因素比较，那么该组合所包含的其他所有因素都显得苍白无力。

成本如何改变预期

布里森、胡德和毕博的研究（以下简称 BHB），没有考虑投资顾问费用、行政费用和托管费用等成本因素。为了公平起见，可能确实不需要考虑这些因素。这项研究的焦点主要在于季度变动，而非累积年回报率，而且机构年金计划投资顾问费用的变化相当适度（设定的费率水平具有竞争性，其幅度很小，每年大约为资产总额的 0.4%～0.8%）。考虑到以上两个因素，成本对结论的影响几乎可以忽略不计。

成本对共同基金业的影响则完全不同，它的变化幅度更大，而且其水平常常高于养老基金。股票型基金的费率平均每年为 1.5%，且其范围在 0.2%～2.2% 或更高。今天，平衡型基金收取的费用平均为 1.4%，而且其幅度在 0.2%～1.8% 或更高（见图 3-2）。在共同基金之间，成本存在如此幅度的差异，虽对基金的季度回报率仅有微弱的影响，但对长期回报率的差异影响却很大。大量数据强烈地支持了以下结论：**投资成本与资产配置，都是长期回报率的关键制约因素。投资的底线是：成本至关重要。**

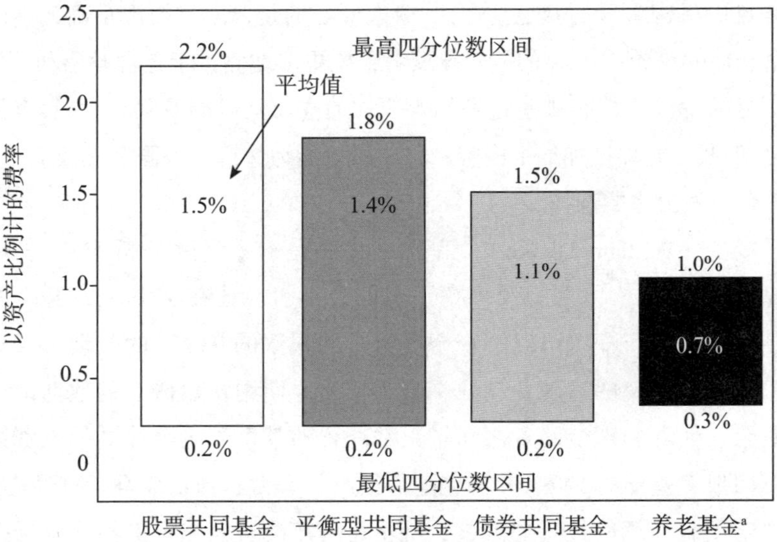

图 3-2a　投资组合的费率

注：a. 估计值。

十年以后

费率

股票型基金、平衡型基金、债券型基金和养老基金的费率情况与 10 年前相比，基本上没有变化。对每一种类型的基金，基金费率的最高四分位，与基金费率的最低四分位相比，平均高出 1 个百分点，经过长期复利后，这将是一笔巨大的储蓄。然而，正如我后来将要解释的，费率绝不是基金投资者要承担的唯一成本。

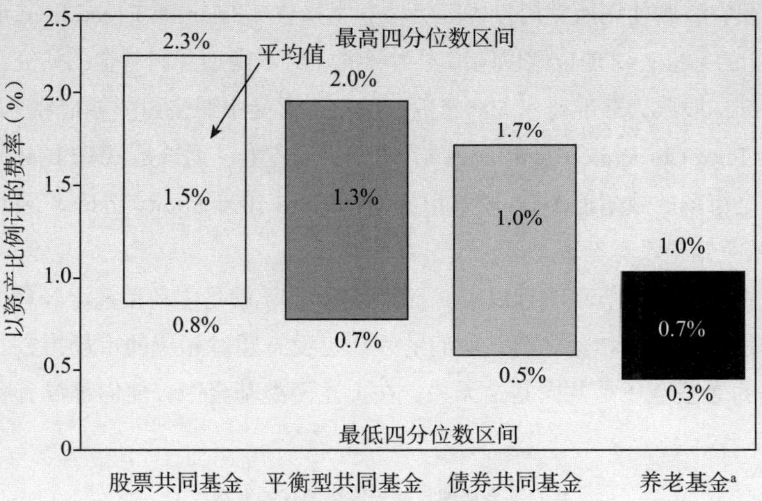

图 3-2b 投资组合的费率

注：a. 估计值。

表 3-3 **回报率变动的来源**[a]

因素	BHB 的研究	对共同基金的研究
配置策略	92.5%	84.9%
配置变化与证券选择	7.5%	15.1%
总计	100.0%	100.0%

注：a. BHB 在 1986 年和 1991 年研究的平均值；对共同基金的研究根据截止于 1997 年 12 月 31 日的 10 年期。

在分析成本的作用时，由于平衡型基金的资产配置类型类似于 BHB 所研究的养老基金的配置类型：通常包含大约 60%～65% 的普通股，因此我选择平衡型基金为对象。在一项截止于 1997 年 12 月 31 日的 10 年期研究中，结果再次清楚地确认了 BHB 的基本发现：资产配置的影响弱化了市场择时和股票选择的影响。实际上，对于平衡型基金季度回报率 84.9% 的变动，部分可由资产配置解释，这个数字很接近养老基金的结果。如表 3-3 所揭示的比较结果，两者的相似程度惊人。

让我们从回报率的波动转向探讨总回报率，养老金计划和共同基金扣除费用前的回报率，都稍微落后于市场基准指数的回报率。对于养老金的研究，BHB 使用了如下的市场基准：对股票使用标准普尔 500 指数的基准；在第一次研究中，对债券则使用雷曼政府/公司债券指数（the Lehman Government/Corporate Bond Index）的基准，随后的第二次研究，则使用所罗门投资等级债券宽指数（Salomon Broad Investment Grade Bond Index）的标准；对现金则以国库券为标准。对平衡型共同基金的研究，我们使用了相似的基准：股票为标准普尔 500 指数；债券为雷曼中期公司债券指数（the Lehman Intermediate-Term Corporate Bond Index）；现金为国库券。无论是 BHB 的还是我们的研究，如果用全市场的威尔逊 5000 股票指数（Wilshire 5000 Equity Index）替代标准普尔 500 指数，研究结果没有显著差异。

我们正在见证的（似乎一直以来就不断被重申），就是主动型基金经理的失败。总的来看，即便在成本被扣除之前，他们的表现也没有超过相应的市场指数。这与经理们管理的是养老基金还是共同基金无关，在上述两类基金中，他们都没有特别成功过（见表 3-4）。

表 3-4　　共同基金经理与养老基金经理的业绩[a]

	对养老基金的研究	对共同基金研究
扣除成本前基金经理的回报率		
指数成分回报率	11.8%	14.2%
基金回报率（扣除成本前）	11.2%	14.1%
扣除成本前差异	−0.6%	−0.1%
扣除成本后基金经理的回报		
平均费率	−0.6%	−1.1%
基金回报率	10.6%	13.0%
扣除成本后差异	−1.2%	−1.2%

注：a. 不考虑销售费用。

主动型基金经理们通过战胜被动的市场指数来增加价值，而其失败在很大程度上反映了个股选择的不高明；或者，如果你愿意承认，是反映了高度有效的市场。价值的实际减少，很可能是由组合的交易成本造成的（虽然很难被精确量化，但它确实存在）。较之于未施加积极管理的指数投资组合，养老基金和共同基金都暴露出了不足。究其原因，个股选择和交易成本这两个因素，无疑共同扮演了重要角色。

然而，当我们将运行费率纳入考虑范围后，那些经理们的失败就不证自明[①]了。

① 如果我们将基金销售费用考虑进来，共同基金的缺点将更明显。对于收费基金（那些收取销售佣金者），销售费用将消耗掉每年 0.6% 的总回报。收费基金和免佣基金合在一起的回报率将减少约 0.4%。

表 3-4 展现了我们扣除成本后的研究结果，请注意：在两种情况下，如果总回报率每年都减少 1.2%，就相当于大约减少了市场指数回报率的 8%。而费率占去共同基金回报率减少部分的 92%。更甚者，在该项研究覆盖的 10 年中，平衡型基金的平均费率已从 1.1% 升至 1.4%，这是一个不祥的信号，标志着未来回报率减少的幅度很可能更大。

表 3-5　　平衡型基金：回报与成本　　单位：%

	净回报率	费率[a]	总回报率
1987—1997 年 成本的四分位			
第一（最低成本部分）	14.0	0.6	14.6
第二	13.2	1.0	14.2
第三	12.6	1.2	13.8
第四（最高成本部分）	12.1	1.7	13.8
平均	13.0	1.1	14.1
1994—2009 年 成本的四分位	净回报率	费率	总回报率
第一	7.1	0.7	7.8
第二	6.0	1.0	7.1
第三	5.8	1.2	6.9
第四	5.0	1.9	6.9
平均	6.0	1.2	7.2

注：a. 1998 年，成本的四个分位分别是：0.7%（最低）、1.0%、1.2% 和 1.9%（最高）。

结果，在我们的样本中，在平衡型基金的成本和净回报率之间，存在一个非常系统性的关系。实际上，当不考虑成本时，1987—1997 年，总回报率的第二、第三和第四个四分位几乎相等，约为 14.0%；而 1994—2009 年，该值为 7.0%，这些结果都列在表 3-5 中。无疑，对于每个四分位，较低的成本必然带来更高的回报。

如同蛋糕上的糖衣般诱人的是：更低的成本将实现更高的回报，而不用承担比平衡型基金更高的平均风险。在这些平衡型基金中，资产配置政策的不同（较之于平均水平，这些基金中的 4 只明显配有更高份额的普通股），导致了总回报率某种程度的不同。但是一旦将风险（由标准差所衡量）纳入考虑范围，则只有费率处于最低四分位的基金，才凭借非同寻常的风险调整回报率（risk-adjusted return）脱颖而出。特别是在1987—1997年，费率为最低四分位的平均风险调整回报率（用夏普比率[①]表示），高出平均水平的15%；而处于费率较高的3个四分位的风险调整回报率，都低于总体平均值的4%。（处于最低成本四分位的基金，平均夏普比率为0.94；而3个处于较高风险四分位的基金，每个夏普比率的平均值为0.79。）这种关系给予“成本至关重要”的观点以强有力的支持。

那么，这项有关平衡型共同基金的研究结论，就需要加上BHB陈述的重要附加说明（用黑体字标出）：“尽管投资战略能产生显著的回报率，但与投资策略产生的回报率贡献相比就相形见绌了，而且成本深刻地影响着总回报率。”

该结论的得出，不仅来自于这项平衡型基金研究所给出的有限样本，而且来自另一项详尽的关于回报率的研究，该研究包括了自1991年至1996年期间运行的所有741只美国国内的股票型共同基金。当把基金的投资风格（成长型对价值型）和流通市值（大盘对小盘）考虑进来后，处于最低成本四分位的基金之业绩，优于处于最高成本四分位的基金，而且该结论相当具有连贯性，这正如我们将在第6章所见的。我们还会看到同样广泛的影响在债券型基金中出现，具体细节将在第7章讨论。

十年以后

平衡型基金的成本和回报

将10年前平衡型基金成本和回报的数据进行更新，并将期限延长为15年，这就以接近完美的方式确认了先前的结论。根据四分位从低至高，随着费率上升，回报率随之下降。处于低成本四分位的基金回报率，在早期，每年的回报率要高出1.9%，而近期这一优势为2.1%。同时，这二者呈现出同样独特(但有趣)的形态：处于最低成本四分位的基金，不但净回报率最高（如我们所期待的），而且即使在成本被扣掉之前，总回报率也最高。（此外，第二阶段可与第一阶段相似。在近期，低成本基金费用前期的年回报率优势为0.9%，几乎与前期0.8%的优势相等。）其原因尚不明了，但正是这个形态强化了简单、低成本的策略：“在低成本的池塘里钓大鱼！”

① 夏普比率由诺贝尔奖获得者威廉·夏普提出，它是计算风险调整回报率的基础指标。该比率基于单位风险的年回报率，它更准确、更易变，并由标准差来衡量超过美国政府短期债券的无风险回报率的部分。

低成本增加了基金的回报率

无论出于何种原因，更进一步说，对于处在顶端四分位的基金而言，低成本系统性地提高了低成本基金的总回报率，甚至还给予它们更大的优势。这样的结果似乎不是随机出现的。也许成本更高的基金要追求额外的回报率或是更低级别的证券，以抵消其额外的费率，但是隐含的额外风险也随之而来。在任何一种情形下，对于平衡型基金，费率每降低 10 个基点，对于平衡型基金而言，这将增加 17 个基点的净回报率。若果真如此，则杠杆效应几乎会让更高成本的负面影响翻倍。

通过以下这个例子来展示这一数学方法的内涵：一只高成本基金的净回报率为 10%，这不仅可以表现为某只平衡型基金有 11.1% 的回报率，该平衡型基金的费率优势为 1.1%（高成本平衡型基金的费率平均为 1.7%；而低成本基金为 0.6%），还可以是 11.9% 的总回报率。这将意味着：需要在高成本基金的 10% 的年回报率的基础上，再提高 19%。当经过 10 年的复利后，这个优势将会很大；若是 25 年，这个优势将会飙升；若是 50 年，这个优势将无与伦比的高，价值将为原来的 2.5 倍，从 117.4 万美元增至 276.4 万美元（见表 3-6）。正如我提到过的，投资者如果从 25 岁开始投资于 401（k）[①]税收递延储蓄计划，就能在其 75 岁时靠这项积累的资金来生活，50 年不过是他的投资年限。该表中的数据说明了一切。

由于成本的有力影响，再加上存在合适的杠杆率，我们现在能够了解成本对资产配置策略的影响了，同时集中关注长期股票回报率和债券回报率的关系。

表 3-6　　成本对于 1 万美元投资的累积影响　　单位：美元

年数	高成本、10.0% 的回报率	低成本、11.9% 的回报率
10	25 900	30 800
25	108 300	166 200
59	1 173 900	2 763 800

对成本影响的三种视角

对于投资者，习惯性的视角是以所占资产的百分比来考虑基金费用。在共同基金领

① 美国公司的一种延后课税的退休账户，于 1981 年创立。员工可在一定额度内，每月提拨薪资的一定比例（1%~15%）到其退休金账户，在年老提领时再纳入所得进行课税。由于在国税条例第 401（K）条中规定，故简称为 401（K）计划。——译者注

域，这就是规定的费率。最低成本的股票型基金，其费率每年为 0.2%（通常体现在市场指数基金上）；一般的股票型基金，其成本为 1.5%；而最高成本的股票型基金（即那些费率处于四分位顶端者），其费率则达到 2.2%。然而，即使对那些最高的费率，不谙内情者也容易轻视成本的影响。投资者可能会问："1 个百分点左右真那么重要吗？"

第二种视角表明，它的影响很大：将费用看作是 10 年持有期内的消耗占初始投资的百分比。对于最低成本的基金，这一比例仅为 2.8%；一般的基金是 19.8%；对于最高成本的基金，则高达正常值的（或畸高的！）28.1%。将上述百分比转换为美元，可能会更好地说明这一视角。一笔 1 万美元的初始投资，其成本为每年 0.2%（假设这笔投资每年增值 5%），在 10 年内，这将仅消耗投资者 280 美元。但是如果成本为 2.2%，10 年的成本将达到 2 810 美元。这的确是很大一笔钱。正如你能想象到的，共同基金业没有特别地受此观点的打击，因为它将成本问题淡化了。

还能从第三种视角思考成本，即将成本看作股票预期年回报率的一个百分比。使用同样的例子，假设费率分别为 0.2%、1.5% 和 2.2%，并且假设长期的市场回报率为 10%，成本将分别占到年回报率的 2%、15% 和 22%，这将使投资者的净回报率分别减至 9.8%、8.5% 和 7.8%。这是很大的损耗，虽然极少被基金销售者提及。无论如何，它是投资经验中赤裸裸的现实。

还有第四种视角

这里还有对于成本的第四种视角：将成本作为股票风险溢价的百分比。这是所有观点中最突出的。为了评价成本对股票风险溢价的影响，让我们考虑一个简单的例子。假设美国政府长期国债的预期回报率为 6%，且股票的预期回报率为 8.5%，那么风险溢价为 2.5%。考虑另一个极端的例子，如果对于美国政府长期国债而言，股票的风险溢价为 2.5%，并且如果某只股票型基金的成本高达 2.5%（即 2% 的费率和 0.5% 的交易成本），则投资者选择两者的决策没有差异。也就是说，这两项投资的长期回报率完全相等；对于投资者承担的额外风险而言，完全没有风险溢价。成本 100% 地消耗掉了股票的风险溢价。

以此视角观之，投资顾问费以及其他基金费用和交易成本等投资中的所有成本，都吞噬了风险溢价，区别仅在于程度问题。尽管在最高的成本水平上，它已经有了类型上的区别，因为这种区别改变了回报的本质特征。表 3-7 展示了在不同的风险溢价水平上，共同基金费用消耗掉的风险溢价百分比。为了方便研究，该表忽略了交易成本，而交易成本将使费率成本增加额外的0.1%～1.0%。对于这样的忽略不计，人们虽心存怀疑但却未加深究。

表3-7 费用消耗掉的股票风险溢价百分比

		股票风险溢价			
基金类型	费率[a]	2%	3%	4%	5%
成本最低	0.2%	10%	7%	5%	4%
平均成本	1.5%	75%	50%	38%	30%
成本最高	2.2%	110%	73%	55%	44%

注：a. 不考虑交易成本。

股票风险溢价

股票风险溢价，简单来说，就是由于持有的是普通股而不是无风险的美国政府长期国债，投资者为此承担了额外风险以索取额外回报。风险溢价可通过以下任一方法算出：其一为回溯法，就是以给定的过去时段，求出两项回报率的差额；或是预测法，即求两项预期回报率的差额。

从今日股市和债市的水平来看，对于未来的10年，2%～3%的风险溢价可能是一个理性而谨慎的预测。实际上，很多令人尊敬的投资顾问（在附录一里列出了其中一些），早已将可能的取值设定为小于2%了。

资产配置和成本

历史上，即自1802年以来，平均的股票风险溢价为3.5%。如图3-3所示，在其间大约50%的时段内，风险溢价的范围是0～5%，仅在1947年到1970年的这段时间的那些10年期里持续超过上界。既然无人能确定未来的溢价水平，我将基于3.5%的平均水平展开余下的分析。设想你是一个投资者，正面对现实世界的共同基金，当你要对资产配置进行决策时，你要检查现在是什么情况。为了便于讨论，假设你期望保持股票和债券比例为65%和35%，且你需要确定成本对决策的影响。进而，我们假设股票的长期回报率为10%，且国债的长期回报率为6.5%，则风险溢价为3.5%。你决定持有国债作为债券配置。对于股票的配置，你的选择存在于以下二者，处于最低成本范围的基金（0.2%），以及处于最高成本四分位的基金（费率为2.2%）。低成本项目的回报率为

8.6%；高成本项目的回报率为 7.3%（见表 3-8）。

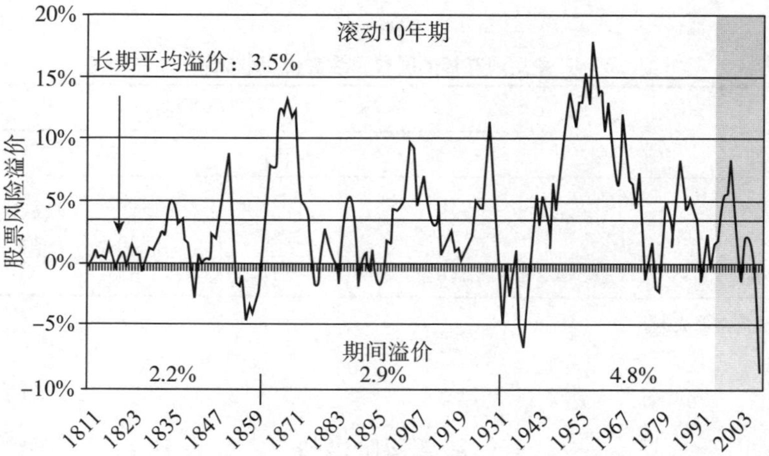

图 3-3　股票风险溢价与美国政府长期国债（1802—2009 年）

表 3-8　　**成本、回报和资产配置**　　单位：%

	年化回报率	
	低成本基金	高成本基金
股票配置	9.8	7.8
债券配置	6.5	6.5
65/35 组合	8.6	7.3

当风险保持恒定时，假定的回报率存在 1.3% 的差异，这个差距是非常显著的。对于低成本选择而言，10 000 美元的初始投资在 10 年后为 22 800 美元；25 年后为 78 700 美元（不考虑税收）。同时，对于高成本选择而言，结果则分别为 20 200 美元和 58 200 美元。在 25 年之后，后一数据的差额为惊人的 20 500 美元，为初始投资的两倍多。

但是，让我们从风险溢价的不同角度来看这一情形。假设你接受我所用的基本预设：股票回报率为 10% 且股票的风险溢价为 3.5%，并且你正满怀希望去投资，目标为获取 7.5% 的长期回报率。问题在于，给定的选择为低成本的股票型基金或高成本的股票型基金，你将做什么样的配置？答案就是：如果你选择低成本者，你的配置比例应为 30% 的股票和 70% 的债券。但是如果你选择高成本者，你的配置比例将为 75% 的股票和 25% 的债券。至少，两者风险暴露的差异就很大。实际上，对于高成本的投资组合，你将不得不把风险提高 2.5 倍以获得同样的回报率。

十年以后

股票风险溢价

在20世纪80年代和90年代，相对于美国政府长期国债，股票的平均风险溢价接近其3.5%的长期标准。但是，股票风险溢价在飙升至大约7.5%之后，又陷入了低迷。在2007年之前的10年期内，又跌至–1.5%。当时，股票的回报率为3.4%，债券的回报率为4.9%。截至2008年，股票风险溢价跌到–8.8%的空前低点（股票回报率为–3.1%，债券为5.7%）。所以，本来似乎不可能的事，总是能发生。但是，在以后的10年中，随着股票回报率可能回升至7%～10%，同时长期国债回报率大约为4.5%，我们能够再次怀着希望以及期待来预测，风险溢价将重新为正值。

换种方式来说，只要通过权宜性地选择低成本基金，你就能减少针对股市的风险暴露45个百分点，即60%的降幅。很明显，这个例子假定其他因素都保持不变。实际上，这一成本将使长期业绩产生系统性变化。它也假设了我们从多年经验中所学到的东西：单只表现优异的基金不可能事先被选中。然而经验告诉我们，只要以低成本为标准，就能预先选中表现优异的一组基金。

我们知道过去股票溢价的历史评价，但却丝毫不能确定未来何种股票溢价将占优。让我们考虑未来熊市和牛市两种可能的情景：（1）股票回报率为7%，债券回报率为6%，则风险溢价为1%；（2）股票回报率为12%，债券回报率为8%，则风险溢价为4%（见表3-9）。在情景（1）中，低成本的股票型基金消耗了1%的风险溢价中的20%，而高成本基金的消耗量则高达220%（注意！）（请回忆该行业里足有25%的股票型基金，成本平均为2.2%）。在情景（2）中，低成本基金的费用占去4%的风险溢价中的5%；而高成本基金将占去55%。

总而言之，如果接受我假设的前提和预测范围，你的选择结果将非常明显。表3-9揭示了，在不同配置下，高、平均和低成本组合，各自实现的回报率。例如，在情景（1）的熊市条件下，投资者选择80%的债券组合，其回报率为6.2%；而包含80%高成本股票型基金的组合，其净回报率仅为5%，前者的回报率高于后者。在情景（2）的牛市时，投资者选择低成本的40/60的股票/债券组合，能获得9.5%的期望回报率；而另一个组合的股票配置为前者的两倍（为高成本的80/20），其回报率仅为9.4%。前者的回报率仍高于后者。这就是说，尽管股票的风险暴露减少了50%，投资者仍然能获得更高的回报率，只要通过将成本纳入考虑范围，这就可以实现。更高的回报率与更低的风险是能够共同实现的。

表 3-9　　成本、回报和资产配置

		(1) 熊市			(2) 牛市		
		总的年回报率：			总的年回报率：		
		股票	7%		股票	12%	
		债券	6%		债券	8%	
		股票溢价	1%		股票溢价	4%	
配置（%）		基金回报率（%）			基金回报率（%）		
股票	债券	高成本	平均成本	低成本	高成本	平均成本	低成本
80	20	5.0	5.6	6.6	9.4	10.0	11.0
70	30	5.2	5.7	6.6	9.3	9.8	10.7
60	40	5.3	5.7	6.5	9.1	9.5	10.3
50	50	5.4	5.8	6.4	8.9	9.3	9.9
40	60	5.5	5.8	6.3	8.7	9.0	9.5
30	70	5.6	5.9	6.2	8.5	8.8	9.1
20	80	5.8	5.9	6.2	8.4	8.5	8.8

注：高成本基金费用比率：2.2%。
平均成本基金费用比率：1.5%。
低成本基金费用比率：0.2%。

是成本还是资产配置

关于成本对资产配置的冲击，表 3-10 总结了 4 种视角。它们清晰地重申了我们先前对 BHB 结论的修正：**“尽管投资战略能产生显著的回报率，但相比投资策略贡献的回报率却相形见绌，此外总回报率会受到成本的严重影响。”**这些也说明，扬克更进一步的观点值得深思：“对很多个人投资者而言，成本是决定组合业绩的最重要因素。”

当你在考虑资产配置的问题，并且要确定自己的资产配置策略时，考虑以下可用的选择：

1. 年度成本占所管理资产的百分比（这是传统的衡量方法）。你可以支付的费率为资产的 0.2% 或 2.2%，具体选择由你自己决定。

表 3-10　　股票型基金的费率　　单位：%

	最低成本	平均成本	最高成本
1. 资产的年度百分比	0.2	1.5	2.2
2. 10% 回报率的年度百分比	2.0	15.0	22.0
3. 初始投资的 10 年期百分比	2.8	19.8	28.1
4. 3.5% 股票溢价的百分比	5.7	42.9	62.9

2．年度成本占股票总回报率的百分比。你可以从你的年回报率里，减去 2%～22% 的部分，具体选择哪部分由你自己决定。

3．累积成本占初始资本的百分比。在 10 年期内，你可以支付初始资本的 2.8%～28.1%（即初始投资为 10 000 美元的话，支付额为 280～2 810 美元）。具体选择由你自己决定。

4．年度成本占股票风险溢价的百分比。这是一个新的重要概念。你可以从历史溢价标准中，减去 5.7%～63% 的溢价收益。具体选择同样由你自己决定。

十年以后

资产配置

即使我的法则经历了 10 年期的检验之后，而这 10 年期对股票而言糟糕透顶，对于在投资者的资产组合里构建合适的资产配置，我也不愿意改变一丝观点，哪怕改变一言一词。然而我相信，我对共同基金成本的估计还是很谨慎，我的错误在于只依据基金费率去计算成本的影响。

实际上，1.5% 的费率仅是成本的一部分。大多数主动管理的股票型基金，还要承担隐藏的组合换手成本，这也许又额外增加了每年平均 0.5%～0.8% 的成本。另外，我也没有考虑大多数基金收取的申购费用的影响。若前端销售费用为 5%，分摊到 5 年，每年的成本为 1%；分摊到 10 年，每年的成本为 0.5%。因此，考虑全部影响后，成本的中间值为每年 2.5%。在表 3-10 中，中间的例子是成本占资产的 2.5%；占 10% 的回报率的 25%（注意！）；占初始投资的 53%；占假定的 3.5% 的股票溢价中惊人的 71%。

是的，如果你的目标是最小化组合中的风险资产，以获得最有效的风险调整回报率。那么低成本是必不可少的。如果成本消耗掉将近 3/4 的股票溢价，而这部分溢价将补偿你所承担的风险，那还有什么意义呢？重申最初的论点：投资成本最小化，是使投资组合风险最小化的应有之义。

简单化：如何到达应去之地

在我们生活的世界里，每个人似乎都拥有无穷的信息。以往只有专业投资人士才能了解到的财经事件、数据和理论，现在对个人投资者而言都唾手可得。个人投资者不必再依赖投资专家的服务，就可在互联网上尽情买卖股票。信息时代已经真正改变了投资世界。

今天，投资者遭到来自各个方面的投资信息的轰炸：不管他们想不想要。复杂的量化分析、实时的股票报价之类的信息，即便不能通过个人电脑获得，也可通过任何地方的图书馆得到。现在，投资者会问共同基金经理有关“α”（alpha）的问题；他们还想要知道基金的“夏普比例”；他们还阅读关于“复杂性理论”和“行为金融学”方面的文章。

然而，这一轮的信息轰炸还不一定能转化为更好的投资回报。相反，我们经常专注于数据量，想要更尖端且更复杂的信息，并想当然地认为这将增加我们的收益。无论这个世界是否比以往更复杂，但是我们确实已使得投资过程更复杂。在今天，面对使人心智麻木的海量信息流，令人震惊且使人恐惧，明智的投资者该何去何从？

目标就是简单化。在这个非凡的时代里，巨大的悖论是这样的：我们身边的世界变得越复杂，为了实现财务目标，我们就必须越简单。绝不要轻视简单化的伟大之处，也不能低估其有效性，这种有效性已被长期投资策略的成果所验证。事实上，**简单化是财务成功的要旨**。如古老的震颤派教徒[①]的圣歌所唱的：

这是单纯的礼物；
这是自由的礼物；
这礼物要降在，
我们的应去之地。

关于对投资成功的追寻，我愿给出一些告诫，以帮助你“到达你的应去之地”。从描述我所认为的投资成功的现实典范开始，这是我对投资成功本质的定义：**投资的中心任务是获得尽可能高的投资回报率，而该回报率来自于你所投资的金融资产组合，同时**

① 震颤派教徒为18世纪时基督教的一歌派系；信徒祭神时的颤抖狂舞。——译者注

你应认识到并接受这个可能性将低于100%。

但这是为什么？因为成本的存在。正如所见，为了投资我们可利用的现金、债券、股票等各个金融资产组合，我们必须支付成本。说得更清楚些，我们凭直觉都能知道，大额存单和货币市场基金的回报率，必然低于短期商业票据的现行市场回报率，这是因为交易成本、信息成本和便利成本等金融中介的成本，都要从政府或举债的企业所支付的利息中扣除。

类似地，我们不能也不应指望债券型基金的回报率高于基金组合中债券的平均回报率。事实上，**由于债券型基金整体过高的费用，导致最初100%的市场回报率与扣除成本后投资者获得的回报率之间的巨大差距，大到使几乎所有债券型基金的业绩都明显较差。**

这个观点还适用于股票领域，即第三大类流动性金融资产。从数学角度看，所有投资者整体的回报率不可能超越总的股市回报率，这本身就是一个显而易见的矛盾。实际上，如果股票型基金成本偏高，在投资生命周期内，仅有很少的基金投资者能以显著优势成功地跑赢大盘，这点在数学上是确定的。

十年以后

简单化的价值

我曾于10年前警告过的有害趋势，现已更加强化，而这也相应地需要我们在投资实务方面更为简约（并且可能对我们的生活和事业也是如此）。那些风险极高的金融工具所具有的高度复杂性，已使我们的金融体系和经济濒临崩溃，所有那些表外的结构化投资工具（SIV）、债务担保债券（CDO）、信用违约互换（CDS）皆属此类。而这恰好证明我们需要的是清晰、透明和简单化，这也是我当时向投资者建议过，并且现在一直还在建议的。

当其他所有策略失败时，重回简单化

我提议挑战大多数听到及读到的传统智慧。有大量好的且对投资者有效的常识值得我们关注。但是，仍然有相当多愚蠢的信息也在被广为宣传，诸如投资巫术、理财戏法以及诱人的解决方案，因为它们常常显得全知全能。不要理会这些。无论你听到或看到什么，不要忘记今天的金融世界仍然充满不确定性和易变性，并且与证券市场紧密相关，而我们就生活于此并进行投资。你可能听说，我们正处于一个新时代。但是，我要强烈地提醒你：在人类历史上，预言中的“新时代”要远多于真正有过的。

在轰炸你的耳朵的各种建议中，我认为这一条是最基本的：**你应当以简单化的原则来投资，以获取现实中可能的最高回报率。**简化投资决策的第一步就是接受这个现实：作为一个整体，投资者必然获得来自任何金融资产组合低于100%的回报率。那么，用什么样的最优方法能接近100%的目标并积累客观的投资收益呢？**依赖以下这些平凡的美德，即几个世纪以来，理性而平和的人们所信奉的：常识、节俭、切合实际的预测、耐心和坚持不懈。**我向你保证，在长期投资中，所有的这些特征最终将让你得到回报。

你应当从哪儿开始呢？考虑到简单的极致伴随着另一个优点：低成本。**所有方法中的最简单者是：仅投资于单只的平衡型市场指数基金，就一只，并且保证这确实有效。**对于一个典型的保守型投资者，他投入约65%的资产于股票，35%于债券，这种基金可以提供一个广泛分散化的中间路线的投资方案。这种投资组合完全“指数化”了。就是说，组合中的股票和债券不是被主动管理的，只是代表全部的美国股市和债市的一个广阔的截面。（在下一章我们将深入探讨此问题。）在过去的半个世纪里，这样的1只基金会获得股市和债市综合的98%的回报率，没有比这更好的投资了。

通过评估平衡型共同基金的累积回报率，我将证明这一点：这个群体的投资组合趋于同质化，它们包含了价值型和成长型的股票，以及中期到长期的优质债券（通常包括一小部分现金储备）。我将对累积回报率做如下比较：一个是一般的平衡型基金；另一个是假想的免佣平衡型指数基金。该指数基金的权重为：35%的雷曼高等级公司债券指数（Lehman High-Grade Corporate Bond Index），以及65%的标准普尔500股票指数（每年重新平衡），它的年回报率要减去大约为0.2%的成本。我们将做一个50年的回顾，以便从历史教训中得到广阔的视野。图4-1显示了在1947年10 000美元的初始投资额到1997年累积收益的结果。

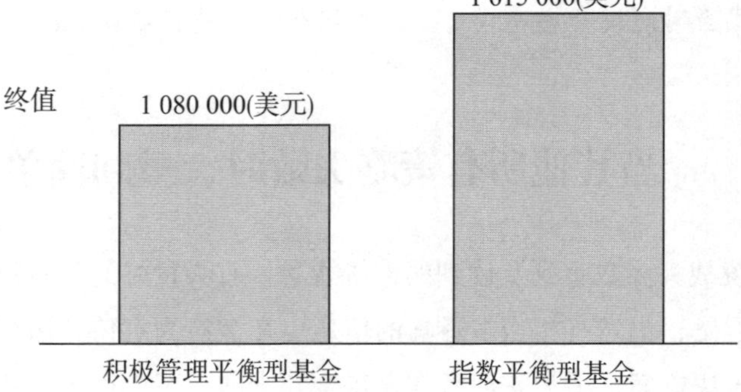

	积极管理平衡型基金	指数平衡型基金
年回报率	9.8%	10.7%
市场年回报率	90%	98%
最终市值	61%	92%

图4-1a　以10 000美元投资一只平衡型基金50年：1947—1997年

注：平衡型指数基金的回报率，要减去占其资产每年0.2%的费率。

十年以后

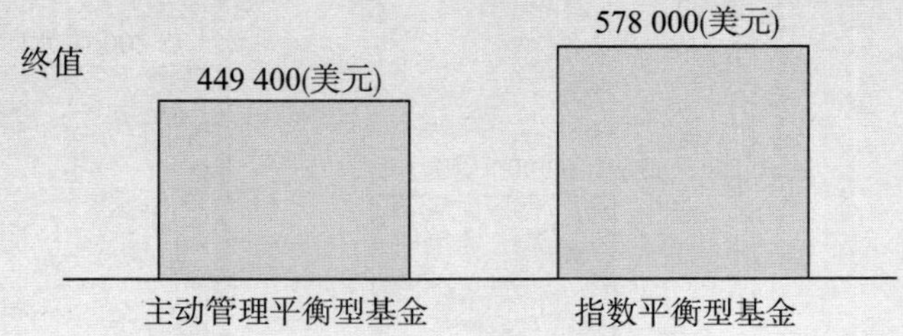

	主动管理平衡型基金	指数平衡型基金
年回报率	7.9%	8.5%
市场年回报率	91%	98%
最终市值	71%	91%

图 4-1b　以 10 000 美元投资一只平衡型基金 50 年：1958—2008 年

注意三个关键的观察结果：

1. 在半个世纪结束之时，消极管理型的指数基金，其初始的 10 000 美元的投资将增长至 1 615 000 美元；而主动管理型的传统基金，将只增长至 1 080 000 美元。较之于普通平衡型基金 9.8% 的年复利回报率，前者的年复利回报率为 10.7%（而综合指数自身为 10.9%）。当时间和复利一起作用时，相对于普通的主动管理型基金，指数基金的年回报率看似只有微小的 0.9% 的优势，在累积财富上却出现了巨大差异，竟高达 535 000 美元。正所谓，失之毫厘，谬以千里。

2. 指数基金的优势并不神秘。正是主动管理型基金沉重的管理成本，才造成了二者回报率的差异。一般情况下，在此期间，普通的平衡型基金每年运行费率为 0.9%，此外，也许另外还有 0.2% 的组合换手成本，总成本为 1.1%。而指数基金的成本仅为 0.2%，其优势为 0.9%，正是此成本优势造成了这种差异。

3. 主动管理型基金的年回报率等于 65/35 的股票和债券组合的市场回报率的 90%。然而在 50 年后，该基金的终值仅为市场组合的 61%。而平衡型指数基金，其终值为市场组合的 92%，超过主动管理型基金的一半以上。

确切地讲，50 年是很长的时间。评价今天的基金业，过去 15 年的数据可能更贴切些，让我们看看在那个时期生存下来的 35 只平衡型基金（见图 4-2）。结果表明，浪费精力去寻找最好的基金经理是不明智的。因为在整个时期内，仅有两只基金跑赢低成本的指数基金。在过去的 15 年中，包括在牛市的大多数时间里，股票回报率接近历史高点，主动管理的平衡型基金的平均回报率达到每年 12.8%；而平衡型指数基金的回报率为 14.7%，二者的风险没有显著差异。当投资者仍然能获得 12.8% 的回报率时，那 1.9% 的差别可能对其影响甚微。但是，当股票回报率回落至更为正常的水平后，这一差异的显著性将更明显。

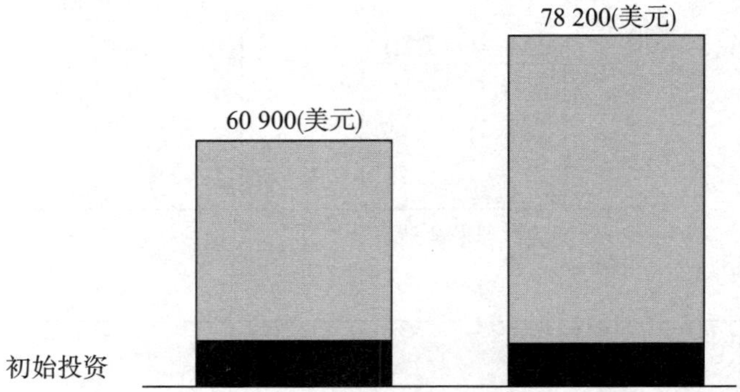

	主动管理平衡型基金	指数平衡型基金
年回报率	12.8%	14.7%
年市场回报率	86%	99%
最终市值	72%	97%

图 4-2a　以 1 万美元投资 1 只平衡型基金 15 年：1983 年 6 月至 1998 年 6 月

注：平衡型指数基金的回报率，要减去占其资产每年 0.2% 的费率。

十年以后

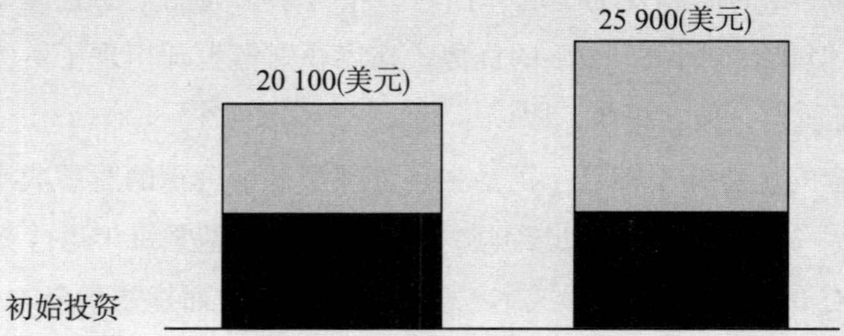

	主动管理平衡型基金	指数平衡型基金
年回报率	4.9%	6.5%
年市场回报率	71%	97%
最终市值	76%	97%

图 4-2b　以 1 万美元投资 1 只平衡型基金 15 年：1993 年至 2008 年

注：平衡型指数基金的回报率，要减去占其资产每年 0.2% 的费率。

近来，指数基金这 1.9% 的相对优势，超过了过去半个世纪 0.9% 的收益优势的两倍，而且可能是未来一个更好的前兆。最终结果是：指数基金的 10 000 美元增长至

78 200 美元，而主动管理型基金则为 60 900 美元。仅指数基金的优势就为 17 300 美元，几乎是初始资本的两倍。并且，此时指数自身的回报率更高，达到了 14.9%，指数基金的年成本为 0.2%，获得了足足 99% 的市场回报率。投资于单只平衡型指数基金，不但意味着简单的极致，而且是富有成效的选择。

十年以后

平衡型基金中的简单化

平衡型基金经过半个世纪的滚动累积，早已重回现实。这就是所发生的事情：当我们用刚刚过去的糟糕 10 年取代之前的美妙 10 年时，消极管理的平衡型指数基金，相对于主动管理型的基金，其优势实质上仍然未变，每年有 0.6% 的优势，而早期的优势是 0.9%。指数基金优势的主要（且完全可预测）原因仍然相同：指数基金巨大的成本优势，主要反映在其低费率方面，0.2% 的费率相对于其同类的 1.0%，每年有 0.8% 的差异，这种情况年复一年。

在过去的 15 年里，这一回报率的优势更大了，尽管由于在此期间，股市的回报率偏低，二者的总回报率均大幅缩水。普通的主动管理平衡型基金，其年回报率仅为 4.9%，消极的平衡型指数基金的表现还更优，其年回报率为 6.5%。其业绩要归结于平衡型指数基金的巨大优势，该优势来自于指数基金运行费率的最小化。可以确定的是，在过去 10 年糟糕的市场情况下，6.5% 已经是一个很让人满意的回报率了，这同时也提醒我们注意：通过保持债券（通常）稳定的回报率与（通常）极富变化的股票回报率之间的平衡，平衡型基金能继续对保守型投资者起到显著有效的作用。

值得注意的是，尽管市场条件发生了急剧变化，平衡型指数基金的累积复利率，相对于平衡型指数的回报率而言是保持不变的：在两个 15 年期平均为 97%。而普通主动管理的平衡型基金，在第一个时段内仅为 72%，在第二个时段内也仅提高至 76%。

股票投资组合中的简单化

像大多数投资者一样，你可能是一个很喜欢自己控制投资平衡的投资者，这是可以理解的。我现在讨论有关简单化价值的第二个例子：为你的股票组合准备单只的股票型指数基金。在过去的 15 年，指数化的业绩确实非同寻常。全股票市场指数（威尔逊 5 000 股票指数）每年超过普通的分散化股票型基金 2.5 个百分点。又一次，指数基金获得了市场 16% 的年回报率中的 99%。累积的结果十分惊人，增加的超过 23 500 美元的回报，是初始投资的两倍多（见图 4-3）。此差异主要是因为基金的总成本（费率加上投资组合交易成本）达到了约两个百分点。

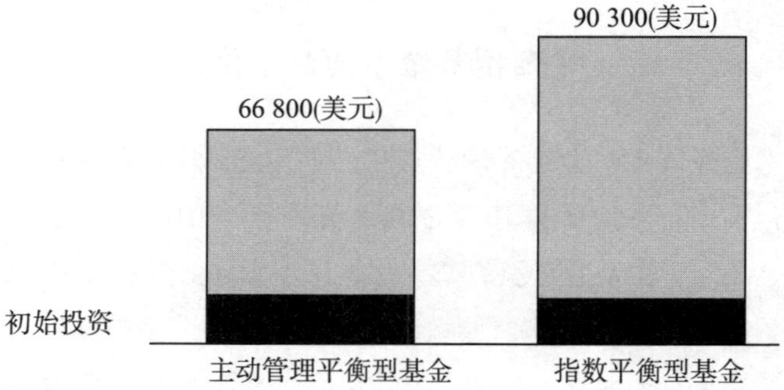

	主动管理平衡型基金	指数平衡型基金
年回报率	13.5%	15.8%
年市场回报率	84%	99%
最终市值	69%	97%

图 4-3a　以 10 000 美元投资一只平衡型基金 15 年：1983 年 6 月至 1998 年 6 月

注：平衡型指数基金的回报率，要减去占其资产每年 0.2% 的费率。

十年以后

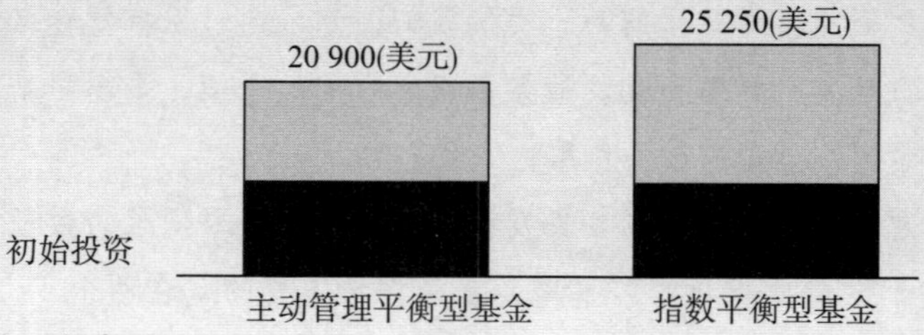

	主动管理平衡型基金	指数平衡型基金
年回报率	5.0%	6.4%
年市场回报率	78%	99%
最终市值	82%	99%

图 4-3b　以 10 000 美元投资一只平衡型基金 15 年：1993 年至 2008 年

注：股票型指数基金的回报率，要减去占其资产每年 0.2% 的费率。

和平衡型基金的情况一样（只会更明显），在这 15 年，股票型基金的对比充分证明，简单的指数化方法可以获得现实里尽可能多的市场回报率，尽管稍微低于 100%。

我在此描述的正是简单化的精髓：**投资于整个美国股票市场（对平衡型指数基金来说，也包括整个债券市场），不需努力挑选最好的基金经理；保持资产配置恒定且不追求市场择时；保持交易活动的频率处于低水平（且最小化税负）；减少主动管理型共同基金特有的额外投资成本。**这确实有用。即使采用此方法后的结果没那么成功，也很难想象它们会比主动管理型基金的财富积累差很多。指数基金的成功，再次证实了投资智慧的基本原则：**当其他所有策略失败时，我们得重回简单化。**

作为一个现实主义者，我承认很少有人期望“其他所有策略都失败”。在现实世界里，很多过于人性化的特性阻碍了简单的、涵盖广泛的指数基金策略：

“希望永在。”

“我比一般人强。”

“即使这场游戏代价高昂，也很有意思。”

“那个例子好得不像真的。”

“不可能那么简单。”

以上就是某些投资者经常重复的言语和想法，这些投资者选择采用传统的策略，即完全依赖主动管理型基金，去实现他们的投资策略。

十年以后

股票基金中的简单化

在近来这个时期的既定市场条件下，以下情况并不令人吃惊：平衡型指数基金的表现，实际上已超越所有的股票型指数基金（这里该基金是基于标准普尔500指数的）。虽然股票型指数基金的回报率已趋近于平衡型指数基金（前者为每年6.4%，而后者为6.5%），但将资金的100%投资于股票所承担的风险，高于平衡型基金仅将其65%投资于股票的风险。确凿的证据是，在多个不同长度的时段内，在采用仅有股票的策略与平衡型的股票和债券策略里，指数基金的优势一再显现。这个事实以准确数据证实了直觉所说的：没错，成本至关重要！

如果你决定不采用指数化

如果简单化仅开始于指数基金，它却并不止于此。历史表明，从长期来看，每5只主动管理型的基金中仅有一只能超越市场指数（税后仅为1/7）。而且，一些简单的常识性原则应有助于你选择基金，并获得丰厚的市场回报，尽管很可能还是低于100%。如果长期想超越市场的可能性极小，则理智地挑选基金的工作至少将有助于避免明显的失败。就连投资大师沃伦·巴菲特，这位指数化投资方法的坚定支持者，也承认存在其他构建投资组合的途径：

> 你选择……构建自己的投资组合时，有一些观点值得记住。明智的投资并不复杂，尽管不像别人说的那么容易。一个投资者所需要的是，正确评估所选择的行业。注意“所选择”这个词：你不必精熟每个或很多个企业。你只需能够评估你的能力范围的企业，那个范围的大小不是很重要，然而了解其局限性至关重要。

普鲁士将军卡尔·冯·克劳塞维茨（Karl von Clausewitz）曾经说过：“一个优秀计划的最大敌人就是梦想成为一个完美计划。”而且，尽管我相信指数策略是一个好的策略，你可能还想要寻找一个更好的（如果不是完美的）策略，无论实现这个不平凡的业绩，将会有多么巨大的困难和挑战。因此，尽管我力劝你去实施全指数方法的投资，或者至少遵从运用指数基金作为投资组合核心的方法，我也将为你提供其他的简单方法：8 条基本规则，它们应能助你充分利用优势，这些优势从历史上解释了指数具有的提供更高回报的能力。这 8 条规则并不复杂，但它们可以助你在投资计划中明智地选择基金。

规则 1：选择低成本基金

我常听说自己由于被认为是极端狂热者而知名，他们认为我是传播以下信息的传道士：成本在影响长期基金的回报率中扮演着关键性角色。我长期宣传“成本至关重要”的观点，以致我的一个追随者送给我一个树脂玻璃制的礼品柱，上面刻有拉丁文的译文：“Pretium Refert”[①]。不过成本的确至关重要，我已为你们揭示了成本对于回报率和资产配置的影响。我常年不厌其烦地说到成本，而当我读到沃伦·巴菲特写在伯克希尔哈撒韦公司 1996 年报中的一段话时，我感到一丝欣慰：

> 严格来讲，成本至关重要。例如，股票型共同基金要承担公司费用（主要是支付给基金经理的费用），平均约为 100 个基点[②]，这笔负担很可能减少投资者至少 10% 的收益。

① 即成本至关重要。——译者注

② 100 个基点等于 1%。

不幸的是，巴菲特先生的计算过于保守，普通的股票型基金现在的收费不是 100 个基点，而是 155 个基点，并且另外还有至少 50 个基点的投资组合交易成本，其费用总共达到 200 个基点或更多。假如我可以修正他的评论，那么：基金的成本是“一笔负担，可能减少投资者在期限内 20% 以上的回报率。”另外，更令人难以置信的是，债券基金的平均费用也超过了 1%，这对任何总的利息回报率而言都是一笔沉重的负担。特别在今天，美国政府的长期国债的名义回报率大约为 5.25%，这将减少至少 20% 的收益。我认为，这么高的成本不可接受。

低费率是某只基金表现好的唯一重要因素。因此，要仔细考虑费率对基金回报率的影响。如果你选择主动管理型的基金，则可通过挑选低成本基金来效仿指数的优势。最明确的是，回报率处于最高四分位区间的基金，则其费率处在最低四分位区间。使用另一个时期的数据，从 1991 年到 1996 年的 5 年期（具体数据在第 6 章给出），表 4-1a 给出了基金的相关记录，这些基金拥有大流通市值的股票。

表 4-1a　　大流通市值的股票基金：回报率与费率（1991—1996 年）　　单位：%

	费用前的总回报率	费率	费用后的总回报率
最低成本四分位	14.7	0.5	14.2
最高成本四分位	14.0	1.7	12.3
低成本的优势	+0.7	−1.2	+1.9

十年以后

表 4-1b　　大流通市值的股票基金：回报率与费率（2003—2008 年）　　单位：%

	费用前的总回报率	费率	费用后的总回报率
最低成本四分位	−1.7	0.7	−2.3
最高成本四分位	−1.4	2.0	−3.4
低成本的优势	−0.3	−1.3	+1.1

注意两组基金均获得了相似的费用前回报率，但是低成本基金 1.2% 的成本优势，在很大程度上产生了其 1.9% 的业绩优势。成本与业绩的联系绝非偶然，更低的成本往往伴随着更高的回报率。

在主动管理型基金买卖组合中，证券的成本是隐藏的，但确实存在。基金组合的换手率平均每年为 80% 左右。这个成本很高昂，也许会在基金更为可见的费率之上，再增加高达0.5%～1.0%（或更多）的成本。于是，偏好低换手率的基金，不仅成本更低，也有更大的税收优势。主动管理型基金买卖组合持有证券的时间越长，则资本利得之递延创造的额外价值就越大。很多高换手率的基金成本高昂，其税负也很大，于是这就让你有必要考虑税后回报率的因素。由于目前有未实现的资本利得，这可能导致未来潜在的巨额资本利得分配带来不必要的税收负担，主动管理型基金的经理超越指数基金税后回报率的难度将会更高。所以，如果你有任何一只税收递延的退休金计划外的基金，不要忘记，税收也是成本。

说得已经够多了，但我不仅要证明低成本是选择基金的重要标准是有道理的，还要证明将其作为第一条规则也是必要的。诺贝尔经济学奖得主威廉·夏普也支持我的这个观点。他在近期的一次访谈中说道："费率是第一个要关注的事情。"投资者应当遵从他的建议并认识到以下事实：**在低成本的主动管理型基金中挑选合适者，将原本不太可能的情况变为最大可能，即获得超过低成本指数基金（20个基点或更少）的回报率。**这是由于极大地缩小了成本差异后，低成本的主动管理型基金将有更大的取胜机会。毕竟，这就像在航海竞赛中，40个基点的低成本基金只能对付20节[①]的微风，而高成本基金（150基点）则足以挑战130节的台风。

十年以后

挑选低成本基金

即使被检验数据的时段缩短了，并且数据为负值，低成本仍然是取得更高回报率的关键。虽然在最近的5年期（如表4-1b所示），低成本基金提供了略低的总的（成本前）年回报率（滞后于高成本四分位者0.3%），但该组的低成本优势（1.3%）远远超过了年回报率，并且足以让低成本基金获得足足1%的领先，年回报率领先了1/3。

如果将这个分析延展至更有意义的15年期，我们看到了向基金成本和回报率的更传统关系的回归。在这个例子里，低成本基金的总回报率为6.7%，而高成本基金为6.2%，前者高于后者0.5%。由于业绩更优，低成本基金的净年回报率为6.1%，而高成本基金为4.2%。低成本基金1.4%的费用优势，导致其净年回报率提高了1.9%。

① 1节=1海里/小时。——译者注

规则 2：慎重考虑增加成本的建议

在配置资产和选择基金方面，数千万的投资者需要个人化的指导，而另外的数千万投资者则不需要。对于后者，3 000 只左右的免佣基金是他们的选择，这些基金不收取销售佣金，而且对于自力更生、理性且消息灵通的投资者来说，不需要求助于销售中介或财务顾问，这正体现了简单化的精髓。假设投资者正确地选择了基金，则购买免佣基金是拥有共同基金成本最低的方式，其成本只减少了最低的未来收益。

对于很多需要指导的投资者而言，有很多的注册投资咨询师和经纪账户经理可供选择，其中很多人为客户提供优质的服务且收费公道。好的咨询师给你提供他们的个人建议，帮你避免投资的失误，同时提供有价值的资产配置和基金选择的服务。但是，正如我们中的任何人，他们必须赚取自己的应得部分，在提供有价值的服务时，要让你通过他们进行投资。但是我不相信他们能够事先找到表现优异的基金经理，无人能做到！而且我宁愿回避那些声称能够做到这一点的人。**最好的咨询师能帮你制定一个长期的投资策略，以及提供实现它的明智计划。**

你应当确切地了解咨询师的服务成本。咨询服务可以是由注册的“仅收费用”（fee-only）的投资咨询师提供，他们经常收取起点为资产的 1% 的年费。咨询服务也可能是由收取销售佣金的经纪公司代表提供的。佣金将大大拖累共同基金的业绩，特别是仅短期持有基金份额时。如果你期望持有份额仅为几年，那支付 6% 的销售佣金将是愚蠢的。另一方面，在 10 年期里，该笔费用每年将减少回报率的 0.6%。总之，根据得到的服务，你为获取的指导而支付合理的费用，这完全可以接受。特别是通过专注于投资低成本基金，咨询顾问帮助你最小化全部成本，包括他或她的咨询成本加上基金成本。

小心那些表面不收费但实际却收取隐藏费用的基金。这种隐藏的费用被人们称为 12b-1 费[①]，每年从你的回报中扣除，它可能每年会额外减少你 1 个百分点的回报率。如果常规的基金费率也是 1.5 个百分点，则合并的费用可能会减少你的组合 10% 的长期回报率的 1/4，将其减至 7.5%。如果你在 5 年或 6 年内卖掉基金份额，扣减额可能更高。其他收取 12b-1 费的基金，虽然不需向销售人员支付费用，但要支付基金份额的促销费用，该笔费用来自于积极的广告和营销方案。这些费用不会增加你的净收益，但都需要由你

① 12b-1 费用主要用于补偿财务顾问或销售机构在基金宣传，打印、发送招募说明书，以及打印、发送传单等方面的营销花费。这部分费用会转嫁到基金中，支付的方式以年费的方式平均分摊于基金的交易日中，并最终反映到基金净值的报价上。——译者注

来买单。所以请小心那些收取 12b-1 费的基金。

总之，要小心包装过的账户，共同基金经过“包装”后，要收取额外的费用，它们常常价格昂贵。持有包装后的共同基金，在某些情况下可能是有意义的，但你每年将为此支付资产的 2% 或更多，这是违背常理的。根据我的判断，投资者每年支付的总成本高达 4%（基金费用加上包装费用），已丧失了获得金融市场高回报率的任何机会。这笔成本因其拖累过大，以致任何一只基金都难以形成回报率竞争优势，因而无法在业绩竞赛中取胜。

规则 3：不要高估基金以往的业绩

无论是经验丰富或是新手上路，我的第 3 条规则与吸引大多数投资者眼球的第一要素相关，即基金的历史业绩记录，我并无意使用类似于赛马的术语“业绩记录”！当评估纯种马如何获胜时，业绩记录可能有帮助（并且它们也可能不是很有效）。但当使用业绩记录，评估基金经理将有何等表现时，常常产生无望的误导。根据基金以往的记录去预测其在未来的绝对回报率，这在现实中是无法实现的。即使某人能精确地预测未来股市的绝对回报率——这可不简单，他也无法预测个别基金相对于市场的未来回报率。唯一例外的就是指数基金的相对回报率。

现在，我必须进行稍有一点自相矛盾的论述。我们可以预测两种可能性很高的结果：

- 费率异常高的基金，其表现很可能不如适当的市场指数。
- 相较于适当的市场指数，以往表现明显较优的基金，其未来的表现往往劣于指数。

均值回复（Reversion to the mean）是金融市场的引力定律，造成基金业绩突出者向下滑，业绩落后者往上升。这一规律很清楚，也可数量化来度量，而且也不可避免（在第 10 章，我将更多地探讨均值回复，及其对投资组合选择的影响）。

表 4-2　　均值回复

期间	处于最高四分位区间的基金数	回复或低于均值[a]	
		数量	百分比（%）
20 世纪 70 年代至 80 年代	34	33	97
1987—1997 年	44	44	100
20 世纪 70 年代至 1997 之总数	78	77	99

续前表

期间	处于最高四分位区间的基金数	回复或低于均值[a]	
		数量	百分比（%）
20 世纪 80 年代至 90 年代	40	36	90
20 世纪 90 年代至 21 世纪初	99	72	73
20 世纪 70 年代至 21 世纪初之总数	173	141	82

注：a. 标准普尔 500 指数。

总结表 4-2 中的两项研究成果，结果显示，在连续数十年的时间里，处于最高四分位区间的成长型基金和收入型基金，其回报率相对于市场回报率不断恶化，其中 99% 的基金会向其均值回复。请注意仅有一只基金是此规则的例外。那只基金曾在 20 世纪 70 年代和 80 年代统治着基金业，后来成为该行业里最庞大的基金，在 20 世纪 90 年代也明显地向其均值回复。有时候，均值回复需要耐心等待。

共同基金业充分意识到，几乎所有的表现优异者最终都将失去优势。基金发起人坚持做大量活跃、昂贵且最终会误导投资者的广告及促销活动，去宣传其最为成功的历史业绩，这是完全没有道理的，为什么他们还这样做呢？原因只有一个，对基金以往高回报率的业绩历史的宣传，会带来投资者大量新的投资资金和投资顾问费。基金经理们会因过去短暂的成功而获得高额的回报。你曾经见过宣传基金低额的绝对回报率，或是低于平均水平的相对回报率吗？在过去 15 年，95% 的股票型基金都未能战胜标准普尔 500 股票指数。基于以往业绩的基金促销活动，将使你误入歧途。别管那些宣传。

十年以后

均值回复

在 10 年前，我曾引证的明显的均值回复形态，在过去的 10 年中一直持续。在 20 世纪 90 年代，99 只处于最高四分位区间的普通股票型基金中的 72 只（或其中之 73%）向标准普尔 500 指数回报率回复，甚至更低。在连续的 4 个 10 年中，尽管每次都伴随着独特的股市条件，同样的均值回复模式依然存在，这肯定值得关注。没有任何证据表明，以往较佳的业绩预示着未来的成功。此项原则最为显著的证据是莱格曼森价值信托（Legg Mason）①的记录，该只基金在连续 15 年（1991—2005 年）都超越了标准普尔 500 指数，但在 2006 年至 2008 年，却意外地落后该指数 43 个百分点（该基金的回报为 –66%，标准普尔 500 指数为 –23%）。

① 美国资产管理公司名称。——译者注

规则 4：运用历史业绩来确定一致性和风险

虽然有规则 3，但历史业绩在帮助你选择基金方面，仍然有重要作用。尽管不应当看重单一反映基金以往长期回报率的汇总数字，你仍然能够通过研究其以往的回报率，进而了解其很多。最重要的是，寻找一致性。当我在评价共同基金时（在我的职业生涯里，已仔细考察过上百只基金），我喜欢观察一只基金在具有相似策略和目标的所有基金中的排名，例如，我将不同的大盘价值型基金进行比较，将不同的小盘成长型基金进行比较，诸如此类。

《晨星共同基金》（*Morningstar Mutual Funds*）让这项比较变得简单。在一张简单的图里，显示了某只基金在过去的 12 年中，在其所属的群体里，它处在第一、第二、第三还是第四之分位区间。该图公平地反映了基金策略的一致性和基金经理相对成功的两个方面。在我看来，对一只获得顶级业绩评估的基金，它应当至少在 6～9 年的时间里处于最高四分位区间，并且其处于最低四分位区间的时间不超过 1～2 年。通常我将拒绝那些处于最低四分位区间 4～5 年的基金，即使它们也曾在最高四分位区间停留过同样长的时间。图 4-4 给出了两个真实的样本基金，反映了我刚才提到的比较标准。

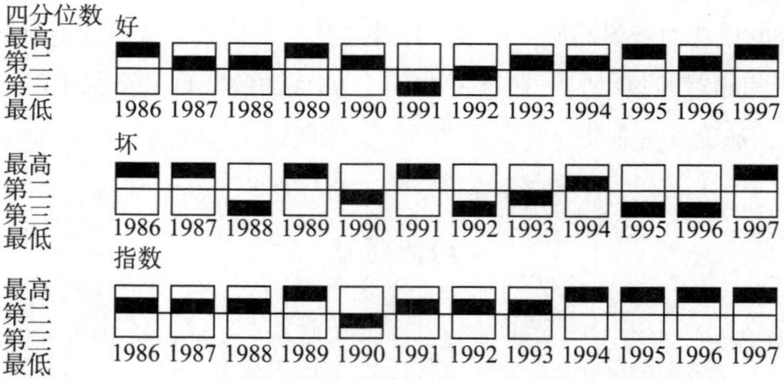

图 4-4a　晨星业绩简图[a]：一致性

注：a. 四分位的范围根据晨星风格类别。

“好的”基金处于上半区间长达 10 年，仅有一次在最低四分位区间，并且仅有一次在第三个四分位区间。“差的”基金 6 次处于上半区间且 4 次处于最低四分位区间，两次处于第三个四分位区间。我已在图 4-4a 中充分显示了指数基金如何累积其业绩。引人注目的是，标准普尔 500 指数基金有 11 次处在上半区间，且没有一次处在最低四分位区间。不过我要警告你们，不要期望未来这种模式将顺利地重复。在任何情况下，一只共同基金的一致性都是一个优点。在挑选基金的过程中，明智的投资者需要对这点予以格外的关注。

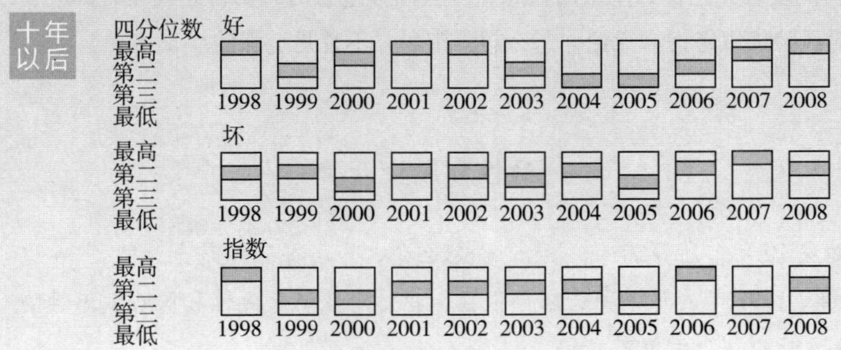

图 4-4b 晨星业绩简图[a]：一致性

注：a. 四分位的范围根据晨星风格类别。

在使用“业绩”一词时，我没有将兴趣仅限于回报率方面。**风险是投资的一个决定性要素**。我特别想知道某只基金的晨星风险评级，这种风险评级是基于这种情况：相对于具有相似目标和策略的同类基金和所有的股票型基金，该基金月度回报率低于无风险的国库券回报率。该评级可以作为一个粗略的指标，以判定该基金承担的相对风险。这方面存在着巨大差异！实际上，普通大盘中的价值型基金（22% 低于平均值）所承受的风险，仅是小盘成长型基金（93% 高于平均值）风险的一半。表 4-3 比较了晨星风险评级的 9 种基本投资风格。风险至关重要，尽管未来的基金回报率完全不可预测，但基金之间相对风险的巨大差异，却是高度可预测的。

表 4-3　　风险概况[a]（普通型基金 =100）

流通市值	1998 年		
	风格		
	价值型	混合型	成长型
大盘	78	84	114
中盘	85	105	156
小盘	104	140	193
流通市值	2008 年		
	风格		
	价值型	混合型	成长型
大盘	66	68	97
中盘	86	103	144
小盘	101	117	169

注：a. 该矩阵将每个基金归于 9 个类别中的一个。纵向的栏目代表投资组合中公司的规模，横向的栏目代表投资的风格，主要有价值型股票（即那些低于平均市盈率且回报率高于平均水平者）、成长型股票（与前者相反），以及前面两者的混合型。标准普尔 500 指数基金可归类为：大盘混合型，相对风险为 6.5。时间为截至 2009 年 5 月，刚好满 10 年。

无论如何测度，无论多么隐蔽的概念，除去回顾过去时，明智的投资者都应该以最谨慎的态度对风险加以考虑。无论你怎么想，市场并不总是上涨的！

十年以后

一致性和风险

正如我10年前所写到的，“无论你怎么想，市场并不总是上涨的。”在过去的10年，1999年的那个警告来势很猛！我对于业绩一致性和风险敏感性的考量，甚至比以往更为重要。

基金回报率的一致性同样具有重要作用，我的这一观点在过去10年已被充分证实。那只基金被我鉴定为具有“良好的”一致性（华盛顿共同基金，Washington Mutual），在随后的11年里，它的表现符合这样的标准。但在2004年和2005年，它却意外地跌至最低四分位区间，不过这只基金随后迅速地重新回复其良好的表现。

另一方面，“差的”基金（美国世纪增长基金，American Century Growth）则从非一致转变为不同凡响的一致。自1996年以来，它没有再处于最低四分位区间，仅有一年处于最高分位数区间。在1998年和2000年期间就任的新的基金经理，肯定是业绩转好的原因，但很明显，仍有不可预测的因素推动着过去模式向未来发展。

在近一阶段，领航500指数基金重复了其早期的一致性。虽然它在1994年的排位占据最高的四分位区间，但随后截至1997年，它仅有两次重复其1994年的表现，对此我毫不惊讶。实际上，在本书以前的版本中，我警告过投资者:“未来不要指望（基金的）模式会顺利地重现。”但是，该只指数基金再次避免了处于第四个四分位的处境，在11年中的8年时间里，它的排位处于第二个四分位区间或更高，仅有三年的排位处于第三个四分位区间，基本是“不出意料”的。

虽然基金的业绩表现出巨大波动性，但基金的风险情况却具有很强的稳定性，并且其模式与10年前相比几乎没有改变。当我们从大盘股票组合转向小盘组合，或从价值型组合转向成长型组合时，风险在持续稳定地增长。

规则5：当心明星基金经理

此处，我所指的主要是近来作为明星出现的基金经理。哎呀，事实是极少有（如果有的话）共同基金的超级明星具有类似迈克尔·乔丹（Michael Jordan）、阿诺德·帕尔默（Arnold Palmer）、罗伯特·雷德福（Robert Redford）、劳伦斯·奥利弗（Laurence Oliver）一样的持久影响力。就我所知，所提及的这些极少数的明星从未在人们了解其事迹之前被挖掘出来。谁曾在1972年彼得·林奇（Peter Lynch）、约翰·内夫（John Neff）、迈克尔·普赖斯（Michael Price）完成其辉煌的投资业绩之前，听说过他们呢?

即使他们的光辉闪耀一时，很多超级明星似乎也只与某只特定的基金相联系。普通的基金经理掌管基金的年限仅为5年，同时，在规模最大、最具进取性并且曾经是最抢手的基金之中，基金经理的平均任职年限仅为两年半。基金组合的换手，伴随着基金经理的改换，最终必然导致巨大的成本损失。这些超级明星更像彗星：他们瞬间照亮苍穹，但很快就燃烧完消失在黑暗的宇宙中。如果你愿意，可以去寻找优秀的基金经理，但要注重他们的职业精神、专业经验和坚定意志，而非他们的明星身份。

同时，我们更要小心这种明星体系（明显不同于明星基金经理）。当然，最知名的明星就是那些被《晨星共同基金》列为顶级五星的基金（我称这些基金为“早晨之星”）。基金界已欣然接受并且鼓励投资者在此信息的基础上进行投资，在这套体系中，获得四星或五星的基金被认为是成功的（一星或两星，有时甚至三星都是失败的）。但是，《晨星共同基金》的编辑们也坦率地承认，他们以星排名的体系，几乎没有预测价值。《赫尔伯特金融摘要》（*The Hulbert Financial Digest*）已证明，当基金被评为五星时买入，并且在失去顶级排名时赎回；这样做的结果是风险高于市场水平，回报率则低于市场水平。这可不是个好的组合！我接受基于赫尔伯特方法所指的基金排位的频繁变化的结论，但是我将更为宽容。今天大多数的三、四、五星基金，如果持有一段时间，其表现将超过一星基金，对此我几乎没有什么疑问。即使你会忽略明星级的投资组合经理，但仍要对处于最低星级排位的基金持怀疑态度，并专注于有着更高星级排位的基金。但是不要交易它们！

规则6：当心资产规模

基金规模能很容易变得过于庞大。这个很简单。投资者要回避那些大型的基金，如：（1）没有任何封闭运行的历史，即停止对新的投资者发售基金份额。（2）放任其基金增长至几乎无限的规模，而不顾其投资目标，超出了基金的能力，使其无法进行区别于他者的差异化投资。

"太大"是多大？这是一个复杂的问题。这与基金风格、管理哲学以及投资组合策略有关。有一些例子：一只主要投资于大盘股票的基金，如果不去追求异常高的回报率，肯定能管理好，即便其达到200亿美元或300亿美元（或更大）的规模。在今天这种规模的基金里面，在过去5年，没有一只的表现超过标准普尔500指数。对于一只投资于小盘股（流通市值通常小于2.5亿美元）并采用进取型策略的基金，3亿美元的资产规模可能就太大了。

通常，检查一段时间内基金的四分位排位（如规则4所提及的），将揭示基金增长的规模是否会对其相对回报率有冲击。图4-5a展示了一度很受欢迎的一只中盘成长型基金的业绩走势，随着规模的增长，其良好记录被严重破坏。在1991—1995年的5年里，其中4年它的排位都处于最高四分位区间，同时它的资产从很少的1 200万美元增长至10亿美元。但是，在资产达到20亿美元后的3年，它的资产又增至60亿美元，这期间它一直处于最低的四分位区间。它失败的"动量策略"（momentum strategy，即买入具备强力盈利势头的股票），可能是其业绩退步的部分原因，但有清晰的信息表明，是规模阻碍了回报率。今天，当投资者考虑此基金时，这不是一个好消息。

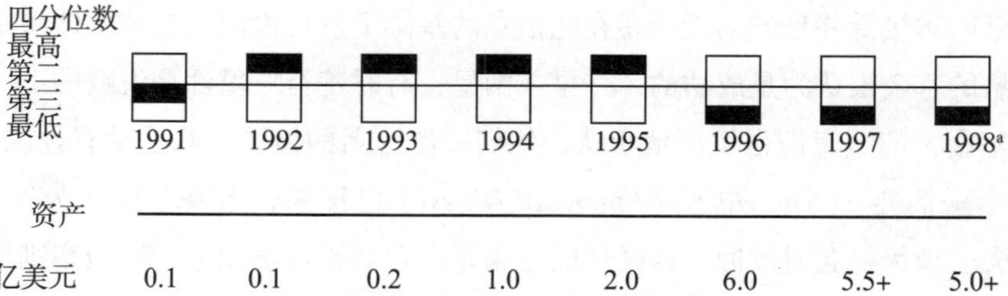

图4-5a　晨星业绩简图[a]：问题基金（1998年6月）

注：a. 四分位的范围根据晨星风格类别。

十年以后

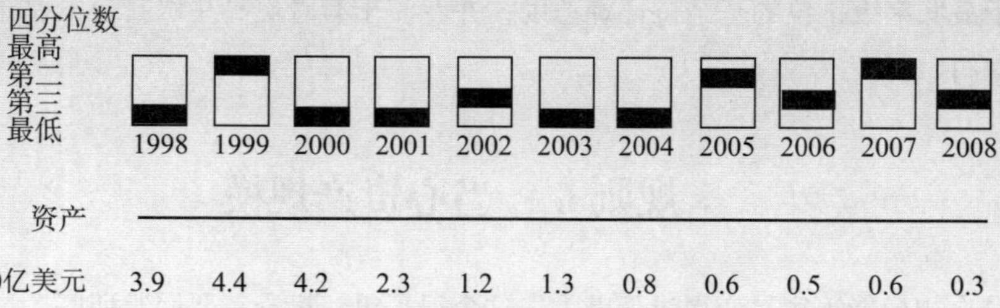

图4-5b　晨星绩效简图[a]：问题基金（2009年）

注：a. 四分位的范围根据晨星风格类别。

基金的最佳规模取决于很多因素。例如，一只覆盖广泛的市场指数基金，应当不受规模的限制而增长。如果一只巨型基金的组合换手率很低，具有投资者相对稳定的现金流入，而另一只基金的投资策略很进取，现金流的流入和流出的波动很大，这不但反映出其短期业绩被放大，而且其业绩还被现金流波动放大了。比较这两只基金，管理前者更为容易。如果一只基金由多个彼此独立的基金经理管理，而另一只基金只由一个单独的管理公司掌管，二者相比较，则前者能在更大的资产规模上取得成功。但是，若一只基金要选择两个或三个，甚至是四个真正优秀的基金经理时，要面对的挑战就不能低估了。这其中绝没有简单的答案。

对于现在还是未来，规模都是特别重要的问题。过大的规模能够并且很可能会扼杀任何投资成功的机会。对于占压倒性数量的基金而言，历史记录清楚地显示，当其规模较小时，其表现较佳。小就是美，但“没有什么像成功那样容易招致失败”。当这些基金受到公众垂青时，或者更可能的是，当其被热火朝天地兜售给公众之时，公众并没有意识到由规模所带来的潜在的风险暴露，因为它们最好的时光已经过去了。正如我将在第 12 章解释到的，对于明智的投资者，基金资产无限制的增长是一个警示信号。

十年以后

关于资产规模

在我将当时的皮尔格里姆与巴克斯特成长基金（Pilgrim Baxter，即现在的欧德成长型共同基金 [Old Mutual Growth Fund]）界定为一只“问题基金”时，我对其问题将影响到其投资者的严重性一无所知。在 20 世纪 90 年代早期，作为一只小型基金它的成果不同凡响，随着基金资产的增长，其优异表现在持续。在 1993 年到 1995 年期间，它的资产平均达到 10 亿美元。

但是，正当投资者对其以往的高回报率着迷时，它的好日子结束了。资本蜂拥而来，基金资产攀升至顶点，在 1995 年达到 60 亿美元。但在 1996 年、1997 年和 1998 年，该基金跌至第四分位区间；2000 年和 2001 年同样处于此区间；在 2003 年和 2004 年又再次出现于此区间。这即便不是骇人听闻，也至少是不同寻常——在 9 年中有 7 年处于第四分位区间。当然，这些失败伴随着资本的流出，与其早期成功时的资本流入相当。基金在 1995 年的资产约有 95% 的部分消失了；到 2009 年中期，60 亿美元仅剩下 3 亿美元。在过去的 10 年中，该基金投资者的回报率为每年 –6.9%，它的投资者们失去了 51% 的本金，差不多有 30 亿美元已烟消云散了。

然而，该基金的创立人，哈罗德·巴克斯特（Harold Baxter）和加里·皮尔格里姆（Gary Piligrim），却为他们自己捞取了数亿美元的基金管理费收益，数次将管理公司卖给金融集团以获得收入，参与非法的（跨）时区交易，买卖自己的基金份额以获取不当所得。而令人惊讶的是，他们居然没有受到刑事起诉，而这两个人也与证券交易委员会（SEC）和纽约的首席检察官达成了民事和解，代价仅为 1.6 亿美元的罚款，这只是其庞大的个人收益中的九牛一毛而已。在基金经理滥用基金持有人的信任，这只"问题基金"被证明是近年来最为可耻的样板。是的，正如我于 1999 年写到的：小型基金过热的业绩，应当"作为明智投资者的一个警示信号"。

规则 7：别持有太多的基金

如我前面的例子所示，仅仅一只持有 65% 股票和 35% 债券的现成的平衡型指数基金，已经能够满足很多投资者的需求了。一双定制的股票型和债券型基金——有更高或更低的股票比例，则能够满足更多消费者的需求。但对于选择主动管理型基金的投资者而言，最优的基金数目是多少呢？我真诚地相信，超过 4 只或 5 只股票型基金一般是不必要的。持有过多的基金，将容易导致投资过度分散化。这样，最终结果是：一个投资组合的业绩，将不可避免地类似于一只指数基金。然而，由于非指数基金组合更高的成本，以及更广泛的分散化，其回报率将必然减少。更为甚者，即使可能过度分散化，这样的投资组合，例如，持有两只大盘混合型基金和两只小盘成长型基金，在短期也可能围绕市场回报率表现出更大的波动性。因此，根据一般对风险的定义，它比指数风险更大。那它有何用呢？

《晨星共同基金》是极少数对此类问题进行系统研究的刊物之一，近来一项由其所做的研究，得出了深刻结论：**若持有超过 4 只随机选择的股票型基金，则不会明显地降低风险**。围绕这个数字，风险保持得相当稳定，一直到超过 30 只基金，这是一个难以置信的数字，此时晨星显然停止了计算。图 4-6 显示了随着基金数目的增加，不同基金组合的标准差下降的程度。

晨星指出，仅持有单只大型混合型基金，能提供比任何一种多基金组合更低的风险。我已将这样一只基金纳入到图 4-6 中。晨星本应可以但却没有说明的是，一只全市场指数基金的风险，可以低至与 30 只基金的组合相当。我在图中也对此做了补充。另外，虽然晨星本可提到但疏于提及的是，假设 5 万美元的初始投资，对于不同的基金组合，也许可能增长至终值为 8.5 万～11.6 万美元，而单只全市场指数基金则达到 11.3 万美元，正好处在最高区间。所谓多基金分散化的优点及其风险控制，没有说服力。

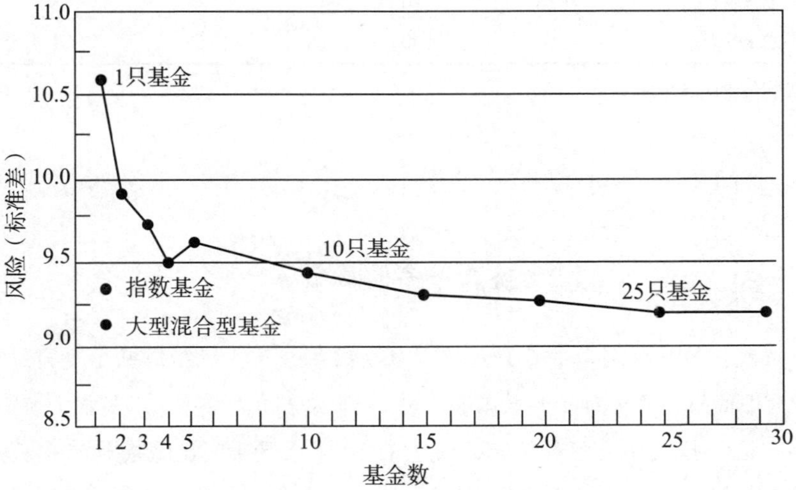

图 4-6 通过持有更多的基金以降低风险

注：数据来自《晨星投资者》。

我想补充说明的是，我并不认同下述观点：国际型基金是投资者组合的必要组成部分。**外国基金可能会降低组合的波动性，但其经济风险和货币风险，可能会在更大程度上降低回报率**。有这样一种观点：理论上的最优组合，必须符合市场权重，包含每个地区的成分。对这样的观点，我只会更加避而远之（我将在第 8 章探讨全球投资的利弊）。我的判断是，国际投资最多占 20% 的股票成分；而且，即使国际投资的权重为 0，对大多数组合而言，也是完全可接受的。

若一只组合中持有多达 20 只的分散型基金（每只基金占总资产的 5%），因此组合将持有多达 1 000 只不同的普通股（不同基金将不可避免地相互重叠）。这又有什么意义呢？我对此完全不赞同。也许像表 4-4 所示的，一只简单的 5 只股票型基金组合，将适合追求主动管理型股票基金的投资者的需求。

该组合明显不同于一只全市场指数基金，而且风险稍大。但假如这个 5 只股票型基金挑选恰当，就有增加其价值的机会。在投资组合充分分散化方面，投资者所选的每只基金都应当有显著的影响。

表 4-4　一个简单的 5 只股票型基金组合　单位：%

基金	投资百分比	15 年期的回报率
大盘	50	6.5
中盘	10	9.0
小盘	20	7.8
特殊[a]	10	10.4
国际	10	3.5
汇总 / 平均	100	7.1

注：a. 此处指健康保健类的。

十年以后

挑选过多的基金

虽然我保持这个简单的 5 只股票型基金的组合不变，相对基于美国股市或标准普尔500指数的全市场指数基金而言，我愈加相信所有的(或基本上所有的)投资组合应当担负实质性的承诺。过去的 10 年已显示出，成功地选中获胜的主动管理的股票型基金，更多的只是一个广告宣传，而不是真实情况。更糟糕的是，挑选过程给予历史业绩更大的权重，追逐业绩已证明会适得其反。这就是为什么基金投资者得到的市值权重回报率（在基金取得良好业绩之后，他们投入资金），大大滞后于基金自身报告的时间加权回报率。

两个其他的补救方案：(1) 将你的股票型基金组合（主要是指数化），考虑作为你“严肃资金”(serious money) 的投资账户；同时使用你的预测本领（或洞察力），去挑选主动型甚至更具风险的基金，作为你“乐趣资金”(funny money) 的投资账户。我建议，严肃资金至少要占到总量的 90%。(2) 尽管我曾将国际型基金作为单一资产组合来谈论，但是我现在确信它包含两个不同的部分：发达市场（英国、德国、法国等）和新兴市场（新加坡、中国、印度、巴西等）。在当今这个不断全球化的世界里，我没找到支持大量投资于前者的理由，我更愿意着重于后者（虽然其基础更小但增长更迅速，当然风险也更高）。但我仍将国际型投资组合的成分，限制在不超过股票头寸的 20%。

规则 8：买入并持有你的基金组合

当你已确立了自己的长期目标和风险容忍度，而且仔细挑选了一只指数基金或少数的主动管理型基金以满足你的目标，请坚持到底并牢牢地持有它们。**投资过程复杂化只会使你的思维混乱，使你经常将情绪因素带入亟需理性的投资计划里。**我坚信投资者的情绪，诸如贪婪和恐惧、狂喜和希望，如果转变为轻率的行动，就能产生破坏性的后果，从而使投资业绩劣于市场平均回报率。此处，要重复尊敬的巴菲特先生先前曾说过的话：**"无所作为恰使我们的行为具有理智。"**绝不要忘记这点。

牢固持有的关键，在于买入正确的基金。正确买入，不是去选择你完全不了解的基金，也不是根据过去的业绩去挑选基金，更不是因为某人告诉你该基金抢手，或者它有明星经理，甚至是因为它曾被评为晨星五星级基金。绝对不要选择高成本基金。如果你避免了这些基础性错误，只要留心你的基金表现如何就可以了。假如你首先理智地挑选了基金，一份年度业绩评估应当够用了。你要耐心地容忍其相对于其他基金周期性的非极端差距。对于任何事件你都应当引起警觉，如基金业绩过度异常、投资策略根本变化、合并其管理公司、增加费率或收取 12b-1 费等。但是，如果我可以修正，关于在投资之前需要仔细调查之类的老生常谈的话，我要敦促你："在你撤资之前，要进行调查。"

不要像选择股票一样去选择基金，一旦股价面临不可避免的波动，就卖出或替换。要为你的资产挑选受托人，并与之建立终身的关系，深思熟虑地去选择一只基金。这一方法体现了简单化的本质。数十年以前，很多美国最有钱的家庭都会选择一个单独的受托人或投资顾问去打理他们的所有财产，并自此不变。实际上，一个充分分散的共同基金账户，不多不少，恰好就是一个信托基金（除去那些常常更分散化的共同基金）。我们要克制增加过度分散化的念头。当你进行投资时，你要求基金业提供具备高标准信托责任的基金产品，这是你应得的。

简单还是复杂

简单的反面是复杂。近年来，根据沃伦·巴菲特在伯克希尔哈撒韦公司的合伙人查理·芒格（Charles T. Munger）的说法，很多大型基金会和高校捐赠基金，已在“努力成为伯尼·康菲尔德（Bernie Cornfield）[①]‘基金中的基金’的更好版本。变得更复杂、有更多而不是更少的投资策略，是由另外的投资顾问来确定的，将基金配置于不同的类别，包括外国证券。对于所有这些复杂性而言，有一件事是确定的：总成本能轻易达到每年占净资产的3%，即要支付3%的初始资产给赌场总管（croupiers）[②]。如果总的股票平均实际回报率下降，比如在未来某个长周期内为5%，并且赌场总管取走的份额仍然如前不变，则普通的、理智的参与者，将面临一个漫长而难熬的资产缩水。出于明显的原因，我认为，对于普通的基金而言，较之于采用现在的模式，指数化是一个更明智的选择。”芒格先生已清楚地采取了简单化原则。

简单化的典范

简单化将助你到达应去之处。正确地买入并牢牢地持有。投资时请遵从这8条基本的规则，在这个复杂的世界里坚持简单化。即使在一定程度上，你觉得指数化不适合你，在追寻稳固的长期回报率方面，这些规则应当依然会给予你相当大的优势。在理念层面，我关于投资的方法就是简单化，但是在实践层面这并不容易。恐怕你会发现，只有相当少量的基金可以通过我的检验。本应有更多的。

我要强调的是，我所提出的8条规则中的每一条，都有助于你挑选基金组合，且正好可以给予你以优势，而这些优势已将指数基金这一简单化的典范提升至其现在的声望，并为个人和机构投资者广为接受。这种对应绝非偶然，因而在你考虑你的策略时，你不能忽视低成本的指数基金。

不要忘记，投资的中心任务是获取市场回报率的最大可能的部分，即使几乎可以肯定低于100%。然而，在很大程度上，这种比较低估了任务的重要性。想想由于复利的冲击，投资者可以获得的资本和实际创造出的资本之间的差距会迅速增加。例如，即使获取市场年回报率的90%，亦即10%中的9%，在10年期中仅能产生86%的资本增长，在25年期中资本增长为76%。这再次证明，失之毫厘，谬以千里。

指数化可能永远不会统治整个基金业，仅会是一部分而已！但是，指数化表现得这

① 基金巨头，曾因欺诈入狱。——译者注
② 此处指基金管理公司。——译者注

么好，仅仅因为大多数基金表现得并不好：由于成本过重，宣传过去业绩的成功，这极不可能持续，并且，其管理策略侧重于短期。基于此原因，实际上表现得很好的指数基金已经证明，它是获得股市回报率最高可能部分的最优途径，但它一定不是唯一的途径。

在本章，我努力展示了被动管理型的市场指数基金的价值，以及如何简单而有效地选择主动管理型基金的要点。无论你决定采取哪条途径，令人高兴的是你能够采取两条途径。你将获得一个投资观点上“简单行事的天赋”和“免于影响的天赋”，也就是免受不停干扰我们的噪声信息的影响。我确信，如果你遵从这些基本的标准，在实施你的长期财务计划时，你将获得“到达应去之地的天赋”。

十年以后

对简单化的更新

尽管经过了一个动荡的10年，我的建议除了个别微小修正之外，仍然保持原样。“到达应去之地”，还有赖于你对“简单行事的天赋”价值的清楚理解，以及对常识的坚持。

第二部分

投资选择

导读

当下，共同基金提供了很多投资选择，其种类亦纷繁复杂。在考察这些选项以前，我想先展示一下低成本的消极管理型市场指数基金，看它是如何在实践中体现其已被证实的运作原理的。然后，我会以价值型、成长型或这两种类型的混合为投资方向，再结合对大盘股、中盘股、小盘股的投资偏好，以检验股票型基金的投资风格。不用对比所有类型的基金，只与那些跟踪类似投资风格的同业竞争者以及指数基金相比，股票型基金回报率和风险方面的变化程度都会显著降低。我在检验那些投资风格完全不同的债券型基金的回报率时，也能得出同样的结论，这部分内容会在下一章有所展示。在这三章，我都对高成本的主动型管理是否有效提出了严重质疑，而且总结出，极少有基金投资组合经理证实了其有能力获得超额的回报率，足以覆盖其高额的共同基金成本。

接下来，我将评估全球股票投资策略的价值。我怀疑美国投资者是否有必要将钱投放境外，但对于那些无法被说服的投资者，我会向他们建议一种最佳的投资方式。最后我将阐明，想要事先识别出优秀的基金是不可能的，积极转换所持有的基金也是无效的。这里我所依赖的是对一些数据资料的检验，其中包括主要的学术研究、以往表现优越的基金记录、咨询公司所推荐基金的记录，以及挑选共同基金的那些专业顾问的实际投资业绩。这其中的每一种分析都表明，优秀业绩这只圣杯是不可能由选择主动管理型基金的投资者找到的。相反，它会在常识性的投资原理中被发现。

第5章

指数化：经验对希望的胜利

早在1978年，在第一只指数基金先锋指数信托（Vanguard Index Trust）的第三份年报中，我就引用了英文词典编纂者萨缪尔·约翰逊（Samuel Johnson）的话来表达观点："这是希望对经验的胜利。"这是约翰逊博士在以其独有的幽默感谈论一个再婚的男人。而我所指的则是《机构投资者》（*Institutional Investor*）针对养老金基金经理做出的调查。据该杂志报道，虽然过去10年以来，只有17%的资金管理专家胜过了标准普尔500指数的表现，但至少有近95%的专家期待能在未来10年里做到这一点。

在随后的几年里，我们所见的却恰恰相反：经验对希望是压倒性的胜利。战胜指数的希望破灭了，诸多职业基金经理在1978年以前所特有的那段艰难经历，一再重复着。标准普尔500指数的表现，胜过了79%的股票型共同基金经理的业绩，这些基金自那时起已有20年的存续期。1995年年初，我大胆地出版了题名为"指数化投资的胜利"（*The Triumph of Indexing*）的小册子，我在其中描述了标准普尔500指数的相应表现，以及指数基金为投资大众所日益接受的事实，那也正是我期盼已久的发展趋势。

指数选择

标准普尔500综合股价指数涵盖了500家美国最大的上市公司股票。该指数从1926年起，就开始按个股的市价加权来衡量该组股票的回报率。1998年，这些股票市值合计达到9万亿美元，占全部美国股票总市值12.2万亿美元的比重接近75%。

整体美国股市使用威尔逊5 000指数（Wilshire 5 000 index）来进行衡量。尽管该指数现在涵盖了7 400只股票，但其名称却保持不变。这只指数启用于1970年。尽管它更为全面，但由于其历史较短，认可度也相应较低。除标准普尔500指数所涵盖的那些大盘股以外，威尔逊5 000指数还包括美国股市中剩余的小型公司。

> 其他的股市指数则以下列形式存在：大、中、小盘的成长型和价值型股票所对应的指数，不同产业部门所对应的指数，覆盖了多数国家和地区的市场指数，甚至还有全球股市指数。另外，还有一些指数是针对美国以及世界债券市场，或其种类繁多的子市场而设立的。
>
> 总体上可以认为，没有任何一类市场化的金融资产所对应的价格指数是不能创建的。指数的选择，仅仅受限于设计者的创造性。而且只要存在一只指数，就会存在与其对应的一只指数基金。指数基金当前跟踪着大约60只不同的指数，而其中的大部分资产都是按照标准普尔500指数来配置投资的。

小册子的出版果然适逢其时。自从它出版以来，仅凭胜利一词是不足以充分体现指数基金所取得的巨大成就的。就当前业绩而言，尽管标准普尔500指数侧重于大市值股票，但该指数的当前业绩已出色地胜过了96%的主动管理的股票型基金。更具代表性的全市场威尔逊5 000股票指数则跑赢了86%的上述基金，表现也相当不错。就当前投资者的接受程度而言，指数基金的资产增幅已经超过了6倍，从300亿美元增至大约2 000亿美元。

1995年，指数基金还只占股票型基金资产的3%，仅仅三年后，这一份额就发展到6.4%。随着1998年大约500亿美元的现金流入，指数基金现金流达到股票型基金现金流总量的25%，足足占1/4。指数基金已经成为整个共同基金业中增速最快的板块。

指数基金最不太可能成为典型投资者眼中的英雄。它不过是一种广泛分散化的投资组合，以典型的低成本来运作，不能让那些杰出的、富有才智的、技术熟练的投资组合经理充分发挥其所应带来的优势。指数基金只是买入并持有特定指数所涵盖的证券，并与这些证券在该指数中的比例保持一致。这种理念显然是一种简化的投资方式。

第一只指数基金以标准普尔500股票指数为标的，自1975年创建以来，指数化投资理念就已经显现出胜利的迹象了。因为指数基金正好是简化投资的核心产物，而且它必须被看作是基金选择过程中的核心投资，也就是用以衡量所有其他共同基金业绩的最终标尺，所以我在这本书第二部分的开篇，就对赞成还是反对指数基金展开了讨论。

但坦率地说，我必须承认，我常被称作指数化理念的传道士，而且大约在25年以前，我就创建了第一只指数基金。比起我当年创建那只基金之时，我今天可能会更加坚信这一理念。

历经缓慢的起步后，指数化理念不仅逐渐为投资者所接受，也在传统主动管理型共同基金的业绩评估方面占据着支配性地位。指数基金可以说是当前的一种标准，在与投资策略、资产配置以及基金选择有关的争论中都发挥了主导作用。当我在 1975 年第一次看到基金业绩的记录时，标准普尔 500 指数在之前的 25 年里都以年均大约 1.6% 的优势跑赢了普通的主动管理型共同基金。即使今天更新统计数据，该指数的长期记录也反映出年均 1.3% 的优势，而这一差额在过去的 15 年已膨胀到每年 4.0%。表 5-1 显示了消极管理的指数与普通的主动管理的股票型基金在不同时期的业绩对比记录。

表 5-1a　　标准普尔 500 指数对比股票型基金

（截至 1997 年 12 月 31 日的不同期限所对应的年回报率）　　单位：%

期限（年）	标准普尔 500 指数	普通股票型共同基金	指数优势
50	13.1	11.8	1.3
40	12.3	11.5	0.8
30	12.5	10.8	1.7
25	14.3	13.9	0.4
20	17.4	15.6	1.8
15	17.2	13.2	4.0
10	18.6	15.2	3.4
5	23.1	18.1	5.0

十年以后

表 5-1b　　标准普尔 500 指数对比股票型基金

（截至 2008 年 12 月 31 日的不同期限所对应的年回报率）　　单位：%

期限（年）	标准普尔 500 指数	普通股票型共同基金[a]	指数优势
50	9.2	8.0	1.2
40	9.0	7.6	1.4
30	11.0	9.3	1.7
25	9.8	7.7	2.1
20	8.4	6.6	1.8
15	6.5	4.8	1.6
10	−1.4	−0.9	−0.4
5	−2.2	−3.3	1.1

注：a，普通股票型基金的回报率扣减了 0.6% 的生存偏差和销售费用。

我完全认同，在过去的 15 年里，主导标准普尔 500 指数的大盘股都以稳定的优势领先了整个市场。但我要强调的是，标准普尔 500 指数加速扩大的优势可能会有所弱化，甚至可能在未来一段时期内，由于较小市值的股票重新受到偏好而相形见绌。然而该指数的领先幅度却令人印象深刻，而且足以让指数基金从学术团体、金融中介、精明的投资顾问以及投资大众那里获得有力支持。

即使将来无法实现过去 10 年里领先 3.4% 的非凡优势，指数化投资的前景依然光明。即使领先优势只相当于过去 10 年的一半，即每年 1.7%，资本积累也会因此出现显著差异。假定标准普尔 500 指数的回报率为 12.5%，普通共同基金的回报率为 10.8%，这是过去 30 年的真实回报率。如果在接下来的 30 年里维持这一回报率，同样 10 000 美元的初始投资，投向标准普尔 500 指数的资金就会增值到 342 400 美元，而投向管理型基金的资金则会增值到 216 900 美元。高达 125 000 美元的令人难以置信的领先优势，足以说明指数化将持续获胜。图 5-1[①] 展示了 30 年期的复合年回报率所表示的每一种投资的业绩。

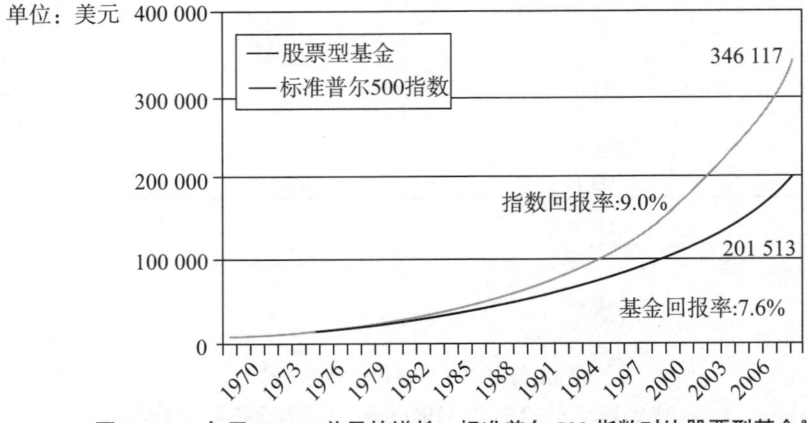

图 5-1　40 年里 10 000 美元的增长：标准普尔 500 指数对比股票型基金[a]

注：a，年复利基于 1968—2008 年标准普尔 500 指数与普通的美国一般股票型基金的平均回报率。

不过，未来能否保持这一领先优势，还只是一种推测。毋庸置疑的是，市场指数不会产生成本，而共同基金则要承担高额成本，这一简单的事实解释了该指数绝大部分的领先优势。事实上，普通股票型共同基金所承担的年成本总额，在 1975 年以前的 30 年里曾低至资产的 1.0% 或稍多一点，而当前已上升到占比资产的 2.0% 以上，这明显证实，共同基金的成本对该行业的落后负有主要责任。而主导标准普尔 500 指数的大盘股在近期所实现的较高回报，可以说只是锦上添花罢了。

尤其是那些金融界的媒体，他们已经开始对指数化理念大唱赞歌了。在 1997 年早期，指数基金的相关报道就常见于《纽约时报》和《华尔街日报》的重要头版文章中。几乎在同一时期，《时代周刊》和《新闻周刊》也对指数化投资进行了连载报道。宣传最

① 根据图中所示，应是 40 年期限的回报率差异，而非文中提到的 30 年期限的回报率差异。——译者注

为积极的要数《金钱》杂志了，其执行主编泰勒·马西森（Tyler Mathisen）执笔写了相关重要的社论，而该杂志也十分慷慨地对这篇社论加印了大字标题："博格赢了：指数基金应该成为当今多数投资组合的核心。"正如索尔(Saul)走在通往大马士革的道路上一样，《金钱》杂志也经历了一次"主显节"[①]。

传道士在词典里的定义是："信使，特指最早主张某种重要的信仰或制度的人。"如果使用这一定义，我认为自己还是有资格成为指数基金的传道士的。在1951年，当时我正好以共同基金行业为研究对象，完成了普林斯顿大学的学位论文，在我质疑基金经理能否跑赢股市的平均水平时，市场指数基金的模糊概念曾一度在我心中徘徊。自1975年先锋指数信托创建以来，我就满怀日益增加的热情和信念一直倡导着指数化投资理念。

历史的经验

长久以来，我都坚信，了解一点历史是很重要的。指数基金的历史为我们认识其价值提供了很好的起点。我并不是指数化理念的创始人，但我却是该理念的长期信仰者，并确信它能够排除万难成为共同基金领域的一员。这一理念不仅意义重大，还与我的信念相吻合，即在模仿金融市场中可获得的回报率时，低成本确实会使其产生差异，即使不是全部的差异。正如我所提到的，历史告诉我们，对长期投资者而言，这样做几乎算不上是一种可行的目标。

指数化理念的创始人是富国银行（Wells Fargo Bank）的威廉·福斯（William Fouse）和约翰·麦奎恩（John McQuown）。在1969—1971年，他们从学术建模着手，以此发展适用于指数化投资的原理和技术。他们的努力使得新秀丽公司（Samsonite Corporation）的养老基金开立了600万美元的指数投资账户，实行以纽约证券交易所全部上市股票的等权指数为基准的投资策略。福斯将该执行方案形容为"一场噩梦"。该策略于1976年废弃，并代之以标准普尔500综合股价指数为基础的市场加权投资策略。富国银行运营的第一批账户就是其自有的养老基金以及伊利诺州贝尔电话公司养老基金的一部分。

1971年下半年，波士顿百骏财务管理公司（Batterymarch Financial Management of Boston）决定要追随指数化投资理念。做出这一决定的是该公

① 主显节原本是东方教会庆祝耶稣诞生的节日。——译者注

司的两位创始人，杰瑞米·格兰瑟姆（Jeremy Grantham）和迪恩·利巴隆（Dean LeBaron）。格兰瑟姆于1971年在哈佛商学院的研讨会上描述过这一理念，但直到1973年才开始有人认同。作为对其努力的奖赏，波士顿百骏财务管理公司于1972年赢得了《养老金与投资》杂志（*Pensions & Investments*）所颁发的“最可疑成就奖”（Dubious Achievement Award）。1974年12月，该公司终于迎来了第一位指数化投资客户。

1974年，位于芝加哥的美利坚国家银行（American National Bank）创建了一只以标准普尔500指数建模的普通信托基金，要求它的最小投资额度为10万美元。到了那一刻，指数化理念已经从学术界以及从第一批坚信该理念的三大专业公司，开始向公众领域传播，媒体开始评论指数化投资。三位相当有才智和远见的观察者大力呼吁创建指数基金，他们的文章在25年以前就激励了我，我珍藏至今，现在拿出一读仍像当年一样激动。

“挑战判断”

第一篇文章名为“挑战判断”，作者保罗·萨缪尔森是麻省理工学院的金融学教授，也是诺贝尔经济学奖获得者。在《投资组合管理杂志》（1974年秋）中，他认为：“起码要让某个大型基金机构创建一只跟踪标准普尔500指数的内部投资组合，即使只是为了设立一个不成熟的模型作为标准，以使其内部的投资高手能够衡量他们非凡的投资才能，也许能够说服大学退休权益基金（CREF, College Retirement Equities Fund）来开展一次非托管分散化基金的试验性运营，但我对此并无把握……美国经济学会可能会认真考虑为其会员创建一只免佣金、免管理费且几乎没有成交量的基金。”不过他注意到一项可能无法克服的困难：“在（为基金提供融资的）20 000名经济学家中所发现的额外财富，相比20 000名脊椎指压治疗师还要少。”

萨缪尔森博士总结了他的挑战，对于那些不同意消极（管理型）指数能胜过大多主动管理型基金经理的人们，他要求其驳倒“这一棘手的赤裸裸事实（即专业学者几乎不可能凭借公开的记录来识别任何业绩持续优异的基金经理），以任何事实被驳倒的唯一方式提供与此相反的真实证据”。没有记录表明有人在尽力提供这样的证据，这类证据也不可能会存在。然而，为了让某些人在某个时机推出指数基金，萨缪尔森博士提出了上述不言而喻的挑战。

“失败者的游戏”

一年以后,格林威治合伙公司（Greenwich Associates）的执行合伙人查尔斯·埃利斯,在《金融分析家期刊》(1975 年 7 月和 8 月)上发表了一篇题为《失败者的游戏》（*The Loser's Game*）的影响重大的文章。埃利斯极富煽动性地大胆表示:“投资管理业务是基于简单而基本的信念建立的: 专业基金经理有能力击败市场。这一假设看来却是错误的。”他指出，在之前的 10 年里，85% 的机构投资者的业绩都落后于标准普尔 500 指数的回报率，这在很大程度上是因为机构投资者已经开始并将持续在其所处领域中发挥主要作用了，而在这样的情况下，机构投资成本已经消耗了基金经理所赚回报的 20%。“导致资金管理业务从胜利者的游戏转变为失败者的游戏。最终的结果取决于谁能输掉最少的百分点，而不是谁能赢得这些百分点，”他继续指出，“在赌场赌博时，如果该赌场从每局赌注中拿走 20%，那这明显是一场失败者的游戏……所以，资金管理业务已经成为一场失败者的游戏。”

埃利斯并没有提议创建指数基金，但他确实问过:“指数是否有必要发展成一个完全消极管理的指数投资组合?”他也答道:“不，它没必要向那个方向发展，不那么需要。但如果你不能击败市场，你当然应该考虑采用它。指数基金就是一种可选的投资方式。”当然，在现实中，极少有基金经理能真正持续实现足以抵消其成本并与指数相当的年回报率，更不用说能跑赢指数了。即使存在，也很难事先识别出。

财富掀起新一轮涨潮

“人生总有涨潮时，把握涨潮的时机，便能获得财富。”莎士比亚借布鲁图斯（Brutus）的口说出了这些话。有讽刺意味的是，在指数基金领域里，财富又在一定程度上助推了投资业务转向指数基金的趋势。1975 年 7 月，《财富》杂志发表了第三篇里程碑式的文章《某些影响重大的共同基金类型》（*some kinds of Mutual Funds Make Sense*），由副编辑埃尔巴（A. F. Ehrbar）所作。埃尔巴得出了一些在今天看来是显而易见的结论，但这些正确的判断在当时却几乎是无法被接受的:“既然基金无法持续跑赢市场，它们就可能会由于产生了过多的研究成本（即管理费）和交易成本而一直落后于市场……显然，共同基金的未来买家在做任何决定以前，都应该认真考虑成本因素。”他总结道，“事实上，基金表现得比市场要差。”

埃尔巴对于指数基金会很快得以创建并不抱希望，他指出:“近来市场上并没有多少开创性的举动，共同基金业还没能提供一只指数基金。”但是，他为共同基金投资者描述了一种最好的替代方式："一只有着低成本和低管理费的免佣共同基金，该基金与市场整体的风险水平相当，并且保持充分投资为其投资策略。"他不会想到，自己已经较准确地描述了不久以后就要创建的第一只指数基金。但他确实做到了。

机遇是创造之母

对指数基金的这三次强有力的号召是我们无法抗拒的。面对成为引领指数基金发展的先驱者这一机遇，可以说，我不能再抑制自己的热情了。我对以往基金业绩的研究已在学术界声名鹊起了，却极少为投资行业所知晓。基于这些研究，我确信指数基金会发挥作用。再者，我于1974年开办的领航集团专注于低成本化管理，这正好是持有一只模拟无成本指数的指数基金的关键所在。这是千载难逢的机遇：证实文中所阐明的基础理论可以付诸实践，而且可以在现实世界中发挥作用。唉，投资大众竟然对指数基金没有需求。我不得不信赖萨伊法则（Say's Law，以法国经济学家让·巴蒂斯特·萨伊 [Jean Baptiste Say] 命名）："供给会创造自己的需求。"在1975年年末，领航集团创建了第一只指数基金，这是基于标准普尔500综合股价指数建模而成的。

长久以来，我的倡议都被置若罔闻。我们来简要回顾一下：从标准普尔500指数的相应表现以及吃紧的现金流入量两方面来看，第一只指数基金都表现得举步维艰；该基金为大众所接受的进度过于缓慢。但最终它还是在20世纪90年代末取得了非凡的成功。这些都为反驳那些长期以来针对指数化投资的批评提供了良好依据。有批评者质疑指数基金的非凡成功能否持续，而上述记录使我们有能力应对这些人精心炮制的论点。我希望通过更详尽地探究指数化的价值来论证，对于明智的长期投资者而言，它会是一种极其强大的投资策略。

十年以后

指数化的胜利

极少有投资者或金融市场的业内人士会承认我在10年以前所描述的"指数化的胜利"。但在经历了自那时起的十余年以来的一系列事件后，不管是否愿意，都没有人会不同意指数化已经真正胜出了。在以前的版次中，我提到过当时总资产高达2 000亿美元的指数基金，它已经从1995年的占比股票型基金资产的3%增至1998年的占比6.4%。在2009年中期，指数基金资产已经猛增至4 600亿美元，占比股票型基金资产的11%。进入指数基金的现金流量也随之更大了。投资者在过去两年里总共赎回了价值2 810亿美元的主动管理型基金，同时却为其所持有的指数基金增加了500亿美元的投资。

标准普尔500指数的回报率也继续表现优越。来自晨星公司的最新数据表明，在过去8年中，有6年的时间，跟踪标准普尔500指数的一只低成本指数基金，都会跑赢大多数与它相当的大盘基金。即使在那落后的两年里，该指数基金仍然能分别跑赢49%和40%的同类基金，即便是这样一分“失败”的记录，也会让许多主动管理型基金经理对其深表羡慕。

目前这个版本的图5-1没有第一版那样令人印象深刻。当我准备向领航集团的董事们建议创立世界上第一只指数基金时，我第一次对1946—1975年的30年期业绩对比进行了检验，1.4%的40年期差额[①]几乎正好相当于这30年期内的标准普尔500指数所赢得的1.3%的优势。

将图5-1更新到2008年，从中不难看出，标准普尔500指数的相应记录与第一版非常相似。在市场低迷的那10年刚好结束时，该指数10 000美元初始投资的最终价值为346 117美元，刚好高出本书1999年版所公布的342 400美元，而普通基金的累计回报已经从216 900美元跌至201 513美元。拥有指数基金就可以使财务价值提升144 604美元，是初始投资的14倍以上，这看来彻底地证实了（甚至远不止如此）选用“胜利”一词是合理的。

指数化是一种长期的投资策略

指数化近年来所取得的成功，在某种程度上都源于一种认识：以极低的成本购买并持有广泛分散化的投资组合，是一种明智的长期投资策略，也是一种高回报的策略。这类投资组合主要由大市值、高投资级别的股票构成，而这些股票主导着市场自身的资本权重。这些成功还得益于标准普尔500指数在过去5年的出色表现，其间它高出普通美国股票型共同基金的优势差额，是历史以来最大的。

① 原文是“1.4%的50年期差额”，与图5-1不符，改作“1.4%的40年期差额”。——译者注

正是指数基金的这些长期投资价值，包括广泛的分散化与组成市场的那些股票相当的权重、最小的投资组合换手率和低成本，才使得那些明智的投资者接受了这种投资方式。想想沃伦·巴菲特，这位算得上是最聪明的投资者在伯克希尔哈撒韦公司1996年年报中所说的话：

> 大多数投资者，包括机构和个人，都会发现拥有普通股票的最好方式就是购买收费最少的指数基金。那些追随这一方式的投资者肯定能战胜由多数投资专家所实现的最终业绩（在扣除费用和成本后）。

无论未来怎样，由于看重指数基金的这些价值而选择指数投资策略的长期投资者，都不太可能失望。另一方面，对短期投资者而言，如果仅仅因为期望标准普尔500指数能够持续获得近期的丰厚回报而选择指数投资策略，那他们很有可能会后悔自己的选择。历史记录清楚显示：标准普尔500指数曾在短暂的时期里大幅度地落后于普通共同基金。图5-2表明了自1963年以来标准普尔500指数每年跑赢的共同基金比例。

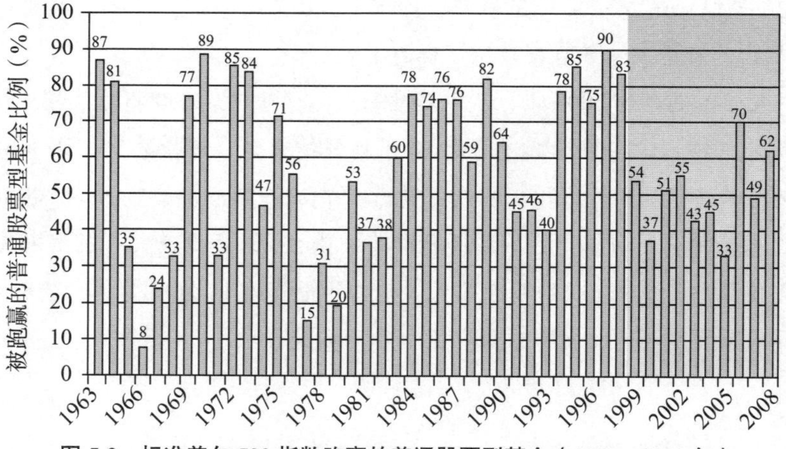

图5-2　标准普尔500指数跑赢的普通股票型基金（1963—2008年）

尽管总体上是成功的，但标准普尔500指数还是有三个时期的表现落后，正如图5-2所反映的：1965—1968年，1977—1980年，以及1991—1993年。为什么会这样呢？第一个时期涵盖了投资的“快速获利”时代，在这一时期，极富风险的小型股提供了很高的回报率，而共同基金业也以创建大量高度进取型的快速获利基金作为回应。该行业保守的特点在这一时期发生了改变；基金非同寻常地吸纳高风险，而标准普尔500指数较为适度的短期回报，使它无法引人注目。于是人们开始相信，共同基金经理能够轻易地跑赢市场。然而在1968年快速获利的泡沫破灭时，这些新成立的基金相继破产，普通基金的回报率暴跌，而标准普尔500指数则在1969年恢复了优势并以大幅差额胜出，并一直保持到了 1976 年。

在那之后很快发生了第二次异常情况。1977—1980 年，正当股市从 1973 年以及 1974 年暴跌 50% 的衰退中持续恢复时，小型股终于回复了先前的表现。它们的复苏相比其大型同业股票更为滞后。那时主导标准普尔 500 指数的三大股票（IBM 占比 7.2%；美国电报电话公司占比 6.4%；通用汽车公司占比 2.6%），在高度分散化的共同基金中，占据的持有比例小很多，它们的表现尤为不佳。平均来说，它们仅有 7% 的 4 年期累计回报率，相比之下，标准普尔 500 指数中的其余股票总回报率却高达 69%。（该指数的累计总回报率是 55%）。快速获利时代结束以后，情况又开始恢复正常，而这一指数也在之后的 8 年里重振实力。

接下来就是标准普尔 500 指数在最近一次落后的情况。主要原因很简单，在 1991—1993 年，中小型股票比大型股票的表现更好。标准普尔 500 指数在这期间获得了相当可观的 15.6% 的年回报率，但市场中剩余的股票却以 22.5% 的速度在增值。[①]因此，标准普尔 500 指数只跑赢了（其实差距并不明显）44% 的全部主动管理型基金，比一半还要少（但并非少很多）。（全市场的威尔逊 5 000 股票指数以 17.7% 的回报率，也只跑赢了 53% 的股票型基金。）然而此后标准普尔 500 指数很快就迎来了前所未有的最大持续性优势。在 1994—1998 年，标准普尔 500 指数连续 5 年跑赢了 75%～90% 的管理型基金。

经历了这一番持续性追赶后，即使大型股所主导的标准普尔 500 指数暂时中断了出色表现，也并不令人意外。它继续由全球范围内的大型公司主导，其中通用电气公司占标准普尔 500 指数 3.1% 的资本权重，微软占 2.4%，可口可乐占 2.2%，埃克森占 2%，默克占 1.6%。然而，如今该指数的权重分配不那么集中了。目前，5 只市值最大的股票共占该指数的 11%，仅仅是这五大工业巨头 20 年前市值权重 22% 的一半。有趣的是，之前那 5 只市值最大的股票，现在只占标准普尔 500 指数 8% 的权重。它们的权重被大幅削减，对指数化绝对实力的强调已经成功克服这一潜在障碍。新创建并日渐成长的公司修正了这一不足，促使标准普尔 500 指数在长期业绩中保持领先地位。

在市场发展的过程中，时间会改变，条件也会改变。以标准普尔 500 指数广为人知的成功为依据，在此基础上建立的对指数化策略的信仰必然会在未来的岁月里一次次地接受考验。一如既往，指数化仍然会是一种受人关注的长期投资策略。

① 市场中剩余的股票以威尔逊 4 500 股票指数衡量，该指数包括全市场威尔逊 5 000 股票指数中的所有股票除去那些同样存在于标准普尔 500 指数中的部分股票。

十年以后

指数化是一种长期的投资策略

在该指数经历了1994—1998年这5年的非凡且优越的表现以后（正当标准普尔500指数年年跑赢的全部管理型股票型基金比例达到75%～90%之时），我就指出，“即使大型股所主导的标准普尔500指数暂时中断了其出色表现，也并不令人意外”，而且它也确实中断过。尽管在接下来的10年里历经考验，该指数仍然在这5年里跑赢了至少50%的股票型基金，其中有两年跑赢的比例还高出了60%。指数化作为一种长期投资策略，仍然引人注目。

标准普尔500指数不等同于市场

“指数基金”一词常用来专指某种特定形式的指数基金：以标准普尔500指数建模的一种基金。第一只指数基金正是以该形式构造的，这只是因为标准普尔500指数具备了以下特征：(1) **在机构投资者衡量其相对收益并评估投资组合经理的绩效时，该指数是他们普遍遵循的标准**（在那时，共同基金通常还没有为投资者提供可比较的标准）；(2) **在两种最著名的指数中，该指数的构成更为合理**（其构成股票是以市值总额来计算权重，而不像人们更为熟悉的道琼斯工业平均指数那样，以区区30家公司所对应的股票单价来计算）；(3) **该指数所涵盖的股票市值在25年前占总市值的90%（现在占比约为75%），并因此成为市场的可靠指标**。当过了整整10年以后并出现第二只指数基金时，它同样以标准普尔500指数为基准，这之后的大多数指数基金也同样如此。

然而，标准普尔500指数中的大盘股当前所占的75%的市场份额，并不等同于整个市场。那些有着中小型市值规模（并且经常表现出更大波动性）的股票没有纳入其中。但指数化的核心理论是以拥有市场中所有股票为基础的。从理论上来说，对基本的指数基金而言，其首选标准是涵盖了在美国所公开持有的全部股票的威尔逊5 000股票指数。

标准普尔500指数中的大盘股一直引领着始于1982年的长期牛市，这使得最初那些基于标准普尔500指数的指数基金的表现尤为出色，实用主义也因此战胜了教条主义。相比之下，基于全市场指数的指数基金却增长得极其缓慢。极少有基金公司会基于威尔逊5 000股票指数来创建共同基金，领航集团是第一家。标准普尔500指数仍然是大多数共同基金和养老金账户所使用的首要衡量标准。

选用哪一种指数有关系吗？在长期来看是没有关系的。自从威尔逊 5 000 股票指数在 1970 年启用以来，这两种指数的总回报率就是一致的：两者都赚取了年均 13.7% 的回报率，这是相当精确的重合。这意味着在此期间，以威尔逊 4 500 股票指数衡量的占比 25% 市场权重的中小型股票，也提供了 13.7% 的平均回报率。虽然任何具有时期依赖性的对比都会不可避免地令人质疑，但 1970—1998 年是我们可用于对比的一段最长的时期了。回报率的这种精确重合可能有点夸大事实，但我坚信，当我们观察到具有不同投资特征的股票分别在将近三个完整的 10 年里所实现的回报率都能如此接近地趋于一致时，我们就已经从中得知了一些重要信息。

但从短期来看，指数的选择是有影响的：指数之间的差异确实会年复一年地存在影响。正如图 5-3 的对比中所显示的，当我们看到全部类型的分散化股票型共同基金被标准普尔 500 指数跑赢的比例时，该指数近年来的领先者地位夸大了其内在实力，就像它在 1976—1979 年的追随者地位夸大了其不足一样。例如，在 1976—1979 年，标准普尔 500 指数跑赢了 22% 的全部股票型基金，但威尔逊 5 000 股票指数跑赢的比例竟然达到了 44%。另一方面，在 1995—1998 年，标准普尔 500 指数跑赢了 82% 的全部基金，而威尔逊 5 000 股票指数则仅仅跑赢了 72%。图 5-3 比较了这两种指数在过去 28 年里的相对地位。

很难找到一个完美的标准来衡量共同基金的回报率。尽管股票型基金的总资产投资分配比例与股市总价值在大、中、小盘股票中的分配比例相当类似，但对股票型基金总体数量的划分还是有所不同的，会更偏重中小盘基金。图 5-4 说明了这一对比。

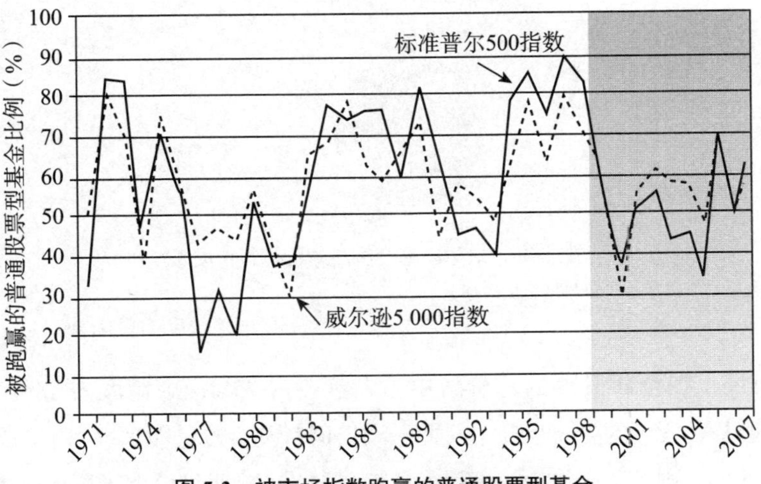

图 5-3　被市场指数跑赢的普通股票型基金

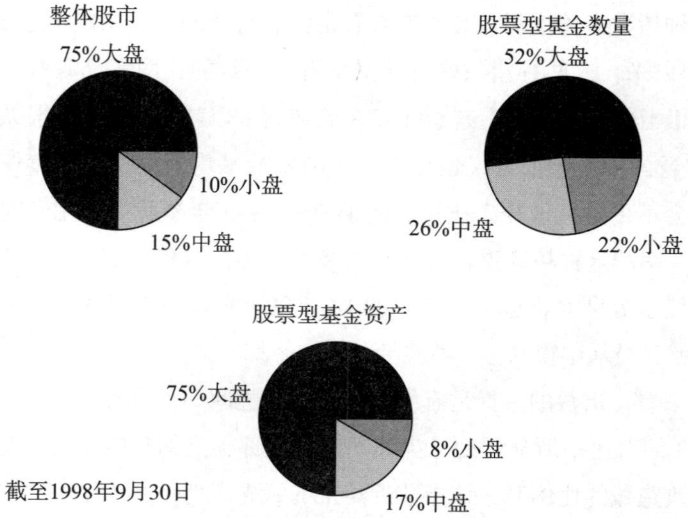

图 5-4a　股票型基金构成对比指数构成 [a]

注：a，只包括在 9 类晨星投资风格箱里的基金。

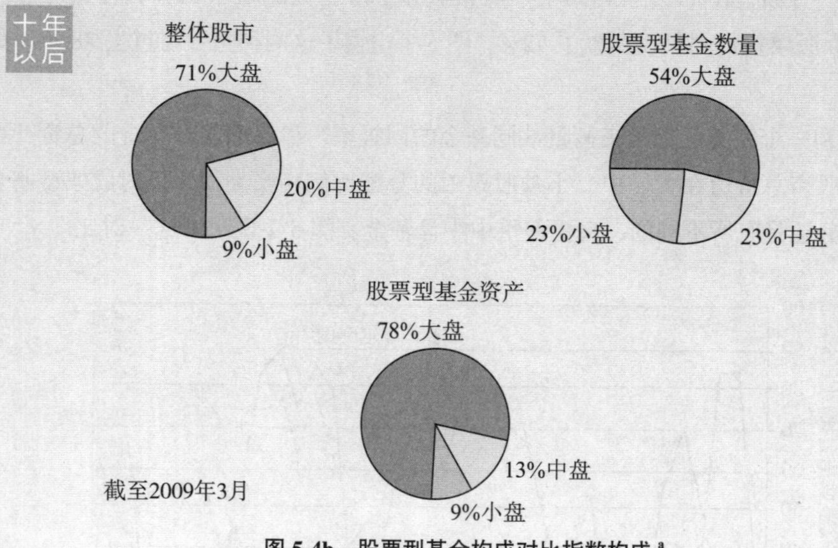

图 5-4b　股票型基金构成对比指数构成 [a]

注：a，只包括在 9 类晨星投资风格箱里的基金。

确切地说，在全部股票的总价值中，大盘股占 75%，中盘股占 15%，小盘股占 10%。股票型基金资产的分布也几乎与此一致。但就基金数量而言，当前的划分比例为：大盘基金占 52%，中盘基金占 26%，而小盘基金占 22%，明显偏重于波动性更大的基金。然而，分析专家在计算标准普尔 500 指数所跑赢的基金比例时，是以基金数量作为其比较基础的。所以，这就使得大盘股在领先或落后整个市场时，其年回报率会出现显著差异。当它们领先时，标准普尔 500 指数的成功就会被夸大；当它们落后时，该指数的失败也同样会被夸大。但从长期来看，这种差异是没有影响的。请永远记住，通常某些人会为了实现其研究目的做出过分简化且具有时期依赖性的对比，这样的对比可能会误导那些不谨慎的投资者。

十年以后

标准普尔 500 指数不等同于市场

尽管十多年过去了，与图 5-4a 的早期版本相比，股票型基金的投资组合构成几乎没有多大变化，而且继续以资产形式而不是基金数量的形式来反映整个股市的构成。令人好奇的是，自 1998 年年中开始，标准普尔 500 指数的年回报率与威尔逊 5 000 指数是就几乎是一致的：分别为 −0.2% 与 0.5%。即使短期内可能会有 1%～2% 的明显变动。我先前就问过："选用哪一种指数有关系吗？"我的回答显然是正确的，"在长期来看，是没有关系的。"

指数化获胜主要是由于成本因素

在股市的资本构成中，大盘股占股市价值的 75%，而股票型基金领域的基金数量，占中大盘基金数量的 52%，考虑到两者之间存在的差异，我们如何才能建立一个公平合理的比较基础呢？一个简单又基本的方法就是：只将那些投资组合类似于整个市场权重分布的基金，与威尔逊 5 000 全市场股票指数进行业绩对比。事实证明，偏重大盘股的共同基金是符合这一标准的。[①]通过联合所有的分散化成长型基金以及成长收益型基金，并且排除那些小盘积极成长型基金，就能使得这些基金的业绩十分接近上述指数。最终的比较结果是尽可能公平合理的：偏重大盘股的基金，不排除所有其他的股票；一只同样偏重大盘股的指数，也同样不排除所有其他的股票。

在过去的 15 年里，这些大盘基金的平均回报率为 14.1%，这里我指的是成长价值型（growth and value）基金，而不是"成长收益型"（growth and income）基金。相比而言，威尔逊 5 000 股票指数的回报率为 16.0%。就 10 000 美元的初始投资而言，投向普通基

① 特大盘、大盘、中盘以及小盘股各自的百分比权重，在威尔逊 5 000 指数中为 48、28、15、9，在大盘共同基金中为 47、35、16、2。

金会得到 72 600 美元的终值，相比威尔逊 5 000 指数在该期间所积累得到的 92 700 美元，这 1.9% 的累积差异，导致的回报差距超过 20 000 美元。标准普尔 500 指数的回报率在这段时期更难超越，该指数以年均 17.2% 实现了 107 800 美元的最终价值。

在这 15 年以来存续的 200 只成长价值型基金中，只有 33 只基金在该时期内跑赢了威尔逊 5 000 指数；余下的 167 只基金都没做到。基金胜出的概率因此也只有 1/6。更有趣、也更重要的，就是基金回报率围绕这一平均值的变动程度。围绕威尔逊 5 000 指数的回报率来排列这些基金的回报率，我们可以从中了解到基金之间这些差异的重要性，正如图 5-5 所示。

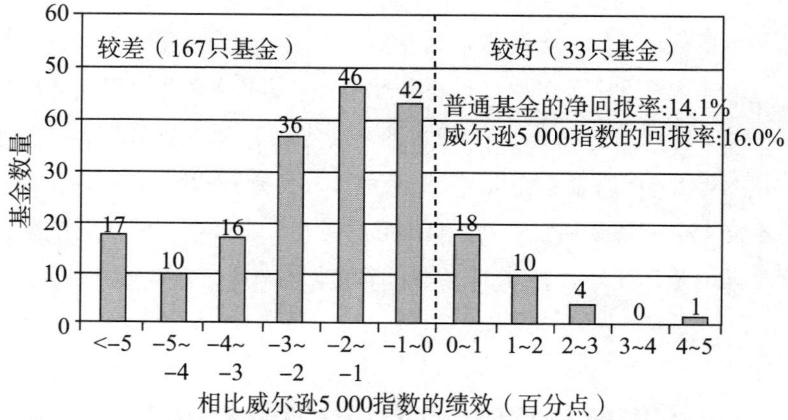

图 5-5a　成长价值型基金对比威尔逊 5 000 指数的净回报率（不包括销售费用）：截至 1998 年 6 月 30 日的 15 年 [a]

注：a，基金回报率包括对生存偏差以及销售费用进行的 0.6% 调整。

十年以后

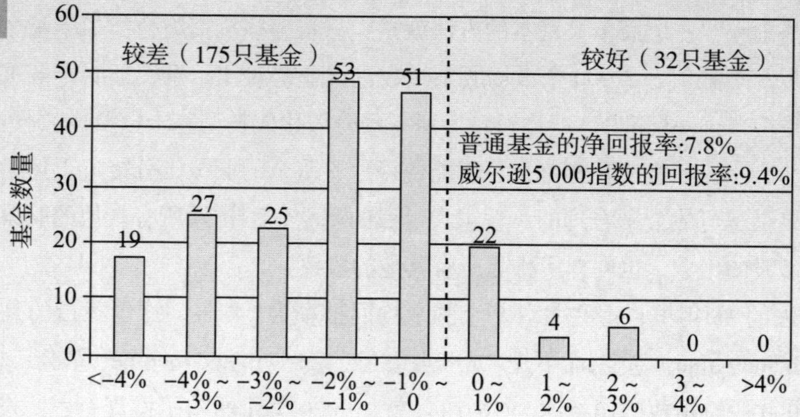

图 5-5b　普通股票型基金对比威尔逊 5 000 指数的净回报率：截至 2008 年 12 月的 25 年 [a]

注：a，基金回报率包括对生存偏差以及销售费用进行的 0.6% 调整。

如果我们调整思路，认同高出或低于威尔逊 5 000 指数不足 1% 的回报率差额都只是统计噪声，那么上述概率就会有所改变：有 15 只基金会以超过这一差额的幅度跑赢该指数，相应也会有 125 只基金以同样的差额落后于它。基金以这种适度的差额跑赢该指数的概率就缩减了 1/2 以上：由 1/6 降到 1/13。如果将该差额改为 3%，那么从长期来看，基金就很难胜出，只有 1 只基金能做到这一点，有 43 只基金都被指数击败了。一只给定的共同基金能够高出该指数假定 3% 的概率只有 1/200。为了挑选出明日的基金大赢家而展开搜索会是一项巨大的挑战，而上述概率会使你对这类挑战的可行性有所认识。（我会在第 9 章就这类挑战展开更为详尽的探讨。）

这里还表明了另一条重要的教训：这些共同基金落后的主要原因是其基金费用的负担过于沉重。相比图 5-5a 中的威尔逊 5 000 股票指数，这些基金的回报率是以基本方法计算的。也就是，将其总回报率扣减所有的共同基金运营费用，这部分是明确公开的（该时期的年均运营费用约为 1.4%），再扣减投资组合交易成本，这部分是隐含的（对于这些成长价值型共同基金而言，交易成本在这一时期年均至少为 0.5%）。这只指数却是没有成本的，既不需要承担运营费用，也不会有交易成本。如果根据每只基金的近似成本来调整其回报率，我们就会看到一个相当不同的回报率模式。以总额（而不是净额）为基础来观察基金的回报率，在一定程度上会改变上述概率，使整个行业的盈利情况看起来好很多。当然，基金持有人所获得的只是净回报。

对扣减成本以前的基金回报率所进行的检验，如图 5-6a 所示，证实了指数化的基本原理。根据定义，基金经理整体必然会提供等同于市场的总回报，正如一只有代表性的指数所表现的那样。因此，一旦扣减其投资成本，基金经理整体所获得的净回报就会低于平均水平。这一结果并不令人惊讶，甚至也不违反常理。其实在过去的 15 年里，威尔逊 5 000 指数的回报率达到 16.0%，以 1.9% 超过了净回报率为 14.1% 的普通成长型和价值型基金，而这正好是我们估计的基金成本[①]。

图 5-6 展示了共同基金扣减费用以前的回报率。我们只是重新绘制了之前的图表，并调整了每只基金的费率以及估算交易成本。在图 5-6a 中，基金分布向右移动了。现在，有近一半的这些基金（93/200）跑赢了威尔逊 5 000 指数，其中有 49 只基金超越的幅度大于或等于 1%，相比之下，有 107 只基金都不能与该指数匹敌。这仍然算不上是很大的概率，但相比扣减成本以后的基金回报率，已有很大的提升。

---

① 这个简单的等式忽略了现金储备头寸给基金带来的不利，在该牛市期间这可能会形成年均约 0.6% 的负担。（根据定义，指数基金是没有现金储备的。）另一方面，生存偏差至少可能算作类似程度上的一种优势，大致抵消了成长价值型基金的这一负担。所以上述对比仍然是有效的。

我们将这些总回报率与掷硬币比赛的随机结果所呈现的正态分布相比较，一种有趣的乃至令人吃惊的现象产生了。当我们按照基金的总回报率拟合该图中的虚线时，其结果几乎是完美的概率分布，类似于掷硬币的结果，尽管这些基金有较大可能性会落入概率分布的中间区域。是的，如果 100 人参与该游戏，有 1 人可能连续 10 次抛到正面，而有 50 人将会抛到 5 次正面和 5 次反面。那么投资组合基金经理的能力，看来主要是由这场概率游戏的运气决定的。因为如图 5-6 所示，共同基金的总回报率遵循了随机模式。对基金经理整体而言，成本的沉重负担实在无法克服。

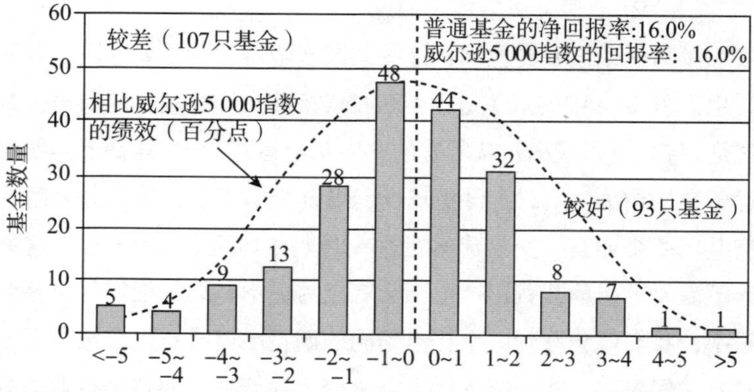

图 5-6a　成长价值型基金对比威尔逊 5 000 指数的总回报率（净回报率 + 费用 +50 个基点）：截至 1998 年 6 月 30 日的 15 年

十年以后

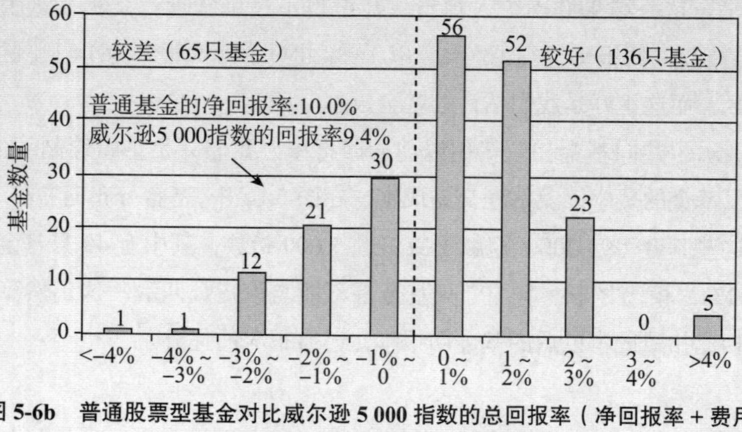

图 5-6b　普通股票型基金对比威尔逊 5 000 指数的总回报率（净回报率 + 费用 +110 个基点）：截至 2008 年 12 月的 25 年

十年以后

指数化与成本

这次的经验还是一样：主动管理型共同基金的回报率落后于股票市场的主要原因，是它们的成本负担。这一论点并不令人惊讶，毕竟股票型基金现在拥有了全部股票约24%的份额。由于它们在市场上的这种巨大重要性，它们必然要提供与市场相同的总回报率。在观察基金的总回报率时（在适当的地方重新加上基金费用，并调整销售佣金），我们看到一种与掷硬币比赛的随机结果类似的模式，即所谓的正态分布模式，常以“随机游动”著称。10年前是这样，今天也仍然如此。

指数基金比看上去的要好很多

消极管理型指数基金的优势（相比主动管理型共同基金）主要来自于传统基金需要承担的成本。为了表明这一点，我先前的阐述都是以无成本的市场指数表现为依据的。实际运营的指数基金尽管明显不需要支付咨询顾问费，也必然要承担现实中存在的运营费用。事实上，在公开发售的指数基金中，成本最低的年运营费率都低于0.2%，至少对那些运营效率很高的基金而言，回报率也因此每年落后目标指数大约0.2%。这些高效的管理型基金每年以大约0.2%的差距跟踪着其对应的指数。这就意味着，相当低的投资组合换手率加上最小化的经纪佣金，使得其交易成本停留在微不足道的水平上。考虑到成本因素，我们将过去15年里威尔逊5 000指数的回报率从16.0%降低到15.8%，以作为威尔逊5 000指数基金的回报率。该净回报率将以1.7个百分点超过普通管理型基金14.1%的回报率水平。

就算是这种对比，也没能完全体现出管理型共同基金的劣势所在，也因此没有给予指数基金应得的肯定。**该对比至少在以下三个截然不同的方面有利于管理型基金：（1）它忽略了基金销售费用；（2）它只考虑了那些在所作对比的整个期间内存续的基金；（3）它没有对分配股息收益和资本利得所应征收的税额进行调整。**

销售费用

以上所展示的业内共同基金回报率，几乎都没有考虑其初始的（“前端”）销售费用，约有 75% 的共同基金购卖支出需要承担这部分费用，也没有考虑任何的赎回（“后端”）费用，如果投资者在持有基金期限较短时期内就赎回其份额，就必须支付这部分费用。（约有 15% 的基金要求投资者支付这些罚金；较早赎回份额并承担这些费用的投资者数目是无法确定的。）如果投资者支付 5% 的初始销售费用，并连续 5 年持有其基金份额，他们的回报率就会每年罚减大约 1%；如果他们连续 10 年持有这些份额，每年罚减的数额就会是 0.5%（如果基金回报率为正值，这一数额就会上升；如果回报率为负值，它就会下降）。很多基金在出售时是不收取销售佣金的，所以整个行业范围内的实际情况是：这种对业绩的罚减很可能将基金回报率从 14.1% 降低到 13.6%，或者在过去的 15 年里每年至少降低 0.5%。

生存偏差

生存偏差是提升基金回报率的第二大重要因素。例如，在观察 15 年期的对比时，我们所关注的只是在这整个时期存续的那些基金。这就是一份相当不错的成绩单了，因为在这特定的 15 年里，期初存在的全部基金中有 1/5 在期末就不再存在了。它们可能只是被清算了，或者更有可能被合并到同一基金集团的其他基金里。但是，无论它们是如何消失的，只有在无法产生有竞争力的回报率时，这些基金才会趋于消失。它们的业绩已经在一些学术研究中被仔细地衡量过。在这类综合性很强的研究中，普林斯顿大学教授伯顿·马尔基尔（畅销书《漫步华尔街》的作者）发现，在 1982 年到 1991 年的 10 年期间，有 18% 的基金，331 只基金中的 59 只，或者在每 6 只基金中，有超过 1 只已经不存在了。[①] 在这段时期里存续的基金享有 17.1% 的年回报率，但全部基金每年只有 15.7% 的回报率。这一生存偏差也因此将基金所公布的年回报率提升了整整 1.4 个百分点，高于这些基金在那 10 年期间所获得的真实回报率。此外，在截至 1991 年的那 15 年期间，生存偏差每年占有惊人的 4.2 个百分点。

为了更客观地论证，我们会将普通基金在过去 15 年所公布的回报率保守地调低 1%，将基金回报率减去先前提到的销售费用后，变为 12.6%。这样一来，与威尔逊 5 000 指数的回报率 16.0% 之间的差距，就因此增至 3.4%。

① 在后来的研究中，马克·卡哈特（Mark Carhart）教授发现，在 1962 年到 1993 年期间，全部股票型基金中有整整 1/3 都消失了，而马尔基尔的研究则显示，即使在 1988—1992 年的这一较短时期内，期初 686 只基金中有 100 只也不复存在了，死亡率为 15%。在更近一段时期，1993—1998 年，也是共同基金兴盛的太平时期，却有约 600 只股票型基金消失了。

税收效率

另一个巨大的消耗是由税收造成的。考虑到标准普尔 500 指数（在更大程度上是指全市场的威尔逊 5 000 指数）的结构中所固有的低换手率，消极管理型指数基金在税收上是高效益的。主动管理型基金在税收上是无效益的，其投资组合换手率平均每年都在 80% 以上。在过去的 15 年里，若以税前为基准，基于标准普尔 500 指数的先锋指数基金，跑赢了全部基金的 94%，但以税后为基准，实际则跑赢了全部基金的 97%。我在第 13 章里会更为详尽地就税收影响进行探讨，但从这些数据我们可以非常保守地假设，主动管理型基金的相应业绩对于应纳税的投资者而言，又要降低 1%。

十年以后

税收效率

将领航 500 指数基金自 1998 年以来的业绩，与其之前 15 年的记录合并，我们发现该基金在税前跑赢了全部普通股票型基金中的 68% 左右，这一比例在税后的基础上竟然达到了近 90%。在这 25 年里，该指数基金的年回报率税前为 9.9%，税后为 9.4%，以明显的差额分别高出其同业竞争者 9.2% 与 7.5% 的回报率。而将这种差额加总，就会对指数投资者形成巨大的额外资本积累。

现实中的这三大因素导致年回报率总计减少（至少）2.5 个百分点，使得最初的管理型基金年回报率从 14.1% 下降至 11.6%。另一方面，将纯粹的威尔逊 5 000 指数转换成包含运营成本的指数基金，会使指数基金的回报率降至 15.8%。因此，就我们所知，指数基金每年的优势差额就是 4.2 个百分点。无论你是一个短期的、中期的或者长期的投资者，这种差额都会造成重大影响。

棘手的风险问题

支持主动管理型基金经理的相反论点认为：股票型基金是因为承担了更小的风险才落后于广泛的市场指数的。股票型基金持有现金储备，而根据定义，指数基金要保持充分的投资，因此受市场下挫威力的影响更大。主动管理型基金自身所持有的现金储备会减轻下挫的剧烈震荡，当精明的基金经理预期市场下挫即将出现时，也会减少股票持有头寸来筹集大量额外的现金储备以实现资本保值。

不幸的是，对那些认为主动管理型基金风险较低的人们而言，该论点缺乏证据支持。股票型基金经理作为一个整体，并未表现出系统性的能力，即在重大的市场下挫以前筹集现金或在市场下挫以后重新投资那部分现金。事实恰恰相反，基金倾向于在市场低点持有大量现金，而在市场高点持有少量现金。例如，在1973—1974年的市场危机前不久，基金持有的现金只相当于全部资产的4%，这一比例在市场的绝对低点时却上升到12%左右。另一个例子是：在1982年牛市开始时，股票型基金持有占总资产11%的现金。1988年，现金储备仍然保持为总资产的10%。然而，在1998年中期，正好是自1987年以来最为剧烈的股市暴跌前夕，现金储备却缩减到股票型基金资产的4.6%，这是现金储备在各年度中期总额最低的记录之一。基金经理又一次犯错了。

但事实是，在上述任何一个现金水平上，现金储备都只是狗尾巴而不是整只狗。用简单的逻辑就能推出这个结论：占比5%～10%的现金储备所代表的狗尾巴，几乎不可能摇动占比90%～95%的股票头寸所代表的整只狗。其实，基金与市场指数在市场下挫期间的对比记录已经证实，**完全由保持充分投资指数中那些投资质量较高、市值较大的股票所构成的投资组合，比那些典型的股票型基金投资组合，更易表现出较小的波动性。**这些典型的股票型基金由略微更显进取型的股票构成，但配置有少量的现金头寸。

根据记录，同时基于标准普尔500指数以及威尔逊5 000指数而建立的指数基金，比普通共同基金有略小的风险。《晨星共同基金》根据每只基金在落后无风险短期国库券的那些月份里所表现出的回报率来为其计算风险因子。晨星的数据显示，在过去10年里，典型的标准普尔500指数基金相比普通共同基金的风险至少要低15%；在过去5年里，典型的标准普尔500指数基金的风险要低19%，而威尔逊5 000指数基金的风险也要低18%。

换种方式来观察，在过去10年，回报率的标准差如下：标准普尔500指数为14.3%；威尔逊5 000指数为14.0%；普通美国分散化共同股票型基金为14.8%。按照晨星的计算方式，如果普通基金在这10年里的标准差定为1.00，那么标准普尔500指数基金就会是0.97，而威尔逊5 000指数基金则是0.95（见表5-2）。总体来看，晨星的风险数据及其对应标准差都明确显示，尽管主动管理型股票型共同基金确实持有适当的储备头寸，也有能力在预期市场下挫时筹集更多的储备资金，但它们的风险敞口还是系统性地、显著地大于那些保持充分投资的广泛市场指数。

在特定的重大市场下挫时期，主动管理型共同基金与市场指数基金的对比记录证实了这些数据，甚至正如该记录所表明的那样，随着新设的、更具进取性的基金逐渐加入该行业名册，主动管理型共同基金所承担的风险相比市场指数基金一直在上升。例如，在十多年以前，在过去一轮最为剧烈的市场暴跌中，这两只广泛的市场指数其实都比普通基金跌幅更大一些。

表 5-2　　风险：普通股票型基金与指数基金，截至 2008 年

				累计损失				
	5 年期晨星风险	10 年期标准差	10 年期的相对标准差	1987/8/31 至 1987/11/30	1996/5/23 至 1996/7/25	1998/7/16 至 1998/9/3	2000/3/31 至 2002/9/30	2007/10/31 至 2008/12/31
普通股票型基金	1.00	19.90	1.00	–28.3%	–9.5%	–20.3%	–39.4%	–42.1%
标准普尔 500 指数基金	0.63	16.04	0.81	–29.8%	–6.4%	–16.9%	–43.8%	–40.1%
威尔逊 5 000 指数基金	0.69	16.53	0.83	–29.8%[a]	– 8.3%	–18.8%	–43.8%	–40.2%

注：a，（此处是指）威尔逊 5 000 指数；（该时期）指数基金还未创建。

在 1987 年 8 月 31 日到 1987 年 11 月 30 日的市场崩盘的冲击下，每只指数大约下跌了 29%，相比之下，普通基金只下跌了 28%。然而，标准普尔 500 指数凭借其在下跌前较大的相对收益，以及之后较好的复苏，使得当年的回报率实际上还提升了 5.2%。而普通基金的年回报率就只上升了 0.5%。

在最近的下跌中，股票型基金的风险变得更加明显。例如，从 1996 年 5 月末到 7 月，标准普尔 500 指数基金 6.4% 的跌幅比普通基金 9.5% 的跌幅要小 33%，而也比全市场指数基金的跌幅小 13%。当市场在 1998 年夏季直线下滑时，标准普尔 500 指数下跌了约 17%，威尔逊 5 000 指数下跌了 19%，而普通基金的跌幅则超过 20%，这些指数基金再次证实了其在实质上具有更好的风险规避能力。在后来的那段牛市时期里创建的那些波动性更大的基金，为基金业带来了更大的波动性。猎豹变换了其自身的斑点，不过是在错误的时间。

如果用不同晨星风格类型的各种股票型基金（大盘价值型、小盘成长型等）来考察这一记录，我们会找到一种贯穿整个矩阵的风险模式，可以相当连续地表现出与相应的市场指数（不只是标准普尔 500 指数）相比的更高风险。各种小盘类型中的基金所承担的风险，与相应的小盘指数相比是特别大的。最终结果就是，指数基金的风险调整回报率，相比其原始（未经调整的）的回报率，会以更大的优势差额高出主动管理型基金。这些投资风格类型及其相互联系都会在第6章的最后篇幅里进行更充分的描述。

总的来说，很难想象人们为何会继续因为指数基金产生高风险的忧虑。它们恰好与其所代表的市场同步下跌。但主动管理型基金也同样如此，并且近年来随着基金业逐渐纳入更多的进取型基金，这种趋势就更加明显了。相关记录在事实上并没有支持先前的假设，即主动管理型基金持有适度头寸的现金储备既没有为其未雨绸缪，也没有支持先前论断，即精明的投资组合基金经理可以系统性地预期到市场下挫并采取防御行动。事实正好相反，基金在近期市场高点的现金储备水平，比20世纪90年代早期的萧条市场时期要低50%。

十年以后

风险

指数化明显获胜的最为显著的表现就是，广泛的市场指数相比股票型基金，其整体在实质上承担了更低的风险。在过去的5年中，晨星测量的指数基金承担的风险比主动管理型基金要低30%以上。指数基金的10年期标准差也比实质上更低（16%对比近20%）。如表5-2所示，这些数据反映了主动管理型基金所承担的风险，远大于在上一版的表格和讨论中所显示的。虽然指数基金在20世纪90年代末期的科技股泡沫破灭后遭受了重创，但在2008年秋季爆发的那场金融危机结束后，它们承受的损失明显更小。

指数基金并非生而平等

在对市场指数和指数基金的分析中，我主要依赖最早那两只指数基金的历史记录，这只是因为，作为该领域的开创者，它们有着最长的历史记录（领航500指数基金为23年，整体股票市场指数基金为7年）。但我们有必要注意到:这两只基金都有很大的市值，不收取销售佣金，以最低成本运营，保持很低的投资组合换手率，并得到极为高效的管理，从而能够相当准确地跟踪目标指数。

上述各点并不适用于当前市场中的所有指数基金。在大约140只指数基金中，约有55只基于标准普尔500指数建模，4只基于威尔逊5 000指数，46只基于整体美国股市的子市场指数（大盘成长价值型，小盘成长价值型等），18 只基于国际市场，而只有 20 只基于美国债券市场。投资者必须认真地决定其所投资的指数基金，而不是盲目地选择指数基金。他们所选择的基金应该是根据他们希望模仿的市场板块来进行指数化投资的。

出乎意料的是，有 1/3 的指数基金要承担前端认购费用或按资产规模收取的销售费用。在可以选择免手续费且本质相同的指数基金的情况下，投资者为何会选择为这些要支付手续费的指数基金呢？这仍然是个谜。这样做的投资者，在开始投资的第一天就比其目标指数耗费了至少 5%，可以说他们是处于劣势的，并且还会因为基金费用所造成的损失而扩大其每年耗费的差距。不用多说，对一个聪明的投资者而言，选择收取手续费的指数基金是很愚蠢的。

选择一只承担高额运营成本的基金，同样也是荒谬的。指数基金的年费率低至象征性的 0.02%，这是对那些向大型机构投资者开放的基金而言。一般大众可以投资的资金成本则为 0.18%，这是对公开发售的基金而言。有一只已创建的基金收取高达 0.95% 的费率，简直高得无法承担。（这类基金的一名代理人在被问起如何证实这种收费的合理性时，他回应道："它是一棵摇钱树。"对基金经理来说，它确实是。但要能成为投资者的摇钱树，才是更好的选择。）

此外，还要注意很多那些声称费率低的基金，它们用极小的字体说明，费用只会暂时或者在未来某个特定的日期到来以前得到减免。如果你以虚假的低费率，比如 0.19%，支付了若干年，但在这段时期过后，你却可能被征收 0.50% 的更高费率。这是什么意思呢？起码到那时候，很可能你的投资已经升值了，而你却要因此支付资本利得税，该税负额度超过了转投真正低成本的基金所带来的明显优势。所以，你务必要读完那些广告中与成本相关的所有小字体条文，并仔细考虑基金说明书中的细节部分。

接下来就是，投资组合换手率的问题。指数基金的一大优势就是它们的税收高效。但一些指数基金，或是由于投资者持续频繁的交易行为，或是由于投资者以积极使用指数期货为基础的投资组合策略，都产生了很高的投资组合换手率，有时高达 100% 或更高，由此还获取且分配了大量的资本利得。当存在大量高税收效益的指数基金时，实在没有理由让应纳税的投资者去选择低税收效益的指数基金。

更进一步，所有的指数基金在运营效率方面并非都是高效的。无论就技术、经验或是敬业程度而言，一些指数基金经理在投资组合交易的实践方面确实做得比其他人更为出色。以 1996—1998 年这段时期为例，表现最佳的标准普尔 500 指数基金的基金经理的业绩，每年以高达 0.1% 的优势跑赢该指数；最不成功的基金经理也只落后 0.3%（或更多一点）。与指数相匹敌的这种能力差异，在很大程度上被市场忽略了，这是不应该的。例如，一位基金经理自夸其费率（通常是暂时的）为 0.18%，却在经营方面落后了 0.30%，从而导致落后指数的净差额为 0.48%，这样的基金经理有何价值？将这个结果与收费为 0.20% 但基金收益正好匹敌指数的基金经理进行业绩对比，后者落后的净差额就只有 0.20%。在考虑任何一只指数基金时，投资者都应当认真考察每位基金经理的投资策略的实施情况。

最后，指数基金在其投资组合中未实现的资本利得的数量也有所不同。理论上，那些在账面上升值不多（或者亏损）的指数基金，可能会比那些大幅升值的基金更受欢迎。但该因素只应作为这些基金可能提供的弥补性优势来加以考虑，比如应对巨额赎回的敏感度、实物赎回策略的选择权（以此避免清算投资组合证券的需要）及其税收管理策略。

在这些微不足道的百分数中，没有一个看来是很大的，但对长期指数基金投资者而言，它们却有天壤之别。即使是回报率中的微小差异，也确实能在长期的投资项目中发挥影响。看看表 5-3 中给出的挑选指数基金的不同方法。10 年以后，10 000 美元所投资的那些免佣金、低成本、高效率的指数基金，将会增值到 30 500 美元。最糟的结果是，投资那些收取佣金、高成本、无效率的基金，则仅增值到 26 500 美元。

表 5-3　不同特征的指数基金净回报率　单位：%

	假定的总回报率	销售费用	费率	运营效率[a]	剩余的净回报率	10 000 美元投资的 10 年期价值（美元）[b]
市场指数	12	0	0	0	12.0	31 100
免佣金 低成本 高效率	12	0	0.20	0	11.8	30 500
免佣金 低成本 无效率	12	0	0.20	−0.20	11.6	30 000
免佣金 高成本 无效率	12	0	0.80	−0.30	10.9	28 100
收取佣金 高成本 无效率	12	6	0.80	−0.30	10.2	26 500

注：a，目标指数的回报率与扣减成本以前的投资组合回报率之间的差异。

b，假定持有期为 10 年。

这样一个假设的实例是合理且真实存在的。在过去10年，10 000美元投资于一只高效率、低成本、免佣金的标准普尔500指数基金，已经增值到54 000美元。但当投资另一只公认效率更低、成本更高且还要收取4.5%的佣金的指数基金时，就只增值到47 000美元。在投资组合相同的两只标准普尔500指数基金之间，确实有巨大的差距。（这后一只基金，恰好是先前描述的那棵“摇钱树”。）可见，所有的指数基金并非是生而平等的。

指数化适用于所有市场

指数基金最终得到了勉强的认可，由此见证了在股市的绝对回报率表现卓越的这个时代里，基于标准普尔500股票指数建模的指数基金凭借其同样丰厚的相对回报率，获得了巨大成功。另外，基于威尔逊5 000股票指数建模的全市场指数基金的竞争力也开始提升，**这充分体现了指数化的核心理念：全部投资者作为一个整体不可能超越整个股市的总体（无成本的）回报率**。但那些对指数基金进行恶意批评的人们仍然坚持认为，指数化只能在高效率市场中发挥作用（比如那些交易频繁、流动性强的大盘股）而不能在其他效率较低的市场中发挥作用。这些大盘股以压倒性优势支配着标准普尔500指数，并且占威尔逊5 000指数75%的份额。

虽然这种言论听上去似乎有道理，但实质上却不尽然。指数化的成功没有必要基于市场效率的概念，关键在于，任何分立的市场或市场板块中的任何投资者都无法跑赢他们所运营的投资领域。市场效率与市场价格体系有关，该体系通常在任何时刻都能对所有证券给出合适的定价，这就意味着无论用哪种方式都难以区分好的或差的基金经理。在无效市场中，好的基金经理可能有更大机会跑赢他们的投资领域。但这些基金经理所获得的超额回报，肯定会不可避免地被那些差的基金经理的不良业绩所抵消。

然而，相对于高效市场，基金在所谓的无效市场中的运营成本更高。例如，美国小盘基金的成本会系统性地高于大盘基金。我们在第6章会看到，一旦考虑到中小盘基金承担了相对更高的风险，主动管理型的中小盘基金相比同类的大盘基金而言，就会以近似的（即使会稍显更大的）差额落后于其市场板块的指数。

国际基金的成本还会更高，这不仅因为它们的费率更高，还因为其具有更高的保管成本、税负、手续费以及市场冲击成本。因此，不仅有完全相同的指数化投资原理适用于国际市场，而且相比主动管理型国际基金，消极管理型国际指数基金还表现出更大幅度的指数优势，这些都会在第8章有所展示。理所当然地，指数化在遍布股票投资领域的所有角落，都会相当有效地发挥作用。

表 5-4 表明了，在高效和无效的市场中，基金经理的回报率与指数回报率之间的整体关系是如何表现的。注意回报率在扣减成本以前的对称模式是如何在扣减成本以后迅速变得不对称的。换句话说，成本负担削弱了最佳股票型基金经理的优势，正如它放大了那些最差的基金经理的不足一样。在无效的股票市场中，上述作用更为明显。具有讽刺意味的是，股票型指数化投资也因此在无效市场中比在高效市场中表现更好。

表 5-4　　基金经理的回报率与市场回报率　　单位：%

	扣减成本以前		扣减成本以后[a]	
	前 10%	后 10%	前 10%	后 10%
有效市场	+3	−3	+1.5	−4.5
无效市场	+5	−5	+2.5	−7.5

注：a. 假定在有效市场中，基金成本为 1.5%，在无效市场中，基金成本为 2.5%。

指数化投资同样适用于债券市场。事实上，在关注高级别的固定收益投资时，指数化投资可能会更有价值。债券回报率通常低于股票回报率，所以成本会对债券型基金所获得的年回报率总额造成很大损失。相互竞争的债券型基金往往会有相似的总回报，但正如我将在第 7 章指出的，多数债券型基金的成本是过高的，这就使那些低成本的债券型指数基金在起步时就明显领先。最终，那些成功的基金经理会在扣减成本前的回报率上取得显著优势。也正由于其稀少，这样的基金经理才引人注目。很明显，债券型基金领域里的彼得 · 林奇是很少的。像往常一样，基金经理的好坏也参差不齐，但其中不会有能远远超越所有其他人的英雄。

普通的债券型基金在过去 15 年的年回报率平均为 8.7%，相比之下，雷曼综合美国债券指数（Lehman Aggregate [U.S] Bond Index）则为 10.2%。落后的 1.5 个百分点主要源于普通债券型基金所承担的 1.3% 左右的年费（1.08% 的费率加上 0.25% 左右的投资组合交易成本）。创建于 1986 年的第一只债券型指数基金，在不同的时期都表现出类似模式的优秀业绩。自创建之初，它的年均回报率就是 8.1%（扣减平均约 0.20% 的运营费用与 0.10% 的交易成本后的净额）。同一时期内，它高出普通债券型共同基金的回报率 7.4% 的优势差额，相当于在专业管理型债券型基金之上提升了 9%。第 7 章会说明相同模式的指数优势如何在债券市场的每个主要板块中得以体现，包括整体的、长期的、中期的、应税的以及免税的债券，诸如此类。指数化投资的成功不仅是理论上的，也是已经在实践中得以印证的。我们必将发现它无处不在，而事实也确实如此。

指数化的胜利

在过去近 25 年，指数基金已经通过跑赢主动管理型基金来证实了其自身的实力，当前对这一事实的认识是普遍深入的。经验对于希望的胜利不仅体现在学术领域，这里很难能找到主张主动管理的传道士。这种胜利还体现在财经媒体领域，该领域所发生的转变虽然并不彻底，但也是无处不在的。而且，这种胜利不仅体现在成功的专业投资者领域里（回想本章先前引用的沃伦·巴菲特的评论），还体现在共同基金业自身的领域当中。

几乎所有主要的免佣基金集团，当前都开始提供指数基金，而且不只是基于标准普尔 500 综合股价指数建模的指数基金。甚至那些主要的股票经纪公司也在提供免佣的指数基金，这几乎是必不可少的。然而，他们只是对其投资管理账户开放指数基金，无论客户是否获利都会使其客户承担直接收取的顾问费。我想，这种倾向是出于其自身利益的考虑而非来自某种启发。不信仰指数化的人们极不情愿地被拖进这场争论中，以满足公众当前的明显需求。传统基金经理充实其产品线的需求，使他们不得不接受明显更低的收费，而这是指数基金所必有的特征。

虽然如此，一个个令人吃惊的多元化指数信仰团体已经出现了，而那些看到指数化良好发展前景的投资顾问所作的评论，反映了指数化现在才真正广泛地为大众所接受：

● 彼得·林奇，麦哲伦基金（Magellan Fund）传奇式的前任基金经理，将自己塑造为其所处时代里最杰出的选股专家之一。他说："多数投资者如果投资指数基金，就会变得更加富裕。"

● 查尔斯·施瓦布（Charles Schwab），最大的共同基金超市创始人，使超过 1 000 只的单个主动管理型共同基金实现了便利化的选择及交易，持续不断地宣传强调那些历史业绩非凡的基金。但涉及他自己的资金以及机构资产时，他还是青睐指数化的。近期，他的公司甚至通过电视开展了一场针对其自有的（通常相对高成本的）指数基金进行的有力促销。注意他所说的话："每 4 只股票型基金中，大约只有一只会跑赢股市。这就是为何我会成为指数化实力的坚定信仰者。"

● 互联网投资顾问"彩衣弄臣"（The Motley Fool）的合伙人承诺的投资妙方表示："会使你获得标准普尔 500 指数业绩双倍的收益，公开回报率每年超过 20%。"其实他们也同时称赞了指数化，尽管稍稍带有贬损之意。这些自诩的互联网高手承认："如果你已经在投资中遇到了麻烦，就会有指数基金可供选择。"而且他们明确指出："我们认为没有什么其他基金值得购买。”

● 也许最为突出的要数乔恩·福塞（Jon Fossel），奥本海默基金公司（Oppenheimer Funds）前任董事长以及美国投资公司协会（Investment Company Institute）前任主席。他在回应一位基金业主管的重要评论时终于妥协了。该行业主管指出：“当涉及我们是如何进行实际操作时，我们其实是在跟踪市场的表现。”福塞回应道：“人们应当认识到，普通基金永远无法跑赢市场整体。”

一个至今为止显而易见的事实是，指数基金已经实现了稳定发展。指数基金在1975年创建之初还只是一个备受争议的概念，缺乏公众需求，但现在已经逐渐成为共同基金业里用以衡量投资回报率的标准，显然这是无法企及的目标。经过长期考验，我们终于见证了经验对希望的胜利。实际经验已经表明，消极管理型指数基金战胜了主动管理型基金。常识胜出了。终有一天，指数基金将会改变共同基金业所特有的结构和性质。

十年以后

再议指数化的胜利

指数基金理所当然已经普遍存在了。事实上，过去10年的经历一起使指数化成为主动管理型基金必须遵循的标准。指数化的经验证实了希望获胜的那些基金经理并非可靠的依赖，这种希望几乎是无法实现的结果。

然而指数基金发生了一些令人相当意想不到的情况。尽管它们正如我所预料的那样改变了共同基金业所特有的结构和性质，它们的投资方式总的来说却没能很好地服务于基金投资者。随着交易型开放式指数基金（the exchange-traded fund [ETF]）的出现，指数化的发展违背了本章的整体要旨。虽然如此，ETF的不断发展使其资产几乎恰好等同于那些传统的有代表性的指数基金的资产总额。

是的，购买一只代表标准普尔500指数或代表整体美国股市的ETF来作为长期投资，并以低成本拥有它，这是可行的，也是合乎情理的。若是不考虑投资这么一只ETF所涉及的经纪佣金（对长期投资者来说，小得可以忽略不计），我怎么可能会反对它？我并不反对。事实上，我认可这么一种投资策略。

但这样的投资在ETF中是少有的例外。第一，基于广泛市场指数而创建的ETF的数量大约只有20只。相比之下，有大约700只这类基金所跟踪的目标十分狭窄，通常涵盖了相当狭窄的市场板块（比如沃尔玛供应商[Wal-Mart Suppliers]）、特定国家的股票投资组合、商品，以及一些相当古怪的投资策略。（有一只这样的ETF，它被设计成通过某种逆杠杆方式以实现其增速为美国短期国库券跌速的200%。）这种轮盘式赌博的配置不仅允许还鼓励了一种类似赌场的心态，这一游戏名称就是押注未知。这不是投资，而是赌博。

第二，买入并持有的投资者，在ETF界极为罕见。存续最久且规模最大的这类基金“蜘蛛”(Spider)（基于标准普尔500指数），有着大约7亿单位份额的余额,并且每年交易大约80亿单位的份额,其换手率超过10 000%。公平地说，很多其他的ETF有更低份额的换手率，可能每年为200%～400%。与2009年股票型基金98%的整体换手率相比，这仍然是一个巨大的数字（对我而言是巨大的）。这就是为何我要将ETF形容为“忠于事业的交易者”。

第三，尽管ETF的费率远低于传统共同基金，其年费率（比如0.50%～0.70%）却也相当于传统指数基金费率（比如0.10%～0.15%）的3～4倍。这方面存在一些例外情况，“蜘蛛”基金就是其中之一。

综合考虑这三方面与传统指数化投资相背离的情况，显然可以道出那句古语，“三战三胜绝非好事”。

此外，相关记录清楚表明，这些基金对那些交易它们的投资者而言，并不是很好的投资选择。事实上，ETF投资者所获得的回报与这些基金公司自身所获得的回报相差甚远。例如，在过去的5年里，晨星数据显示，ETF投资者获得的回报率比他们押注的市场板块的回报率每年大约落后4.2%，其资本累计损失高达20%。可笑的是，我在1999年讨论“指数选择”时，似乎为创建专门的指数敞开了大门。“总体上可以认为，没有任何一类市场化的金融资产所对应的价格指数是不能创建的。指数选择仅仅受限于设计者的创造性。”我希望我当时加上了:“但是要忽略这类不利于投资者（而有利于创建者）的指数创新。”

短期投机不是一个好主意。是的，广泛的分散投资仍然比狭窄的集中投资要好。而且我也认同，低成本比高成本要好。但多数ETF以及这类基金的投资者都要挑战这些投资原则的常识性智慧。这些投资原则是被实际经验证实有效的，而且由时间强化了其有效性。购者自慎!

指数化的未来

在未来的几年里，可以预见指数化会出现许多变化。有些可能会降低指数基金以往所获得的高出主动管理型共同基金的大量超额回报率差额，这些主动管理型共同基金会具备可比较的投资组合特征。至少存在从以下三个方面改变的可能性：

1. 股票型共同基金可能实现充分投资。现金对长期股票投资者而言，一直都是其实现更高回报率的阻力。但多数共同基金仍然持有大量的现金储备，这很可能是出于流动性的需要。只要股票比货币市场工具所赚的回报更高，现金就会是一种巨大的阻力。当基金投资者意识到现金强加于长期回报的这种惩罚，也意识到每年向顾问支付 1.5% 的费用来管理其现金储备是无效之举，那么基金经理可能最终也会获得这一启示。

2. 共同基金的成本可能会下降。随着低成本非托管指数基金的竞争力逐渐广为人知，而高成本的主动管理型基金的管理者也逐渐意识到，他们必须削减其费用来减轻对业绩造成的财务阻力，这种顾问费用的大额削减就会成为可能，即使这种可能性并不大。当那些共同基金的独立董事（如果存在的话），最终将从昏睡中醒来并削减过高水平的基金管理费用，这样也可能会降低成本。如果基金经理只在那些没有给共同基金持有人带来利益的领域减少其巨额开支，比如营销和广告，那么费用很容易在不牺牲管理监督质量的情况下被缩减。我估计，在共同基金持有人所支付的费用中，分配给基金投资组合经理和研究分析师的比例不会超过 10%。这些基金经理和分析师全都宣称能够提供基金持有人所追求的回报率。可见，费用削减的空间还很充裕。

3. 基金投资组合的换手率可能会在当前的过高水平上有所下降。在很久以前（比如 20 世纪 50 年代），共同基金投资组合的换手率通常是每年 20% 左右。今天，平均换手率每年接近 100%。因为换手率是极费成本的，一个精明的基金经理要想试图超过近似的市场指数，总有一天就会更认真地评估投资组合换手率的影响。随着换手率带给基金持有人的巨额税负成本逐渐为人们所知晓，投资者也很可能会要求更低的换手率以及更为节税的管理策略。那时共同基金就必须借鉴指数化的经验，并将关注点从短期投机转向长期投资。

尽管更低的成本、调低的（现金）储备和对长期投资的关注能够提升行业回报率并弱化指数的优势，至少还有三点相反的改变可能会增加指数的优势。

1. 共同基金的费率可能会上升。将那些不受欢迎但又显而易见的前端认购佣金，逐渐替换为以12b-1费用形式存在的隐藏佣金，这一趋势会提升声称的基金费率。在基金董事没有降低其他费用的情况下，使用12b-1费用的这种持续趋势本身就会使费率提升更高。

2. 基金投资组合的换手率可能会惊人地上升，进一步增加基金成本。当市场效率从大盘板块（该板块已经相当有效了）向中小盘以及国际市场板块（看来很有可能）传递时，基金经理会通过更为频繁的交易来充分利用日益罕见的对个别证券的错误定价。

3. 基金可能会丧失脱颖而出的良机。股票型共同基金的总资产当前大约是2.5万亿美元，是其1976年资产总额340亿美元的75倍。共同基金经理现在管理着全部个股中的大约33%，相比之下，20年前该比例还不足2%。由于他们的换手率更高，基金经理现在只是相互交易股票，从而使整个行业的回报率难以提升。在未来，对共同基金经理整体乃至个别基金经理来说，会比以往更难发现足以克服费用以及运营开支的非凡业绩。

在这些相互对抗的力量组合中，一组弱化了指数基金的优势，另一组则加强了它的优势，哪一组将会胜出呢？尽管指数化的原始实力现在已经得到了经验与理论的证实，可能会以基金集团运营的方式来强行促成重大改变，但我想基金业还是会抵制这些必要的改变。要使基金经理像索尔在通往大马士革的途中经历主显节那样，开始认可指数化的理念，这样的要求可能太过分了。然而，即使这一要求达不到，传统的基金投资策略也会有所改变，因为投资者会对这些基金经理施加要求，而基金业最终也会发展出一种开明的自利意识。

十年以后

指数化的未来

我希望，“指数化的原始实力……可能会以基金集团运营的方式来强行促成重大的改变。”但是这一愿望还未实现就夭折了。尽管股票型基金开始较大程度地基于充分投资来运营，但基金成本仍然还是很高，基金投资组合的换手率也几乎没有在10年以前典型的100%的水平上有所变动，甚至投资者不断转向低成本基金这一事实，也不足以促使该行业形成开明的自利意识。因此，指数化仍然是更好的投资方式。

第6章

股票投资风格：井字游戏

近年来，“风格纯度”已经成为投资组合基金经理、投资顾问以及共同基金投资者的时髦用语。共同基金有时极为热心、有时又极为勉强地赋予其投资策略和投资规则更为清晰的定义。当前，有个别股票型基金经理倍感压力，既要使他们所管理的投资组合始终保持充分的投资，又要将其限制在符合该基金投资策略的既定投资组合风格里。例如，成长型股票对比价值型股票，或者大盘股对比小盘股。

我们可以提出一个强有力的论点，那就是，**选择股票型基金风格，就像选择基金投资组合经理一样，仅仅又是一个行业障眼法的例子。**正如完全没有明确的证据可以表明以往的基金回报率会是未来回报率的前兆，即使有的话，也极少有证据可以由此表明存在能够接受时间考验的优秀投资风格。在这两个实例中，高于平均水平以及低于平均水平的回报率都会回复到正常水平；单个基金回报率会回复到其对应市场指数的标准水平，而股票型风格的基金则会回复到整体股市的标准水平。（我在这两个实例中所指的都是扣减成本以前的基金回报率。）

为什么要关心投资风格呢？这并不是一个不值一提的问题。有足够充分的理由让我们去持有与市场权重分布相同的基金，甚或那些大盘混合型（成长价值型）基金。这类特定的基金风格相当坚定地倾向于跟踪（同样是扣减成本以前的）市场总回报率。

但即使有的话，也极少有证据可以表明，单个共同基金相比其同业竞争者的投资业绩更加能够得以持续，然而却存在着大量证据可以证实，单只基金所承担的相对风险是保持不变的，这主要源于其所跟踪的投资风格。事实证明，风格确实是有影响的。而且，既然风格的差异是持续稳定的，纯粹的逻辑分析就可以为我们推导出结论，即每只基金获得的风险调整回报率相比其总回报率更可能得以持续。选择特定的基金风格，能够使投资者在相当大程度上进行风险控制。（例如，大盘价值型基金比普通基金的波动性要低 50%，而小盘成长型基金则要多承担大约 50% 的波动性。）

在我看来，多数投资者都会偏重关注大盘型基金的投资策略，尤其是混合成长价值型基金，以此作为一种保守而又适度的股票投资方式。一些投资者可能会考虑另外两种选择：一类是股票精选型基金，这类基金没有明确的限制，却又有很大机会可以在市场板块之间实现转移；另一类是那些坚守特定风格类型标准的基金。投资者如果依赖特定风格的基金，就能因此透露他们个人的风险偏好，或平衡各种风格的现存投资组合相比市场或高或低的风险。这后一种情况可以描述为风险控制策略。当前盘旋于整个投资策略主题之上的是另一个重要的投资决策：如果不考虑所选的投资风格，我们应该投资传统的管理型基金还是投资效仿该风格的指数基金？在这一章里，我的目的就是帮助你理智地应对这些挑战。

进入井字游戏

想想儿童的井字游戏（tick-tack-toe）。在这个游戏中，完全没有方法可以让第二位玩家胜出，即使让一个天才与一个智力水平不高的对手进行比赛，也是无法实现的。每位玩家只需要堵住另一位玩家的下一步就行了。（图 6-1 中展现了该游戏的示意图。）当然，如果一位玩家很费力才能发现各种可能性或者不够专注，那么他或她的对手就会赢得这场游戏。井字游戏是一种无法胜出的游戏。它是一种完美的失败者的游戏。

X	O	X
X	O	O
O	X	X

图 6-1　井字游戏

令人奇怪的是，1996 年引进的晨星“分类评级”系统所采用的，正是与井字游戏一致的九方格模式。由于这种相似性，这一用于分析基金投资风格的九方格系统就引发了以下问题：对基金业绩的搜索，是否类似于在同一行里搜索 3 个 X（或 3 个 O）？换一种说法就是：当几乎所有的参与者都拥有了至少一般水平的投资技能时，就没有人能够持续获胜，这样一来，挑选基金不也是一种失败者的游戏么？

二十多年前，查尔斯·埃利斯（Charles Ellis）在《失败者的游戏》（*The Loser's Game*）一文中写到，专业基金经理能够击败市场的这一假设，看来是错误的。在那时，标准普尔 500 指数几乎是金融机构用来衡量市场回报率的唯一标准。（当时也没有经常使用该指数！）多数机构的基金经理以及共同基金的投资组合，其实是由标准普尔 500 指数中包含的大盘股来决定的。今天，其他风格已经出现了；有一些基金极为偏好价值型或成长型，有一些极为偏好中小盘股。这些多样化的风格彼此大不相同，这既体现在它们的回报率方面（至少在中期来看是这样的），也体现在它们的波动性风险方面（波动性已证实能随着时间的推移而保持相当的稳定）。只有对风格类型相同的基金进行比较，才能得到有效的评价结果。

将苹果与苹果作比较

至今为止，对共同基金业绩的多数评价都是相当简化的：一只基金相比“市场”的表现如何？标准普尔 500 综合股价指数常被用做市场的指标，尽管事实上它只占美国股市资本的 75% 左右，而且由那些大市值的公司支配着。（它的 50 只最大的股票占整个市场的 35%。市场中那 6 900 只不在标准普尔 500 指数范围内的股票的合并权重为 25%。）很多基金都只是互不相关地模仿“市场”表现。风格分析专家会将某只共同基金与其他类似投资风格的基金进行比较，而不是将其与市场作对比。多年以来，机构投资者通过画箱子的方式展现了这种类型的分析。他们所画的箱子有一条纵轴线和一条横轴线，纵轴线表示从大到小的市值变动，横轴线则表示从价值型到成长型的类型转换（通常以市净率或市盈率来体现）。

每个基金账户都会在每条轴线的某个位置标志一个“X”。这种操作并不十分复杂，但它也不是评估相对业绩的特别简单的方式。机构投资者所使用的一种典型的风格箱如图 6-2 所示，它将大盘成长型投资组合（左）与小盘价值型投资组合（右）进行了对比。

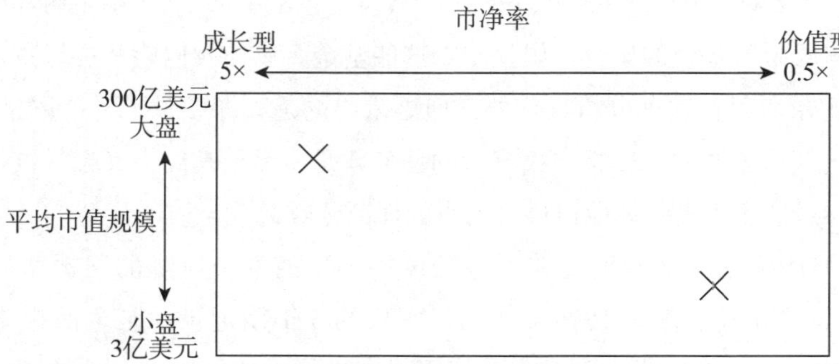

图 6-2　机构投资风格箱

现在进入晨星系统。它的贡献就是将机构的风格箱替换成一个九方格矩阵（就像井字游戏那样，见图 6-3），而且正如广告所宣传的，这是“挑选并监测共同基金的一种更为明智的方法”。其中，每一只基金实际上都被冠以双重描述：纵轴线上为大盘、中盘或小盘，横轴线的两端则为价值型或成长型，其中间则为混合型（上述两种的组合）。

	基金数量		
	价值型	混合型	成长型
大盘	100	211	58
中盘	54	84	90
小盘	52	32	60

图 6-3a　晨星风格箱（741 只股票型基金）

注：截至 1996 年 12 月 31 日有 5 年记录的基金。
数据来源：晨星。

十年以后

	基金数量		
	价值型	混合型	成长型
大盘	286	459	369
中盘	68	122	216
小盘	91	167	189

图 6-3b　晨星风格箱（1 967 只股票型基金）

注：截至 2008 年 12 月 31 日有 5 年记录的基金。
数据来源：晨星。

这个系统的优点在于：它在结合风险和回报率的基础上，迅速量化了一些关键性的统计数据，这些数据表明了每只基金相比其同类基金的业绩，大盘成长型基金与大盘成长型基金相对比，小盘价值型基金与小盘价值型基金相对比，诸如此类。在晨星系统中，每只基金都会因此得到一个分类评级，其范围从 1（最低的 10%）到 5（最高的 10%）不等。最佳的与最差的业绩级别都难以达到。有 80% 的基金处于中间等级的类型中（45% 处于等级 2 和等级 4 的类型中，35% 处于等级 3 的类型中）。

图 6-3a 是本章第一个井字游戏式的九方格。它显示了从 1997 年年初开始，有 5 年记录的 741 只股票型基金的集合。晨星跟踪这些基金，以使我们能从晨星数据库中轻易获取其详细记录。尽管这种分析很重要，但更重要的是，即便是不考虑风格或者类型，还能在长期内获得丰厚的总回报。投资者的任务就是，无论是凭借其投资风格或者投资技能，都要尽可能实现占整体股市最大比重的那部分收益。

晨星分类评级系统准确地反映了各种风格类型的基金所赚的回报率的整体差异或相似性。本章分析了截至 1996 年 12 月 31 日的 5 年期记录，基金回报率的相似性是非常明显的。只有大盘成长型基金（年回报率平均大约为 12%）偏离了其他类型组合的回报率 13%～15% 不等的年均收益。这 9 种类型各自所对应的年回报率如图 6-4 所示。

年度回报率(%)

	价值型	混合型	成长型
大盘	13.8	13.2	11.9
中盘	14.2	14.0	13.3
小盘	15.1	15.1	15.0

图 6-4a 按基金类型划分的年度回报率
（1992—1996 年）

十年以后

年度回报率(%)

	价值型	混合型	成长型
大盘	11.1	10.1	8.7
中盘	12.8	12.7	10.2
小盘	14.8	12.6	10.6

图 6-4b 按基金类型划分的年度回报率
（1995—2005 年）

然而，这 9 种类型的风险差异表现得更为突出。如果用第 1 章所描述的标准差作为衡量风险的指标，在这 5 年里，风险水平的变动范围就会从 9.8% 的低点（大盘价值型基金）到近两倍的高点：18.7%（小盘成长型基金）。奇怪的是，尽管这三种小盘基金都有着近乎一致的标准差，但它们在风险方面的差异却是相当显著的（价值型为 11.6%，而成长型为 18.7%）。图 6-5 显示了这些显著的风险差异。

标准差(%)

	价值型	混合型	成长型
大盘	9.8	9.9	12.0
中盘	9.9	11.3	15.8
小盘	11.6	13.9	18.7

图 6-5a 按基金类型划分的风险
（1992—1996 年）

十年以后

标准差(%)

	价值型	混合型	成长型
大盘	14.3	15.6	19.2
中盘	15.7	17.6	23.8
小盘	16.0	18.5	25.4

图 6-5b 按基金类型划分的风险
（1995—2005 年）

即使回报率相似，这些风险的差异还是使得风险调整回报率有很大不同。因为风险调整回报率，实际上是指基金所承担的每单位风险对应获得的回报率。我们使用夏普比率来衡量上述差异，该比率是指基金每 1 个百分点的波动性所对应的（高出无风险利率的）超额回报率的百分点数。如图 6-6 所示，风险调整回报率的差异也是相当显著的，事实上几乎是加倍的，大盘价值型基金为 1.23，而中盘和小盘成长型基金则分别为 0.67 和 0.69。

	风险调整回报率[a]		
	价值型	混合型	成长型
大盘	12.6	12.0	9.7
中盘	12.9	11.6	9.2
小盘	12.2	10.9	9.2

图 6-6a　按基金类型划分的风险回报比率（1992—1996 年）

十年以后

	风险调整回报率[a]		
	价值型	混合型	成长型
大盘	11.9	10.2	8.0
中盘	13.1	12.2	8.4
小盘	15.0	12.2	8.5

图 6-6b　按基金类型划分的风险回报比率（1995—2005 年）

注：a. 莫迪利安尼回报率（Modigliani return）

如后文所解释的那样，在回报率为负值时，夏普比率就不起作用了。因此，为了公平地对比原来的数据以及更新后的数据，我计算了这些基金在原来那段时期内的莫迪利安尼回报率，并以此在图 6-6a 中替换夏普比率。

用风险因素来调整回报率，这对投资者而言相当重要。为了明白这其中的原因，看看这个例子：假设市场波动性为 10%，而市场年回报率为 14%。若无风险利率为 4%，用上述回报率减去无风险利率，就会使市场的风险调整回报率最终达到 1.00。现在想想，有两只回报率都是 14% 的共同基金：基金 A 相比市场有更大的波动性（11%），而基金 B 则有更小的波动性（9%）。基金 A 的风险调整回报率就是 0.90；基金 B 的风险调整回报率则为 1.11。如果基金 B 的投资者希望自己所承担的风险既要略高于市场，又要与基金 A 相当，那理论上他们就可以借入 20% 的投资资金，从而使其杠杆率为 20%。这样一来，他们的风险则会增至 11%，但他们的回报率则会上升到 16.8%，从而比之前 14% 的回报率高出 20%。这 2.8 个百分点的超额回报率，不用承担任何高出基金 A 的风险就能获得。如果聪明的投资者以给定风险水平下可能获得的最高回报率为目标，那么，基金 A 明显会成为次优的投资选择。

夏普比率太过敏锐了吗

尽管从基金风险的角度来考虑基金的回报率是非常重要的，但夏普比率却是衡量风险调整回报率的一种稍显生硬的工具。以往的回报率并不能预测将来的回报率。尽管基金之间的相对风险在时间上能保持相当的持续性，但对风险这一难以界定的概念而言，标准差却只是一种粗略的指标。进一步来说，将风险与回报率在公式中的重要性视作等同是相当不理性的。在我看来，以下才是投资的现实情况：**标准差的一个额外百分点是没有意义的，但回报率的一个额外百分点却是无价的。**股票投资组合与债券投资组合之间是存在风险差异的，这种很大的风险差异是极为重要的，但在这个简单公式里将风险与回报视为等同，这种权宜之计并不令人满意。在最后的分析中，风险调整回报率可能就像是情人眼里出西施一样。

尽管存在这些不足，夏普比率仍然是投资分析师用来衡量风险调整回报率的主要工具。与原始回报率相比，它更为全面地展示了基金的业绩状况，而且能够帮助投资者评估那些采用了同样广泛的投资策略的基金，以识别哪一只基金在相互竞争中会更为成功。可能像所有的统计数据一样，它明显是有用的，但前提是要承认其局限性。

我知道这个分析很复杂。下面这个例子会阐明这个概念：假设有两只基金的波动性都是 10%。风险回报比率为 1.20 的基金会获得 16% 的回报率，风险回报比率为 0.60 的另一只基金则只获得 10% 的回报率（假设无风险利率为 4%）。每年 6 个百分点的差异，不能说是微不足道的。

因为九宫格每一格的平均回报率在这期间都相当的稳定，所以其风险调整回报率的显著变动，就会在很大程度上反映出这 9 大市场板块的风险差异。在风格分析出现以前，我们很难将风险调整后的回报率的差异与特定市场板块的业绩联系起来。通常来说，回报率变动是由于基金经理的能力存在差异，而不是因为一个基金经理投资小盘成长型股票而另一个基金经理却在不断交易大盘价值型股票。风格分析使投资者能够评估基金经理使用其所选工具的能力。这种九宫格的同类基金组合对比方法，即使并不完美，也算得上是目前最好的了。

十年以后

风格箱、回报率和风险

将1999年版的数据更新至今，5年期的回报率就出现了显著差异。图表覆盖了1992—1997年期间的一段牛市，这一时期标准普尔500指数每年上涨大约20%，随后回报率在2004—2009年期间逐步回落，这一时期标准普尔500指数每年下降大约2%。2007—2009年期间的熊市也反映其中。但是，尽管市场状况几乎截然相反，这段时期的数据却再一次证实了风格箱、回报率与风险的相关原理，虽然不那么显著和一致。注意：即使是长达5年的时间也能使平均回报率产生相当大的随机性，所以应该将这两组数据都看作是指向性的而不是决定性的。

非常值得注意的是，有5年历史的股票型基金数量（图6-3b）从1998年的741只猛增到了2009年的1 967只，其中增幅最大的当数大盘成长型基金组合（10年以前只有58只基金，今天已经有369只基金了）。即使这9个晨星风格箱里的年回报率在更新后的时期内都下降了，这些风格箱还是再一次出现了相似的回报率。除了大盘成长型与小盘价值型这两种风格以外，最近时期的回报率变化范围与上一版同样很小：从前期的12%～15%到后期的10.1%～12.8%，这两种情况下都有大约3个百分点的浮动。这样的差异简直就是微不足道的。

然而，在波动性更大的近期市场中，每个风格箱里的基金都表现出高很多的标准差（图6-5b中描绘的近期变动范围是14%～25%，相比之前则是10%～18%）。尽管如此，大盘基金所承担的风险仍然要远远低于其他类型的基金。

但在展现这些数据时，发生了一件有趣的事情。当我们将这两组序列放在一起来计算每种风格的风险调整回报率时（图6-6b），之前的方法失效了。在低迷的市场中，夏普比率无法传递准确的信息。1999年，我将这一比率形容为，“一种稍显迟钝的工具……有用的，但前提是要承认其局限性。”然而，我很惊讶它会失效。正如晨星在2009年年中所宣布的那样，夏普比率在负值时就“不应该再使用”，因为它们会“产生违反直觉的结果”。

我们用莫迪利安尼回报率公式（Modigliani formula）来取而代之，计算风险调整回报率基本上是根据这些基金所承担的风险来调整其年回报率的。（例如，如果标准普尔500指数的回报率为10%而其风险为15%，那么一只回报率同样为10%而风险却为13%的基金，就会有11.5%的风险调整回报率；而一只风险为17%的基金就会有8.8%的风险调整回报率。）我们也研究了一段更长且更有代表性的时期，即截至2005年2月的10年期，该时期内股票的回报率要略高于长期水平。尽管各时期存在差异，但要注意在图6-6a和图6-6b的这两个版本中，数据都有着显著的相似性。两种情况都反映出一种对时期的依赖性偏好，这种偏好有利于价值型基金而不是成长型基金。

股票型基金：风险、回报和成本

当我们开始基于投资风格来评估股票型基金时，正如它们的晨星类型所衡量的那样，会出现什么情况呢？我现在正要试图回答这个问题，我所依据的是从1992年到1996年的这5年期间的回报率及其标准差。第一个例子是大盘混合型组合，即投资于具备价值型和成长型双重特征的那些大型公司的共同基金。在晨星所分析的741只基金中，这种类型有211只，是任何其他组合基金数量的两倍以上，大约占比全部国内股票型基金资产总额的40%（据晨星数据库统计，截至1996年年底，股票型资产总额为1.2万亿美元，而这类基金占有其中的4 500亿美元）。它为我们提供了一个开展这类分析的可靠平台。

表6-1a显示了大盘混合型组合的回报率和风险。这些基金以该时期的总回报率为依据，划分为4个四分位等级。即使回报率上升了，该类型的风险却几乎还是没有变动，而且这些四分位的标准差也保持着相当的稳定性。风险调整回报率的上升幅度与总回报率相同，从0.74到1.37，即从最低点到最高点上升了整整63个百分点，相差惊人的85%。而这一结果对于大盘混合型（位于中间水平的）基金类型而言，是很典型的。无论回报率高低，这9种类型中的7种（排除小盘价值型和中盘成长型）都有着相当稳定的风险指数。因此，最高的风险调整回报率等级一直属于那些总回报率最高的基金。

表 6-1a 大盘混合型基金（按回报率分级）

回报率的四分位	5 年期总回报率（%）	5 年期风险（%）	风险调整回报比例
第一（最高）	15.9	10.1	1.37
第二	14.1	9.8	1.22
第三	12.6	9.7	1.04
第四（最低）	10.2	10.0	0.74
平均值	13.2	9.9	1.09

十年以后

表 6-1b 大盘混合型基金（按回报率分级）[a] 单位：%

回报率的四分位	10 年期总回报率	10 年期风险	风险调整回报率
第一（最高）	12.5	16.1	12.5
第二	10.8	15.2	11.2
第三	9.7	15.8	9.8
第四（最低）	7.3	15.2	7.6
平均值	10.1	15.6	10.2

注：a. 截至 2005 年 2 月的 10 年。

但如果风险无法解释回报率的这些差异，那什么能够解释呢？基金经理的能力、运气，还是一些更为实际的因素？有一个因素是很实际的，那就是基金费用。而且，基金业绩中的这个因素会非常倾向于在特定的基金中保持相当的稳定性。

为此，我将这些基金划分为成本的四分位。费率最低的基金构成了第一个四分位等级，而费率最高的基金则位于第四个四分位等级。结果，不出所料，对任何通过学术理论或实践经验认真研究过投资回报率的人而言，成本是有着重大影响的。事实上，该组合中费率最低的基金净回报率最高。同时，它们承受了近乎一致的风险水平（波动性），并由此产生了明显更高的风险调整回报率。表 6-1a 和表 6-1b 中显示的数据是根据表 6-2a 和表 6-2b 中的费用四分位进行排列的。

我们现在得到一些重要的事实。**由于风险保持了惊人的稳定性，高回报就直接与低成本相联系。**在大盘混合型组合中，费用最低的基金所提供的平均风险调整回报率等级（1.23）要比费用最高的基金（0.99）高出 24%。费用显然是一个有说服力的因素。

表 6-2a　大盘混合型基金（按成本分级）

成本的四分位	5 年期总回报率（%）	5 年期风险（%）	风险调整回报比例
第一（最低）	14.2	9.8	1.23
第二	13.8	9.9	1.12
第三	12.5	9.9	1.03
第四（最高）	12.3	9.9	0.99
平均值	13.2	9.9	1.09

十年以后

表 6-2b　大盘混合型基金（按成本分级）[a]　单位：%

成本的四分位	10 年期总回报率	10 年期风险	风险调整回报率
第一（最低）	11.0	15.5	11.2
第二	10.3	15.3	10.7
第三	10.0	15.6	10.2
第四（最高）	8.9	16.1	8.9
平均值	10.1	15.6	10.2

注：a，截至 2005 年 2 月的 10 年。

有另一种方法可以观察这种联系。如果我们对大盘混合类型中的 211 只基金使用统计回归来将其回报率与费率联系起来，并以此衡量其相互依赖程度，那么对应的斜率就会是 –1.80%。平均来说，费率每增加 1%，就会使基金持有人获得的最终净回报率下降 1.80%。直觉告诉我们，每一个百分点的成本都应该恰好耗费一个百分点的回报率。但还有一些更容易降低回报率的因素，虽然这些成因并不完全明确，但有一种解释似乎有点道理：**高成本基金往往会有很高的换手率，因此投资组合交易本身就会产生大量成本。**

考虑到对表 6-2b 的研究结果，我们有必要将净回报率加上费率，以此来观察其总回报率的相似程度。也许并不让我们意外的是，每个四分位的总回报率再次表现出了显著的相似性，那些低于平均成本的基金存在一定优势（见表 6-3）。

这个例子证实了我的理论：**成本是决定基金所获相对回报率的一个关键性因素。**这个事实不仅在大盘混合型的基金中广泛存在，还同样普遍存在于所有投资风格的基金中。比大盘混合型基金的斜率略小的，是全部基金的回归线斜率 –1.30，这表示每增加 1% 的成本，平均会降低 1.30% 的回报率。但是，为什么高成本基金的基金经理表现出的选股能力明显更差呢？其中的原因尚不清楚。

表 6-3a　　大盘混合型基金——净回报率与总回报率　　单位：%

成本的四分位	5 年期净回报率	费率	5 年期总回报率
第一（最低）	14.2	0.5	14.7
第二	13.8	0.9	14.7
第三	12.5	1.1	13.6
第四（最高）	12.3	1.7	14.0
平均值	13.2	1.1	14.3

十年以后

表 6-3b　　大盘混合型基金——净回报率与总回报率[a]　　单位：%

成本的四分位	10 年期总回报率	费率	10 年期总回报率
第一（最低）	11.0	0.4	11.4
第二	10.3	0.9	11.2
第三	10.0	1.1	11.2
第四（最高）	8.9	1.6	10.8
平均值	10.1	1.0	11.1

注：a，截至 2005 年 2 月的 10 年。

下一个问题是：回报率与风险之间的这些关系，是否在风格箱之间普遍存在呢？答案是：是的，它们确实明显地存在。图 6-7a 显示了第 1 个四分位（费用最低的）基金与第 4 个四分位（费用最高的）基金在风险调整回报率方面的百分比差异，以该风格箱的平均风险调整回报率等级作为标准。例如，在大盘混合类型中，低费用基金的风险调整回报率要比平均值高 14%，而高费用基金的回报率则要比平均值低 10%，存在着 24% 的显著偏差。

低费用基金

	价值型	混合型	成长型
大盘	+0.19%	+0.14%	+0.09%
中盘	+0.35%	+0.13%	+0.13%
小盘	+0.03%	+0.04%	+0.01%

高费用基金

	价值型	混合型	成长型
大盘	−0.34%	−0.10%	−0.13%
中盘	−0.25%	−0.27%	−0.12%
小盘	−0.07%	+0.11%	−0.04%

图 6-7a　相对风险调整回报率[a]

注：a，以每个晨星风格箱的回报率与风险来衡量。

十年以后

低费用基金

	价值型	混合型	成长型
大盘	+1.1%	+1.1%	+0.7%
中盘	−0.1%	+1.6%	+0.7%
小盘	+1.4%	−0.3%	+0.3%

高费用基金

	价值型	混合型	成长型
大盘	−1.0%	−1.3%	−1.0%
中盘	−3.0%	−2.0%	−0.8%
小盘	−2.3%	−1.0%	−1.6%

图 6-7b 相对风险调整回报率[a]

注：a. 以每个晨星风格箱的回报率与风险来衡量。

每个矩阵中的相对风险调整回报率等级都极为稳定。**在每个风格箱中，低成本基金的风险调整回报率等级都高出了平均水平。而每个风格箱中高成本基金的风险调整回报率等级，也都低于平均水平，只有一个是例外的。**这唯一的例外就是小盘混合类型，其中的高费用四分位基金比低费用四分位（+0.04）提供了更好的风险调整回报率等级（+0.11）。（在这 9 个风格类型中，该组合规模最小，只有 32 只基金，因此在统计意义上不那么可靠。）

这些图中的深刻含义很明确：**无论追求哪种投资风格，投资者都应当认真考虑，将选择范围限制在低费用组合的基金中，不要被高费用组合的基金蒙蔽了双眼。**共同基金的费率会定期发布在主流报纸的财经版面以及财经杂志上，由晨星这类基金评估服务机构予以发布。基金说明书中都会要求载明费率水平。“只要你去找，就一定能找到。”

在共同基金领域，基于以往业绩来预测一只非指数基金的相对回报率（暂且不提绝对回报率），这简直就是傻瓜的游戏。一般而言，这是一场相对其他基金的零和游戏，也是一场相对市场指数的负和游戏，我会马上说明这一点。从绝对回报率的角度来看，投资是一场正和游戏。也就是说，随着时间的逝去，金融市场已经提供了正值的回报率。但是，以往的业绩却几乎已是我们仅有的所有数据了。

对那些愿意观察这些数据的人们来说，还有成本数据。不同于将来的基金相对回报率的是，未来的基金费率有很高的可预测性。我们现在已经确切知道了成本是有重大影响的。它不但影响了股票型基金整体，也在更大程度上影响了债券型基金（正如我们将在下一章中看到的），并且为货币市场基金带来了更为重大的影响，对这类基金来说，成本几乎就是一切。我们已经看到了成本在类似井字游戏的股票风格分析模式中所发挥的作用，它其实是首要的区分因素。

十年以后

风险、回报率和成本

当更新1999年版所显示的大盘混合型基金数据时，我们得到了同样普遍成立的结论。如表6-1b所示，在截至2005年2月的10年期内，最高的风险调整回报率等级再一次由总回报率最高的基金持续享有。在表6-2b中，我们再次看到，“随着风险保持惊人的稳定性，高回报就直接与低成本相联系。”尽管在早期研究中，每个成本的四分位都获得了几乎相同的总回报率，但这一次是顶部的两个四分位与底部的两个四分位分别有着近乎一致的总回报率，虽然前面一对四分位的总回报率明显高出很多。

在图6-7b中，低费用基金也再一次（并不意外地）在风险调整回报率方面彻底击败了那些高费用的竞争对手。在这9个晨星风格箱里，有7个风格箱的低费用基金相比其竞争对手，在风险调整回报率方面都表现出了显著优势，同时所有九方格风格箱中的高费用基金却都落后其竞争对手了。总体来说，低成本基金年均以2.6个百分点跑赢了其高成本竞争对手，每年产生11.2%的风险调整回报率，相比之下，高成本基金只有8.6%。

指数基金：风险、回报率和成本

成本是有重大影响的，那么，为什么你不据此行动呢？在当前的市场中，成本最低的基金必然是指数基金，所以为什么不只购买每个风格箱里的指数基金呢？这个论点既不似是而非，也不缺乏常识。

图6-8显示了以上述风格管理的股票型基金所对应的回报率和风险，用以对比遵循相同风格的低成本指数基金所对应的回报率和风险。这些指数基金有两种类型：一类是在三个大盘组合（标准普尔500以及MSCI Barra指数[①]）中实际运营的指数基金，另一类则是在中小盘组合（弗兰克·罗素指数[Frank Russell Index]）中以公开指数为基准的

① MSCI Barra又称摩根士丹利资本国际公司，是美国著名指数编制公司，也是全球首家同时提供指数产品和量化投资工具的公司。——译者注

那些假定的指数基金（其回报率要扣减大约 0.3% 的基金成本）。图 6-8 表明了每种基金类型在风险与回报率方面的差异。

指数基金较管理型基金的回报率差额

	价值型	混合型	成长型
大盘	+2.8	+1.9	+1.4
中盘	+2.9	+1.5	−0.4
小盘	+3.1	+0.6	−2.8

指数基金较管理型基金的风险差额

	价值型	混合型	成长型
大盘	−0.9	−1.3	−2.5
中盘	−1.3	−2.0	−4.5
小盘	−2.8	−3.2	−4.8

图 6-8　指数基金对比管理型基金：回报率与风险（百分点）

总结这一结果就是：指数组合中的全部基金平均回报率比股票组合要高出 1.4 个百分点：+15.1% 对比 +13.7%。在这 9 个风格箱里，有 6 个风格箱的消极管理型市场指数基金跑赢了主动管理型股票型基金的平均回报率；有两个的结果基本持平；只在一个风格箱里（这次是 60 只小盘成长型基金），主动管理型基金表现更好。

然而，股票型共同基金所承担的平均风险水平要高很多：股票型基金组合为 11.9%，而同等权重的指数则为 9.7%。这是一个真正重大的发现（中小盘成长型基金承担了特别大的额外风险）。全部 741 只基金的平均风险水平足足高出了指数基金 23%。

这样，最终结果就是：指数组合的风险调整回报率平均为 1.23，普通基金则为 0.99，风险调整回报率的平均溢价超过了 24%。如图 6-9 所示，这是一个相当稳定的溢价，而且它在整个矩阵中相当一致。这些相对的风险调整回报率等级如此显著地有利于低成本的指数投资方式，使其能够达到那些最为乐观的（或者对那些积极的管理者来说是最为悲观的）期望。

	价值型	混合型	成长型
大盘	+0.31	+0.22	+0.18
中盘	+0.35	+0.29	+0.16
小盘	+0.46	+0.19	−0.06

图 6-9　指数基金对比股票型基金的风险调整回报率等级

这种模式有一个例外。我承认，小盘成长型类别可以被看作是这条规律的例外。在这特定的5年期内，这60只小盘成长型基金的主动管理者能够克服其成本并获得优于指数的收益。然而，由于该样本中的基金组合规模相对较小，或者也许是所展示的这段特定时期存在数据的异常表现。

总的来说，它们之间的差异程度是如此大而稳定，足以摧毁高成本的主动管理理念。事实上，我不太相信这些数字的真实性，但我们用了各种可行的方法对它们进行校验，最后证明了它们确实是正确的。

举例来说，大盘价值型指数基金对应的数值为+0.31，反映出这一类型的指数基金回报率等级1.54与共同基金等级1.23之间的差距。为了避免使这一差异显得微不足道，看看下面这个例子，从中了解这31个百分点的比率差距有何意义。首先，假设指数基金A与管理型基金B有相等的10%的标准差。其次，我们假设无风险利率为4%。结果是：指数基金A的风险调整回报率如果是15.4%（即比率为1.54），就会使年总回报率为19.4%；管理型基金B的风险调整回报率如果是12.3%（比率是1.23），就会使年总回报率为16.3%，年回报率显著提升了3.1个百分点。这一差距在很大程度上是因为指数基金有更低的费率以及更低的投资组合交易成本。此外，指数基金还具有可观的节税优势。

图6-9中的矩阵所表明的模式，似乎与通常所说的老套观念大相径庭，即指数化投资只适用于大盘市场。有了这些数据，该观念便不再握有真理的指环。每种大盘类型所对应的指数基金的风险调整回报率都保持着稳定的优势。实际上，随着市值规模的下降，这种优势反而有所增加，即便表现并不明显。如果将这些基金所承担的风险水平设定为常数，那么对应指数基金的超额年回报率就会上升。如表6-4所示，大盘为+3.6%；中盘为+4.2%；小盘为+4.4%。在表6-4中，指数基金的回报率被调高到统计意义上的同等风险水平，由此显示了这些计算结果是如何得来的。

表6-4 **风险等同化的指数基金回报率**

	年化[a]回报率（%）	标准差（%）	风险调整回报率（%）
大盘：			
管理型基金	12.9	10.5	1.0
指数基金[b]	16.5	10.5	1.2
指数基金优势	+3.6	0	+0.2
中盘：			
管理型基金	13.8	12.3	0.9
指数基金[b]	18.0	12.3	1.2
指数基金优势	+4.2	0	+0.3

续前表

	年化[a]回报率（%）	标准差（%）	风险调整回报率（%）
小盘：			
管理型基金	15.1	14.7	0.9
指数基金[b]	19.5	14.7	1.1
指数基金优势	+4.4	0	+0.2

注：a，1991 年 12 月 31 日—1996 年 12 月 31 日。

b，调整指数回报率以使指数风险等同于基金风险。大、中、小盘组合在调整前的数据分别为：百分比回报率是 15.0、15.2 与 15.3；百分比风险是 9.0、9.7 与 11.1。

这种模式以及这些明显的差异，必将使很多只是偶尔观察共同基金数据的人们大吃一惊。只要我们的 5 年期研究在一定程度上被认定是合理的，那么晨星的分类评级就可能在这一程度上被最终证实，从 1975 年第一只标准普尔 500 指数基金创建以来，该评级系统对于传播指数化理念而言，就是最大福音。

十年以后

指数基金

近年来，标准普尔公司提供了 5 年期业绩数据，这些数据比较了每个风格箱里的主动管理型基金被同种类型的指数基金超过的百分比。这些崭新而有价值的数据具备了特殊的优势：标准普尔纳入了生存偏差。除去那些已经失败的基金（与此相反，我们可以因其具有优秀的业绩表现而假设它们没有失败），我们只会把指数基金与最佳表现者进行对比。

因此，我们不会更新图 6-8 与图 6-9，而只是在下面这个修正后的表格中展示，每个组合在过去 5 年的标准普尔数据。令人吃惊的是，相应的指数基金（例如小盘成长型、大盘价值型等）跑赢了大约 70% 的在同一风格箱里的管理型基金。

指数基金所跑赢的管理型基金比例

	价值型	混合型	成长型
大盘	53%	78%	80%
中盘	79%	76%	77%
小盘	69%	81%	96%

指数基金对比管理型基金，截至 2008 年的 5 年

来源：标准普尔。

在上一版里，我明显反对“指数化投资只适用于大盘市场”的观念。基于我那时所展示的数据，我写道：该观念“不再握有真理的指环”。标准普尔现在所做的更为全面（而且独立）的工作，只是证实了我 10 年以前的结论。

上帝、帕斯卡与战争游戏

正如彼得·伯恩斯坦在其伟大的著作《与天为敌》（*Against the Gods*）里所讲述的故事那样，概率论的创始人布莱兹·帕斯卡（Blaise Pascal）提出了有关上帝存在性的问题，以此作为一场概率的游戏：“掷一枚硬币。你会赌哪一边：正面（上帝存在）或反面（上帝不存在）？”

请慢慢领会帕斯卡所表达的意思，仔细想想你输掉赌注的可能性。如果你赌上帝存在，你将会度过虔诚的一生并放弃一些让人享受的诱惑，那便是你会输掉的一切。如果你赌上帝不存在，那么你又错了，你还要屈服于一切诱惑，你的罪恶人生就会使你受到永久的诅咒。结果一定比可能性更加重要。

伯恩斯坦继续讲道，转向股市，如果你相信市场效率，你是对的，最好的投资策略就是购买指数基金。如果你相信市场效率，你错了，你只能获得该市场的回报率，一些主动管理型基金会击败你。但如果你押注该市场没有效率，你又错了，主动管理型基金表现不佳的结果，可能会令你痛苦万分。简而言之，如果你押注市场的无效性而不是有效性，相应的风险就会大很多。

这就是共同基金业中的股票风格分析所得出的最终结论。无论你追求哪种基金风格，你都应该关注低成本基金并回避高成本基金。为了最大可能地胜出，你应该在纳入选择的任何一种风格类型中考虑指数化投资方式。指数基金自夸到，只要绝对忠于投资风格，你就一定会享有额外收益。尽管这是无法得到保证的，比如，小盘成长型基金经理会将其投资选择限制在小盘成长型股票中，小盘成长型指数基金必然也只会投资小盘成长型股票。然而对你而言，**比关注特定风格更为简单的一种投资方法就是，将你的整个股票投资组合按照标准普尔 500 股票指数来进行指数化配置。另一种更为保守、也更为可靠的赌博方式就是，根据总体股市来对你的投资组合进行指数化配置。**

如果授权共同基金经理进行投资，就会因为成本很高而成为一场（相对的）失败者的游戏（尽管在长期按绝对回报率计算，无疑会是一场胜利者的游戏），这不也类似于另一场游戏全球军备竞赛么？我会使用 1983 年的电影《战争游戏》（*War Games*）中的实例，以类比的方式来回答这个问题。

假设在北美防空联合司令部（NORAD）的作战室里，我们的将军正在全力阻止一场由入侵了美国安全系统的一个年轻电脑高手引发的全球核战争。这个男孩说他能解决其所制造的难题。因为所有其他希望都破灭了，将军只好同意让他试一下。他以井字游戏的方式为美国空军防卫电脑编制程序。

电脑开始以疯狂的速度进行计算，并意识到任何一方都不可能赢得这场游戏，或者这场核战争。接着，屏幕就一片空白了。行动终止了，一切恢复和平。然后电脑屏幕上出现了这些文字："一个奇怪的游戏。获胜的唯一方式就是不参与……来一场愉快的棋局游戏如何？"

我们完全可以认为，共同基金经理都用尽了其全部的智慧、学识和能力，以及他们所掌握的全部电脑技能来进行彼此之间的竞争，并为此选出最佳的股票而丢弃最差的股票，大家都想赢得这场业绩比赛，吸纳最多的管理资金。但一直以来，我们也看到，只有那些完全没有参与这场游戏的指数基金，才可能为其投资者积累最多的资本。因此，我们当然可以提问说："投资管理游戏是否已经像全球战争游戏一样成了失败者的游戏，就好比井字游戏？"本章所呈现的那些有说服力的证据表明，答案为："是的。"

十年以后

股票型风格

正如我们将在第10章所再次看到的，从长期来看，由那些晨星风格箱界定的各种投资风格，都有强大趋势回复到股市的平均水平。白于市场的偏好变化不定，从大型公司转移到小型公司，或从成长型转移到价值型等，只有那些既聪明又幸运的投资者，才能赢得那些类似的“战争游戏”。

过去的25年充满了机遇与挑战，看来是检验这一论点的恰当时期。这段时期内的基金表现如下所示：

	1984年6月至2009年6月			
	基金数量	年回报率（%）	标准差（%）	风险调整回报率（%）
大盘混合型	142	9.1	16.6	9.1
大盘成长型	114	8.7	19.6	8.1
大盘价值型	80	9.2	15.1	9.6
中盘混合型	39	9.5	18.4	9.0
中盘成长型	59	8.8	23.5	7.6
中盘价值型	24	12.0	18.1	11.4

续前表

	1984年6月至2009年6月			
	基金数量	年回报率（%）	标准差（%）	风险调整回报率（%）
小盘混合型	65	9.3	20.3	8.4
小盘成长型	62	8.7	24.6	7.4
小盘价值型	28	9.2	19.5	8.6
平均值		9.2	18.5	8.7
标普500指数基金		10.0	16.6	10.0

请注意，除了唯一的一个小例外（只有24只样本基金的中盘价值型基金），这些风格的平均年回报率都相当稳定，其变动范围为8.7%～9.5%，平均为9.2%。标准普尔500指数基金的回报率达到10.0%，高出上述平均值近10%。但它是以低了11%的风险水平来实现这一业绩的。因此，指数基金的风险调整回报率要比普通管理型基金高出15%（10%对比8.7%）。按复利计算过去25年的这两种回报率，10 000美元的初始投资置于指数基金就能产生98 300美元的利润，在普通管理型基金所赚的70 500美元利润的基础上提升了40%的资本利得。

注意：无论这种对比多么有利于全股市指数化概念（以其近似指标标准普尔500指数表示），都在很大程度上低估了指数的优势。为什么呢？第一，我们忽略了每年耗费的大约0.5%～1.0%的销售佣金，这是购买多数股票型基金都要支付的。第二，忽略了主动管理型基金的投资者所需要承担的沉重税负（第13章会有相关描述）。第三，我们所展示的，必然只是存续了这25年的863只股票型基金的记录，而忽略了那些成百上千只破产基金的记录。第四，我们忽略了一个事实，即多数主动管理型基金的份额持有者所获得的回报率都大幅落后于这些基金自身所声称的回报率（第11章会有相关探讨）。在进行上述一系列调整以后，普通基金所声称的年回报率9.2%，又会降低多少呢？也许是1/4，或者更多。对那些相信基金经理能为投资者实现增值的人们而言，这种状况并不令人满意。

所以，现在你知道为什么在10年以后，我会以比以往更加执著的信念继续坚持我早期的结论了吧。押赌投资风格其实是一种“奇怪的游戏”（最终也会是失败者的游戏）。“唯一获胜的方式就是不参与。”因此，是否可以不参与这个游戏而仅仅依赖于指数基金？是的！（这次带有一个感叹号。）

对时间的依赖性

正如全部投资者所逐渐认识到的那样，无论以何种方式，任何分析所展示的共同基金回报率都存在时间依赖性。因为市场和基金的回报率都会随着时期发生变化，数据提供者凭借其对分析时期的挑选能力，就会在证明其结论方面拥有巨大优势。尽管如此，本章所作的分析已经尽我所能地做到合理客观了。我故意选择了1992—1996年（含1996年）的这5年期，而不是截至1997年或1998年的更近的5年期，这是因为在较早的时期，标准普尔500指数的回报率远远低于普通基金。我在本章的目标就是尽可能地最小化任何有争议的大盘市场偏差。

在选择时期长度方面，我选择了5年，这是因为更短的时期（如3年）只会差强人意，而更长的时期（如10年）则会将研究中的基金数量削减一半，使其成为不太可靠的样本。我坦率地承认，在强大的股票市场里，根据5年期的（基金）数量，只能得出这些结论，即使这一时期只包含了两个低迷的市场年份以及三个景气的市场年份，几乎不能不算是对市场长期发展模式的有力代表。然而，不仅标准普尔500指数在5年期内的平均年回报率是这三个可选时期（3年、5年和10年期）中最低的，与普通管理型股票型基金相比，它的回报率也处于最低水平。下列表格对比了3年、5年和10年期的相应回报率。对本章所展示的数据进行的风格分析，应该在多种市场条件下用其他时期来加以检验。

标准普尔500指数回报率对比普通股票型基金 单位：%

时期	标准普尔500指数	股票型基金的均值	指数的相对回报率
3年	19.7	15.4	128
5年	15.2	13.7	111
10年	15.3	13.3	115

截至1996年12月31日的各段时期。

十年以后

标准普尔500指数回报率对比普通股票型基金 单位：%

时期	标准普尔500指数	股票型基金的均值	指数的相对回报率
3年	−8.4	−11.3	74.3
5年	−2.2	−4.0	54.4
10年	−1.4	−1.6	85.2

截至2008年12月31日的各段时期。普通基金的回报率包含对销售佣金以及生存偏差进行的调整。

债券投资：逐渐被遗忘

债券型共同基金可以发挥重要职能。它使投资者可以对数以百计的债券进行广泛地分散化投资，从而赚得额外的利益，而且还能在不牺牲总回报的情况下降低风险。债券型基金实行专业化管理，拥有高质量、高投资级别的债券投资组合。许多债券型基金都提供了特定范围的期限结构，从短期（1～3年）到长期（10～20年）不等，使得投资者能够在风险承受能力和预期收益之间进行平衡。债券型基金提供小额基金份额的购买和清算服务，为投资者提供了相当大的投资灵活性。有些债券型基金以合理的成本提供了这些服务，然而绝大多数却并非如此。这在一定程度上带来了以下后果：业内曾一度繁荣的债券型基金，失去了对投资者的吸引力。

在共同基金业的史册上，债券型基金帝国的兴衰是最有魅力却又最难以道出的篇章之一。这个故事提醒我们，即使基金管理者遵照现在依然有效的分散化投资和专业管理的原则，在被过多的成本抵消后，可能也无法给投资者提供可接受的回报。它同样反映了“许多固定收益型”和“基金中的基金”的投资经理的自以为是和自不量力。

令人惊讶的是，截至1993年，债券型基金资产总值是7 600亿美元，它是共同基金业规模最大的组成部分，相较而言，股票型基金的资产总值是7 490亿美元，货币市场型基金资产总值是5 653亿美元。事实上，早在7年前的1986年，债券型基金就达到了其顶峰。当时，其资产规模达到2 600亿美元，比股票型基金1 600亿美元的资产多出了60%。

自1986年以来，股市在1982年之后经历了强劲上涨的牛市。在蓬勃发展的股票市场上，基金投资者获得了创记录的回报率（每年高达17.7%）。同时，表现非常出色的债券市场也给债券型基金投资者带来了丰厚的回报率（8.6%）。但这些回报率与股票型基金所实现的回报率相比，就显得黯然失色了。这部分地造成了如下结果：到1998年，债券型基金资产规模为1万亿美元，对比同期股票型基金2.4万亿美元的资产规模同样相形失色，债券型基金的资产比同期股票型基金的资产要少大约60%。

在基金业内辉煌一时的债券型基金的相对重要性之所以大幅下降，股票市场和债券市场的相对业绩只是造成债券基金业衰落的两大原因之一。另一个影响因素是：债券型基金整体向投资者提供的回报低于债券市场所实现的回报，图 7-1a 显示了股票型基金资产的急速发展和债券型基金的减速增长。图 7-1b 显示了债券型基金对股票型基金相对重要性的显著变化。

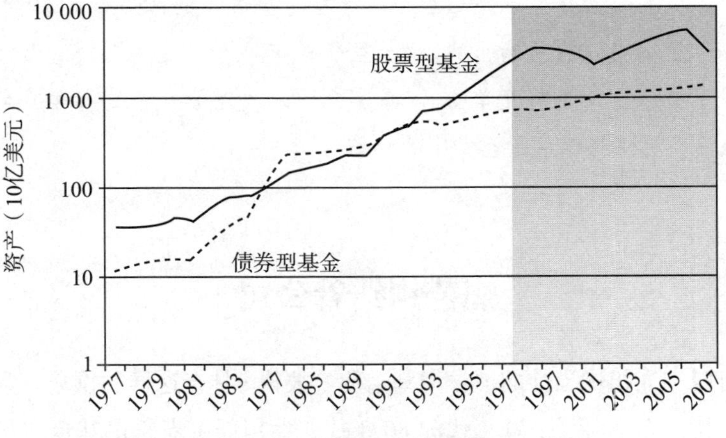

图 7-1a　债券型基金和股票型基金的资产

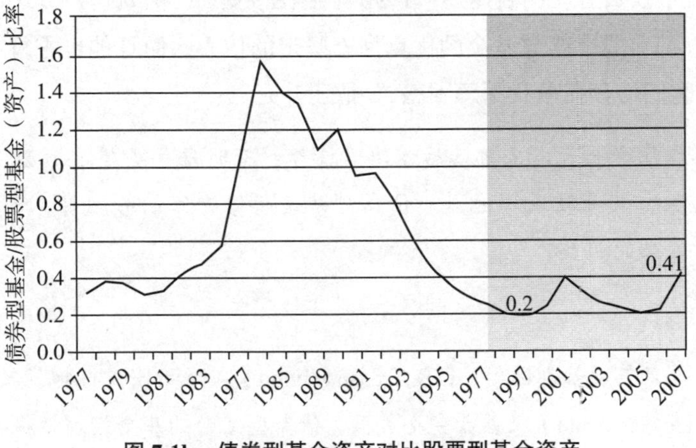

图 7-1b　债券型基金资产对比股票型基金资产

一旦股票市场环境趋于更加谨慎，债券型基金就比股票型基金更有竞争力。然而，除非债券型基金业改变其运作方式并给予其份额持有人公平的待遇，否则债券型基金将逐渐被遗忘。

十年以后

债券型基金

在过去 10 年的龟兔赛跑游戏中，债券型基金已经成为基金业内的乌龟，它们的资产逐年缓慢攀升，总体从 1998 年年初的 7 000 亿美元增至 2009 年的

1.8 万亿美元。股票型基金则是那只兔子，同期其资产从 2.4 万亿美元猛增至 6.5 万亿美元，仅在 2009 年下跌至 4 万亿美元。

因此，现在的债券型基金相当于股票型基金资产的 45%，是 10 年前 30% 的一倍半。正如当时我所指出的，“一旦股票市场环境趋于更加谨慎，债券型基金比股票型基金就更有竞争力。”事实证明，我对债券型基金和股票型基金两者的预测，显然都低估了已发生的一切。

痛苦纠结着公司

并非只有我一人担忧当前的债券型基金业。彼得 · 林奇这样的投资专家也和我一样有着相同的担忧。在 20 世纪 70 年代和 80 年代，他担任了麦哲伦基金的基金经理，以身为卓越的股票投资者而闻名遐迩。1990 年他在接受《巴伦周刊》(*Barron's*) 的采访时，他和我一样，都对股票指数基金的优点抱着坚定的信心，而且他也重复了我对债券型基金的疑虑。“它们的存在令我深感困惑，”他还补充道：

> 债券型基金一直以来都落后于单只债券，有时每年被超过近 2%。基金存续的时间越长，其业绩表现越差。债券型基金付给专家的管理费，已经超过了专业管理所带来的收益。

他认为：

> 既然每只美国长期国债（U.S. Treasury bond）或政府国民抵押贷款协会凭证的（Ginnie Mae certificate）收益都完全相同，债券型基金的基金经理就很难脱颖而出。

但我认为这位麦哲伦基金经理夸大了事实。债券型基金确实有存在的必要。不同于债券自身，债券型基金通常会保持相对固定的期限，使得投资者可以选择合适的期限（长期、中期或短期），并且随着时间的推移保持相对稳定。也有一些能干的债券型基金经理脱颖而出，但很遗憾的是，只有很少的基金经理能获得与其成本相匹配的收益，以证明其投资组合管理能力。

不过，彼得 · 林奇揭示了一个简单的投资真理：**在由商品式证券组成的高效市场中，即使是最出色的基金经理，在扣除成本之前，要想积累显著的收益优势也是极其困难的。**这就意味着，在扣除基金成本之后，基金经理很难向份额持有者提供与市场相匹配的回报。当成本过高时，回报率相应也会下降很多。

什么是“商品”

我用术语“商品式”（commodity-like）去定义那些在众多的投资品种中，单个证券的回报呈现紧密相关的模式。最典型的例子就是美国长期国债，每次发行都由美国政府的信誉全额担保，而且每期国债都有较长的期限，也都有相似的“久期”（duration）。利率水平的变化对每期国债的影响很相似。另外，具有投资级别的短期公司债券也有着相同的特征和回报模式。充分分散化的政府国民抵押贷款协会证券组合也具有类似的特征，它是由美国政府国民抵押贷款协会（GNMA）发行的，并由贷款、抵押贷款和美国财政部作担保的。这些例子都符合“商品式”的定义，该定义描述了不同类别为债券具有的典型特征。

基金费用对债券型基金的回报有着重大影响。例如，在最近的 5 年内，一只普通的公司债券型基金的回报率，以平均每年 1.5% 的差距落后于公司债券的市场回报率。令人惊讶的是，与市场回报的差距还包含了另一个重要的差距。在 1.5% 的平均差距中，免佣债券型基金落后市场 1.3 个百分点，大量收取销售佣金（前端认购佣金或隐蔽的 12b-1 年费）的基金都落后市场 1.8 个百分点。政府债券和市政债券领域也都存在同样的情况（见表 7-1）。

面对这一差异化的成本结构，彼得 · 林奇以这种方式提出了销售佣金问题：“债券型基金受到狂热追捧（我同意，他在 1993 年写《战胜华尔街》[*Beating the Street*] 一书时，债券型基金确实是人们的一种狂热偏好）的另一个令人不解之处在于，人们为何愿意支付销售佣金去投资债券型基金。”然而他并非真的为此困惑，因为正是这个问题，才使他很快得出“彼得第五原则（Peter’s Principle #5）：没有理由为马友友（Yo-Yo Ma）[①] 在电台中的演奏而付钱”的结论。我们也同意他的观点。但是，在没有基金董事、基金经理甚至是投资者对此提出质疑的前提下，每 5 只债券型基金中就会有 3 只收取销售佣金。事实上，全部债券型基金资产的 3/4 都归于那些支付了销售佣金的基金份额持有人，持有人将销售佣金作为参与这场游戏的入场费价格，但通常来说这不值得。

① 马友友为著名华裔大提琴演奏家。——译者注

表 7-1　　债券型基金对比债券指数的回报率　　单位：%

1992—1997 年					
		管理型基金的平均回报率		与指数的差距	
	指数	免佣金	附佣金	免佣金	附佣金
公司债券	8.2	6.9	6.4	−1.3	−1.8
政府债券	7.9	7.2	5.4	−0.7	−2.5
市政债券	6.4	6.0	5.3	−0.4	−1.1
2003—2008 年					
		管理型基金的平均回报率		与指数的差距	
	指数	免佣金	附佣金	免佣金	附佣金
公司债券	2.7	2.5	1.4	−0.2	−1.3
政府债券	7.1	4.9	3.7	−2.2	−3.4
市政债券	3.5	1.9	1.4	−1.6	−2.1

注：对每种市场指数类别——公司债券、政府债券、市政债券，其回报率是相应的巴克莱（Barclays）短期、中期、长期指数回报率的平均值。公司债券型、政府债券型以及市政债券型基金的回报率反映了短期、中期、长期基金的类似加权平均回报率。

十年以后

主动管理的债券型基金

截至 2009 年年中的 10 年间，债券的回报率确实很高。就中期债券而言，公司债券的年回报率是 6.3%，国债是 5.7%，而市政债券是 5.3%。若以复利来计算，这三种债券的累计回报率则分别达到了 81%、71% 及 66%，远远超过了股票市场的累计回报率 14%。在过去的 5 年内，当国债的回报率比先前更高时，公司债券以及市政债券的回报率却有所降低，这是由于当前更高的利率压低了现有债券的价值。

在回报率普遍较低的情况下，成本的影响就更加显著了。如表 7-1 所示，在每个债券型基金的类别中，收取销售佣金的主动管理的债券型基金的回报率，就远远低于免佣金的债券型基金的回报率，大约是相应的债券指数回报率的一半。这就正好与 10 年前所描述的回报模式完全一致，并且差距更为明显。因此，与那些免佣金的债券型基金相比，附佣金的债券型基金持续的主导地位证明了以下事实：债券型基金投资者的愚昧、债券型基金销售者和债券型基金经理可耻的金钱激励手段，以及债券型基金董事们令人震惊的无所作为。

一个臭名昭著的实例

我引用实例来说明成本对回报率的影响，这个例子来自最有效的债券市场：短期政府债券。投资于这类债券的基金，年费率为1.03%。费率变动范围很大，从免佣基金的0.69%增加到附佣基金的1.49%（它们的费率不包括最初的销售佣金）。为了清楚地表明这一点，请想象一下：对于两年半期、年回报率为5%的美国国债而言，普通的免佣债券型基金的成本将消耗掉国债收益的13%；而对于普通的附佣债券型基金而言，成本消耗的比例将达到29%。这种对回报的扣减，完全是一种没收财产的行为。

假设国债回报率为5.0%，基金成本为1.5%，则其净回报率为3.5%。如果要将回报率从3.5%提高到5.0%，则要求基金经理赚取额外1.5个百分点的回报率，也就是说，基金业绩至少要比原来有40%的提升！一位共同基金经理挑选出一个短期国债票据的投资组合，该组合会使一个短期国债投资组合的回报率增加近40%，并足以克服其成本障碍，刚好能与市场的回报率匹敌，你认为这样的可能性有多大呢？如果你争辩说有万分之一的概率（我怀疑有没有这么大的概率），我的下一个问题是：你会有多大的概率提前辨别出这样的基金经理？看起来这并不值得一赌。但是高成本的短期政府债券型基金在基金业内是很普遍的，其中一些还要收取销售佣金。

这种情况变得越来越糟。有些基金拼命地要提供市场回报率，经常以溢价买入国债，又接着公布一个无法摊销其溢价的回报率，并且竟然还能支付红利。为了公平起见，这些基金也需要公布“证管会回报率”（SEC yield），即已摊销溢价后的净值。结果就是：虽然现在获得了高收益，但这些以溢价购入的债券，在到期按平价赎回时，确实会遭受资本损失。举一个可怕的例子，有一只基金的资产总值超过了10亿美元，以由美国政府担保的短期票据为其“安全”投资对象，其份额持有人却经历了该基金资产净值的下跌，从1991年的每份额10.19美元下跌至1998年年初的每份额8.62美元，资本损失达到了15%。

这些正发生在债券型基金业的负面实例，为综合检验包括费率和销售佣金的成本对回报的影响建立起了一个分析框架。所有的债券型基金并非没有差别。债券指数型基金不同于主动管理型基金。低成本基金不同于高成本基金。不同的基金经理有着不同的管理水平。总之，一些债券型基金让投资者付出过多；而另一些（数量很少的）债券型基金则给予了投资者公平的待遇。主要结论已经显而易见了：**成本是有重大影响的。**

成本有多大影响呢

为了确定成本到底有多大影响，我们在4组不同类型的大规模债券型基金中，检验成本对回报率的削弱程度。在每一组基金中，都有着明确的期限，并且投资组合大部分都是由高品质的债券构成的。这4组最大的债券型基金是：（1）长期市政债券型；（2）短期美国政府债券；（3）中期美国政府债券（包括政府国民抵押贷款协会证券）；（4）中期普通（绝大部分是达到投资级别的公司）债券。总之，我们的研究涵盖了448只基金，大约占晨星列表中全部债券型基金资产的60%，这显然是一个有代表性的样本。

这项研究的结果是稳定而一致的。在这4组中的三组里面，低成本基金跑赢高成本基金的幅度非常接近于这两者费率差异的幅度。也就是说，每组基金都有着几乎相同的总回报率，而成本差异导致了全部的回报率差异。在第4组里，低成本基金的回报率要稍高于高成本基金的回报率，但是高成本基金所持有的投资组合在各方面的风险都明显要高一些。在每一种情况下，对风险的衡量都是基于以下三个要素的：

- 久期[①]，在衡量基金对利率风险的敏感度时，比平均到期期限更好。
- 波动率，用于衡量一只债券型基金相对于普通的应税或免税的债券型基金，在月回报率方面的变动程度。
- 投资组合品质，以标准普尔评级服务机构（Standard & Poor's Ratings Services）的评级作为衡量标准。达到投资级别的债券评级范围是从AAA（最高）到BBB（最低）。

一般来说，**最低成本的基金组合久期最短、波动率最小且品质最高。最低成本的基金组合不仅有着最高的回报率，其风险也是最低的。**债券型基金的投资者确实不能忽略这一信息。

长期市政债券

首先分析高品质的长期市政债券。先观察这一类别中的全部基金，使用《晨星共同基金》公布的5年期回报率。该类别有92只基金，图7-2中的散点图表现了每只基金的年回报率（纵轴）和年费率（横轴）。为了更好的说明，我还给出了一只虚拟的市政

① 尽管久期是一个复杂的数学概念，但是它衡量了一个重要的因素：债券价格相对于利率水平正常变动的敏感度。如果一只短期债券型基金的投资组合久期是2.0，那么利率每变动1个百分点，该基金的价格将上升或下降2%；一只长期债券型基金的投资组合久期是12.0，那么利率每变动1个百分点，其价格上升或下降12%。

债券指数基金的结果，尽管这很难复制，我还是考察了假定 0.2% 的年成本下，成本对其回报率的影响。

结论很明显：**回报率随着成本的上升而下降。**结论就是这么简单。事实上，如图 7-2 中的趋势线所示，平均来说，成本每降低 1 个百分点，回报率就会增加 1.04 个百分点。也许高成本基金的基金经理没有低成本基金的基金经理那么精明。但可以肯定的是，成本是决定长期市政债券型基金相对回报率的首要因素。

将这类基金划分为 4 个四分位区间，区间范围从最高成本的基金过渡到最低成本的基金，从中我们可以看到低成本与高回报的直接关系（见表 7-2a）。低成本四分位区间里基金的费用要比高成本四分位区间里基金的费用低 0.9 个百分点，而其回报率却要高 0.9 个百分点。同样明显的事实是，高成本基金与低成本基金的总回报率实际上是相同的（7.7%）。低成本债券型基金经理的优势在于，其成本仅消耗了长期免税债券市场回报率的 6%，那些高成本债券型基金的成本消耗比例为 18%。假设的低成本债券指数基金仅仅消耗了极小部分（3%）的回报率，这种运作效率显而易见。

这些基金在波动率、品质或者久期方面的差异，对回报率的影响有多大？在普通的长期市政债券型基金中，久期和波动率的差异有利于那些最低成本的基金，但这种差异是微乎其微的。如表 7-3 所示，其投资组合持有的低品质债券的头寸最低。结论很明显：**在风险几乎不变的情况下，最低成本的基金组合将获得长期市政债券型基金的最高回报率。**

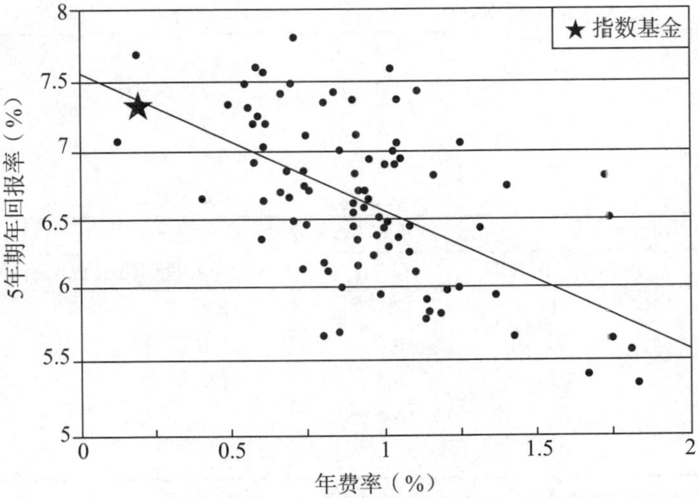

图 7-2a 长期市政债券型基金（截至 1997 年 12 月 31 日的 5 年业绩）

十年以后

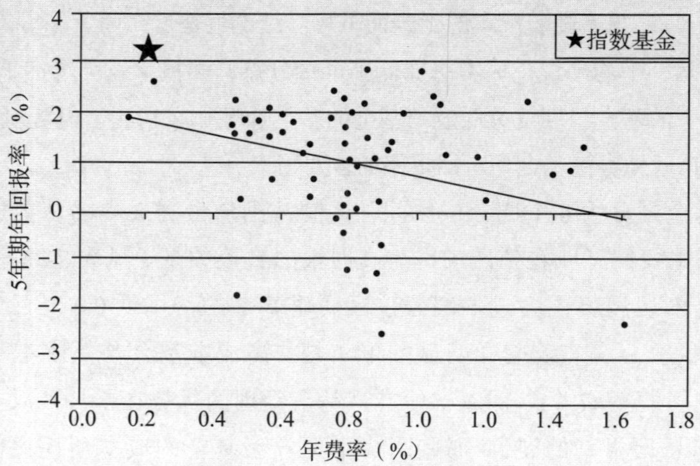

图 7-2b　长期市政债券型基金（截至 2008 年 12 月 31 日的 5 年业绩）

指数基金的净回报率最高，而且其风险也最低。我们无法获得其波动率的评级数据，但它的久期是最短的；其投资组合的品质只比 A 级低 4%，处于最高级别。其回报率如图 7-2b 所示，也是极为突出的。

表 7-2　　高质量的长期市政债券型基金：回报与成本　　单位：%

截至 1997 年				
成本的四分位	5 年期净回报率	费率	5 年期总回报率	成本消耗的回报率比例
第一（最高）	6.3	1.4	7.7	18
第二	6.7	1.0	7.7	13
第三	6.9	0.8	7.7	10
第四（最低）	7.2	0.5	7.7	6
指数基金[a]	7.4	0.2	7.6	3
截至 2008 年				
成本的四分位	5 年期净回报率	费率	5 年期总回报率	成本消耗的回报率比例
第一（最高）	1.0	1.2	2.2	54
第二	0.4	0.8	1.2	68
第三	1.2	0.7	1.9	38
第四（最低）	1.2	0.5	1.7	28
指数基金[b]	3.3	0.2	3.5	6

注：a，雷曼 10 年期市政债券指数，扣减消耗的费率 0.2%。

b，巴克莱 10 年期市政债券指数，扣减消耗的费率 0.2%。

表 7-3 高质量的长期市政债券型基金：风险特征

1997 年						
成本四分位	存续期（年）	波动性[a]	质量级别（%）			
			AAA	AA	A	<A
第一（最高）	8.5	1.20	66	15	7	12
第二	8.0	1.10	58	16	12	14
第三	8.1	1.13	56	20	9	15
第四（最低）	8.0	1.11	60	20	10	10
指数基金	6.9	NA	54	27	15	4
2008 年						
成本四分位	存续期（年）	波动性[a]	质量级别（%）			
			AAA	AA	A	<A
第一（最高）	7.6	1.59	38	31	16	8
第二	7.9	1.67	29	28	18	18
第三	8.5	1.48	28	32	20	15
第四（最低）	7.8	1.63	22	35	24	13
指数基金	7.3	NA	28	44	23	5

注：a，相对于全部期限的市政债券型基金。

数据来源：晨星。

十年以后

长期市政债券

在过去的 5 年里，长期市政债券的回报率比以往 5 年期的回报率要低很多，成本在这期间发挥了更显著的作用。在这期间，成本每下降 1 个百分点，回报率就上升 1 个百分点。现在，当成本下降同样幅度时，回报率会额外增加整整 1.3 个百分点。那只虚拟的债券指数基金也将再次达到最高的回报率水平和最低的成本水平（见图 7-2）。在长期市政债券型基金波动率上升而投资质量略有下降（但仍然很高）的同时，投资组合的久期几乎没有变动。简单的低成本是投资者最终净回报率之间存在差异的最主要原因。

短期美国政府债券型基金

对于第二个案例，我们将把债券的期限范围下调到短期基金，以美国政府债券型基金为研究实例。这组基金（100 只基金）的回报率和成本，如图 7-3 所示。

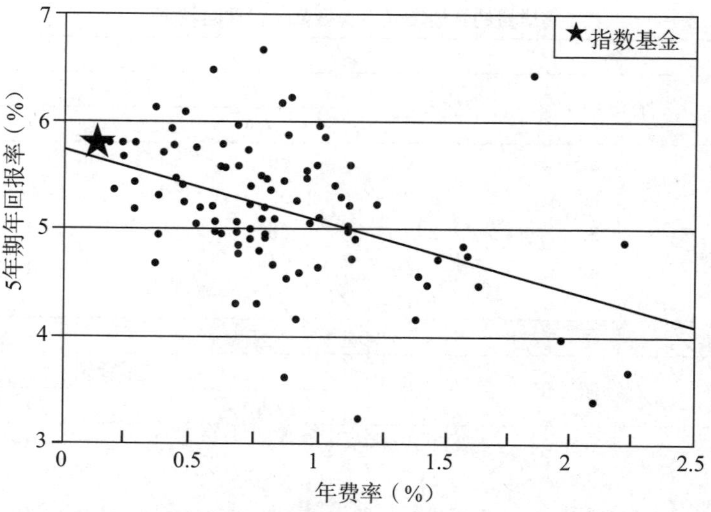

图 7-3a　短期政府债券型基金（截至 1997 年 12 月 31 日的 5 年期业绩）

十年以后

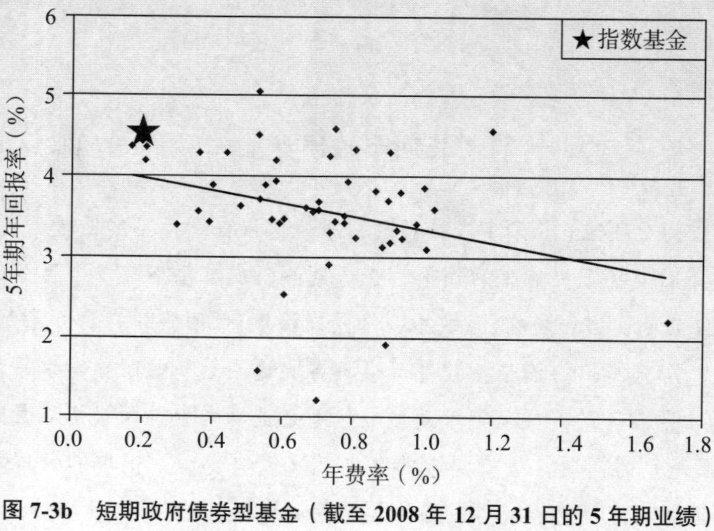

图 7-3b　短期政府债券型基金（截至 2008 年 12 月 31 日的 5 年期业绩）

我们得到了相同的结论：**回报率随着成本的下降而上升。**图中的趋势线显示，成本每降低 1.0%，回报率就增加 0.9%。有一些理由可以很好地解释为什么回报率的上升幅度要略小于 1 个百分点；我们先按成本（表 7-4）将这组基金划分为 4 个区间，然后就能找到原因。需要注意的是，在这个市场板块中很容易创建指数基金，而且它将再次成为强大的竞争者。

表 7-4　　短期美国政府债券型基金：回报与成本　　单位：%

成本的四分位	5 年期净回报率	费率	5 年期总回报率	成本消耗的回报率比例
截至 1997 年				
第一（最高）	4.5	1.6	6.1	26
第二	5.1	0.9	6.0	15
第三	5.2	0.7	5.9	12
第四（最低）	5.5	0.4	5.9	7
指数基金[a]	5.8	0.2	6.0	3
截至 2008 年				
成本的四分位	5 年期净回报率	费率	5 年期总回报率	成本消耗的回报率比例
第一（最高）	3.4	1.0	4.4	23
第二	3.5	0.8	4.3	18
第三	3.6	0.6	4.2	14
第四（最低）	3.9	0.3	4.2	8
指数基金[b]	4.4	0.2	4.6	4

注：a，雷曼短期（1—5 年）美国政府指数，扣减假定的费率 0.2%。

b，巴克莱短期（1—5 年）美国国债指数，扣减假定的费率 0.2%。

注意，在这一市场板块里，最低成本基金的总回报率是 5.9%，在扣除 0.4% 的费率以后，其净回报率为 5.5%。高成本基金的回报率要略高一些（6.1%），但是在扣除 1.6% 的高额费用以后，它们只带给投资者 4.5% 的回报率，整整少了 1 个百分点。

在这里，我们应再一次注意低成本和高回报之间的直接关系。这个问题可归结为：一类是基金经理为你挑选出短期政府债券，并从获得的回报中提取 26%，另一类是基金经理挑选出同样的债券，并从获得的回报中提取 7%，你更愿意选择哪一类呢？简单而言，你愿意获得市场回报的 93%，还是 74%？

事实上，回报率并不是此处唯一的问题。在这类资产中，我们可以假设短期政府债券中的其他方面都相同，但我们至少要考察一下风险特征存在差异的可能性，包括久期、波动率以及品质等方面，如表 7-5 所示。

表 7-5　　短期美国政府债券型基金：风险特征

1997 年				
成本的四分位	风险特征		投资质量	
	存续期（年）	波动性[a]	政府债券（%）	公司债券（%）
第一（最高）	2.3	0.69	92	8
第二	2.4	0.70	95	5
第三	2.4	0.58	99	1
第四（最低）	1.9	0.53	97	3
指数基金	2.3	NA	100	0

续前表

2008年				
成本四分位	风险特征		投资质量	
	存续期（年）	波动性[a]	政府债券（%）	公司债券（%）
第一（最高）	2.2	0.09	97	3
第二	1.9	0.09	94	6
第三	2.1	0.08	96	4
第四（最低）	1.1	0.07	97	3
指数基金	2.7	NA	100	0

注：a，相对于应纳税的全部期限的债券型基金。

这里，我们获得了一些有价值的发现：低成本的基金组合不仅提供的回报率最高，而且其以久期和价格波动率来衡量的风险也是最低的。（这里指数基金的久期是全部基金作为一组时的久期。）因为这些基金是属于短期美国政府债券类型，尽管只有指数基金持有 100% 的政府债券，其他政府债券型基金也几乎都持有美国政府债券，故其信用品质相当优异。风险随着成本下降而略有降低，这就有助于解释为什么成本每降低 1 个百分点，而回报率上升幅度略少于 1 个百分点。这同样表明，高成本的基金经理如果想通过承担更高的风险来获得更有竞争力的收益，结果是徒劳的。

低成本的短期政府债券型基金以及低成本的指数基金，可以提供最高的回报及最低的风险，这是一个获胜的组合。

十年以后

短期政府债券型基金

近来，短期美国国债基金的回报率也在下跌，尽管由于它们的久期较短，所以其跌幅要远远小于长期市政债券型基金。图 7-3b 中的斜线表明了大致相同的事实：平均而言，费率每降低 1.0 个百分点，就会导致年回报率上升 0.8 个百分点。（在以前的图表中，上升幅度是 0.9 个百分点。）这只虚拟的指数基金，在扣除假设的 0.2% 的成本后，就会再次在这场业绩比赛中领先。几乎所有的国债型基金都保持着类似的（很高的）投资质量，只有那些在最低成本四分位区间里的基金，才表现出：总回报率最低，波动率风险最低，净回报率最高。更高的回报看似矛盾地伴随着更低的风险。

中期美国政府债券型基金与 GNMA 基金

现在让我们将考察的债券期限从长期和短期转向中期。也许对我们理论的最佳检验就是研究在中期美国政府债券型基金和 GNMA 基金中，成本与回报之间的关系。（这两者随着时间的推移都表现出非常相似的回报率，而且在我看来，晨星很恰当地将这两者都纳入了同一基金类型中。）到目前为止，我们对这种模式的成本以及回报率都很熟悉，不过还是再来看看图 7-4。

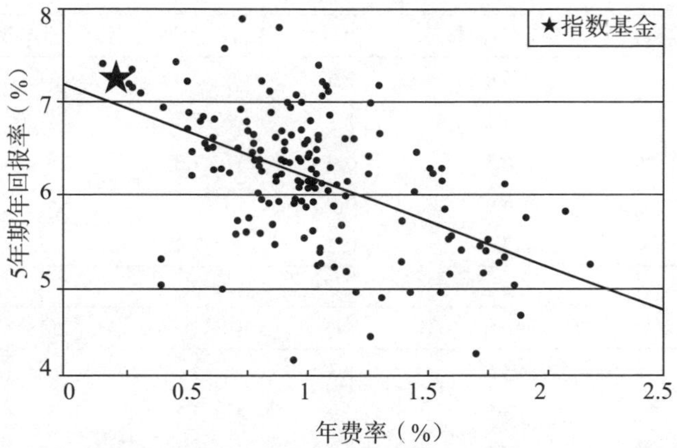

图 7-4a　中期政府债券型基金（截至 1997 年 12 月 31 日的 5 年期业绩）

十年以后

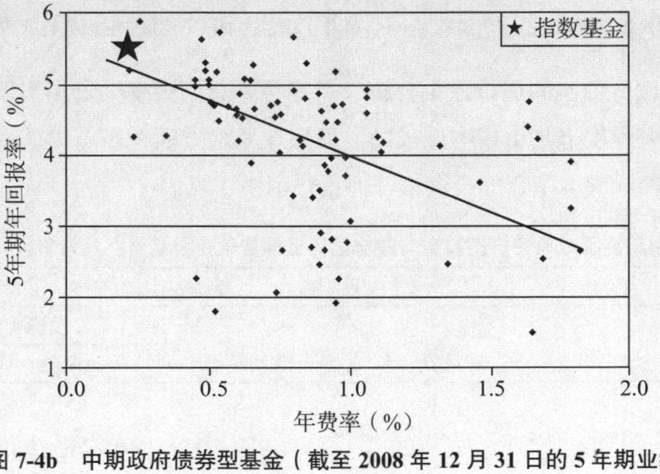

图 7-4b　中期政府债券型基金（截至 2008 年 12 月 31 日的 5 年期业绩）

此时，成本每下降 1.0%，回报率就会上升 1.10%，与我们在长期以及短期债券型基金中看到的十分类似，有力地证明了我们的中心论点：所有期限的债券型基金的成本和回报之间，存在着紧密联系。表 7-6 再次反映了我们的观点，处于低成本四分位区间的基金，获得了与处于其他三个区间的基金大致相同的总回报率（7.2%），但其净回报率要高出 10%（达到 6.6%）。而这只指数基金也再次脱颖而出，它所获得的回报率在这些基金中处于最高水平。

表 7-6　中期美国政府债券型基金与政府国民抵押贷款协会基金：回报率和成本　单位：%

成本的四分位	5 年期净回报率	费率	5 年期总回报率	成本消耗的回报率比例
截至 1997 年				
第一（最高）	5.4	1.6	7.0	23
第二	6.2	1.1	7.3	15
第三	6.3	0.9	7.2	13
第四（最低）	6.6	0.6	7.2	8
指数基金[a]	7.2	0.2	7.4	3
截至 2008 年				
成本的四分位	5 年期净回报率	费率	5 年期总回报率	成本消耗的回报率比例
第一（最高）	3.6	1.3	4.9	27
第二	3.8	0.9	4.7	19
第三	4.5	0.7	5.2	13
第四（最低）	5.0	0.4	5.4	7
指数基金[b]	5.5	0.2	5.7	4

注：a，雷曼政府国民抵押贷款协会与美国国债（5～10 年）指数的加权平均值，扣减假定的费率 0.2%。
b，巴克莱政府国民抵押贷款协会与美国国债（5～10 年）指数的加权平均值，扣减假定的费率 0.2%。

我们对这些四分位区间进行逐个分析，就能看到总回报率大致相当但净回报率却相差甚远，这在很大程度上是由成本造成的。如果在风险方面存在差异的话，那么这种差异会随着我们对最低成本基金的投资偏好而很快消失（见表 7-7）。

表 7-7　中期美国政府债券型基金与政府国民抵押贷款协会基金：风险特征

1997 年			投资质量（%）	
成本的四分位	存续期（年）	波动性[a]	政府债券	公司债券
第一（最高）	4.5	1.18	95	5
第二	4.7	1.06	90	10
第三	4.2	1.04	97	3
第四（最低）	4.5	0.98	90[b]	10
指数基金	3.4	NA	100	0

续前表

2008 年				
			投资质量（%）	
成本的四分位	存续期（年）	波动性[a]	政府债券	公司债券
第一（最高）	3.3	0.24	96	4
第二	2.7	0.23	96	4
第三	2.9	0.33	96	4
第四（最低）	3.2	0.28	95	5
指数基金	2.7	NA	100	0

注：a，相对于应纳税的全部期限的债券型基金。

b，在该四分位区间有 42 只基金，其中 25 只是 100% 投资政府债券，而其余 17 只将投资政府债券的平均比例降至 90%。

整体上，较高成本的基金与低成本的中期政府债券型基金，有着几乎相同的平均久期，但低成本基金的波动率要比高成本基金低大约 20%，债券指数基金的久期则要短 20% 以上，基金投资组合的构成几乎是一致的。因此，在久期、波动率和投资组合品质这三方面都大致相同的情况下，成本就是获胜的关键。该指数基金再次以其优越的相对回报和极低的相对风险脱颖而出。

十年以后

中期政府债券型基金

信息再次一致：低成本是产生高回报的主导因素。在本书的上一版中，图 7-4 显示了：平均而言，成本每下降 1.0 个百分点会导致回报率上升 1.1 个百分点。这一次，成本降低相同的幅度，会导致回报率的上升高达 1.6 个百分点。另一方面，虚拟的中期债券指数基金的净回报率将继续大幅领先。

这些基金在波动率、偏离度以及投资品质方面几乎不存在显著差异。但是凭借年均仅 0.4% 的费率，位于最低成本区间基金的回报率会比最高成本区间的基金高出近 40%。

中期公司债券型基金

以下的例子传递了同样的信息，不过是以不同的术语再次强调了这个论点。在中期公司债券型基金中，尽管那些较低成本的基金回报率略高一些，如果不考虑成本，这些基金的净回报率将相当一致。在这个组里，指数基金再次表现得异常出色，业绩遥遥领先。它的低成本使其能够提供更高的回报，并且它只持有那些具有投资级别的公司债券，其中没有一只债券的评级低于 BBB。

正如图 7-5 中显示的，回报 / 成本这一斜线是向下倾斜的，但并没有以前案例所表现的那么陡峭。该斜线显示，成本每下降 1.0 个百分点，回报率就增加 0.3%。

当我们检验表 7-8 中的这 4 个成本的四分位区间时，相同的模式就变得清晰可见了。最低成本基金较最高成本基金的净回报率有 0.2% 的优势，即 7.3% 对 7.1%。但在成本方面的优势更显著，高达 0.7%，即 0.6% 对 1.3%。

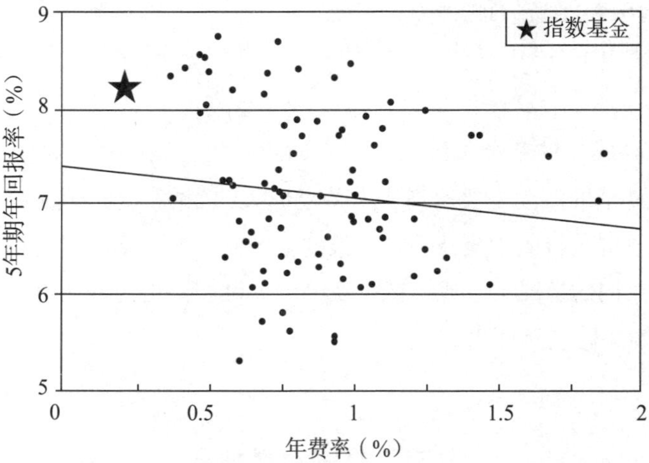

图 7-5a　中期公司债券型基金（截至 1997 年 12 月 31 日的 5 年期业绩）

十年以后

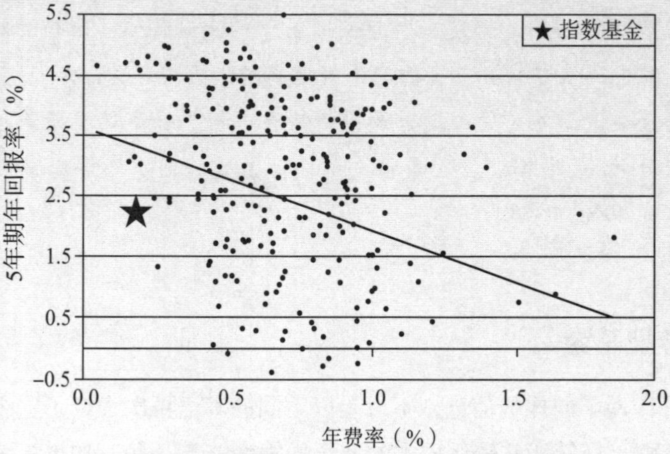

图 7-5b　中期公司债券型基金（截至 2008 年 12 月 31 日的 5 年期业绩）

表 7-8　　中期公司债券型基金：回报与成本　　单位：%

截至 1997 年				
成本的四分位	5 年期净回报率	费率	5 年期总回报率	成本消耗的回报率比例
第一（最高）	7.1	1.3	8.4	15
第二	7.2	1.0	8.2	12
第三	7.3	0.8	8.1	10
第四（最低）	7.3	0.6	7.9	8
指数基金[a]	8.2	0.2	8.4	2
截至 2008 年				
成本的四分位	5 年期净回报率	费率	5 年期总回报率	成本消耗的回报率比例
第一（最高）	2.1	1.1	3.2	34
第二	2.0	0.8	2.8	27
第三	2.7	0.6	3.3	18
第四（最低）	2.9	0.4	3.3	12
指数基金[b]	2.1	0.2	2.3	9

注：a，雷曼（5~10 年）投资级别指数，扣减假定的费率 0.2%。

b，巴克莱美国（5~10 年）信用指数，扣减假定的费率 0.2%。

这些高成本的基金经理如何能够克服高成本的障碍呢？是否是因为高收费赋予了他们更好的管理能力呢？还是他们通过承担更高的风险能获得更高的收益呢？表 7-9 为这个问题提供了一个明确的答案：他们确实承担了更多的风险。

表 7-9　　中期公司债券型基金：风险特征

1997 年						
成本的四分位	存续期（年）	波动性[a]	政府债券占比（%）	质量级别（%）		
				AAA-A	BBB	<BBB
第一（最高）	5.2	1.14	21	36	24	19
第二	5.1	1.08	34	36	18	12
第三	4.8	1.04	42	33	15	10
第四（最低）	4.6	0.99	49	34	8	9
指数基金	5.4	NA	0	70	30	0
2008 年						
成本的四分位	存续期（年）	波动性[a]	政府债券占比（%）	质量级别（%）		
				AAA-A	BBB	<BBB
第一（最高）	3.8	0.52	15	77	15	8
第二	4.5	0.61	15	78	16	6
第三	3.7	0.36	16	83	12	5
第四（最低）	3.9	0.42	19	85	10	5
指数基金	6.2	NA	0	63	37	0

注：a，相对于应纳税的全部期限的债券。

表7-9清楚地表明，基金经理在每个更高的成本水平上，都无一例外地承担了更高的风险。基金经理似乎已经决心要提供具有竞争力的回报了，而考虑到其成本更高，他们别无选择，只能承担更高的风险。据我所知，这种显而易见的关系仍未公开。但这种关系确实是存在的，而且表现在三个方面，即：更长的久期、更高的价格波动率，以及更低的投资组合品质。这正是低成本基金（83%投资于政府债券和A级别公司债券，而9%投资级别低于BBB的债券）与高成本基金（只有57%投资于政府债券和达到投资级别的债券，而19%都投资级别低于BBB的债券）之间的一个显著差异。我们之前看到的那种在成本和回报之间一比一的此消彼长关系，已经部分地被风险与成本之间的逆向抵消关系所取代。在公司债券型基金中，这种对换关系表现最为明显。然而，较低成本的基金风险很低，回报却稍高一点。这些数据所揭示的有关公司债券指数基金的情况，相当令人吃惊。正如人们所期望的那样，较高的回报率部分来自其低成本，但也同样得益于相对较长的久期（5.4年对管理型基金4.9年），以及可能略高的信用风险（不投资政府债券，但也不投资级别低于BBB的债券）。实际上，按照定义，公司债券型基金组合包括混合公司债券型—政府债券型基金与指数基金，其最终胜出不仅是因为低成本，也因为其能真正做到坚持投资公司债券。

十年以后

中期公司债券型基金

更新后的图7-5所显示的最终情况是，中期公司债券型基金在早期和近期都表现为一条同样向下倾斜的曲线，我们对此不再惊讶。这条曲线也描述了其他债券型基金类型的特征。在之前的时期，费率每下降1个百分点，就会导致年回报率上升0.3个百分点，而在近期，费用下降同等幅度，却伴随着年回报率显著提升整整1.7个百分点。

有趣的是，回报率的这些差异无法用投资品质或久期的差异来解释。（在全部的成本四分位区间里，尽管最低成本的基金持有更多的A级别或更优级别的债券，以及更少的投资级别低于BBB的债券，但大部分基金都持有达到投资级别的债券组合。）在这个罕见的情形中，这只虚拟的债券指数基金的回报比主动管理型基金更少，这在很大程度上可归于以下因素：(1) 该指数基金有着更长的久期（6.2年对平均大约4年），使其对利率上升的敞口更大；

(2) 该指数基金与普通基金在投资组合方面存在差异，前者完全持有公司债券，而后者在其投资组合中持有16%的政府债券。在这段时期的最后两年里，政府债券的回报率远远高出公司债券。

管理能力的作用如何呢

我们对债券型基金的成本和回报之间关系的分析看来相当有效：成本是有重要影响的。但成本并不是影响回报率的唯一因素。否则，在本章开始时所展示的那三个散点图就不会是不同模式。实际上，该趋势线周围离差的测量结果为R平方[①]，平均小于0.36。（R平方为1.00，可以将每只基金恰好放在趋势线上，这就意味着成本可以解释100%的回报率，而不是36%。）债券指数基金相对债券指数的回报率，几乎可以完全由其所承担的成本以及与其基金经理市场匹配的能力这两个因素来解释。债券指数基金的低成本（假定为0.2%）在很大程度上解释了它优于主动管理型基金的原因。

尽管久期风险和波动率风险都会造成回报率的变化，管理能力也是影响回报率的一个重要因素。在债券型基金中，确实有一些优秀的职业基金经理，他们精明、富有经验且精于固定收益市场的运行方式。他们管理的基金可能不局限于组合品质且不受到期限的限制，只有投资者能够决定他们偏好哪些类型。每只基金都应清楚地描述其投资策略。除了投资策略的选择以外，基金经理业绩的一部分是基于其自身在投资各方面所具备的管理能力，还有一部分是基于运气。这两方面的因素不容易分辨，而基金经理所具备的持久管理能力也很难提前识别。以往基于基金经理的管理能力而实现的回报，即使有，也无法为将来的业绩提供足够的保证。

那么投资者应当遵循何种方式呢？**常识指导我们应当主要从最低成本区间里去挑选债券型基金，才可能实现更大的回报率，并最大可能地回避那些位于最高成本区间的基金。**债券指数基金将会是相当完美的选择，但这样的基金数目很少。（考虑到它们的收益几乎完全流向了基金份额持有者而不是基金经理，基金经理缺乏设立它们的激励。）然而，投资一只管理优秀且低成本的基金以获取优秀的回报率，这是可能的，也始终具备挑战性。投资者如果能够以这种方式来选择基金，必将会获得相应的回报。

① R平方是衡量任意两个因素之间相互关系的工具。在这个案例中，平均来说，投资费用水平解释了0.36或者36%的债券型基金的回报率水平。所有其他的因素联合起来，比如风险、投资组合换手率以及管理能力和运气，解释了剩余比例0.64或者64%的回报率水平。

销售佣金加剧了成本问题

在考察债券型基金的份额持有人对回报与成本（在某种程度上是风险）之间的关系是否有所认知之前，我应当指出，刚才进行的对比完全忽略了我们应付的销售佣金，因为投资者在购买基金份额或者在 5 年内赎回其已购买的基金份额时都需要支付这部分费用（隐含的 12b-1 销售佣金已包含在费率中）。因此，对于基金传统的前端认购收费以及近期后端赎回费的大量质疑，我的分析对此有所裨益。

具有讽刺意味的是，在高成本基金中，大多数是收取销售佣金的基金；在低成本的基金中，则以免佣基金为主。例如，在最高成本组的 21 只中期公司债券型基金中，有 17 只收取前端认购费，没有一只是免佣金的。另一方面，在最低成本组的 22 只基金中，只有 4 只基金收取前端认购费，其余 18 只都是纯粹的免佣基金。行业数据忽略了这些费用的影响，但是，若投资者忽略了这些影响，则很危险。

投资者确实忽略了这些影响。在该行业的两大主要分销渠道里，由经纪人分销的那些收取销售佣金的高成本债券型基金的资产是 4 820 亿美元（包括 1 220 亿美元由经纪公司自营的资产），而免佣债券型基金 1 650 亿美元的资产就相形见绌了。对于管理着债券型基金的那些经纪公司来说，有两点是明确的：（1）他们收取了高额的管理费；（2）对他们的客户而言，这笔费用难以承受，他们也总是想方设法从客户处收取这笔费用。在那些客户看来，这是代价高昂的组合。

作为一名冷静的观察者，看到在这些大型的全国性经纪公司里不断发生的种种矛盾现象，必然会感到非常困惑。在他们办公大楼的第三层（我们称之为机构交易层），债券交易员正在就证券价格的 1 个点数进行争吵（在交易用语里，每个点数等同于 1 个百分点的 1/32，对于 1 000 美元债券来说，也就是大约 31 美分）。如果为了 1/16（2 个点数），这些交易员就准备打架了。如果为了 1/8（4 个点数），他们就将掏出刀枪准备杀人拼命了。然而，在同一个大楼的第一层里（称之为零售层），他们的账户经理却似乎能够完全忽略多达 32 个点数（1 个百分点），甚至是 50 个点数（1.6 个百分点）。他们就这样年年向客户收取费用，这些费用可能对卖方是相当重要的，但对买方则毫无益处。

费用也是真金白银

并非只有那些由经纪人管理的基金才收取高额费用。尽管这些费用对回报有着深远影响，收费行为仍然大肆横行于债券型基金领域。即使那些费率低于行业标准的大型基金，也让投资者支付数额惊人的咨询费用。用当前流行的说法就是，这些费用实际上才是“真金白银”。例如，1997 年，一只最大的 GNMA 基金（资产为 80 亿美元）向其投资基金经理支付了 4 400 万美元，尽管该基金实现的回报率甚至不及一只非托管的 GNMA 证券指数。（这只基金同样支付了 900 万美元的 12b-1 费用和 1 000 万美元的管理费用。）那位基金经理会将 4 400 万美元中的多大比例用在管理上呢？如果我们假设有两个投资组合的基金经理，一个或者两个信用分析师（GNMA 基金的信用品质是由美国财政部担保的），几个债券交易员，以及一定数额的成本和日常开支，可能总成本会达到 500 万美元。（然而更大的 GNMA 基金有着更高的回报，却只向其投资顾问支付 100 万美元。）其余的 3 900 万美元的费用到哪里去了呢？唯一可能的去处就是那位基金经理的口袋。为什么不让其中一部分以降低费用的形式落进基金份额持有人的口袋里，让他们也感受由基金管理所带来的规模经济的成果呢？

位于最高成本区间里的那些债券型基金，其投资顾问消耗了大约 20% 的基金回报，基金份额持有人只获得余下的 80%，但是基金份额持有人提供了 100% 的基金资本，却没能从其投资中获得公平的回报。更糟糕的是，基金持有人获得的比重逐年降低。那些买卖基金的投资者还忽略了高成本在商品式的债券市场中所累积的效应，该市场提供了相对较低的回报率。目前，债券回报率平均为 6%；对基金份额持有人而言，即使成本降低 1%，也只会使回报率减少 17%，达到 5%。表 7-10 显示了随着时间的推移，10 000 美元的初始投资受上述差异的影响。成本上升 1 个百分点，在 10 年以后所获的终值差异将达到 20%，在 40 年以后将达到 35%。忽略这一累计成本可能是心智上的解脱，但却会演变为一场财务上的灾难。

表 7-10　成本如何随着时间的推移而消耗债券型基金的回报率的

期限（年）	初始投资 10 000 美元			
	资本价值		资本损失	
	6% 回报率（美元）	5% 回报率（美元）[a]	数额（美元）	百分比（%）[a]
1	10600	10500	100	17
10	17900	16300	1600	20
20	32100	26500	5600	25
30	57400	43200	14200	30
40	102900	70400	32500	35

注：a，资本损失占市场溢价的百分比。

十年以后

费用的影响

在过去的5年里，由于债券的回报率较低，投资者被过多费用所消耗的资产比例达到了很高水平。下表说明了这一事实：

在每个四分位区间里费用成本所消耗的总回报比例　　单位：%

	最高	最低	指数
长期市政债券	54	28	6
短期美国国库券	23	8	4
中期国债	27	7	4
中期公司债券	34	12	9
平均值	34	14	6

选择权在你手中。你可以投资于那些最高成本的债券型基金，并将34%的回报给基金经理。你也可以投资于那些有着最低成本的债券型基金，仅放弃14%的回报。更好的是，你还可以利用债券指数基金，它们的低成本只会消耗6%的费用，为你保留94%的回报。

怎样避免承担过多的成本

尽管数量很少，但还是存在一些防御措施以避免费用过度扩张，这一点需要依赖债券型基金领域里“回报—风险—成本”这三者之间的权衡关系。在股票型基金领域也存在同样的权衡关系，但随着时间的推移，有着较低回报率的债券型基金往往会受到更大的影响。但不幸的是，防御措施很少起作用。作为同时监管经纪公司和基金分销商的自律型组织，美国证券交易商协会（NASD）对经纪人为其客户提供的投资选择提出了适当性要求。但当债券型基金领域存在低成本的投资选择时，一只消耗20%甚至更大比例的市场回报的基金怎么能是合适的呢？证券与交易委员会（SEC）要求这些基金全面披露信息，然而在债券型基金的招募说明书中，没有向投资者提及普遍存在于金融市场的这一事实，即更高的回报（或更低的风险）总是与更低的成本紧密联系，更别说会做出完整的信息披露。

如果无法实施更为严格的信息披露来使投资者有能力做出这些判断，如果基金董事不把基金份额持有人的利益置于基金顾问之上，也不降低基金费用，那么投资者应怎样保护其自身利益呢？答案是，基于常识。仔细阅读基金招募说明书[①]，如果它们不够清楚或者无法随时获得，则要求这些基金做出答复。仔细考察由波动率、久期和投资组合品质所定义的风险水平。最重要的是，寻求现有的成本低廉且管理良好的债券型基金。

今天确实存在着低成本的债券型基金可供选择，但是数量并不多。在晨星公司 5 年的数据库中，每 20 只债券型基金中只有 1 只的费率低于 0.5%，而 0.5% 是我所认定的成本的合理上限。这些基金都是按照回报率最高的四分位区间来排名的，为什么没有更多的按低成本的排名选择呢？投资者何时才会对这些基金有强烈需求，而投资顾问何时才会提供这些基金呢？为什么没有更多的债券指数基金呢？据我所知，债券指数基金的总数是 20 只，这个数字确实少得惊人。在商品式市场里，基金成本对基金份额持有人而言是其回报率的关键决定因素，一只指数基金以 20 个基点甚至更低的成本运作，但该市场却正好缺乏这样的指数基金，这是令人震惊的。为何基金业不能解决这些由过高费用造成的严重异常现象呢？只要愿意，我们就可以清理市场中这些杂乱的收费行为。

债券型基金的投资者不应当再继续忍受过高的成本了。随着时间的推移，大多数收费基金的收费变得越来越有掠夺性了，这些收费基金的费用和佣金都应当大幅削减。前面的表格已说明，成本对债券型基金回报率的侵蚀最终将使投资者的资本趋向消失。债券型基金如果依然无法提供足够的回报率，这个资产近 10 000 亿美元的基金帝国必将没落，它的逐渐被遗忘代表着某种形式上的理想化惩罚。但我更愿意看到被逐渐遗忘的是那些过高的销售佣金和过多的管理费。如果真是那样，债券型基金的投资价值特征就会显现，共同基金业的债券型基金板块，就可以恢复它在市场中应得的关注。

我希望监管和自律机制最终都能发挥作用。但是，如果无法实现该结果，就只能由投资者自己在做选择时，避开那些高成本的债券型基金，抛售已持有的高成本债券型基金，并找出以低成本运作且管理良好的债券型基金，追踪高品质债券市场指数的债券指数基金。最终，我想说的是，债券型基金业的未来取决于债券型基金的投资者。

---

① 这些问题在货币市场基金类型中更为可预见也更加明显。然而它们在那里也同样完全被忽略了。

十年以后

未来10年的债券型基金

在2009年年中，长期市政债券型基金的平均回报率为5.1%，与10年前5.3%的水平非常接近。短期国库券和中期国债的收益则暴跌了，分别跌到不足1.0%和2.8%。达到投资级别的中期公司债券，其回报率从之前的6.9%跌至5.4%。既然更长期限债券的当期收益是其未来收益的良好信号，你就必须仔细计算未来收益有多大比例可能流向投资者，又有多大比例会被基金经理消耗掉。

不要忘记考虑这个建议，即购买收取销售佣金的债券型基金会有损其投资价值。可能会有股票型基金经理能够克服这一成本负担，但具有这一能力的债券型基金经理必定因其稀有而惹人注意。这一点清楚且有说服力，并且一直存在。

我应该提一下债券目录上的一种相对较新的产品。在1997年，美国财政部开始发行“抗通胀”（inflation-protected）债券，这种债券支付的利息会随着CPI的增长而上升。现有的抗通胀债券的久期为5年到30年不等。目前，抗通胀债券的10年期回报率为1.7%，大约是普通10年期国债3.4%的回报率的一半，这意味着市场参与者预期，在下一个10年里，通胀率平均会达到1.7%。如果通胀率更低，普通债券会是更好的选择；如果通胀率更高（而且可能会高很多），抗通胀债券就会是更好的选择。

在这段不确定的时间里，债券型基金对投资者而言，是特别重要的投资选择。与股票型基金不同，它们至少在下列5个方面具有很高的可预测性：(1) 当前的收益（对更长期限的债券而言）即使并不完美，也是未来回报的一种出色的预测工具。(2) 债券型基金经理获得的总回报集中在一个狭窄的范围内，是由该市场每个部分的当前利率水平所决定的。(3) 投资选择很广泛，随着到期日的延长，本金波动率上升，但收入波动率却下降了。(4) 无论是应税的债券型基金或是市政债券型基金，它们的回报率都彼此高度相关。在高税负的基金类型中，市政债券型基金对投资者来说是很好的选择；而对那些相信联邦政府的巨额赤字必将产生更高生活成本的投资者来说，抗通胀债券则是合理的选择。(5) 考虑到这些债券型基金的投资组合品质以及期限都相当，它们最大的共同点就是：更低的成本意味着更高的回报（不要忘记债券指数基金，或者与其相当的那些有着最低的成本的基金）。

第8章

全球投资：钻石之邦

“钻石之邦”（Acres of Diamonds）是天普大学（Temple University）的创建人鲁塞·康威尔（Russell Conwell）博士发表的一次经典演讲的标题。在大众传媒时代之前的19世纪七八十年代，他向全世界发表了这一演讲，他的讲话激励了数百万人。康威尔博士讲述了一位名叫艾哈福德（Al Hafed）的古代波斯人的故事，他是一名富人，希望获得更多财富。有一天夜里，他梦见自己找到了一处很大的钻石矿。不久以后，他就出发去寻找它，走遍了古代世界的每个角落。

艾哈福德为这次探索耗尽了所有的财富。绝望之极的他在海格利斯之柱（the Pillars of Hercules）旁投海自杀了，在布满泡沫的潮汐浪尖中溺水而死。后来，在艾哈福德在波斯的宅院里，康威尔博士的故事继续着，“他的后人牵着骆驼来到花园的小溪边，注意到浅浅的溪流里有一道奇异的光芒，接着他搬出一块泛着一丝光亮的黑石，映射出彩虹般的光芒。”他在艾哈福德的花园中发现了戈尔康达（Golconda）大钻石矿，这个矿曾出产过一些全世界最好的钻石，包括镶嵌在英国王冠上的珍品“光之山”（Kohinoor）钻石。

这个故事的寓意清楚而简单：待在家里，在自己的花园里挖掘宝藏，不要去陌生的世界冒险挑战命运。你将会在你所处之地找到“钻石之邦”。

我对在美国境外投资的情况了解得越多，对这个故事就思考得越多。我并非暗示美国经济是一处新的戈尔康达钻石矿，也不是指投资海外企业就像死在异国他乡。但至少在目前，我们所处的美国仍是世界上最具活力、最具创新力的地方，拥有全球最开放的法治环境，以及最完善的资本市场。美国凭借5%的世界人口，为全球创造出25%的产品和服务。可以毫不夸张地说，美国几乎是所有其他国家羡慕的对象。作为美国公民，我们每天都应该感恩祈祷。

如果我们的钻石矿藏就在国内，难道我们不应该就在这里选择投资项目吗？我相信这会是一个明智的投资策略。海外投资，比如投资于其他国家的公司，这对一个广泛分散化的投资组合来说，并不是非常重要，也不必要。对于那些不同意这个观点的投资者，确实也存在一些进行全球投资的正当理由，我会建议他们将其全球股票投资组合中国际投资所占的最大比例限制为 20%。[①]

全球投资组合的极限

今天普遍的投资观念是海外投资。近年来，养老基金和捐赠基金逐渐减少了其美国股票头寸，并将其持有的境外股票数量增至一个很高的水平。超过 1 000 只在美国运营的股票型共同基金（占了 25%）主要投资于国际股票，甚至一些大型的国内基金也将有近 7% 的资产投资于境外证券。学术界的理论专家大力推崇全球投资策略，有些专家还建议，理想的股票投资组合应该包括每个国家的股票，投资权重则依照各国在国际市场的权重。根据 1998 年中期的情况，依照这种投资策略形成如下权重：

国家	百分比（%）
美国	48
日本	9
英国	10
德国	5
法国	4
新兴市场	4
其他	20
总计	100

注意：在这个对美国投资者而言的“理想”投资组合中，有超过一半的资产会置于美国境外。

这个投资策略主要是基于这样一个简单的假设：因为境外市场有着与美国市场不同的波动模式（重要的是，它们彼此之间也不一样），将它们纳入美国股票投资组合就可以降低该组合的整体波动率，并可提供更高的风险调整资本回报率。其他支持这种策略的理由还包括：更为分散化的经济基础将增强内在的稳定性、更高的潜在增长率和世界市场中更便宜的估值。但这些投机性的论据不一定成立。

1997 年年底，这个故事的另一面由《华尔街日报》专栏作家罗杰·洛文斯坦（Roger Lowenstein）进行了很好的陈述。他将该投资策略描绘为“全球投资的谎言”。他写道：“这种流行一时的投资观念在 1997 年被公认为是不理智的。”他引用亚洲股票暴跌的实例来挑战下述观念：“该策略所指的那些‘理性的’投资者会根据每个国家的市场权重，将其大量资金从他熟悉的国家转移到他所不熟悉的国家。”洛文斯坦总结道：“既然在每

① 国际投资组合只包括境外证券。全球投资组合包括美国证券和境外证券。这些定义与行业用语是一致的。

个国家都下注要比在一个国家下注明智，那么更为明智的是完全不赌博。”

十年以后

全球投资组合

今天的全球投资组合与10年前非常相似。美国股票的权重略有下降，从48%降至44%，那些发达国家或多或少都持有它们自己的股票。只有那些新兴市场国家表现出众，其权重从1998年的4%增长至10年后的9%。

国家	百分比（%）
美国	44
日本	11
英国	8
德国	4
法国	4
新兴市场	9
其他	20
总计	100

货币风险及回报

我也对市场权重下全球投资策略持保留意见。这涉及股票投资者从不需要承担的一种深层次的特定风险：货币风险。投资于以本币计价的股票所获得的回报，与投资者的收入、消费和储蓄都用相同的货币来衡量（有时这有利于本国公民，当然有时也无益于他们）。即使以当地货币计价的海外投资获得与美国投资相同的回报率，但最终获得的回报率也可能是完全不同的，这取决于世界市场中美元走势的强弱。强势的美元会降低美国投资者在境外市场所获得的回报率；弱势的美元则会提高在境外市场所获得的回报率。

从长期来看，因为政府融资与国际贸易的相关机制将使货币价值保持均衡，所以货币风险应该是全球市场的一个中性因素。但从中期来看，货币走向购买力平价的道路可能充满了艰难险阻。例如，在摩根士丹利资本国际公司（Morgan Stanley Capital International）的欧洲、澳大利亚、远东（EAFE）指数的30年历史中，美元从1970年到1980年表现弱势，之后到1984年一直走强，而后一直到1995年都非常疲软。自那时起，美元币值又逐步回升。然而，在1998年美元的情况又大致和1980年相同。美元币值的波动造成了投资者对国际市场回报率的重大误解。1985年到1994年的10年间有一个很好的实例。表8-1a的上半部分显示了美国投资者的境外回报率（以美元计）大大高出了美国股票的回报率。

考虑到这种情况，投资者可能很容易（或许已经）相信，境外市场已经跑赢了美国市场，并在未来会有更好的增长。境外市场的年回报率比相当强劲的美国市场还要高出3.6%，这个差距在这10年里已经形成了137个百分点的额外资本积累。那么为何不顺势而为呢？

确实，为什么不呢？然而，这些在国际市场中的超额回报，很大程度上是一种幻觉。尽管投资者在货币市场已经获得了一份相当丰厚的回报，但是来自境外股票市场的回报实际上却相当一般。若以本地货币计量，国际市场的年回报率每年落后美国市场4.1个百分点，比它们表面领先美国市场的差额多一点。美元的过度弱势使累计的国际市场回报翻了一番多，如表8-1b所示。

我认为，**从长期来看，美国投资者在境外股票上取得的业绩，最终是由每个国家股票的基本面决定（基于股息率和盈利增长率），而不是由货币回报率决定的。**考虑到20世纪90年代全球各国的经济增长率，将其与今天美国所具有的强大的全球影响力、企业家活力和技术领先地位相比，我们可以合乎逻辑地预期美国的经济增长会超越其他国家。

表8-1a　　截至1994年12月31日的10年期全球回报率　　单位：%

全球市场	年回报率	累计回报率
	以美元计	
美国股票	+14.3	+283
国际股票（美国货币）	+17.9	+419
美国股票的落后差额	−3.6	−137
	以当地货币计	
美国股票	+14.3	+283
国际股票	+10.2	+163
美国股票的优势	+4.1	+119

注：a，标准普尔500指数和MSCI-EAFE指数。

十年
以后

表 8-1b　1994 年 12 月至 2009 年 6 月的全球回报率

全球市场[a]	年回报率	累计回报率
	以美元计	
美国股票	6.8	160.4
国际股票（美国货币）	3.7	68.4
美国股票的优势	3.1	92.0
	以当地货币计	
美国股票	6.8	160.4
国际股票	3.5	66.0
美国股票的优势	3.3	94.4

注：a. 标准普尔 500 指数和 MSCI-EAFE 指数。

另一方面，美国很可能处于其经济周期的顶峰，而很多欧洲国家、日本和新兴市场国家则分别受困于高失业率、金融机构过度扩张和深度衰退，它们的经济可能已经达到了某种意义上的最低点。这个问题的更复杂方面是，我们从来都不清楚这些经济因素能否在当前的市场估价中得到准确体现。全球范围内超额市场回报率之间的竞赛，从来都不是一件容易预测的事。

不过，在 1994 年倒是有一件事在我看来是容易预测的。事实证明，这个预测到目前为止还是正确的：美元这样的弱势不可能无限期持续。考虑到这种可能性，以往的业绩数据由于深受美元弱势的影响，存在严重的缺陷。如果没有意识到弱势美元每年为境外股票的回报率增加了 7.7 个百分点，我们就会对未来的回报率抱有过高的期望。实际上，从 1994 年年底到 1998 年中期，美元恢复了强势并将境外市场的年回报率降低了 4.6 个百分点。

十年
以后

货币风险及回报

从我描述的“美元的弱势（从 1984 年到 1994 年）不可能无限期持续”这件“容易预测的事”开始，已经过去了 15 年。这个预测是非常正确的。美元一直迅速走强到 2001 年，然后在 2002—2008 年走弱并来回震荡，美元只是在 2009 年中期才略有走强，之后就再次走弱。在这整个时期内，美元相比美联储的主要货币指数贬值了 15%。从 1994 年到 2009 年中期的这段很长的时期内，美元的弱势为那些以美元计量的国际股票提供了略高于 3.7% 的回报率，而以当地货币计量的这些股票的回报率则为 3.5%。然而，这两个回报率都落后于标准普尔 500 指数在这整个时期内的回报率（6.8%）。

全球投资组合的有效前沿

许多投资者拒绝完全按照市场权重的全球投资策略，采取了一种更为复杂的分析方式来创建全球投资组合的结构。该分析就是计算出一个有效前沿，目的是确定资产在美国投资与境外投资之间的准确分配。其目标是以最低的风险水平（投资者可接受的最低的回报波动率）来保证实现最高的回报率。我也怀疑这个方法的有效性，因为有效前沿几乎完全是基于以往的回报率和以往的风险模式的。偏差也许是不可避免的，毕竟历史是确凿数据的唯一来源，但是股票投资组合以往的相对回报率（尽管不那么显著）和相对波动性，并非总能预测未来，有时还可能会适得其反。

例如，考虑到 1988 年年底的有效前沿，当时国际市场的相对回报率处于高水平。如表 8-2 的上半部分所示，按照笃信有效前沿理论者所认为的必要资产配置，最高回报和最低风险的最优组合应是：50% 投资于境外股票，50% 投资于美国股票。那么投资效果如何？事实上并不是特别好。在 1988 年以后，该投资组合即使不是完全无效，其表现也是非常不佳的。它不仅以 11.4% 的年回报率（相比投资美国股票的回报率 19.2%）大幅落后于全美国股投资组合的回报率，还承担了比全美国股票投资组合略高的风险（标准差 12.6% 对 12.2%）。这种回报和风险的组合几乎是失败的。

表 8-2　　有效前沿　　单位：%

	年回报率	波动性风险[a]
	截至 1988 年 12 月 31 日的 10 年期间	
100% 美国股票	16.2	16.4
100% 国际股票	22.3	17.0
高效的全球化投资组合：		
50% 美国股票 /50% 国际股票	19.6	14.4

续前表 单位：%

	年回报率	波动性风险[a]
	截至 1998 年 6 月 30 日的 9.5 年期间	
100% 美国股票	19.2	12.2
100% 国际股票	5.8	16.9
高效的全球化投资组合：		
80% 美国股票 /20% 国际股票	16.6	11.8
	年回报率	波动性风险[a]
	截至 2008 年 12 月 31 日的 10 年期间	
100% 美国股票	–1.4	15.1
100% 国际股票	0.8	16.4
高效的全球化投资组合：		
80% 美国股票 /20% 国际股票	–0.9	15.0

注：a，标准差。

当今投资者若要利用这一理论来指导投资，就应当选择一个相当不同的全球投资组合。有效前沿以历史业绩为依据，因此，当前寻求最高回报率与最低风险的投资者，就应以各个市场在过去 10 年的回报率为依据，挑选出一个高效的投资组合，结果正如表 8-2 的下半部分所示。

鉴于这 10 年美国股市拥有较低的波动率和较高的投资回报率，而在其他国家情况刚好相反，如果美国股票现在占比该投资组合的 80%，那么投资回报将是 10 年前的两倍。这个新的全球资产配置会为有效前沿理论的追随者指明正确的方向吗？我们无法得知。但经验告诉我们，这个理论几乎不可能提供最佳答案。

我认为与有效前沿理论相关的另一个问题是，风险的极小波动可能使最优组合难以从那些效率欠佳的投资组合中分离出来。例如，在截至 1988 年的 10 年中，一个美国股票与国际股票的混合型投资组合（简称 80/20）的投资比例为 80/20，其标准差为 15.1%，相比之下，50/50 投资组合（据称是最有效的）则为 14.4%。不到 1 个百分点的差异是如此微小，对任何现实世界的投资者来说都是可以忽略的，特别是对那些不愿意或不会使用晦涩难懂的方法来计算月回报率标准差的投资者更是如此，更不用说这种标准差是否是一种有效的风险度量指标。

在截至 1998 年 6 月这 9 年半的时间中，这种差别是微不足道的。例如，80/20 的投资组合有着最低的风险，其标准差为 11.8%，相比持有 100% 美国股票的投资组合 12.2% 的标准差，下降了不足 1 个百分点。这确实是一种难以捉摸的风险指标，对聪明的投资者来说，依据以往风险的微小差异建立的整个投资组合策略，看起来无法保证判断的正确。

对比截至 1988 年和 1998 年 6 月的两段时期，图 8-1 明确显示了全球投资有效前沿的两个重要事实：（1）有效前沿在 10 年内可能会发生巨大转变；（2）尽管在这附近的资产配置变化很大，但在每条曲线的边界点附近存在的风险变动是不重要的。当市场中货币币值波动造成巨大的额外风险时，盲目地依赖历史数据有很大缺陷的。

在最终的分析中，**股票投资者只需要承担一种风险：市场风险，即所有的股票投资组合都会存在价值波动，这是不可避免的事实。**不管怎样，**绝大多数投资者都选择承担两种额外的风险：其一是投资风格风险，也就是以某种偏好来选择共同基金和股票投资组合。**比如关注大盘价值型股票，或者小盘成长型股票，或者预期回报率随时间变化会不同于整个股市的其他股票。**其二是管理者风险，即选择一只共同基金，该投资组合的基金经理可能会、也可能不会在这只基金既定的投资风格类型下，提供最优的投资组合。**

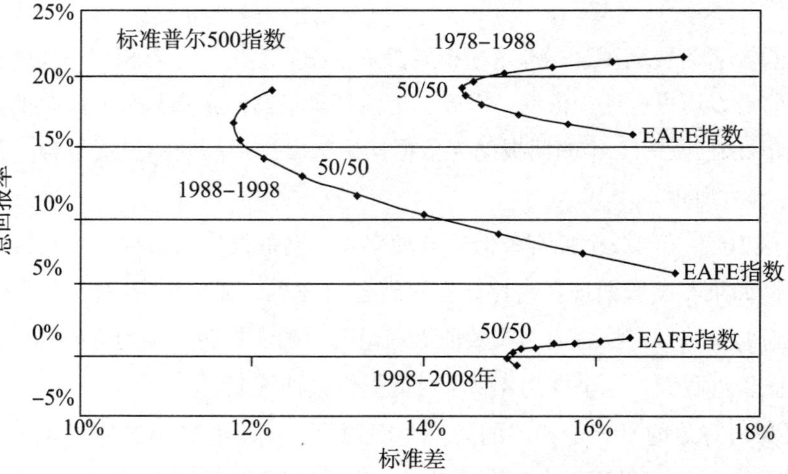

图 8-1　选择哪个有效边界呢？美国股票头寸对比国际股票头寸

暂不考虑承担这两种额外的风险是否是一种明智的行为，而几乎所有的投资者都认为这是理所当然的，我看不出投资者有何理由还要承担第三种额外的风险：货币风险。有投资者相信自己的智慧和判断，也接受全球投资是必要的这一观点，但是对于这些投资者，我还要重申一下我的经验法则：将股票投资组合中的国际投资头寸的比例限制在 1/5 以下。

十年以后

全球投资的有效前沿

如表 8-2 所示，在最近 10 年里，投资美国股票和国际股票所获得的回报率实质上为 0，相比在之前的 20 年里所获得的大部分两位数的回报率，二者有着相当大的差距。当然，那时的业绩确实是不可思议的，也显然是无法复制的。然而，用多种方法来衡量后发现，波动率风险几乎没有发生变化。

更新后的图 8-1 再次清晰地确认了我的怀疑，根据基于历史经验的有效前沿理论来确定投资策略并非明智的做法。正如我那时所写的："经验告诉我们，根据（1998 年的有效前沿）提供最佳答案是不太可能的。"大致看一下这个更新后的图可以发现，在 20 世纪 80 年代和 90 年代，有效前沿的广泛变量已经被狭长的弧线所取代。在这条狭长的弧线中，投资 100% 美国股票与 100% 国际股票的年回报率，二者的差异微不足道。今后 10 年的有效前沿会是什么样的呢？有一种猜想认为，模式上与以往这三个 10 年的任何一条有效前沿都显著不同。无论这个基于历史数据的理论多么有吸引力，绘制一条推测性的有效前沿并不可靠。

国际经济和金融市场

到目前为止，我还没有提过投资国外的一种最明显的风险：美国与绝大多数其他国家在政府、经济和金融系统方面存在的差异。作为一个理论问题，这些风险往往被纳入金融市场所固有的神奇套利定价机制里。通过这种机制，市场价格假定已经考虑了有关一只股票的所有现存信息，包括所有国家的所有股票，并且通过掌握充分信息的买卖双方共同决定来达到准确平衡潜在风险与预期报酬的价格水平。

回顾过去，相关记录清楚显示国民经济的相对地位发生了巨大转变，这种情况有时持续很久，有时却快速进行。金融市场就像一名严厉的监工，它无法容忍任何妥协。想想日本，10 年前美国投资者还担心日本经济这轮"初升的旭日"最终将统治全世界。东京急速上涨的股票价格使得日本股票总资本逐步升级，达到了全世界整个市场资本总额的近一半。那时，日本占据了 43% 的份额，是美国市场 28% 的份额的 1.5 倍。

但从那时开始，日本经济开始萎缩了，而绝大多数其他国家的经济（特别是美国经济）正处于繁荣期。日本政府的财政货币政策似乎有损于而不是有助于本国经济，而其银行系统仍然保持着过度扩张的趋势并充满了问题贷款。日经指数（the Nikkei Stock Market Index）从 27 700 日元下跌至 1998 年中期的 15 800 日元，大约是 10 年前的一半。

局势扭转了吗

在1998年初秋，整个美国股票市场全年大约上涨了3%，而国际市场则下跌了大约7%。西欧国家的股市上涨更高，但最终全球其他市场都崩盘了。日本下跌了大约20%，新兴市场下跌了大约40%，而俄罗斯市场竟暴跌了80%。雪上加霜的是，绝大多数境外国家的本币都走弱，造成了美国投资者的主要损失。

这次美国股票的相对回报率的额外提升可用下面两个理由来解释：(1) 它进一步证实了本章中“钻石之邦”这一论点；(2) 它使得美国投资者投资海外的机遇比以前更有吸引力。毕竟，正如1960年至1997年已经发生的，有相当多的事实可以证明，国际市场和美国市场的回报率会在长期恢复到统一的全球股票回报率的平均水平。

即使在美国占据主导地位的那段时期，谁能保证已经走强的美元将来不会暴跌？或者一个竞争对手国家（或是一个区域，例如欧盟）将来不会取代美国成为世界经济领袖呢？或者当前的世界市场价值是以预测美国会有最好的结果而全世界都会是最差的结果为依据来衡量的呢？答案是：没有人能确信，尤其是我。在金融市场上，局势出现扭转是一种常规，而不是一个例外。

但有一个陷阱正等待着那些仍然将投资境外作为最佳选择的投资者。这个陷阱就是市场择时。局势的扭转通常发生在最意想不到的时候，要不太早，要不太晚，以至于我们无法利用这些时机，正如1997年大暴跌以后的反弹。也许最差的就是最后终止境外投资，但也可能不是。我们确实不得而知。

同时，世界其他市场已经繁荣起来了。在美国，在同样的时期内，道琼斯工业平均（指数）从2 140点升至8 950点，上涨320%。以当地货币计价，欧洲市场（根据MSCI—EAFE—Europe Index指数）上涨275%。日本市场的地位下降得令人惊讶，1998年中期它在全球的权重只有世界市场的9%，大约是10年前43%份额的1/5。同期美国市场的份额增长到世界总资本价值的48%，是1988年的28%份额的1.5倍以上。1998年，美国的世界市场份额与10年前的日本竟然惊人地相似。这种相似性是否会在未来几年继续演变为类似的经济恶化，还有待观察，但值得我们去思考。如果你相信它会发生，你就应当增持境外头寸。表8-3反映了世界市场资本在1988年和1998年中期的相对变化。记住这些巨大的转变都发生在不到10年的时间内，这在金融史上只是弹指一挥间。

全球化投资风险的实例就是东南亚。截至 1997 年中期，许多国际投资者都看好新兴市场的表现，认为这些市场提供了不寻常的可获得优厚长期回报的良机。而且，在 20 世纪八九十年代，印度尼西亚、韩国、马来西亚、新加坡、台湾以及菲律宾的这些国家和地区的经济和市场确实都表现突出。它们的人口和经济迅速增长，飙升的股市回报使它们在世界市场的权重增加了一倍，从 1991 年的 1.9% 增至 1997 年年初的 3.8%。但是，截至 1997 年秋天，它们由政府主导的金融系统受到了削弱，其货币也随之走弱，经济也开始衰退。

尽管东南亚国家的货币贬值了 40%，但罕见的是其以当地货币计量的市场并没有下跌超过 40%。但二者相加，使得美国投资者的名义投资价值在仅仅几个月的时间里就下跌超过 80%。随着世界其他市场的逐步繁荣，东南亚市场的相对权重令人惊讶地下跌了 70%。一年前它们还正处于基金投资者追捧的顶峰上，但到了 1998 年年初，它们的权重只占世界市场的 1.2%，不足一年前比重的 1/3。1998 年，这些新兴市场的问题仍然存在并持续恶化。这些惊人的转变给投资者上了一堂关于全球投资风险的课程。投资者在那些会计准则、财务透明度以及流动性方面都还没有达到美国标准的国家进行投资，风险就会相当高。

表 8-3　　世界市场资本：1988 年、1998 年以及 2008 年　　单位：%

	1988 年 12 月 31 日	1998 年 12 月 31 日	2008 年 12 月 31 日
美国	28	48	44
日本	43	9	11
英国	8	10	8
法国和德国	5	9	8
其他国家	16	24	29
总计	100	100	100

十年以后

国际金融市场

正如之前提到的，投资者对经济增长的起伏变化，不是过于乐观就是过于悲观，他们的这种态度影响了全球的经济和市场。表 8-3（本版已更新）清楚反映了始于 20 世纪 80 年代末期的日本股票市场崩盘，以及 20 世纪 90 年代美国股票市场的迅猛上涨。

全球投资者的记录

在评价全球投资时，最公正的方式应是以全球基金经理的现实业绩为依据，而不是以抽象的学术理论或者偶然得到的市场证据为基础。这些基金经理不受国家边境的束缚，每天用投资者的资金在他们所看好的世界市场中购买挑选出的个股。然而，在遵循全球投资策略的基金中，很少有基金的运营时间能够超过 10 年的，到目前为止，我们所得到的证据并不令人满意。

截至 1997 年的 10 年里，全球基金的年均总回报率仅为 11.2%，与标准普尔 500 指数 18.1% 的回报率有很大差距。同时，这些基金的风险（标准差）平均为 14.3%，比标准普尔 500 指数 14.1% 的风险略高。更进一步，全球基金的平均回报率隐藏了一个巨大的风险：单个基金经理的业绩变动范围很大。基金经理回报率的变动范围从顶级基金经理的年均高达 15.5% 到最差基金经理的年均 6.9%，最差基金经理的回报率不及顶级基金经理回报率的一半。所以，投资者的回报率变动范围在很大程度上取决于他们所选择的基金。

在过去 5 年，投入运营的全球基金越来越多（57 只全球基金），但是基金经理却未能脱颖而出。他们的平均回报率为 14.1%，比摩根士丹利资本国际全球指数（Morgan Stanley Capital International All Country World Index）（各国家以其股市规模计权重）的回报率 15.9% 要低，而他们的平均风险（标准差）13.1% 要高于该指数 12.3%。全球基金经理犯了两个错误。第一个是，从战略上，他们押了与美国市场表现相反的赌注。当美国市场回报率是全世界市场的最高水平时，他们的基本投资策略却是重点投资于（就像全球指数自身所配置的那样）美国境外市场。第二个是，从战术上，他们押了与美国市场表现相反的赌注。1997 年年底他们投资美国股票所占比例为 30%，相比之下，在摩根士丹利资本国际全球指数投资中，美国股票所占比例为 47%，他们投资美国股票的份额严重不足。总而言之，全球投资策略专家还不能拿全球基金的表现来证明自己的观点。

构建你自己的全球投资组合

当然，还有另一种方式来参与全球投资的进程。如果你认定在境外投资会有机会获得更高的回报率，还可能降低持有头寸的短期波动性，你只需要简单地决定在你的投资组合中加入多少外国股票，从而平衡组合中美国投资与境外投资的比例。

但是，海外股票过去的业绩表现如何呢？在过去 15 年的全球牛市期间，国际股票的回报率落后于美国股票的回报率。截至 1997 年，EAFE 指数增长了 15.3%，同期的标准普尔 500 指数增长了 17.5%。每个领域的共同基金回报率都不及与其对应的目标指数。令人惊奇的是，尽管如此，国际共同基金比美国同行的表现要稍好一点。

然而，在过去 10 年里，国际基金和指数同样远远落后于它们的美国同行。普通国际基金实现了 9.0% 的年回报率，比普通美国基金回报率 15.5% 的 2/3 还要少。因此，投入每种基金类型的 10 000 美元初始投资，与最终实现的资本积累存在着惊人的差异：境外基金的资本最终将增至 24 000 美元，而美国基金的资本最终将达到 42 000 美元。奇怪的是，在这段时间里，当普通美国基金再次落后于它们的目标指数时，国际基金却跑赢了它们的目标指数（我很快就会探讨这种异常现象）。

因为在 20 世纪五六十年代国际基金的数量很少，所以无法实现对基金和指数的回报率进行 40 年和 30 年的有效对比。然而，查看这 25 年的记录，普通境外基金 9.9% 的回报率远低于 EAFE 指数 11.9% 的回报率，这是一个令人惊讶的结果。这样的年回报率差异对长期资本积累有着深远影响。普通境外基金 10 000 美元的初始投资最终会增至 107 000 美元，与 EAFE 指数最终的 167 000 美元之间有整整 60 000 美元的差距。

使用最长可能的时间段——以 EAFE 指数的整段历史作为研究基础，你会得出一个不同寻常的结果。从 1960 年到 1997 年，美国股票的标准普尔 500 指数年回报率为 11.5%，与国际股票 EAFE 指数的回报率刚好一致。正如我们将在第 10 章看到的，尽管投资重心不断在这两种类型间来回转移，但从长期来看，国际投资无法为美国投资组合增加任何额外的回报。“追求虚无缥缈的完美境界”的这一表达可能太过强烈了，无法准确描述在海外市场上竭力追求的优越回报。但随后发生的历史将再次表明，这种表达未必不正确。

国际市场的指数化是一种更好的方式吗

无论用哪种方式衡量，主动管理型的国际基金的长期记录远不能令人满意。但是，考虑到投资者对全球分散化投资的信任程度，有另一种方式可以进入国际市场，从长期来看，它应当是一种更好的投资方式。这种方式就是投资国际指数基金。

指数化投资提供了一种财务优势，这种优势在国际股票市场中要比在美国市场中表现更为明显。首先，国际共同基金的平均运营费用很高，运营成本通常为 1.7%，比美国基金高出 0.3%。其次，尽管国际基金之间的投资组合换手率较低（每年大约 70%，仍旧是一个很高的数字），国际市场交易成本却要多很多。流动性成本、交易成本、印花税以及托管费都比美国市场高得多，每年总计高达 2%（或更多）的交易成本。因此，每年需要承担的成本可能就接近 4%，几乎是美国股票型基金成本 2% 的两倍。在这个成本水平上，绝大多数国际"基金中的基金"经理几乎不可能提供比美国股票型基金更优越的净回报率。

国际指数基金的成本种类与主动管理型的国际基金一样，但数额要低很多。特别是，一只低成本的国际指数基金不需要支付投资顾问费用，很大程度上正是因为不需要支付这项费用，国际指数基金的费率是国际基金标准水平 1.7% 的 1/3 或更少。国际股票指数基金若投资于欧洲以及太平洋地区的发达市场，其费率不会超过 0.5%；若投资于新兴市场的投资组合，则不会超过 0.75%。

更重要的是，国际市场指数基金的换手率最小。在理想情况下，每年少于 5%。这个比率是主动管理型国际基金平均换手率 70% 的 1/14，在高成本的境外市场上，这是一项特别重要的优势。低换手率将国际指数基金每年的交易成本限制在资产规模的 0.5% 以内。

总的来看，国际指数基金平均每年的运营费用和交易成本通常会低于 1%，相比之下，主动管理型国际基金则接近 4%。在一段持续的时期内，国际指数基金很可能会有一种与生俱来的优势，能够贡献的年回报率高出了管理型基金大约 3 个百分点。这个巨大的差额是近年来美国指数基金所获得 2% 优势的 1.5 倍。

是，不是，可能是

这些指数化投资的优势是否已在实践中得以证实了呢？答案是不明确的："是，不是，可能是。"为了理解"是"这一答案，你只需要思考市场和基金经理的本质，没有其他可以依赖的证据。拥有市场中所有股票的投资者，能够在扣减投资成本以前就实现该市场的总回报，这些投资者的回报率在扣减成本以后，会不可避免地落后于该市场的回报率。

存在"可能是"这一答案，是因为我们只能获得市场中所有投资者的非常不完整的数据。在美国发行的国际基金所持有的，只是全部境外股票的极小部分，价值大约为 3 300 亿美元，大概是全部国际股票价值的 2%。我们是很难用如此小的样本对基金经理的相对业绩下定论的。

现在谈谈"不是"这个答案是怎么得来的。我不能确定的是，我们所假设的指数基金长期每年 3% 的收益优势是否将在任何一个特定时期内都能够持续。然而，在相当长的时间内，我预测美国基金经理与他们在世界其他地方的同行相比，既不会更精明也不会更愚蠢，因此，3% 的收益差距从长期来看是确定的。

我们将国际市场划分为欧洲与太平洋地区这两个最大的组成部分，以此检验这个 3% 的假设的有效性。欧洲市场在多个国家之间实现了高度分散化：英国占欧洲指数总价值的 30%；德国占 15%；法国占 13%；瑞士占 11%；荷兰占 8%；意大利占 6%；其他国家共同占 17%。不仅欧洲"基金中的基金"经理倾向于设置类似的投资权重，不同欧洲国家的市场也经常受相同经济金融因素的影响，并且往往遵循类似的路径。

投资于欧洲的基金记录清楚地证实了国际投资中的指数化方式的优势。在截至 1997 年的 10 年里，普通欧洲基金的年回报率是 10.2%，相比之下，欧洲股票指数年回报率为 14.6%。考虑到指数基金有 1% 的总成本，这一差额每年就变为 3.4%，大致等同于我依据管理费用以及交易成本所假设的 3% 的差额。在这一时期，答案为"是的"，指数基金的优势被完美证实。

在太平洋地区，答案是不确定的。现存的有限数据表明"可能是"，这些数据只是持有极小部分太平洋地区股票的那些美国基金经理的记录。但是产生任何差异的主要理由是日本的股票市场，日本占据太平洋地区指数的主要权重，也主导了这一指数的回报率。10 年前，日本股票构成了该地区股票市场价值的 93%，即使在它衰落以后也仍占据该地区 80% 的权重。（摩根士丹利资本国际—太平洋指数 [the MSCI—Pacific Index] 既不包括中国也不包括东南亚的新兴市场，后两者在摩根士丹利资本国际新兴市场指数 [the MSCI Emerging Markets Index] 中得以体现。）但是，由于政策或法律要求美国共同基金投资分散化，在投资组合中，日本占据了相当小的权重，在美国基金经理管理的投资组合中，日本股票平均仅占 38%。

在过去的 10 年里，由于减少了对这个巨大的衰落市场的投资，太平洋基金的年回报率仅为 4.4%。投资业绩虽然很一般，但已大大超越了太平洋指数的负回报率（–1.2%）。少数主要投资于日本的共同基金确实表现更差，以 –1.8% 的负回报率落后于日本股票占主导的地区性指数。考虑到太平洋基金的数量较少（1988 年仅有 3 只，1998 年仅有 57 只），这些结果并没有动摇我对指数化投资适用于所有市场的信心。

除了欧洲以及太平洋地区的市场就是新兴市场了，那些寻求爆炸性经济增长的投资者通常会转向这些新兴市场。无视额外风险是很幼稚的，近来，风险在这些市场上已表现得很明显了。但我们建议那些寻求额外回报率的有进取心的投资者，最好将国际投资风险敞口中的新兴市场敞口限制在一个合理的比例。由于投资于新兴市场的指数基金的记录很短（仅 4 年），所以，到目前为止的结果都是令人振奋的。但考虑到该时期较短，所以我们做出“可能是”的判断就够了。尽管如此，从长期来看，这样的指数基金应当会获得比主动管理型基金更大的优势。

现在转向由 EAFE 指数衡量的整个国际市场（不包括较小国家的新兴市场），我们能够毫不犹豫地以响亮的判断“是”来再次肯定之前的分析。在过去的 25 年里，普通的美国管理型国际基金的平均回报率比 EAFE 指数 11.9% 的年回报率要低 2%。在这段截至 1997 年的完整的 25 年期中，EAFE 指数有 15 年的回报率，每年超过主动管理型基金 5 个百分点，还有 10 年的时间，EAFE 指数每年比主动管理型基金落后 2.5 个百分点。这种变化完全是由于在过去 10 年里，日本从市场领导者转变为市场落后者。如果对短期投资者来说，答案是“可能是”，那么对长期投资者来说，答案就是“是的”。指数化投资发挥了作用。

一些国际基金能够而且也确实会藐视那些信赖指数基金的投资者。通常而言，这些基金往往具备以下特征：有经验丰富的基金经理、相对较低的投资组合换手率以及不高的运营成本和顾问费用。这些在国际基金领域是不常有的，但在那些获胜的基金中十分普遍。然而，时间会改变，基金经理会更换，政策会修改，而费率也大多会上调。因此，对于那些有兴趣通过共同基金在全球分散投资的长期投资者，国际指数基金提供了一种明智的方式。

十年以后

国际市场的指数化是一种更好的方式吗

正如我们所期望的那样，指数化不仅是一种较好的投资方式，更是一种投资国际市场的上佳途径。自 1998 年年初（这是我们在上一版所作对比的结束时点），普通的主动管理型国际基金提供了 2.5% 的年回报率，相比之下，一只低成本的国际指数基金所获得的回报率为 3.7%。这 1.2 个百分点的差额在很大程度上源自成本的差异。消极管理型指数基金承担的费率约为 0.34%，而普通的主动管理型国际基金不仅要承担平均 1.31% 的费率，还要承担大约 1% 的交易成本。(我已经略去了销售佣金成本，全部国际基金中近 40% 会收取该项费用。在投资者的持有期内摊销该成本，每年大约为 0.5%～1%。)

意外的旅行者

在这个时代，我们无法忽视经济以及金融市场的全球化对地球上的每个国家的影响。美国也不例外。实际上，美国一直是创造并维系全球化的主导力量。尽管这一观点存在争议，但是我认为，对于那些有兴趣利用全球化趋势来获利的美国投资者而言，解决方案就在国内。通过持有全球投资组合来赚得更高的回报率，就像我们版本中的艾哈福德毫无成果地搜寻“钻石之邦”一样。

美国公司已经成为全球化的主要机构。摩根士丹利公司的最近一项研究确切表明：“如果你投资标准普尔 500 指数，你就拥有了分散化的全球投资组合。”标准普尔 500 指数中的公司有大约 77% 的收入来自北美地区，23% 来自其他国家：13% 来自欧洲，2% 来自日本，亚洲的新兴市场（5%）和拉丁美洲（3%）占了 8%。在标准普尔 500 指数中，一些大规模的公司有着巨大的全球影响力，它们收入的一半以上都来自美国以外的地区：可口可乐为 67%；英特尔为 58%；微软为 55%；美国国际集团（American International Group）为 54%；而宝洁为 50%。

与国际化程度较低的同行相比，上述这些企业以“堡垒”公司著称。它们能够凭借其全球认知度以及营销影响力来保持自身的增长。当然，尽管它们要受到国际经济商业环境的影响，而国际经济又要受到当地货币币值估价的影响，但在它们自己的业务中，它们通常会利用期货来对冲掉大部分（即使不是全部）的货币风险敞口。由于这些公司总收入的 23% 以及净收入的 28% 都来自美国境外，这就为在标准普尔 500 指数中的公司提供了一个很好的全球投资方式。这样，美国投资者就无需冒险直接进入境外市场。

以往记录表明，那些高度国际化的美国股票往往会与其他国际化较低的美国股票密切相关，而境外市场似乎完全不同。因此，通过直接持有境外的股票来实现分散化投资，在降低投资组合月回报率的波动性方面往往会更有效。但是，正如我在这整本书中所探讨的那样，不应当以牺牲长期回报率来降低短期波动性。

再议“钻石之邦”

持有较大比例的外国股票去投资境外市场是没有必要的。就风险和回报而言，无论以往的记录是否是未来的预言，都不能提供令人信服的理由让我们抛弃在家就能挖掘到的钻石矿而去国外寻求未知的钻石之邦。康威尔博士的主旨是：“在你今天所处的位置，用你所拥有的，去做你所能做的。”他关注在费城的投资机会，但是他也讲述了遍及美国寻找巨大财富的实例——从宾夕法尼亚州到新英格兰，再到北卡罗来纳州和加利福尼亚州。他用约翰·洛克菲勒（John D. Rockefeller）和石油作为一个实例，又用约翰·萨特上校（John Sutter）和黄金作为另一个实例。

康威尔博士总是谨慎地赋予寻求财富以更高尚的意义。“我说你应该富有。”他会拖长声音说，“你没有权利贫穷。这里有这么多的机会。”但是他很快补充说：“我们都知道有比钱更有价值的东西，一些更伟大更令人崇敬的东西。”赚钱建造自己家园的那种兴奋感以及给那些有需要的人们以帮助的高尚感，他指出，这些就是“通过花钱带来快乐的例子”。

如果他生活在今天的世界里，康威尔博士无疑会谈论为舒适生活以及平静退休所进行的财富积累。我无法得知他是否也会提倡投资于美国公司。但是，考虑到艾哈福德的传奇故事，很容易想象他将押注于一个完全投资于美国股票的投资组合。

无论多么不稳固，在20世纪90年代结束时，美国都一直位于世界顶端。如果我们对于那种成就的自豪感是错误的，一次剧烈的跌落就可能到来。10年前它能在日本发生，它也能在这里发生。无论多么令人难以相信，美国确实有可能发生这样的衰退。投资者必须考虑全球范围的回报率以及风险，然后相应地分配他们的投资组合。但对我来说，如果某位近代的康威尔打算引用罗杰·洛文斯坦在《华尔街日报》的明智建议，我会同意：你不用离开家，就能过上一种幸福的投资生活。

十年以后

全球化投资

再次强调，我不愿意接受以下观点：如果持有真正的全球投资组合，美国投资者的市场权重会基于每个主要国家的市场权重，这导致了2009年中期美国股票在全球投资组合中占比高达44%，而国际股票占比则有56%。但是，我强调全球化投资策略应该将大部分投资集中于美国股票。毕竟，主要的美国公司包括了世界上最大的一些公司，经营着全球化业务。2008年，国外销售总额占标准普尔500指数中公司销售总额的48%，在2003，年这一指标为42%。因此，我仍然认为没有必要在境外投资太多。

在一种奇怪的自相矛盾的表达方式中，一些新兴市场已经从世界最大的国家中“脱颖而出”了。在过去的10年里，中国已发展成为一个准经济大国；

印度兴起了；俄罗斯兴起了若干次，近年来却没落了；巴西也兴起了。(事实上，为了将这4个国家作为一个整体来描述，首字母组合词金砖四国[BRIC]出现了。) 除了俄罗斯，这些都是庞大而且快速增长的经济体，尽管生活标准远低于美国。中国人口占世界人口的18%，国内生产总值占全球的9%，中国的经济在过去5年里一直以两位数的比率（10.6%）增长。这些无疑将会使它在2020—2030年的10年期间的某个时点，成为世界最大的经济体。对印度来说，这三个数字分别为16%、4%以及8.4%；对巴西来说，这三个数字为2.7%、2.4%以及4.6%；而对俄罗斯来说，这三个数字分别为1.9%、2.6%以及6.4%。但是它们在世界股票市场的权重仍然很小：中国1.7%；印度0.7%；巴西1.2%；俄罗斯0.6%。

较之于更为成熟的美国市场，这些新兴国家迅速发展的经济是否提供了更具潜力的投资报酬？我对这个问题的回答是："是的。"但我们只是不知道增长潜力在它们公司股份的定价中体现的程度，也不知道当它们发展成为更开放的经济体时，其社会将会发生何种程度的改变。另外，政治的不稳定性仍然是一大威胁，并且是一层巨大的额外风险。因此，我会谨慎地进入这一相对较新的国际投资浪潮中，并坚持我的劝告，即对国际基金，包括金砖四国基金，不超过投资者股票头寸的1/5。

选择优质基金：寻找圣杯

博学的研究者认为投资的核心任务，就是实现他们所投资金融资产的长期回报率的尽可能高的部分。但是他们认可并接受这一部分的长期回报率会低于基准资产回报率的100%。正如我在第4章指出的，一只市场指数基金的年回报率占基准股票市场年回报率的99%，而普通主动管理型股票基金预期年回报率则约占85%。由于管理型基金的回报率在未来的不确定性，它们基本很难达到基准股票市场年回报率的99%。另一方面，低成本指数基金的年回报率几乎确定能达到基准股票市场年回报率的98%～99%，并且随着时间的变化保持不变。

如前所述，业内领导者都已经开始意识到这些事实，他们至少在一件实例中明确认可"普通基金永远不能跑赢市场"的事实。事实上，那些销售主动管理型基金的人也不得不承认市场中这两个令人痛苦的现实：（1）投资者作为一个整体，现在和未来均无法跑赢市场。（2）在投资生命周期内，没有一只特定的共同基金能打败市场。现实的投资世界与加里森·凯勒（Garrison Keillor）虚构的乌比冈湖效应[①]完全不同，在那里"所有的孩子都高出平均水平"。

共同基金业已经意识到这点，他们含蓄地承认，任何一只基金都很难跑赢非管理的指数。因此，行业中大多数基金已经竭力将精细投资工具转换为中短期投机工具，这些精细投资工具原本就是为了长期投资设计的。

聪明的投资者必须接受这一事实，随着时间的推移，不论他们选择的那只（或那些）基金过去的业绩如何，这些基金的业绩将不可避免地回复均值。但是这里定义的均值是已经扣减了基金负担的成本加上买卖投资组合证券的成本（交易成本）以后的市场平均值，其中基金承担的成本包括顾问费用、运行费用以及营销成本（总的来说就是费率），这些成本非常高。现在中等股票型基金年费率是1.5%，而且还在上升。交易成本难以准确量化，但共同基金投资组合的换手率很高，我们可以合理估计共同基金的交易成本为每年的0.5%～1%。因此，可以保守估计共同基金合计的年成本在2%以上。

考虑到这些事实，就像6世纪传奇中亚瑟王的圆桌骑士寻找最后晚餐里的圣杯一样，

---

① Lake Wobegon Effect，意思是把自己高估了。——译者注

在追寻击败市场长期回报率的“圣杯”的过程中，20 世纪基金经理及基金投资者备受挫折，在 21 世纪肯定也将会这样。

股票型基金的记录

我们首先检验一下现代股票型共同基金的历史记录。我将使用从美国股票大牛市开始的这一段时期的数据，即从 1982 年 8 月到 1998 年中期。这个时间段特别有意义，因为它涵盖了股票型基金资产成为最大资产池的这段时期，期间股票型基金持有比重超过了美国股票市场价值的 21%，同期共同基金费率以及投资组合换手率也升至历史最高水平。在这 16 年里，股票型共同基金的税前年回报率平均为 16.5%，若以全市场威尔逊 5 000 证券指数回报率 18.9% 来衡量，股票共同基金年回报率占整体股票市场的 87%。[①] 随着基金成本的上升，在未来，基金回报率与市场回报率之间的这一缺口肯定会越来越大。

这些不可否认的事实，与基金回报率、基金成本以及基金记录相关性有关，是当今指数基金蓬勃发展的重要原因。如果你不能跑赢市场（没有人提到与市场并驾齐驱），为何不投资指数基金？一只全市场指数基金总运行成本只有 0.2%（是行业标准的 1/10），年回报率为 18.7%，接近同期整体市场回报率的 99%。

我们认为，指数基金与管理型基金的差距远大于 12 个百分点。如果在 1982 年 8 月 2 日购买 10 000 美元的指数基金，这些指数基金的终值会变为 153 100 美元；如果在同一时期购买同样数额的传统主动管理型基金，其终值会变成 113 700 美元。因此，指数基金累计增长率为 97%，而普通管理型基金的累计增长率仅为 70%。在第 14 章里，我会更为详尽地探讨并解释指数基金与管理型基金的差额为何会随时间而剧烈上升。目前，我们仅仅称它为“复利的魔力”。

如果你被这些数字吓坏了，请想一想，很有可能你“还什么都没看到”。假设牛市还未一飞冲天，并且股票市场的回报率较为适度，该业绩缺口就将变得更大。例如，当 15 年内成本不变时，年股票市场回报率降至 8%。那么指数基金的净回报率为 7.8%（占市场回报率的 98%），主动管理股票型基金净回报率为 6%（占市场回报率的 75%）。15 年后，初始投资于指数基金的 10 000 美元终值为 30 900 美元，而初始投资于管理型股票基金的终值则为 24 000 美元。目前，指数基金的累计增长率为 96%，同时管理型基金为 64%。在某种程度上，由于复利的原因，在过去牛市时代的累计业绩缺口为 27%，

① 2.4% 的差额（18.9~16.5）相比我早期所估计的 2% 的基金成本稍微较大，部分是因为由主动管理型基金典型持有的现金储备较低的回报率带来的阻力。

在将来的累计业绩缺口为32%，未来缺口增加的可能性很大。无论将来结果如何，对于基金业而言，缺口的存在不会是令人满意的结果。它意味着在大牛市期间，尽管主动管理型共同基金被投资者含蓄地认可为是高业绩圣杯，但仍经受不起时间的考验。

十年以后

股票型基金的记录

在1982年8月至2009年中期的27年时间里，对比股票型基金与股票市场的回报率，普通基金的年回报率为9.0%，比11.0%的美国整体股票市场指数的回报率落后了两个百分点。在一段相当长的时期内，复利回报率将有强烈的放大效应，初始10 000美元的投资终值将急速上升：普通股票型基金终值为102 450美元，整体股票市场指数终值为167 000美元。

基金年回报率相当于市场回报率的82%（比我预期的差额更小）。但是基金累计回报率只相当于市场回报率的59%，甚至比我在上一版中所引用的70%还要小。业绩缺口的扩大并不令人吃惊。事实上，在上一版中，我写道："假设只要牛市这棵大树不会涨势参天且股票市场回报率较为适度，该业绩缺口就将变得更大。"现在看来，牛市这棵大树并没有参天（至少可以这么说），缺口也确实变大了。

进入指数基金

大约25年前，我研究了类似的历史业绩关系（尽管没有那么不利于这些基金），研究结果激励我创建了基金业的第一只市场指数共同基金，这只基金是基于标准普尔股票价格指数建模的，我已在第5章"关于指数化"中论述。初期，指数共同基金的运作并不稳定，融资金额也小，之后领航500指数基金开始迅猛发展并变成了一个理论上及商业上的成功典型。

尽管最初受到冷遇，但现在指数基金博得了业内管理者的青睐。尽管这种基金模式在整整10年里未被复制，甚至还遭到回避，但现在在已经有了约140只具有竞争力的指数基金。其中少数是由指数基金的倡导者（或皈依指数基金者，即"没有比改信基督教者更虔诚的教徒了"）所创立，但大多数是由机会主义的免佣基金所建立，它们受到市场的压力，被401（k）储蓄计划拖入市场。免佣基金的一些费率较为合理，但它们中的大多数只是免除临时费用。很多基金的高费率让人难以接受。令人震惊的是，1/3的指数基金征收销售佣金或12b-1费用。它们的发起人忽略了一个事实，即指数的最大优势是最小化的成本。大约有2/3的美国股票型基金是以标准普尔500指数为参照目标的。

然而，指数化的概念比标准普尔500指数基金要宽泛的多。尽管只有在整体股票市场上，指数化投资的原理才能最有效地发挥作用，但这一基于威尔逊5000股票指数的全市场指数基金才刚刚得到初步的认可。此外，由于种种原因在特定的市场中寻求更高回报率的投资者，同样可以使用指数化投资来取得不错的回报。基于成长型和价值型指数建模的基金，与小盘股和中盘股指数基金一样，被认可程度也将有所上升。总有一天，会有人意识到要提供符合9个晨星投资风格箱中每一格所对应的投资风格与市场规模搭配的指数基金，这只是时间问题。正如在第6章提及的，每个风格箱里的指数基金都会产生相当有效的风险调整资本回报率。在国际股票市场和债券市场中，指数基金也只是处于开始阶段，但是在未来几年里，它们会变得非常重要。

指数基金有实力成为共同基金投资的圣杯，它是取得市场回报率的最优化路径，理所当然将会这样。在1990年，大约占股票型基金净现金10%的资金流入了指数基金，在1998年，这一数据约增至25%。

指数化策略是跑赢主动管理型基金的最佳方式，这已经被历史数据充分证实。假设投资者继续认可这一观点，传统基金的创建者应当如何与之竞争呢？如果降低收费，则会削减其利润，所以减少收费的方式不可行。降低投资组合交易成本也不可行，因为这会从根本上改变当下愚蠢而流行的高换手率投资策略，那么他们到底准备怎么办呢？

指数基金引出了新的行业颂文

基金发起人必须以其他方式应对指数化投资的挑战。他们必须创造一个新的圣杯，而这恰好是基金业采取的方式。该观点就是投资者需主动管理好他们的基金投资组合，以实现更好的（从理论上是这样的）回报率，使其占比不仅是市场回报率的99%，最好尽可能超过100%。这一新的策略需要下列组成部分：

- 不要长期持有一只基金。
- 像投资股票一样投资基金且持有许多基金，并经常更换所持有的基金。
- 经常行使自由选择权。
- 冲进最近的基金超市，交换没有交易成本的基金（实际上并非如此）。
- 留心那些有着出色历史业绩的基金广告，它们会在电视上宣传其回报率。
- 总之，这些消息看来就是“转换基金就会变得富有”。

目前，基金的长期投资正在发生奇怪的转变，当前股票型基金的投资者持有的基金份额的时间平均仅为 3 年。

但是对那些像交易股票一样交易共同基金的人们来说，这有作用吗？这些挑选和更换共同基金的方法有可能带来优越的回报吗？历史上有过起作用的策略吗？在这一章里，我将从 4 个方面来检验上述问题：第一，学术界关于基金业绩研究的大量材料；第二，在基金历史业绩实际跑赢市场的记录中，体现的基金选择的真实情况；第三，推荐基金投资组合顾问的记录；第四，投资于其他“基金中的基金”（“基金中的基金”，FOF）记录。

选择获胜的基金是一项学术活动

计算机有能力得出无限的业绩对比、多元回归以及复杂公式，学者们已经很好地测试了一切。《金融学杂志》、《投资组合管理期刊》、《金融分析家杂志》等出版期刊，很可能正确记录了该问题的大量数据，这些受人尊敬、思维缜密的学者没有动机去做假，并且他们仔细地检验过历史记录以确定历史上是否有不变的因素，可能对如何选择那些将提供丰厚预期回报的基金产生影响。

夏普的研究

这些学者们发现了什么？我们首先介绍斯坦福大学的威廉·夏普教授，他是共同基金领域学术界权威。他仔细研究了 100 只最大的股票型基金（以年计）的 10 年期记录，这些股票型基金资产占所有同类基金资产超过 40% 的比例。然后他将它们的回报率与有着同等权重的市场板块指数的回报率进行对比，包括美国国库券（因此解释了由基金现金头寸所带来的业绩持续落后）。

夏普博士认为，大盘基金的成本优势很可能为其样本基金提供了优越的相对回报。尽管如此，他却发现在过去 10 年里，他研究的基金平均回报率每年以 0.64% 的差额落后于多重指数的回报率（不用说，以 100 只最大的基金作为样本会造成有利于成功基金的重大偏差）。不能认为这种落后与零差额截然不同，这些数据肯定会破坏一种信念，即一只典型的主动管理型股票基金能够跑赢一只消极管理型基金。

然后，夏普博士挑选了一些基金经理，他们似乎有精确的方法在不同过渡时期挑选股票，夏普博士检验了这些基金经理的成功是否可在未来持续。他调查了评判基金的常用衡量方式——规模、历史业绩以及风险调整回报率的夏普比率。在之前的 12 个月里，存在一定水平的业绩一致性的最好证据（即基于其早期业绩挑选基金，可以稍微提升业绩能够持续的可能性）。投资者持有顶级的 25 只基金，这些基金处于夏普研究中的最高四分位区间，他们以后每年将按照该基准视需要来转换基金，这样就会使其年回报率在接下来的 5 年和 10 年比指数高出 0.8%（持有最低四分位区间基金的投资者，会在 5 年中每年落后 0.5%，而在 10 年中每年落后 1.3%）。即使不计算由常规转换基金所引起的额外税费，这一回报率也是相当不稳定的。

获胜者会重复胜利吗？夏普这样总结他的结论："如果过去 10 年是对下一个 10 年的预示，则可能的答案是同意。"（尽管我会指出，这一正值的差额是过分谦虚的表达。）然而，可能夏普中立的立场（未被证实）是更加合适的，因为他承认："在统计学上或经济学上来看，这一证据远不足以令人信服。"

马克 · 卡哈特的研究

马克 · 卡哈特（Mark Carhart），南加州大学一位令人尊敬的学者，他解决了基金业绩的持续性问题。他评估了 1962 年到 1993 年的 16 109 个基金存续年度的 1 892 只分散化股票型基金。他首先发现："股票回报率里的共同因素（价值型与成长型，大盘股与小盘股，高 β 与低 β）与投资费用，几乎完整地解释了股票型基金回报率的持续性。"不再存续的基金回报率低于平均水平，考虑到这些基金回报率的影响，在对回报率做出恰当的调整后，马克 · 卡哈特证实了伯顿 · 马尔基尔教授的结论（已第 5 章里论述），在生存偏差的影响下，在 1982—1991 年的 10 年间，基金的回报率比以往每年提高了约 1.4%。麦基尔博士还发现了 20 世纪 70 年代有关持续性的一些有限证据，但在 20 世纪 80 年代就没再发现了。

回顾对历年回报率的比较，马克 · 卡哈特总结说，尽管位于顶端以及底部十分位数区间的基金保持原有等级的概率高于 10%，但这也纯属偶然。在其他方面，只有相对较少的基金处于它们最初十分位数的等级。17% 的基金再次出现在第一个十分位数区间，这并非是有说服力的。另一方面，46% 的基金再次出现在第 10 个十分位数区间，这是相当显著的。很多低十分位数区间的基金，很大程度上是由于成本过高而造成了以上的业绩表现。马克 · 卡哈特告诫说："尽管大众媒体必定会继续美化业绩最为出色的共同基金经理，但事实上，策略和投资成本才是预测共同基金回报率的重要因素。"意思是说，依靠历史记录来挑选会在未来提供优越业绩的基金，这项任务是一项富有挑战性的工作。

戈茨曼—伊博森的研究

在另一项研究中，威廉·戈茨曼（William Goetzmann）与罗格·伊博森（Roger Ibbotson）测试了从 1975 年到 1987 年的两年期、一年期以及月度持续获胜的基金。在这些时期内，他们按照原始回报率以及风险调整回报率，将股票共同基金划分等级，然后将它们分为两个类别：胜利者（领先的 50%）与失败者（落后的 50%）。他们的分析表明，**投资于胜利者会稍微提升随后一段时期内跑赢所有基金平均回报率的机率。这其中一个重要的原因是，那些业绩不好的基金，因重复不断的高额费用而会持续失败。**

通过实例，他们研究了两年期的成长型共同基金，发现在历史上领先的基金有 60% 的概率在随后的两年内继续成为领先者。因此可以总结说，一只基金在 4 个随后的两年期内高出平均水平的概率大约是 1/8。简而言之，在每个随后的两年期内，一只基金超过基金平均回报率的概率几乎不会超过 50%，如果考虑销售佣金和税收的话，胜算会更低。

对那些主张可以通过在基金间转换来提升回报率的人而言，更糟糕的是，**即使是那些持续的胜利者也可能会输给市场指数**。戈茨曼与伊博森明确指出，就算挑选出的胜利者，甚至这些基金与同类竞争者的自身业绩比较处于第一四分位区间，它们可能也不足以跑赢市场。他们总结说：“尽管‘持续胜利者’模式可能无法击败市场，但在长期内，它确实可能会击败多数基金。”因此，面对指数基金的竞争，如果缺乏任何能持续跑赢市场业绩的证据，事实上倒是有相当多反面的证据能够表明，这种策略是依靠持续战胜同行而获取微弱优势的，那么这种策略又有何用处？

所有这些在统计学领域的研究工作都表明，很少有基金能持续保持其业绩。这就是说，研究者没有找到正确评价基金历史回报率的方法，也没有把握准确预测未来的胜利者。此外，尽管有一些其他时期的研究表明存在一个秘密（可以说是一只新的圣杯），但历史持续性的记录并不能充分保证未来的持续性。事实是市场条件变了，基金经理变了（并且非常快），基金组织变了，而且正如我们将在第 12 章里看到的，基金策略通常会受到以前收益所带来的资产增加的影响而发生变化。所有的这些变化逐渐破坏了过去与未来仅有的关联，并有效地减少了过去与未来业绩之间的任何联系。

依据这些看似确凿的学术研究成果，我们现在来考察真实投资世界里的基金选择问题。我们要考虑：首先，在很长的牛市中，基金确实打破了市场的真实记录；其次，推荐共同基金投资组合的投资顾问；最后，仅投资于其他基金的“基金中的基金”的真实记录。

战胜市场的基金：令人失望的现实

尽管在大牛市期间，共同基金回报率严重落后于市场，但仍有1/6的主动管理型股票基金超过市场回报率。在那段时期内（在1982年基金业要小很多）存续的258只普通股票型基金中，42只成功地跑赢了威尔逊5000股票指数18.9%的回报率（无可否认，18.9%的回报率是比标准普尔500指数19.8%的回报率更低的指标）。但那42只里仅有12只（每12只存续基金中有一只）比指数回报率高出1.5个百分点以上。如果我们假设基金适度的年跟踪误差相比该指数为3%，在统计学上，超过指数回报率仅仅1.5%的回报率才意味着它们显著地跑赢了指数。基于实际的跟踪误差，这12只基金中仅有3只（每100只中仅有1只）达到了这一统计显著性标准。不过，检验这全部的12只基金仍是有意义的。

一位基金经理所承认的

确实没有明显的证据支持以下论点：有一个圣杯在某处等待被发现，这个圣杯所包含的信息，描述了如何基于历史业绩来提前选出将跑赢标准普尔500指数的基金。

共同基金业对这一现实的默许至少对一位基金顾问产生了影响。在1998年中期，摩根士丹利这个管理着总额约为1 600亿美元资产的附佣金以及免佣共同基金的基金管理公司，发布了一份名为《共同基金的风险和持续业绩》的研究报告。在检验了1987—1997年这两个连续5年期内660只股票型基金的总回报后，该报告总结道："在第一个时期处于总回报率的最高四分位区间里的基金中，在第二个时期仅有28%仍然处于最高四分位区间，而51%保持在前两个四分位区间。令人担心的是，这一数字与'随机'的结果惊人的相似（有50%会处于前两个四分位），从而证明了一个最佳基金不会重复的论点。"

尽管基金回报率存在随机性，然而基金的风险特征却相当有持续性。在第一个时期波动性最高的基金中，在第二个时期有63%仍然处于最高四分位区间，是随机期望值25%的2.5倍。同样，波动性最低的基金有55%仍在随后的时期内处于底部的四分位区间，超过预期概率的两倍。

结合随机结果与持续的波动性，该报告得出一个明显的结论：作为预测的依据，风险调整后的历史业绩比未经调整的业绩可能更加可靠。因此它指出："标准普尔500指数在第一个以及第二个时期内位列于风险调整后业绩的最高四分位区间。"既然"本质内容是风险调整后历史回报率是未来业绩的优秀预报器"，摩根士丹利的结论为，标准普尔500指数会继续在将来提供优良的业绩。该结论也强有力地支持了我的结论，这并不令人惊讶。而令人震惊的是，这一共鸣来自于一个重要的共同基金经理人。

进行一些微观分析就可以看出，这12只基金是一个相当混杂的组合。有6只基金在早期虽然资产规模还很小，但已创造出高额的利润，而在以后的多年里他们就表现普通了。因此，只有其余6只基金是合乎情理的领先者。有趣而又很重要的是，在大多或全部的时期内（基金经理的平均年龄现在是57岁），所有6只基金没有更换过基金经理，有两只在它们的资产达到10亿美元之前就封闭了。

这12只获胜的基金本不可能很容易就被提前识别的。一开始，它们的份额就为极少的基金投资者所持有（在1982年，它们总计有18亿美元的资产，仅是股票型基金资产总额的3%）。在任何情况下，尽管它们有着公认的历史成功业绩，无论其基金经理是否在职或退休，是否满足于所取得的成就，无人能确定它将来在多大程度上可能会再创佳绩。今天，如果投资者选择这4只仍然向投资者开放的合乎情理的冠军基金，他们是否肯定能获得优越的回报呢？对于一名聪明的投资者，这似乎顶多是个违反常识的决定。

十年以后

战胜市场的基金

那12只基金（从258只基金中脱颖而出的）在1982—1998年，以明显优势跑赢了全市场指数。当我们更新它们的回报率时，有两只并入了其他的基金里，而有7只踌躇不前（事实上，在随后的时期内回报率落后于指数回报率），仅仅存活下3只获胜者。在被我描述为"6只合乎情理的胜利者"之中，有4

只落后于市场，仅有两只跑赢了市场。这个概率令人震惊！业绩的稳定性以及依赖过去业绩就预测未来的概率，仅仅只有这么一点。

在之前的版次中，我未能提及另一个重要的主题：失败并因此消亡的基金。在较早时期，存活的股票型基金有258只，消亡的基金有126只，失败率高达32%。在过去10年，这一失败率保持了一贯性：有77只基金消亡了，占该时期初基金的30%。这一组合仅仅是基金业所普遍发生的情况的一种代表。其实，仅在2008年，就有整整399只基金被清算或者并入另外的基金中（通常在相同的基金系列中，并且通常是并入一只有着更好记录的基金中）。在这个行业内多数基金存在时间很短，投资者如何才能长期投资于一个基金，是一个有趣的问题。

选择基金的投资顾问：另一个让人失望的现实

接下来，让我们查看一下那些推荐共同基金的投资顾问们的公开记录。在过去的5年里，《纽约时报》每季度都会发表从1993年7月7日开始工作的5位令人尊敬的顾问所挑选并管理的股票型基金投资组合的记录。在这段时期内，《纽约时报》选择了领航500指数基金作为合适的比较标准，没有一个投资组合的记录能够匹敌领航500指数基金的记录。投资顾问的平均年回报率为11.8%，是市场年回报率的59%，而该标准普尔500指数基金提供了市场年回报率的99%（见图9-1）。相比该标准普尔500指数本身，这些投资顾问选择的风险稍低的股票投资组合，在1998年第三季度指数下滑的幅度，只有这些投资顾问的普通基金投资组合下跌幅度的85%。

无论如何，在这5年期内，即使是普通基金，也能提供70%的年回报率，而那些投资顾问推荐的基金却只提供市场年回报率的59%，这代表着一种令人震惊的失败。更糟的是，考察整个时期内的资本累积，投资顾问的普通投资组合的增长率仅占标准普尔500指数最终增长率的49%，而指数基金则达到了99%。即使是由专家来挑选战胜指数的基金，这项工作也非常有挑战性。

《赫伯特金融文摘》评价了投资顾问在选择基金投资组合方面的长期成功。它的报告披露了59份投资顾问整整10年的记录，普通投资顾问的投资组合回报率为7.9%，占市场回报率13.7%的58%，碰巧的是，《纽约时报》报告了投资顾问在更短时间内的回报率为 59%，与 58% 几乎相一致。仅有 8 份通信推荐的基金跑赢了市场。有趣而并不令人吃惊的是，这非常接近于共同基金从 1982 年中期开始显现的领先 1/6 的可能性。无论好坏，在这个牛市时期，很多顾问所推荐的投资组合相比股票市场显得更为保守；然而，它们承担的平均风险水平却与市场相当接近。这些投资组合平均承担的风险水平远远低于平均水平的回报率，其风险调整回报率（由夏普比率衡量）仅仅占市场的风险调整回报率的 42%，只有 3 位顾问的风险调整回报率比指数更高。总之，以上证据表明，专家选择获胜基金的能力不仅是负面的，还远逊于有根据的直觉的建议。

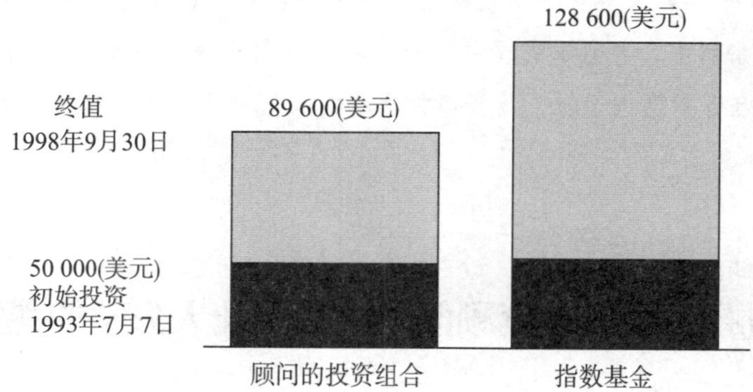

年回报率	11.8%	19.8%
市场年回报率	59%	99%
市场价值的终值	49%	99%

图 9-1　专家发言：5 位顾问，50 000 美元的投资

十年以后

选择基金的投资顾问

在大约两年多的时间里，《纽约时报》在 1993 年 7 月选择的 5 位投资顾问交出了极差的成绩单。随后，在 2000 年 6 月，尽管《纽约时报》规定的计划是将这场顾问与股票市场的对比进行 20 年，但这场比赛在 7 年后就中断了。虽然我们从未被告知原因，但我们说的已经够多了。

“基金中的基金”的回报率：再次失望

第三次真实投资世界的测试，是基于“基金中的基金”的真实业绩记录，“基金中的基金”是指选择其他基金为其投资组合的共同基金。而且这些记录是全部记录中最糟糕的。据我们目前所知，“基金中的基金”不仅落后于市场，每6只基金中有5只落后于市场，而且严重落后于它们所投资的同种风格类型的基金，部分原因是增加的额外成本。例如，在截至1998年6月30日的一年时间里，投资于大盘混合型（价值型与成长型）基金的14只“基金中的基金”，有4只处于第96到第100的百分位区间（有一只最后消亡了），而有5只处于第90到第95的百分位区间。处于第65的百分位区间的组合里的冠军（如果可以这样说的话），比其挑选的基金落后了2/3。总的来说，93只有着全年记录的“基金中的基金”的回报，相当于随机选取的一组基金的收益再减去额外的1%的成本：这与相同投资风格的基金中处于第68的百分位数区间的基金收益相当。

我只研究了一年期结果，是因为很少有“基金中的基金”能够存续很长时间。在过去的10年里，当一开始只有9只“基金中的基金”存在时，其记录更糟：它们比同业组合落后了69%。但排除唯一一只未增加额外成本负担的基金（它跑赢了72%的同业竞争者）后，这一等级迅速下降，剩下的8只“基金中的基金”仅排在第75的百分位区间。这样的结果很难说是好的，但却很熟悉，很清楚地再次证实了之前展现的一年期数据。更糟的是，主动管理型“基金中的基金”以平均每年大约80%的速率来换手基金投资组合，这种短期投机不可避免地会影响它们所获得的长期回报。基金的高换手率与高成本的结合，加上来自高换手率与高运作费的两种额外成本负担，这些都清楚地证实这是失败的方案。

考虑到一年期数据的短暂性，以及在过去10年里存续的基金数量的有限性，也许三年期数据更可能提供最具有相关性的证据。过去的3年有35只“基金中的基金”，我们将每只“基金中的基金”与其同业组合作比较：11只大、中、小盘股票型基金，4只国际股票型基金，16只平衡型（混合型）基金，以及4只债券型基金。普通的“基金中的基金”排在第66的百分位区间，类似于1年期与10年期的调查结果。普通“基金中的基金”在该时期内回报率平均为15.5%，比其同业组合的平均回报率落后2.4个百分点。因为这一差距中有一半以上是由1.3%的平均费率造成的（不包括那些不征收额外费用的基金则是1.7%），管理基金的专家选择基金的能力不足以抵消他们的服务成本。图9-2a显示了在增加这些费用之后，35只基金整体中的28只“基金中的基金”的百分位数排名。它清楚地反映了，对于昂贵的“基金中的基金”而言，没有成功选择基金的方法。这是一场失败者的游戏。

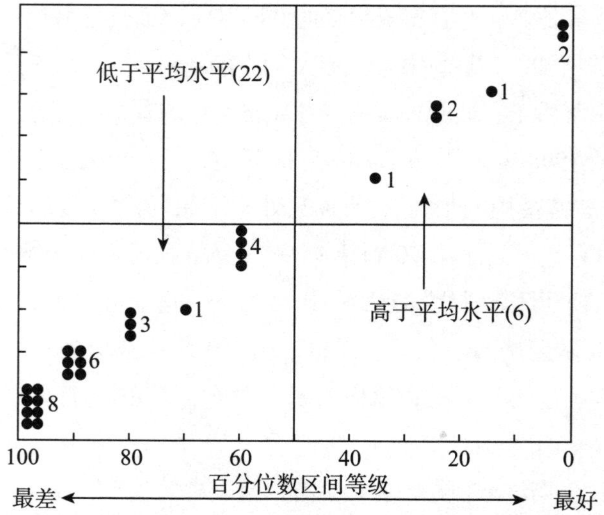

图 9-2a “基金中的基金”—相比同业组合的总回报率（1995 年 6 月—1998 年 6 月 [a]）

注：a，不包括 7 只不征收额外费率的“基金中的基金”。

十年以后

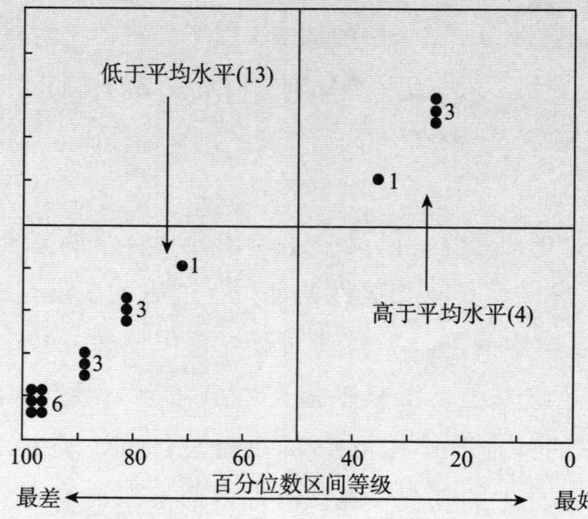

图 9-2b “基金中的基金”—相比同业组合的总回报率（1995 年 6 月—2009 年 6 月 [b]）

注：b，基金的最初组合的业绩。

更糟的是，我认为这些基金很难一直处于第 66 的百分位区间。那些承担额外费用的“基金中的基金”的费率平均为 1.7%（其中 1/4 会承担 2% 或更高的费率），再加上基础基金的所有成本（平均为 2%），基金持有者的年成本总计排在了近 4%。假设基金经理通常选择普通基金，这样的成本会使基金排在大约第 75 的百分位数区间。在如此沉重的成本负担下，基金组合基本不可能超过市场指数。然而“基金中的基金”这一行业在某种程度上还在迅速发展。自 1995 年 6 月起，大约已经产生了 70 只新的此类基金，总数超过了 120 只。但是该记录并不足以证明这场游戏值得参与。[①]

一份告诫

在结束这个主题之前，我想强调“基金中的基金”的一个关键性区别：它们是否增加了额外的成本负担。当增加这些成本的时候，“基金中的基金”更可能比普通共同基金的回报率低。然而，不征收额外成本的“基金中的基金”（仅有少数）没有这一缺陷。记录清楚地证实了这一区别。承担额外成本的“基金中的基金”，在过去 5 年里仅跑赢了 32% 的同类共同基金，而未承担额外成本的“基金中的基金”则跑赢了 79% 的同类共同基金。

不言而喻，考虑持有“基金中的基金”的投资者应当首先关注：（1）没有增加额外成本负担；（2）这些基金集中投资于低成本基金；（3）没有认购费。这样的基金可能提供具有竞争力的回报率，正如在过去 5 年中其所表现的那样，超过了同业基金标准的回报率。

“我能从巨大的深渊中召唤灵魂”

在《亨利四世》（*Henry IV*）的第一幕中，莎士比亚笔下的格兰多尔（Glendower）自夸道：“我能从巨大的深渊中召唤灵魂。”豪斯伯（Hotspur）对此回应道：“但是当你真的召唤灵魂时，它们会来吗？”在评价共同基金历史业绩的时候，这是一个很好的问题。任何基金业绩的职业分析师，或者任何依靠

① 一件私人轶事：罗伯特·马克曼（Robert Markman）这位长期与指数化投资为敌的独立投资顾问早在 1995 年创建他的“基金中的基金”之时，我不顾唐突地跟他赌了 25 美元，赌基于标准普尔 500 指数的一只指数基金，比他的多元化基金适度成长型投资组合（MultiFund Moderate Growth Portfolio）更好。而他认定该投资组合的策略在随后 5 年里会跑赢标准普尔 500 指数。3 年半过去了，目前为止的结果是：领航 500 指数基金回报率为 +124%，多元化基金适度成长型投资组合回报率为 +58%。这一赌注直至 2000 年 4 月 1 日才会揭晓，所以我还没有将钱存入银行。但是在接下来的 1 年半里，如果标准普尔 500 指数产生了比方说 6% 的年回报率，马克曼的投资组合就必须上升至 34% 的年回报率！那对这一基金中基金的投资组合而言将是非比寻常的挑战。

晨星共同基金评级的纸上谈兵的投资者，他们都能够从众多的基金中发掘出历史业绩最为出色的共同基金，即那些跑赢了其同业竞争者以及对应市场指数的基金。这很容易。

困难在于如何发现将来的胜利者。即使确实存在持续胜利者，大量的统计学证据也表明，它们在将来很难重复其优势。然而，投资者坚持相信他们能够提前选出跑赢市场指数的基金。那种期望不难理解。一些基金经理确实能在一个时期内跑赢指数，其管理优势看起来无可辩驳并将持续下去。但这很少能真正发生。在一份长期的优越性记录出现之前，有着优秀记录的共同基金可能已经与金融市场中一条永恒不变的“均值回复”原则相抵触了。

在下一章中会详尽地探讨，均值回归是金融物理学的第一原则。即使是有着最好历史记录的基金，也会被强大的、长期看来不可抗拒的趋势吸引回复到平均的总回报率，并因此达到低于平均水平的净回报率。这一趋势被以下事实所强化：具有出色回报率的共同基金易于从投资者那里吸引大量的现金流，从而逐渐抑制了他们获取超额回报率。投资管理的任务与选择投资组合经理的任务一样，容易犯错、高度紧张且要求严格，特别是对那些成本过高的共同基金更是如此。当然，从巨大的深渊中召唤灵魂，要求顶级的胜利者重复它们以往的成功，远远比发现这样的基金并维持其卓越表现要更加容易。

十年以后

“基金中的基金”

罗伯特·马克曼以很大的差距输掉了他与我的赌注，从全局角度来看，这并不是特别重大的事。（他立即有风度地支付了我所赢得的 25 美元。）然而重点是，他的基金帝国衰落了，资产从 1999 年的 2.31 亿美元跌至现在的 0.14 亿美元。他于 2002 年清算了一只基金，并将另外三只并入一只新的基金里。这只新基金挣扎了几年，最终也在 2009 年 9 月被清算了。

更广泛地来看，“基金中的基金”这一概念看来并不那么好。大多“基金中的基金”继续落后于包括它们同业组合的基金的回报率。在上一版里（当时“基金中的基金”平均落后于 66% 的同业竞争者），我们只有 3 年期的数据可用。

将那些基金的记录更新至2009年中期，最初的28只基金中只有17只仍然存在，而且这些存活基金的记录仍然难以令人信服，平均落后于72%的同业竞争者。

有人可能会认为，“基金中的基金”这份令人失望的回报率记录会影响这一概念的应用。但实际情况恰恰相反，“基金中的基金”的数量迅速发展（目前已达833只），而且它们已经成为该行业的一个主要因素。为什么呢？很大程度上是因为所谓的目标日期基金（target-date funds）的创建，基金经理挑选（并管理）一批在他们管理之下的基金，并向投资者提供在特定年份退休时使用的一种资产配置组合，随着目标退休日期的临近，逐渐减少股票的比例并增加固定收益证券的比例。大多数基金经理经常在2010年到2050年的每5年设置目标日期。目前，在833只“基金中的基金”里，有整整320只是目标日期基金。

然而，特别是对接近退休的那些投资者而言，最近的熊市对目标日期基金提出了什么是合适的股票—债券比率的问题。我的方案是（不可否认是经验法则）设置债券的百分比等于某人的年龄（即55岁的投资者可能考虑以55/45的百分比的债券/股票配置为起点）。但目标日期基金是典型的风险厌恶型。例如，2020年到期的目标基金将它们投资组合的60%～80%投资于股票。在2008年到2009年中期，这些2020基金价值下跌幅度达37%。再过一个10年就退休了，投资者肯定会感到失望，因为这些损失很难得到偿还。因此，“基金中的基金”发展速度显著放慢了。

当然，高成本的问题仍然存在。（它永远不会消失！）尽管最大的目标日期基金的费率中仅涵盖它们基础基金的成本，但这些成本的范围却为0.18%～0.86%。惊人的是，在0.70%～1.30%的基础基金费率之外，超过一半的目标日期基金还承担了平均0.45%的巨大费率。总成本能够达到每年接近两个百分点。

如果你喜欢目标日期的理念，仔细考虑下基础基金的记录、股票和债券的资产配置，以及所有的成本。当然我偏好以指数基金作为基础基金，偏好风险厌恶型的基金以及有着最低总成本的基金。这里的启示很明确：购者自慎。

这里没有圣杯：来自学术界和业界的证据

无论我们考虑学术性研究（我假定其中很多都检验了未来回报率，但被发现不合格却永不公之于众），或者考虑有着最佳长期记录的基金实际回报结果，或者基金顾问服务的选择，或者“基金中的基金”的记录，都会发现选择将来具有最佳业绩的共同基金极为困难。而个人基金投资者找到并提前识别未来表现优秀的基金这一圣杯的可能性，同样是很小的。

在当今这个时代，人们对基金业绩进行相对评价，并将复杂的回报率进行归因分析。在此之前，主动管理型基金经理实现了最好的可持续性长期业绩，他们所管理的股票型基金也因此处于其卓越业绩的顶峰水平。近年来，指数基金明显的业绩优势及其快速增长的接受程度，危及着那些曾经代表着圣杯的基金的接受程度。因此，该行业的大部分基金已经含蓄地进行了反击。只要有一只稀有的基金能够与市场在长时间内旗鼓相当，激进的基金发行商便会鼓励投资者放弃传统的购买和持有策略，而选择在基金之间进行机会主义地不断转换来获取收益优势。不可否认，该论点忽视了一个不言自明的事实，即尽管个别投资者可能通过精心挑选基金来成功跑赢市场，但投资者作为整体由于成本差距而必然落后于市场。这一赤裸裸的事实依然如故。

简而言之，传统的长期持有管理型共同基金的策略，并没有提供市场优越回报率的圣杯，即选择的基金业绩并没有大幅领先。目前流行的快速买入卖出基金的策略也没有做到。根据定义，指数策略的回报率必然低于市场的回报率，但只是略低一点。这才是真正的圣杯：**通过一个分散化投资组合来实现尽可能接近 100% 的市场回报率**。极少有股票共同基金经理会击败股票市场，而且从长远来说，即使是那些获胜者也不可能大幅跑赢市场。

毕竟，基金经理只是在高度有效市场中运作的凡人。当今流行的基金转换策略误导投资者，使他们相信能以某种方式胜过市场，这必然（我慎重地挑选了这个词语）会是一场失败者的游戏。如果“基金中的基金”成本在普通基金成本 2% 之上，且再每年增加 1.7% 的费用，期望这些“基金中的基金”的投资结果可以与指数基金策略相匹敌是极不理性的。大量有说服力的历史证据强化了这一基本结论的有效性。

对基金经理来说，挑战指数基金最为有效的方法，并不是总幻想追求市场回报率却永远无法赢得它，而是凭借一种常识，即基金经理必须将费用降到合理水平，回归传统基金的长期投资理念，并限制所管理投资组合的资产规模，使其与投资策略和投资目标相适应。这些改变应该会使主动管理型基金的回报率比那些消极的指数基金更具竞争力。总体来看，基金经理竞争力迈进的每一小步，都会是共同基金份额持有者向前的一大步。将投资者放到第一位！这一黄金法则是我们寻求圣杯的最好途径。如果基金业不能践行这一黄金法则，那么低成本指数基金将一直为寻求最优投资回报率圣杯的投资者提供最佳机会。

十年以后

选择优秀的基金

有强有力的证据证实，至少在共同基金业，圣杯是不存在的。但是无论多么徒劳，投资者依然拼命地寻找着未来的优胜基金。正如我在1999年版中写到的那样，“低成本指数基金一直为寻求最优投资回报率圣杯的投资者提供最佳机会。”过去10年的情况只是为这一结论再添证据而已。

第三部分

投资业绩

导读

我们最终关心的仍然是投资业绩。个人投资者极少意识到的一条投资原则是：均值回复，它就像永恒的万有引力一样掌控着金融市场，这始终是投资世界里的一个事实。尽管基金业忽略了这一原则，而我的分析显示，无论是考虑单只基金的回报，还是不同投资风格的回报，抑或是股票市场自身的回报，较高的回报率最终会回复到某种长期基准。大型共同基金的回报率一旦回复到这一基准便很少能再次提升。基金规模扩大所带来的问题进一步恶化了投资业绩。由于规模过大的明显缺陷，许多大型基金都已开始信奉“投资相对主义”（investment relativism），将投资组合组织成类似市场平均水平的结构，以增加其回报的稳定性，但同时也牺牲了优越性。因而，投资相对主义虽然是防范基金投资失败的一剂药方，但是成本高昂。

共同基金在展现其业绩时常常忽略税收，但是投资者们却不能无视税收的影响。然而绝大多数基金显然对它们应税投资者的需求熟视无睹，继续如快速射击般频繁地交易着投资组合，造成了超额的税负，却不能提供任何补偿性的收益，即便是对于那些持有税收递延账户的投资者也是如此。我提出解决这一税收问题的几个建议，包括改变现行的基金政策，设计为满足应税投资者需求的新型基金。这部分的最后一章讨论了“时间”对长期投资业绩的重要作用。这一时间维度与投资的三个空间维度（增加回报、减少风险并扩大成本的影响）相互作用，此结论和常识完全一致。回到第一部分开始时提到的长期投资主题，我们全面讨论了面向共同基金投资者的三个主要挑战：投资策略、投资选择和投资业绩。

第10章

均值回复：牛顿对华尔街的报复

乍一看，均值回复（RTM）法则可能是一个有些枯燥、令人兴味索然的话题。但我向你保证绝非如此。这个来自学术理论界的法则，已被证明在金融市场的现实世界中完全适用。均值回复在股票型基金的相对回报率中、在整个股票市场的相对回报率中，以及在一组普通股票长期所取得的绝对回报率中，都表现明显。**均值回复法则代表着股票市场中运行的一种万有引力定律：随着时间推移，投资回报率似乎被吸引向某种基准。**此法则的应用甚至可以被描述为是艾萨克·牛顿（Isaac Newton）公爵对华尔街的报复。

作为投资者，我们中的许多人都选择共同基金作为投资计划的全部或者一部分。无论基金是否是投资组合的一部分，你可能都认真考虑过自己的投资环境和风险容忍度，并决定固定收益投资和股票之间的最优资产组合。当今有一种很有影响且很少受到挑战的思潮认为，与其他主要资产类型相比，普通股票在长期肯定能提供更高的回报。如果你对此认同，则你投资计划中有相当一部分很可能就会投资于股票型基金。

假设如此，聪明的投资者应如何选择共同基金呢？先从我认为的选择基金的不当方法开始：基金选择主要是基于对过去非凡业绩的记录，而这些记录是由当今驱动着共同基金业的、夸张的市场机制来公布和促成的。忽略那些记录将对你更有好处。正如我在以前各章里一直试图说服你的，历史的教训无法抗拒：**在长期，一个充分多元化的股票投资组合是这样一种商品，它提供与股票市场整体高度接近的回报率，而且最终会落后于股票市场整体。**

假设你用10年或者50年来积累养老储蓄，在这一时间段的最后，极有可能一只基金的年度总回报率会接近股票市场。我在此谨慎地选择了总回报率这一词。由于绝大部分共同基金所负担的超额成本，基金整体和单只基金在长期的年净回报率，都倾向于每年落后市场1.5～2.5个百分点。超额成本包括完全公布（经常被忽略）的直接费用加上基金投资组合交易的隐藏成本，其中直接费用用于支付运营、营销和投资顾问成本，以及基金经理的大额收益。如果扩展到很长的时间区间，这些年回报率的差异将会对你的最终资本积累造成显著差异。

共同基金的优胜者回归到平均水平

在短至一年的时间里，许多共同基金，尤其是小盘进取型基金确实能偶尔获得突出的业绩。在过去几十年的时间里，在众多的基金中可能有高达 1/5 的基金能做到这一点。但在较长的时期，可以说存在这样一个深远的趋势：业绩优良的基金的回报率会降到平均水平，而业绩较差的基金的回报率会升至平均水平，尽管并不必然如此（事实上，由于支出过高，业绩最差的基金倾向于保持其原有位置。因为高成本阻止了这些基金回报率的上升）。确如我所将展示的，基金回报率下降或上升的程度，与之前高于或低于市场回报率的程度是直接成比例的。**向市场均值的回复是长期共同基金回报率的决定性因素。**

以过去两个完整的 10 年为例进行检验：20 世纪 70 年代（其间的股票回报平淡无奇）和 20 世纪 80 年代（其间的基金以非常高的收益回报了投资者对它的偏好，这是在不同环境下的一种均值回复的例子，后文会讲到的）。在展示这一分析时，我采用了中庸的成长—收入混合型基金和成长型共同基金。这些基金包括了一些广为人知的、与标准普尔 500 综合股价指数风险水平相当的大型基金。

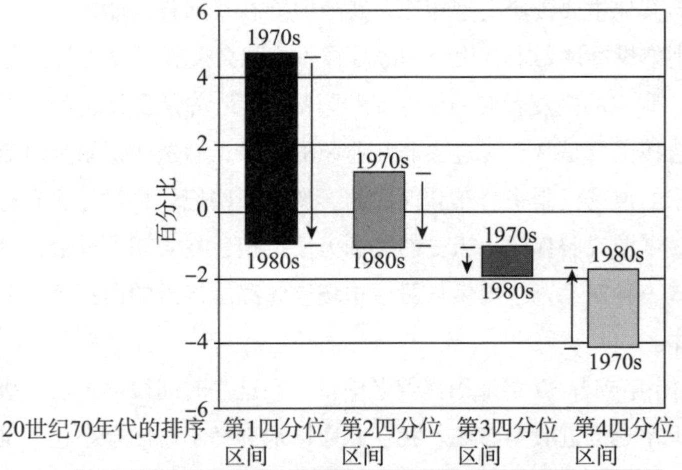

相对于标准普尔500指数的年度回报率				
20世纪70年代	4.8%	1.1%	−1.1%	−4.1%
20世纪80年代	−1.0%	−1.1%	−2.0%	−1.8%
20世纪80年代的回复	−5.8%	−2.2%	−0.9%	2.3%

图 10-1a　基金相对于股票市场指数的年度回报

十年以后

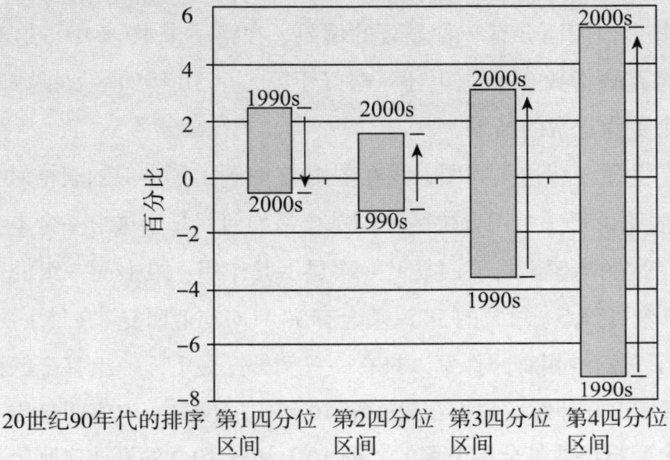

相对于标准普尔500指数的年度回报率				
20世纪90年代	2.4%	−1.2%	−3.7%	−7.2%
20世纪00年代	−0.7%	1.5%	3.0%	8.3%
20世纪90年代的回复	−3.0%	2.7%	6.7%	12.5%

图 10-1b　基金相对于股票市场指数的年度回报

按照在 20 世纪 70 年代相对于标准普尔 500 指数的相对业绩排序，将基金分为相等的 4 组，图 10-1a 展示了这 4 部分在 20 世纪 80 年代是如何回归到市场均值的。例如，注意到最上面一组基金在 20 世纪 70 年代的年回报率平均高出指数 4.8 个百分点，但是最终在 20 世纪 80 年代却低于基准 1 个百分点，相对于指数有 5.8 个百分点的向下回复。类似地，最下面一组基金在 70 年代落后指数 4.1 个百分点，但是这一缺口在 80 年代缩小到指数之下的 1.8 个点，向上回复了 2.3 个百分点。（注意处于第二、第三组的基金中，回报率很少有变化，因为这些回报在第一个 10 年中原本就接近于均值。）

这一模式的一致性同样是惊人的：在最上面一组的 34 只基金中，有 33 只在 20 世纪 80 年代期间向市场均值回复，这些在之前表现优越的基金事实上有 2/3 都落后于标准普尔 500 指数。信不信由你，有这样一只例外的基金，它在整个 20 世纪 80 年代的回报率每年都高达 11%。然而自 20 世纪 90 年代以来，这只基金的年度回报完全与指数相同，表现出了典型的均值回复，而且回复的程度正好是每年 11%。仅在过去的 4 年中，它就每年落后指数 5.6 个百分点。有时候，均值回复的出现需要耐心！

由于操作成本和交易成本为 0 只存在于理论世界，所以无人管理的标准普尔 500 指数是一个不仅苛刻而且难以达到的目标（它对大盘股有很强的偏差）。即使选择了主要由大盘股基金构成的波动特征和指数相类似的共同基金类型，它的投资组合中股票的流通市值还是偏小一些。然而，在这20年中，比较的差异并不大，由于只包含这期间那些一直存续的基金，因而会有一种显著的偏差。在第一个10年中，这些存活下来的基金实际上只稍微跑赢指数0.1%，但还是略好于第二个10年的落后指数1.5%的回报率，而后者才是一个更为正常的结果。

无论如何，为了说明这一问题，我在图10-2中画出了类似的表格对相同的基金进行比较。图10-2表明了每一个四分位区间的基金是如何回复于这组基金本身的均值，而不是回复于市场指数的均值。均值回复又一次显示其作用：最上面一组的基金较其之前的4.7%下降了3.9个百分点。总共的34只基金有30只向均值回复。在最下面的一组基金中，33只基金改进了它们的相对回报率，只有一只例外。最下面一组基金的回报率向上回复了4.1个百分点，正好补偿了它们在第一个10年中的损失。均值回复传递出一个明确的信息：**基于历史回报评估基金是无用的。**图10-1和图10-2的模式实际上是相同的，只是回复的标准从市场平均回报变成了基金平均回报。均值回复原则依然牢不可破。

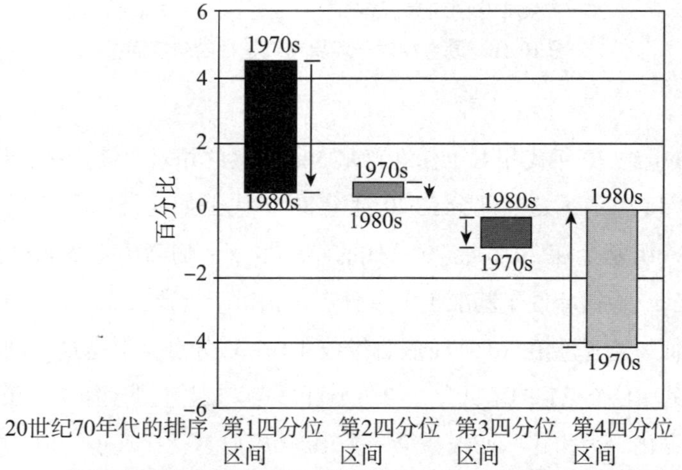

相对于平均基金的年度回报率				
20世纪70年代	4.6%	0.9%	−1.2%	−4.1%
20世纪80年代	0.7%	0.6%	−0.3%	0.0%
20世纪80年代的回复	−3.9%	−0.3%	0.9%	4.1%

图10-2a　基金相对于普通股票型基金的年度回报

为了强调这一点，我们对过去的20年重复相同的测试。将1987—1997年与1977—1987年两个10年进行比较，最上面一组基金向市场均值的回复略大于6.9个百分点，从高于指数5.1%到低于指数1.8%。所有44只基金都向均值回复，其中35只低于市场平均值。最下面一组基金，由于在两个时间段内的超额成本妨碍了许多基金的收益，在 44 只基金中只有 22 只的年度相对回报率有所提升。事实上，由于一个很小的差额，使得这些基金的平均回报率没有向均值回归（从低于指数 3.7 个百分点稍微扩大到 3.8 个百分点）。此结果仅仅是由两只经营特别失败的基金所导致的，它们的平均年回报率低于市场 29 个百分点。（不考虑这两只基金，则最下面四分位区间基金的回报率将由低于市场 3.2 个百分点上升到低于市场 2.6 个百分点。）

十年以后

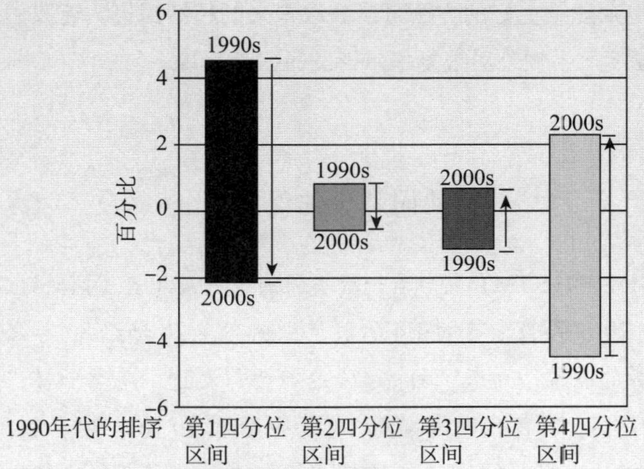

相对于平均基金的年度回报率				
1990年代	4.8%	1.2%	−1.2%	−4.8%
2000年代	−3.0%	−0.8%	0.8%	3.0%
2000年代的回复	−7.8%	−2.0%	2.0%	7.8%

图 10-2b　基金相对于普通股票型基金的年度回报

用基金自身的平均回报率代替之前市场指数的平均回报率，我们也对 1977—1987 年与 1987—1997 年的测试进行了重复。如果考虑基金成本，这一模式在此又是相当对称的。在最上面的一组基金中，44 只有 41 只向下回复；而最下面的一组基金中，44 只有 40 只向上回复。平均而言，最上面一组向下回复了 4.3 个百分点；最下面一组再次由于高成本的拖累而只向上回复了 3.2 个百分点。**很明显，无论哪个时间段，无论用什么样的均值标准，共同基金回报率均值回复的一般规则都是一致的、高度可预测的和普遍适用的。**

共同基金的营销商假设，大多数投资者完全不知道今天业绩优良的基金在明天会不可避免地成为股票市场上的普通角色，与它们的同业平均水平持平。这种假设往往是正确的。换句话说，今天的耀眼明星将沦为明天的凡夫俗子。事实上，尽管这一结果的证据是如此明显，基金广告商却毫无例外地只兜售那些业绩优良的基金。基金公司知道今天的明星基金只是昙花一现，但只要还有人相信魔法，炮制魔法的传播者就会创造并叫卖他们的万灵药。这会造成高成本和适得其反的投资选择，必然只能把握住昨天的而非未来的投资业绩。

现有的研究一致认为：几乎没有长期战胜市场的基金能事先被选择出来（经常在其早期的几年里，当只有很少的资产和持有人时，才会拥有较高的超额回报）。但也许有一种比散播以往出众业绩更好的方法可以获取未来的超额回报。让我们来到第二类均值回复，也就是艾萨克·牛顿公爵报复华尔街的另一种表现。

十年以后

共同基金的优胜者

均值回复法则（RTM）以与前一版类似的模式继续着（见更新的图 10-1b）。正如 20 世纪 70 年代最上面的 1/4 的股票型基金在 20 世纪 80 年代落后于标准普尔 500 指数的基准，而最下面的 1/4 的基金却赢过了基准一样，这一模式在 20 世纪 80 年代到 90 年代期间重复出现，并且在 20 世纪 90 年代到 2009 年的 10 年间再次重复出现。但后一个 10 年与之前的结果并不十分相同，可能是因为过去 10 年的回报率水平过低（事实上，只有约 –1.5%）。虽然如此，在 20 世纪 90 年代超越标准普尔 500 指数最多的基金，在 2000 年以来却落后于指数；而那些原本落后指数最多（–7.2%）的基金，在接下来的 10 年里却强劲反弹，显出明显的优势（+8.3%）。可见均值回复是确定的，但其展示形式可能并不完美。

另一方面，图 10-2b 却是均值回复的一个完美展示。当我们把股票型基金相互（而不是与标准普尔 500 指数）比较，前后的 1/4 的基金表现出了不可思议的对称性，最上面的和最下面的正好对调位置。最上面的基金从 4.8% 的收益变为 3.0% 的损失，而之前损失最多的基金从 4.8% 的损失上升为 3.0% 的收益。第二个四分位区间的基金的相对回报率下降了两个百分点；而第三个四分位区间的基金正好增加了两个百分点。虽然这种高度对称的形式不可能再重复，但是共同基金的优胜者都相当一致地回到了平均水平，这一点几乎是毫无疑问的。

万有引力和股票市场板块

大盘成长型基金和大盘价值型基金的短期回报率，一定大致地跟踪了股票市场在扣除成本之前的短期收益。但在长期，由于成本的存在，大盘基金必然明显落后于股票市场。寻求较高的长期回报率的投资者，是否应该集中投资股票市场中那些可能带来优异业绩的特定板块呢？唉，但似乎没有一个持久的系统性偏差有利于支持某一个特定的市场板块。均值回复似乎在相当长时间里表现为纯粹的循环现象，虽然这常常是一种长期趋势。

让我们看4个例子：（1）成长型股票和价值型股票；（2）高价股和低价股；（3）大盘股和小盘股；（4）美国股票和国际股票。这4个例子的最终结果都说明，在每一个关键的市场板块中，均值回复都是完全适用的。

成长型股票和价值型股票

我们从成长型股票和价值型股票开始。一般而言，成长型股票具有高于平均水平的收入增长率、市盈率和市净率，而价值型股票的每一指标则较低且提供高于平均水平的回报率。在研究中，我检验了60年的成长型基金（具有规定的增长目标和高于平均波动率的共同基金）和价值型基金（同时寻求增长和收入且表现出低于平均水平的波动率）。[①]

近年来，传统观点认为价值投资哲学优于成长投资哲学。此信条之所以成为主流，也许是因为很少有人对整个历史记录进行检查。虽然如此，如图10-3所示，在长期，均值回复是强大而深远的。在早些年，成长型基金掌控了投资游戏，它们在1937—1968年间明显是赢家。在那段时期末，在价值型股票上的投资只相当于在成长型股票上等量初始投资的62%。价值型股票从1976年开始有明显复苏，几乎正好补偿了之前的所有损失（最近的历史表明，在截至1997年的60年时间中，只用了8年就创造了价值型股票的传奇）。然后，从1980年开始，成长型股票的表现胜过价值型股票，从1997年开始，价值型股票又重新占据了优势。正如所发生的，成长型股票在1998年以卓越的表现强势回归，是否表明均值回复再度起作用了？

当我们把60年来所有这些周期性的波动都连接起来，在价值型股票中的最终投资

① 在1968年公布这两类基金的行业标准之前，我采用了一个基金的样本，清晰地区别其目标、投资组合和年度回报率。

大约是成长型股票的 9/10。在整个 60 年间，总的复合回报率是：成长型，11.7%；价值型，11.5%，仅有微小的差别。这正好是一个平局，也是均值回复的另一明证。

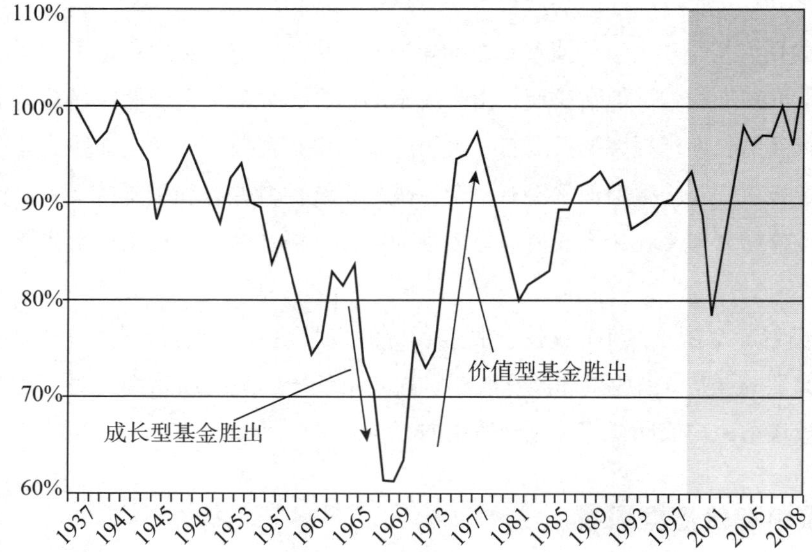

图 10-3　成长型基金和价值型基金（1937—2008 年）

高价股和低价股

市场板块均值回复的第二个例子是关于高价股和低价股的。自 1926 年以来，基于共同的基础，高价股和低价股的序列一直由标准普尔公司进行发布，但在过去 10 年中并不怎么被投资者关注。如图 10-4 所示，较之于成长型和价值型股票，高价股和低价股在市场优越性的转化周期更为短暂。过去 40 年间的持久趋势能非常明显地表明这一问题。低价股从 1962 年到 1968 年享受了 6 年的盛宴。但接下来就是有利于高价股的大逆转，低价股又经历了 6 年的低迷，直到 1974 年。

连续的循环似乎和《圣经》预言中的 7 年轮回一样，低价股的下一个盛宴持续了 9 年，直到 1983 年，接下来是直到 1990 年的持续 7 年的低迷，其后又是截止于 1992 年的短暂盛宴。总之，在整整 70 年中，初始投资在高价股上的 1 美元，价值仅相当于在低价股投资的 1.4 倍，差不多正是 1927 年的水平，所以这一年是高价股真正辉煌的一年。即使包含开始那一年的扭曲效应，高价股也提供了一个 6.7% 的历史回报率，而低价股是 6.2%（两种情况都排除了股息）。不论如何，在上图中，均值回复的影响力是明显的。

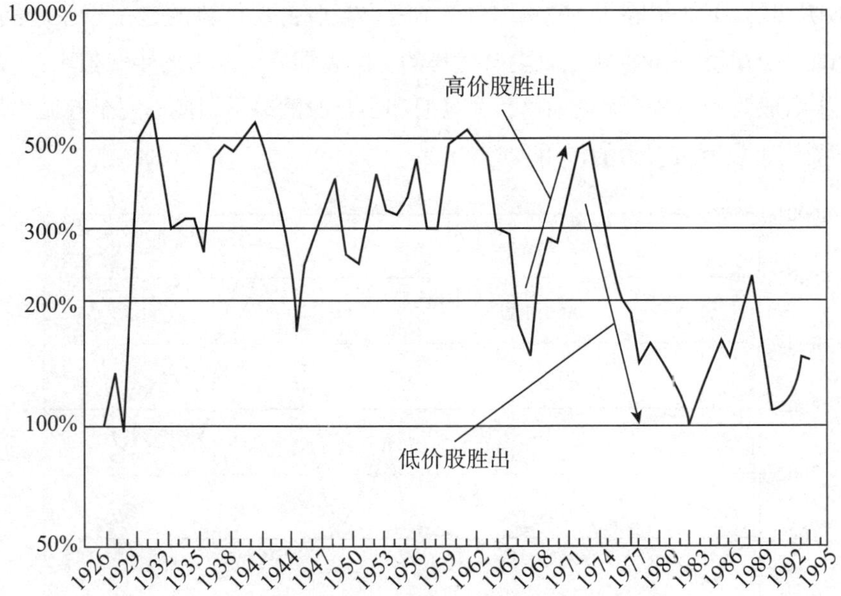

图 10-4　高价股和低价股（1925—1995 年）

大盘股和小盘股

现在到了第三个板块。关于投资的一个看似牢不可破的神话是，随着时间的推移，小盘股的市场表现会超过大盘股。既然已接受了这一命题，其支持者就会用通俗易懂的方式解释其原因："小盘股承受较高风险，因而它们必然能赢得更高的回报率，这正如昼夜交替般自然。"这一推理似乎无懈可击，但事实上，正如图 10-5 所示，小盘股的优势周期是具有相对间歇性的。从 1925—1964 年的整整 39 年间，小盘股和大盘股的回报率完全相同。然后，再到 1968 年的短短 4 年间，小盘股的回报率达到大盘股的两倍多。但事实上，在接下来的 5 年间，所有的盈余差额又损失殆尽。截至 1973 年，在近半个世纪的时间里，小盘股和大盘股基本持平。小盘股的声誉主要是在 1973—1983 年这 10 年间形成的。其后，均值回复似乎不可避免地在第 5 个周期中再次出现。套用诗人托马斯·富勒（Thomas Fuller）在 1650 年的诗句就是，这对大盘股而言是黎明前的黑暗，因为自从 1983 年开始，太阳已经再次明亮地普照在它们身上了。

总而言之，在整个时期，小盘股的复合年回报率是 12.7%，大盘股是 11.0%。如图 10-5 所示，这一差异导致了小盘股的最终价值是大盘股的 3 倍。但是，即使假定小盘股在某个 10 年中具有回报优势，我也不确定我是否会依赖于此进行投资。（当然，在小盘股业绩平平的 1998 年，大盘股优异的表现意味着不加分析地接受小盘股具有优势的理论是不明智的。）如果除去 1973—1983 年间小盘股占据优势的这一较短时期（只占整个时期的 1/7），大盘股事实上是更有优势的。除去那一周期后的年回报率：大盘股为 11.1%；小盘股为 10.4%。无论如何，大盘股和小盘股的关系即使不完全遵循均值回复，也无处不受到市场万有引力的作用。

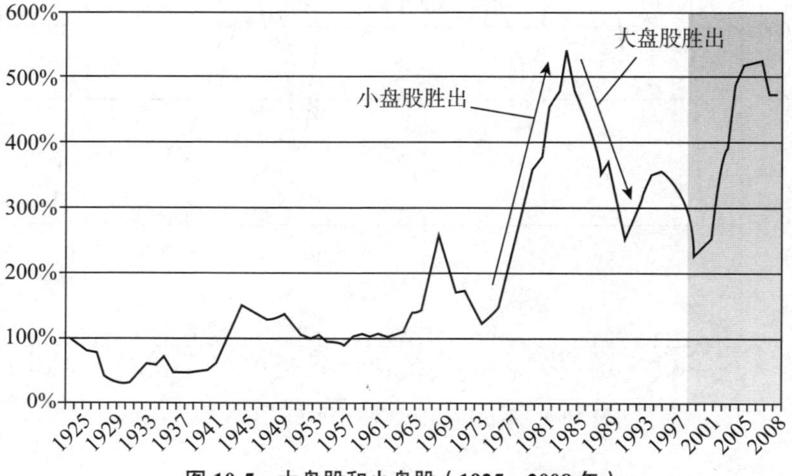

图 10-5　大盘股和小盘股（1925—2008 年）

美国股票和国际股票

对于美国股票和国际股票，没有像均值回复的第一个例子中那么长的历史数据。在此我采用了所有可获得的数据，只覆盖了过去 38 年的数据。如图 10-6 所示，均值回复也有着有力的证据。在这里，我将对标准普尔 500 指数和摩根士丹利资本国际 EAFE 指

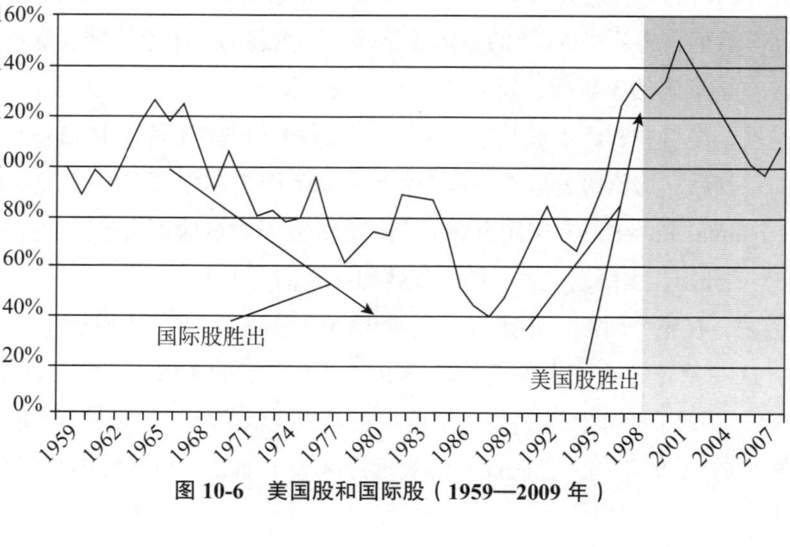

图 10-6　美国股和国际股（1959—2009 年）

数的回报率进行比较。为了反映美国投资者的感受，我们采用了美元而非本国货币进行标价。尽管经常有来回往复，但在前24年中（截至1984年），累积价值的比率稍稍偏向于EAFE指数。EAFE指数的复合回报率是9.7%，而标准普尔500指数是8.4%。

然后，在1984—1988年间的短暂周期里，EAFE指数开始爆发，赶超了美国股票的整整两倍。在随后的9年间，美国股票的表现又大大超越了EAFE指数昙花一现的辉煌，完全回报了人们对其的称赞。在整个时期，美国和国际股票的复合回报率都是11.5%。在美国的投资者与在美国以外的投资者，他们初始投资的相对价值完全相等。从长期来看，均值回复在全球股票市场都清晰地表明了其正确性。

回到牛顿定律

到此为止，尽管并不如艾萨克·牛顿公爵那么精确，我已举例说明了相对市场万有引力的强大力量。牛顿对万有引力定律的发现，被认为是17世纪科学革命的制高点。当然，在多元化的股票型基金和股票市场板块中，均值回复对投资者的应用价值难以成为20世纪的制高点。确实如此，牛顿第三定律认为："每一个力都有一个大小相等、方向相反的反作用力。"[①]这可能是对金融市场所发生现象的更好写照。尽管均值回复法则要几十年才能发生作用，但它是由历史所证明了的客观法则。精明的投资者忽略这一法则将是危险的。我的投资策略将依托于均值回复将持续存在的事实上。

十年以后

股票市场板块的均值回复

在上一版中，成长型股票和价值型股票、大盘股和小盘股、美国股票和国际股票等所展示的均值回复模式，在过去的10年中依然继续成立（其间标准普尔公司不再提供高价股和低价股的指数了）。

在1979—1995年间稍稍落后于价值型基金的成长型基金，在2000年截止的大牛市中又超越了价值型基金（见图10-3）。在随后的两年里，价值型基金又快速超前，此后，优势在两者之间频繁易手。但显然，在图10-3所涵盖的72年间，价值型和成长型基金的平均年回报率实际上是相等的，都是9.7%。

大盘股和小盘股也保持了来回往复的模式（见图10-5）。在1994—1998年，

① 对这一定律，牛顿的公式是：重力等于重力常数乘以两个物体的相对质量，再除以两者间距离的平方。

大盘股表现较好，在1999—2006年，小盘股又超越了大盘股，此后，大盘股的回报率更高。尽管从历史上的年回报率来看，小盘股相对于大盘股的优势是实实在在的（13%相对于10.7%），但大盘股在相当长的时间里都保持了自己的优势地位，如从1945—1973年的28年间，以及1982—2008年的26年间。也许长期的历史模式将会持续，谁又真正知道呢？但是，对持有比其市场权重比例更大的小盘股投资者，我们应该建议他们有更足够的耐心。

美国股票和外国股票的均值回复也得到了肯定的反映。美国股票在2001年之前是占有优势的，此后到2007年又出现了形势大逆转（部分是由于美元的弱势）。然后，美国股票在2008年又有了一个微小的优势，随后到了2009年年中又变成了略居劣势。在半个世纪里，两者的年回报率实际上是一致的：美国股票为9.1%，国际股票为9.0%。图10-6中的这些逆转很明显，但如果投资者认为他们可以对此进行择时，那他们就是在玩一个危险游戏了。

普通股票也回归到平均水平

均值回复还有第三个重要方面：普通股票的长期回报率。不像股票型基金和股票市场板块，这里的均值回复是就绝对回报率而非相对回报率而言的。两个多世纪以来，在不断重复的25年滚动期里，美国股票市场提供了一个以6.7%为基准上下波动的实际回报率（扣除通货膨胀之后）。如图10-7所示，围绕这一基准的波动范围是相当窄的，只有5个滚动期内的回报率低于4%。

简而言之，在不断重复的25年滚动期里，在93%的时间里，实际回报率都一直在4%～10%的范围内波动，这是一个相当一致的记录。均值回复在股票市场完全适用。25年区间大致是当今大部分投资者的投资生命周期的一半，在如此长的区间里，年回报率的标准差偏离基准的正负2%。公平地说，在10年的时间区间里，标准差偏离基准的正负4.4%；而在50年的投资生命周期里，只偏离基准极小的正负1%。可见，时间的长短会造成重大的差异。

长期回报率很一致的根本原因在于两个基本面因素：公司股息和盈利增长。采用从1871年以来可获得的数据，我们可以对这两个金融基本面因素对股票回报率的决定程度进行度量。自1871年以来，公司实际收入增长加上股息收益，再在25年的滚动期里取平均值，得到一个6.7%的总的基本面的股票回报率。这一数字与股票市场6.7%的真实回报率完全吻合。这就**意味着随着时间的推移，套利的作用是中性的**。在 127 年的时间里，这两个回报率完全相等，这是金融市场长期理性的一个显著证明。

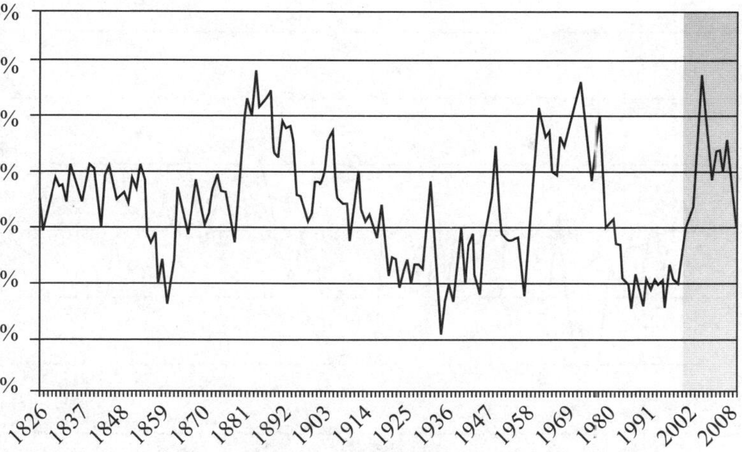

图 10-7　25 年滚动期的实际股票回报率（1826—2008 年）

凯恩斯的回归

在短期内，股票回报率中的非理性是由投机因素造成的。股票市场的非理性可以由市盈率这个短暂但关键的指标来度量。根据凯恩斯的说法，如果我们用投资这一术语来描述基于收入和股息的基本面回报率，那么就可用投机来描述股价的另一个决定因素：投资者愿意为每一美元的公司收入支付的价格。如果说基本面医素在长期决定市场回报率，那么投机的力量就在短期决定市场回报率。投机都是暂时的和变化无常的。投资者在长期愿意为每一美元的收入支付平均约 14 美元。如果乐观一点，他们愿意为此支付 21 美元，那么股价将会仅因为这个原因而上升 50%。如果悲观一点，他们只愿为此支付 7 美元，那么股价将会下降 50%。**每 1 美元收入的价格变化确实创造了巨大的杠杆效应，但这不会永远持续，甚至不会在一个投资生命周期中持续。**

然而，即使在长达 25 年的时间里，回报率的波动更多是基于投机的隐秘力量，而非基于投资的坚实基础。但这些波动可以被合理抑制。股息收益和收入增长的结合，才是投资回报最重要的驱动力。图 10-8 展示了自 1871 年以来两者之间的差异。（直到 1871 年才有收入和股息的可信数据。）在 1871 年以来的 102 个 25 年滚动期里，有 88 个 25 年期的真实回报率落在基本面回报率加减两个百分点的范围之内。令人震惊的是：因为投机的作用，这期间似乎有从波峰到谷底（以及相反）的 6 次波动，每次波动大约持续 15 年。纯粹为了好玩，我在图 10-8 将 6 次波动画了出来，这也可以说是三个完美的均值回复的循环周期。

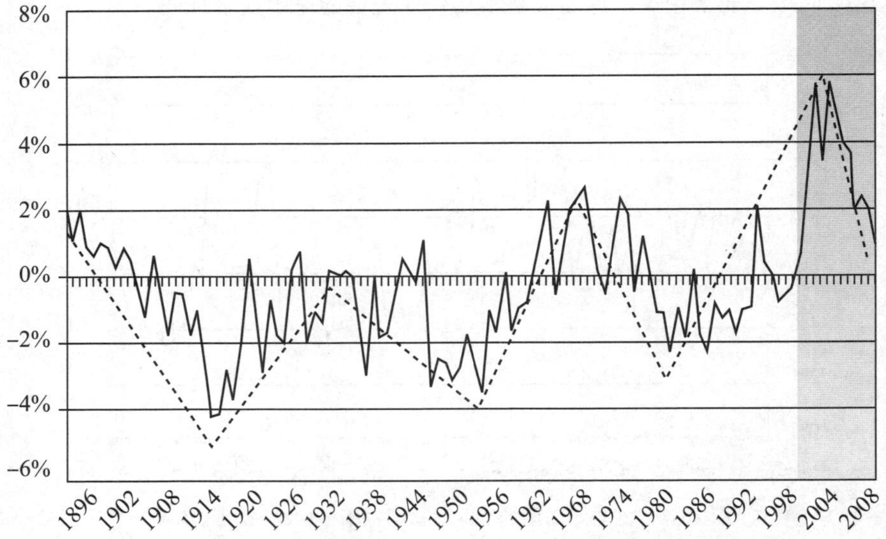

图 10-8　实际的股票市场真实收益与 25 年滚动平均的基本面收益

为了展示基本面回报率和真实回报率之间存在的这些差异，比较一下在两个完全不同的环境下投资和投机的作用（见表 10-1）。在两个例子中，我都采用了名义的而非实际的股票市场回报率。当投资者从悲观转为乐观时，正如从 1942 年到 1967 年，在 12.8% 的良好基本面回报率的基础上，还加上了 2.6% 的投机回报率。这一额外的回报率代表着 1 美元收益的价格从 9.5 美元上升 18.1 美元，95% 的估值增长使总回报率上升到 15.4%。而当投资者从乐观转为悲观，正如从 1958 年到 1983 年，1 美元收益的价格从 19.1 美元下降到 11.8 美元，降低了 40%。市盈率的缩减使得 25 年滚动期的回报率减少了 1.9%，使基本面回报率从 9.7% 下降到 7.8%。如今的市盈率约为 27 美元，因而我猜测未来的预期收益应该会被过高的市盈率所限制。

表 10-1　　25 年滚动期的名义股票回报率　　单位：%

	由悲观到乐观 1942—1976 年	由乐观到悲观 1958—1983 年
1. 基本面因素		
A. 股息收益	6.0	3.2
B. 收入增长	+6.8	+6.5
总的基本面回报率	12.8	9.7
2. 投机性因素	+2.6	–1.9
3. 总市场回报率	15.4	7.8

再次讨论基本面因素对股票回报率决定性的影响力，目的是强调这样一个事实：资本主义经济和竞争似乎已经在长期收入增长之上，建立了一个历史性的界限即 4% 的实际回报率（6% 的名义回报率）。有人认为股市的收入增长已经达到了一个新的、明显更高的水平之上，这一观念蛊惑了当今美国股市，并驱动了股市近年来的繁荣。确实，在过去的 15 年中，实际回报率的平均值已高达 12.6%，这几乎是长期平均水平的两倍。自 1816 年以来的 182 个 15 年滚动期中，只有 9 个区间明显超过了这一水平，而且超过的并不多。即使未来 10 年只有 3% 的实际回报率，这 25 年的年回报率也将高达 8.6%，仍远高于 6.7% 的长期平均水平。但自 1982 年以来，股票上获得的可观回报率也带来了重要的问题：旧的基本面回报率的约束是否已被解除？美国是否已进入了一个公司赢利的新时代？当今最核心的问题是：股票是否正在向一个新的、更高水平的均值进行回复？

一个新的、更高水平的均值

在 1997 年中期，正当牛市不断创造新高之时，受人尊重的摩根士丹利公司高调发布了其投资策略报告《一个新的、更高水平的均值回复到哪里》。报告开篇写道，“随着美国股票的丰厚回报不断累积，你不得不怀疑，在这个勇敢的新世界里，历史上 6%～7% 的实际回报率是不是已经过时，并且应该被向上修改了。”报告然后采取了中立态度：“这一股票的黄金时代不会永久持续……但是股票均值可能会稍微比过去高些，正如一直以来那样，低迷会在盛宴之后接踵而来。”这份报告总结道，新的市场实际回报率的均值将是“7%～8%，但低于如今牛市中的乐观者所说的 10%。最近 10 年以来所产生的 12% 的实际回报率是不可持续的。随着时间的推移，回报率将不得不向新的均值回复。”

正像策略报告所指的，如果 7%～8% 的实际回报率确实是新的均值，股票就会被高估（相对于基本面回报率而定价过高）约 20%。在这样一个重新估值的环境中，随后一个时期的股票实际回报率应该在 3%～5%。在这一水平之上的股票将面临来自债券的激烈竞争。债券现在的名义回报率约为 5.25%，在未来 10 年中应该能以相当低的风险提供平均 3.5%～4% 的名义回报率。

然而，由于市场预测从本质上讲是冒险，而两次都预测成功的几率更是险上加险（在高点或接近高点时卖出，并在低点或者接近低点时买进，这是一个非常难以实现的获胜策略）。较低的风险调整后股票回报率的可能性（甚至是概率），应该促进对投资目标的深思熟虑，而不是激进的投资行动。

十年以后

普通股票回归到平均水平

当我们观察25年滚动期的普通股票回报率时，均值回复在图中表现得活灵活现（见图10-7）。在上一版中，25年的实际年回报率是6.9%，接近于6.7%的长期平均水平。正如我在第2章提到的，回报率在截至1999年的25年里提高到11.7%的高度，而在截至2009年年中的25年里只回复到6%。那种均值回复正是股票在过去近两个世纪里所经历的，而且可以肯定在接下来的两个世纪里，股票依然会有类似表现。

在长期，股票回报率主要是被商业回报率所驱动，这被我在上一版中称为基本面回报率（现在我经常用投资回报率这一术语）：(1) 美国公司初始的股息收益，经常由标准普尔500指数（或其前身）来度量。(2) 收入增长率。如图10-8所示，当股票市场回报率大大超过了基本面回报率时（经常反映了轻快的乐观主义），市场回报率回复到基本面回报率就只是时间问题，而然后就又会回复过度（经常反映了深度的悲观主义），远远落后于基本面回报率。

所以，20世纪70年代后期，股票市场出现了投资机会的清晰信号（基本面回报率比市场回报率高出一到两个百分点），而在1998—2003年间紧接着就出现了警告信号，当时25年的市场回报率超出了基本面回报率接近每年6%的历史最高差额（之前历史上的差额都是在3%左右）。在1999年的版本中，我赞同并引用了摩根士丹利的结论："这一股票的黄金时代不会永久持续……正如一直以来那样，低迷会伴随盛宴之后而来。"事实正是如此，在经历了难得的20年"盛宴"之后，用"低迷"描述接下来10年股票的负收益并不为过。

为克服万有引力作用而投资

历史统计告诉了我们均值回复的学术研究结果，说明均值回复是完全有效的。几乎投资的每一方面都证明了它的存在：在形成单个共同基金相对回报率方面；在形成不同股票市场板块的相对业绩方面；以及在决定长期股票回报率的绝对水平方面，尽管长期回报率的预期水平可能高于以往水平。如果你接受了这一点，那么它所暗示的实际投资业务会如何进行？这一历史经验能怎样帮助你和家人，保证你们获得累积资金的最佳机会？

正如我们在第 3 章看到的，合理的资产配置会带来更多益处。如今金融市场的风险水平似乎更高，但我却不认为投资者应该放弃投资股票。例如，在一个退休计划中，我建议通过投资 70% 股票和 30% 债券来平衡潜在风险和回报。对那些才开始其资金累积计划的人们，倘若对回报有强烈的欲望且对风险有较好的承受力，同时距退休还有较长的时间（15～40 年），我会建议提高股票投资比例（如 90% 股票和 10% 债券）。对于那些利用闲置资金进行适度的定期投资的人们，或者那些更为保守、投资时间期限更短（1～15 年）的人们，我建议降低其股票比例，可能要一直降到 35% 股票和 65% 债券。没有人知道金融市场未来的回报率是多少。**几个世纪以来，均衡的投资方法一直被证明是有效的，这不是因为它能提供更高的回报率（很明显它不能），而是因为它能得到可靠的长期回报率且没有额外的短期风险，这是一个很有吸引力的结果。**

对于未来市场回报率而言，均值回复对股票投资策略有何指导意义？既然均值回复在所有市场板块都通行，如成长型股票和价值型股票、大盘股和小盘股、美国股和外国股，那么绝大多数投资者应该都拥有这样一些股票型基金：它们代表了美国股票市场的多个板块，且其中大盘股是主要成分。有的投资者相信可以通过使用不同的投资风格和策略来选择某些基金（或加大这些基金权重），以此获得投资业绩优势，但他们应该明白这样做的风险。对于那些认为历史教训总把我们引到错误方向（经常是有风险的赌局）的人们，还有这样一个风险均等的赌局：决定这些相互抵消的不同市场部分中，哪些因素在未来将能获得超额收益。例如，假设大盘股和小盘股在未来 10 年或者 20 年里不回复到市场均值，投资者不得不猜测哪一个更可能提供更好的回报。正因如此，无论从理论上还是实践上，我都偏好那些能跟踪整个美国股市的指数型基金。由于多元化的范围异常宽广，广泛涵盖了大盘股、中盘股和小盘股，这些基金最终反映了股票市场上的均值回复情况。

持有全股票市场指数基金也能解决基金选择的问题。为什么要回避历史事实，而怀着撞大运的想法试图选择单只共同基金呢？考虑到个别共同基金的回报也受到均值回复的影响，指数型基金最能够分享未来股票整体的回报。指数基金在过去确实已经证明了其价值。尽管我偏好于全市场基金，但是标准普尔 500 指数基金也是个不错的选择。这个大盘指数基金覆盖了美国股票市场 75% 的权重，即使在短期也不会偏离整个市场太远。均值回复意味着这一指数的长期回报将紧随着整个市场的回报。由于低成本，任何一只指数基金应该都能提供最佳的获利机会，使投资者能获得接近市场回报的 100%。

王冠上的宝石

在新的投资年代，家庭最有价值的资产“王冠上的宝石”已经有了新的意义。投资者们所追求的是比钻石、红宝石、蓝宝石更加重要的东西。他们追求积累足够的资本以达到其个人的财务目标。过上舒适和独立的退休生活是大多数投资者的主要目标。对养家糊口之人而言，当其退休时，家庭最有价值的资产，即王冠上的宝石肯定就是退休计划的资本价值。税收递延计划也是尤为珍贵的宝石，因为税收递延以及低成本的投资，都是长期投资者的军械库中最有价值的武器。仅被内部税收法案（Internal Revenue Code）所限制，你应该把你能节省的每一分钱存入你的个人退休账户（IRA）或你的401（k）或403（b）储蓄计划之中。

艾萨克·牛顿公爵也会赞同这样的投资计划的：它装备了均值回复的理论钢盔和定期投资的数学铁甲，并获得均衡策略的保护，此外还拥有复利、税收递延及低成本等强大武器。正如那只众所周知的苹果最终掉在了地上，业绩突出的共同基金和价格暴涨的股票市场板块最终也会回落到正常水平。只要给予足够的时间，即使是在股票市场回报最丰厚的时间内获得的回报，也会降到一般水平。将牛顿万有引力定律应用于金融市场上各种形式的均值回复，这也应有助于你制订一个精明的金融投资计划，并能用简单的常识来实施这一计划，以积累更大规模的退休基金。金融市场上均值回复的有力证据，不仅仅可从学术研究中发现，也存在于实际的投资经验中。在你积累资金时，为了自己的利益，请确定你已应用了均值回复的概念。

十年以后

均值回复

过去10年中发生的所有事情，都更加坚定了我之前的立场：均值回复存在于投资的任何方面：在股票型基金中，在全球的市场板块中，在实际的股票市场回报率中，以及在基本面商业回报率和股票市场回报率自身之间的关系中。忽略这些鲜明的历史教训，将会使你的投资陷于危险之中。

第11章

投资相对主义：幸福还是不幸

与金融市场的任何历史时期相比（或者看起来将会如此），当今投资者更加集中于寻求短期相对业绩的成功。我们已经进入了所谓的“投资相对主义时代”。所有人似乎都在集中精力进行比较：“相对于标准普尔500指数，我的股票组合表现如何？”这已经像股票市场中的每日波动一样，成为投资者生活中的一部分了。我们的幸福和不幸似乎都建立在对这一问题的如何回答之上。

大约在150年前，身无分文且反复无常的密考伯先生（Micawber，查尔斯·狄更斯的小说《大卫·科波菲尔》中的人物）根据如下的公式来决定是幸福和不幸：“年收入20英镑，年支出19英镑6便士，就会产生幸福。而年收入20英镑，年支出20英镑6便士，则会造成不幸。”

现在，太多的基金经理和基金持有人，似乎都在这一种新的密考伯公式中进行投资：如果市场回报率是17.8%，自己的回报率是18.3%，就会产生幸福；而市场回报率是17.8%，自己的回报率是13.2%，则会造成不幸。

实际上，上面最后一组回报率描述了过去15年中，国内的股票型基金平均与以标准普尔500指数来衡量的股票市场的差距为：17.8%对13.2%。这4.6%的差距说明了为什么在20世纪90年代的最后几年，股票型基金经理会感到相当的不幸。同时，尽管有些反复，他们的个人财务收入却令人刮目相看。虽然在大牛市中，大部分基金投资者很难感受到财务上的不幸，但当他们意识到本应该得到的回报远高于实际得到的回报时，就会感到痛苦万分了。

如果问题只是“在过去的15年中，专业投资顾问们超越市场了吗？”那么答案是非常清楚的。绝大多数投资顾问都没有做到。确实，根据基本的数学计算和初等的逻辑分析，在长期，大多数投资顾问不能超越市场。他们应该向基金持有人和潜在的投资者直接坦诚以上事实，不仅在个别年份或者长期，他们所取得的绝对回报率无法超越市场，这些回报率与应该取得的回报率之间的相对差距也无法超越。后者被基金经理和投资者作为一个合适的标准，也是长期投资成功与否的一个主要度量标准。（1994年美国证券交易委员会要求在基金投资报告中披露这种与市场基准相比较的信息。但自那以来，在文本中这样的披露信息，时常深深地隐藏于不起眼的地方中。）

十年以后

幸福还是不幸

10年以前，我害怕自己问了错误的问题："专业投资顾问超越了市场吗？"（答案是："大多数投资顾问没有做到。"）事实上，正确的问法应该是："专业的投资顾问为他们的客户赚钱了吗？"答案是："远远少于他们声称的为客户所赚的钱。"很明显，在很大程度上，只有为投资者赚钱才能创造幸福，正如损失投资者的钱会酿成不幸一样。

事实证明，在现行标准下由基金所报告的回报率和基金持有人实际获得的回报率之间有着巨大差距。对前者我们称之为时间加权回报率（time-weighted return），实际上是在给定的一年中一只基金净资产价值的变动。例如，在一年中如果一只基金在支付1美元的收入（或资本利得）后，其单位资产价值从10美元增长到12美元，则时间加权回报率就是+30%。

后一种基金持有人获得的回报率，我们称之为市值加权回报率（dollar-weighted return）。为了理解这一概念，我们假定在一年开始时，基金的资产都是相同的100万美元，到年底增长到了130万美元，这表明有30%的回报。然后，在这一年的最后一天，投资者突然意识到30%的收益率是非常可观的，于是他们立即再投资1 000万美元到基金中。在这个明显很极端的例子中，市值加权回报率只有4.9%，比基金所报告回报的1/6还少。

当然，这个夸张的例子夸大了这种典型的差异。但它确实证明了两组回报之间的主要差距。以1999年12月31日的200只最大的基金为例，这一差距在截至2003年的10年中平均为3.3%。这些基金报告的平均年回报率是9.8%，但投资者从这些基金实际获得的平均回报率是6.5%。听起来是不是很差？实际上更差。假定在这10年中进行复合投资，这些基金所报告的累计回报平均率为152%，但投资者实际获得的累计回报率平均只有88%，损失了潜在资本的64%。因而，聪明的投资者将会要求自己将考虑投资的基金要同时公布两个数据，这样就能更好地判断基金经理创造的是幸福，还是不幸。

一个无所不能的“妖魔”

但是，当这个变化几乎从未向投资者披露时，共同基金经理似乎已经决定从长期投资转向短期投资了。确实如此，受到媒体报道、对业绩敏感的机构投资者、寻求短期基金业绩的个人投资者三方面的共同作用，人们已经对每季度的相对业绩越来越关注。投资顾问的反应一直都如你所期望的那样。投资业绩几乎永远都基于一个单一标准：标准普尔500综合股价指数。这是一个无所不在的“妖魔”（bogey）（“bogey”这个词是苏格兰语，意思是妖怪，几乎没有投资顾问将其看做是一个好的词汇）。奇怪的是，在市场明显下跌之后，我们经常会每周甚至每天将投资回报与市场指数进行比较，但在市场显著反弹后却很少比较。原因是：根据定义，市场指数是一直进行100%投资的，基金经理却在等着证明（迄今为止全无用处）现金储备在市场下跌时能提供明显的流动性保护。虽然由30只成分股构成的道琼斯工业平均指数一直是市场每日波动的基本度量指标，但市值加权的标准普尔500指数却总是被用来比较长期相对投资回报率。

如今，在与其投资顾问定期举行的会议上，当养老金发放机构回顾季度投资业绩的比较情况时，我们透过双光眼镜都能看到他们的愁眉苦脸。个人投资者每一刻钟都能收到投资数据，或者来自他们的电脑上的实时数据，或者稍后通过第二天早上报纸的数据。这样的短期投资效果只会适得其反。

这些连珠炮般频繁的信息比较是近期产物。事实上，从1950—1965年，美国证券交易商协会（NASD）的政策限制了共同基金发起人公布“全部的回报”，甚至都不能与指数进行比较。但是，过去严禁公布全部回报的机构，在20世纪70年代都开始公布投资回报了。毫不夸张地说，截至20世纪90年代早期，这些机构热衷于频繁公布投资回报，其热情不亚于酗酒者喝酒上瘾的程度。

当今无处不在的、将投资业绩与标准普尔指数相比较的做法，可能受到以下4种因素的影响，但受这些因素的影响真的重要吗？这4种因素或者是在这个奇妙的通信技术时代里的信息超负荷；或者是自命不凡的机构客户对频繁更换投资顾问的兴趣；或者是共同基金投资者对短期基金优胜者的喜好；再或者是基金过度激进的市场营销。无论是什么原因，如果你愿意，我们可以将相对投资业绩称为投资相对主义，这已成为当今的一种流行。

① 早在1500年的苏格兰文学中，“博格”（bogle）一词就有妖魔之意，我必须承认这一讽刺让我发笑。几年以前，我曾被称作“贝塔·博格（Beta Bogle），数据的魔鬼”。鉴于我在第一只指数共同基金形成过程中的作用，那些积极的基金经理完全有可能把我归为妖魔一类。

基金经理应该依然坚持一个投资业绩标准，但是必须认识到两个问题：基金经理经常不顾投资者的目标，而太过于坚持某个单一标准，对业绩的度量则完全基于极短期的投资回报率，而非基于合理的长期回报率。我们不禁想严肃地问一句：这又有何益呢？

尽管在过去 5 年里标准普尔 500 指数的业绩获得了绝对优势的成功，由此很多隐秘的指数基金的回报率也得到了提升，但在这期间投资大盘股的基金并没有扶摇直上，还受到一些惩罚性的限制。（当然，相信大盘股注定会有持久优势的投资者，会通过投资一个低成本的标准普尔 500 指数基金而实现投资成功。）但在长期，基金经理把标准普尔 500 指数作为其投资组合的强制性度量标杆，认为在每季度击败市场就是幸福的而落后市场就是不幸的，这并没有让投资者得到什么好处。基金的宣传册常常写道："标准普尔技术类股票，占指数价值的 14%，占本基金资产组合的 21%；通用电气公司股票，占标准普尔指数价值的 3%，占本基金资产组合的 1.2%"等。然后，基金经理们尝试着矫正这些不匹配之处。很明显，在这一操作中，市场基准代替了投资判断。投资组合经理不是在分析和信念的基础上进行投资，而是在和市场标准作比较，并小心翼翼地消除其组合中持有股票的权重，使之比市场基准略高或略低。如果没有真正的投资管理判断，马上就会出现隐含的问题："我的'赌注'（正如经常所描述的）是不是正确的呢？或者我是否应该把我的投资组合和指数保持一致呢？"很大一部分的赌场资本主义（casino capitalism），已经被基金经理和投资者们贴上了投资的标签，而赌博（即使是赌从不会输）可能是用来描述这一投资策略的最佳词汇：过度依赖一个未经管理、相对不变的市场指数。

隐秘指数化的兴起

极端地说，投资过程大致是这样的："我认为可口可乐的股票已经被高估得离奇了。但是，万一它还是继续上涨的话，我将买入我投资组合的 1.5% 作为保护。因为那已经低于标准普尔 500 指数中可口可乐股票 2.0% 的权重了，所以，当可口可乐股价回归到真实价值时，相对于指数，我的投资组合将会有很好的防御性。"

这一观点不正与专业投资管理相对立吗？难道它还没有成为为了保住工作而战战兢兢的投资经理所遵循的法则吗？这不也正是营销部门脱离了投资部门的结果吗？无论什么情况我都发现，这种行为正如人们所指控的，是有错的。

我认为，这一隐秘指数化（closet indexing）策略的使用远比大多数投资者所意识到的更为普遍。但是，无论是渗透于投资组合还是仅仅流于表面，我从未看到一个基金说明书披露过隐秘指数化策略。（然而，也有少数量化投资基金会定期披露其投资策略，这些基金都有特定的投资目标，就是追求在某个市场指数之上的较高回报。）平心而论，这一策略主要适用于大盘股基金的基金经理。由于标准普尔 500 指数的前十大股票代表了接近指数 20% 的市场价值，隐秘指数化是一个相对简单的过程。但另一方面，虽然这一策略也逐步使用于小盘股，但不大可能普遍使用。即使在罗素 2 500 小盘股指数（Russell 2500 Small Cap Index）中，最大的 10 只股票只占指数市值的 2.4%。但事实是，大盘股支配了整个金融市场，组成标准普尔 500 指数的 500 只大盘股占了美国所有股票价值的 75%。大盘股支配的策略导致大盘股占了股票型基金资产的 3/4，在机构的资产中这一比例甚至更高。

隐秘指数化很可能正对股票市场的回报率产生着影响。我从来不把原因归结于影响股价的因素中的任何一种，但是在 1996—1998 年 6 月间，流通市值支配着整个市场的蓝筹股获利最大，那些正是基金持有相对比例最小的股票，这看起来不仅仅是巧合这么简单。在标准普尔 500 指数中，基金持有最少的最大 5 只股票的年回报率几乎达到 50%，剩余的 495 只股票的平均回报大约只有 24%。换句话说，像朗讯和微软这种大公司的股票引领了整个市场，这些公司是如此之大，以至于规模巨大的共同基金业也只能持有其股票很有限的一部分。

在过去的三年里，标准普尔 500 指数超越了 95% 的股票型基金，这是历史上指数超越积极基金经理的最突出纪录。那么，那些热衷于与消极投资的标准普尔 500 指数竞争的主动型基金经理，是否应为他们持有量较少的大盘股股价的推涨负主要责任？基金经理是否正在使他们的组合更加类似于指数，以避免在每季度的比较竞赛中严重落后？如果是这样的话，是否正是基金经理为他们如今的不佳业绩播下了种子？更加奇怪的事情已经发生了。

当今时代，投资相对主义的首要目标，似乎是在短期避免回报率低于标准普尔 500 指数太多，而不是获得更好的长期绝对回报率。如果这一行业曾经有机会产生另一个彼得·林奇或者沃伦·巴菲特，那么这样的机会正在迅速消失。自 20 世纪 80 年代中期定量科学的方法开始用于共同基金投资业绩的度量，相对主义已经成为业绩度量系统的基础。贝塔（β，由基金价格波动和标准普尔 500 指数波动之比度量的风险）和阿尔法（α，基金和指数的风险调整回报率之比）已经进入到我们的词典中。还有夏普比率（Sharp ratio），用于衡量基金相对于短期国库券的超额收益与基金风险（标准差）的比值。不要和选股夏普比率（Selection Sharp ratio）相混淆，这是用来衡量相对于基准的超额回报率的信息比率。当然这一基准正是我们那邪恶的朋友：标准普尔 500 指数。这些公式曾经只是专业投资者的专属领域，现在甚至都成为个人投资者在咖啡休息时间或鸡尾酒派对上的谈资了。无论对基金经理还是对他们的客户，或者对市场本身而言，我都不认为单纯地过分追求数学的精确性是有益的。然而，他们依然看不到这一切的终点——对隐秘指数化策略的传播范围而言，不存在终点。事实上，在基金业资产增长的同时，其增长速度也一定在加速。

“如果它看起来像只鸭子……”

由于人们专门参照标准普尔500指数来衡量大盘股基金，所以许多大型基金都已明显成为了隐秘指数基金。尽管这些基金没有彻底放弃超越指数的希望，但无疑他们都在尽力效仿指数。相对于标准普尔500指数，基金持有不同行业和个股的权重可能有所差异，当对这一差异的偶然关注成为一种痴迷时，那么超越指数就成为很少被清晰披露但却坚定不移的基金投资政策了。但是还有一些证据，投资者可用来评价某只基金是不是隐秘指数基金。(每一个证据都很容易在《晨星共同基金》中找到。)

1．**资产规模**。当大型基金规模非常大时，其投资政策不可避免地变得不那么灵活，只能将其投资组合集中于那些市值规模巨大的大盘股。

2．**投资组合成分**。基金将其80%或更多的资金都投向了大盘股，与指数的行业权重结构类似。

3．**个股在组合中的持有情况**。比如说，在基金所持有的最大的25只重仓股中，有超过15只都在指数的前25只权重股之中。

4．**相关性**。R^2的统计量在0.95以上，本质上意味着95%以上的基金回报率都由指数所决定。

当然了，尽管基金的管理基本上都隐秘指数化了，但它们肯定会对此给予坚决否认。一个大型基金公司的主管对此是这么说的:“一个基金经理不持有微软（现在是标准普尔500指数中最大的股票）是可以的，但我不认为某人会在无意或不知不觉中选择持有微软的股票。”他还讲道:“如果股票正在上涨，基金经理最好有个更好的不持有它的理由。”“我们持有的指数成分股还不到一半”是对隐秘指数化的另一种形式的否认，但这并没有揭示基金投资组合价值的80%集中在指数成分股。基金经理这种自私自利的否认是没有用的，这正应了那句睿智的古老谚语:“如果它看起来像只鸭子，走起路来也像只鸭子，嘎嘎地叫唤也像只鸭子，那么它就是一只鸭子。”或者至少它有机会成为一只鸭子。

指数基金是罪魁祸首吗

基金经理对指数比较之所以有戒备性的反应，隐秘指数化之所以会兴起，最主要的原因在于指数基金本身。标准普尔 500 指数一般被当作比较的对象，但指数基金才是真正的罪魁祸首。曾经有基金经理用这样简单的理由为自己的隐秘指数化行为辩解："没错，但是谁能够买下整个市场呢？"后来，他们有了更加诡辩的回答："没错，但指数只是理论上的，而且购买指数要花费很多，所以你的组合几乎无法和指数完全匹配。"低成本的指数基金使得甚至最小的投资者也能购买市场组合，这就揭穿了这些无用争辩的虚伪性。即便我早在 1975 年就成立了第一只指数共同基金（可能博格这个"妖怪"确实曾经是数字魔鬼），但直到 20 世纪 90 年代后期，指数基金才开始吸引投资者的兴趣，并成长为一个强有力的竞争者。

指数基金正在成为人们的投资选择，就此而言，它已在共同基金业取得了自己的一席之地。指数基金的投资业绩很有可能超过了 3/4 的共同基金。对市场整体而言，长期以较低成本投资于高度分散化的股票组合（这是指数基金的一个正确但不精确的描述），必然好过投资于高成本的分散化投资的基金。不可否认，标准普尔 500 指数在过去的 15 年中表现相当出色。但是这一指数的成分股也占到全部市场市值的 75%。这些股票在长期的总回报应该与整个市场的回报持平。当然，一个跟踪威尔逊 5 000 指数的指数基金在长期将与市场走势一致，在短期也类似。无论如何，指数基金市场正在从标准普尔 500 指数策略向全市场指数化的方向发展。假以时日，这一更加广泛的指数化策略很可能成为机构和基金指数化投资者的首要选择。

当投资者、分析师和媒体都把市场分类指数用作特殊投资风格（如大盘价值型、小盘成长型等）基金的标准时，指数化的时代就必然要到来了。正如我在第 6 章所指出的，对所有大小盘股的类别和所有投资风格而言，指数策略的优势都一样明显。因此，市场分类指数基金可能会取得它们合适的市场地位，而且所有形式的指数化投资会继续获得投资者的青睐。

我们现在都是量化投资者

对基金经理还有更多的坏消息。另外一种类似指数化的竞争方式——量化投资正在兴起。我同样有信心确认，这一投资策略也将在投资领域取得一席之地。如今，在传统的基于证券分析的管理过程中，定量分析技术和广泛用于对单只股票和股票组的计算机筛选和估价，已发展成为量化投资的、由计算机驱动的投资政策。这种投资政策只严格依赖数学公式来设定投资策略或者选择股票（“我们现在都是量化投资者”）。估计现在基金业中由量化投资者管理的资产已高达 1 000 亿美元，而且一直增速强劲。

一些量化策略可能被描述为投资相对主义的最终形式。这么说可能是对的，但是它们一定不能和隐秘指数化混为一谈。事实上，由于它们的政策和策略是公开的，量化策略很难隐藏得不为人知。这些策略是严格受到控制的，而不是随机和仅凭直觉的。它们的成本经常明显低于传统基准，因为运行计算机程序的成本远低于雇用一组研究和管理人员。

通过一个增强型的指数化策略，这些基金明确地寻求超越某个特定的市场指数，并且始终严格限制与指数回报率的差异程度（也即所谓的跟踪误差）。大多数基金用复杂深奥的计算机模型来选择股票型基金的分散化投资组合，这一组合的特征与以下两者保持密切一致，一是目标指数所在的行业部门，二是市盈率、市净率等市场特征。这一类型的第一只共同基金出现在 1986 年，它的运行成本远低于行业基准，而回报则稍微好于指数本身。然而，由于和过去一样的低成本，在长期积累中其所获得的超额利润也使它相比指数有足够的优势。正如人们所知的，还没有明确的证据表明这些严格遵循规定的对板块不敏感的策略能否成功。但我猜测，这些策略最终会被证明对投资者是有吸引力的。这些投资者要么已意识到指数化的价值，但仍然无法快速投资于一个指数基金，要么彻底放弃了识别能超越指数的基金经理的希望。倘若量化基金的成本和指数基金相当，而且能提供超额回报，那么增强型指数化可能对现改变状是一个巨大挑战。

十年以后

量化投资

虽然我们现在并不都是量化投资者（如我 10 年前所写的），但在过去的 10 年里，量化投资已经在资金管理策略方面开拓出了巨大空间。当数不胜数的共同基金严重依赖数学模型之时，根据上一版所提到的“增强型指数化”策略进行投资的资金规模也呈现了爆炸式增长。

截至 2009 年年中，按增强型指数化投资的国内外股票金额已经增长到 1 740 亿美元的可观规模，对债券的投资也有 460 亿美元。但随着这一资产基础的增长，由量化投资者挣得的回报率却在下降。到 2007 年和 2008 年，有趣的证据显示，之前10年正的回报差额在事实上已经明显转为负的了。这一成功的投资策略已成为当今流行的投资模式，虽吸引了大量资金但却不再奏效了。因而10年前的那种投资业绩也不得不在长期趋向于金融市场的基准。

衡量基金经理：你的基金经理身处何地

面对来自指数基金和量化基金的新挑战，传统的基金经理应该如何应对，基金持有人又应该考虑哪些问题？如果说隐秘指数化是一个错误的甚至是适得其反的应对措施（正如我所相信的），那么，什么是正确的应对措施呢？投资顾问首先应该向投资者坦率地承认，投资者应该寄望他们在长期超越一个大家一致认同的市场业绩标准，而且他们还会为此尽力而为。投资顾问还应该做什么呢？首先，我们如何才能衡量投资顾问所创造的经济价值能弥补他们所耗费的成本？一个涵盖整个市场的标准不需要、也不应该是标准普尔500指数，尽管这一指数显然应该作为成长型股票和价值型股票混合体的大盘股基金的标准。对那些没有明确投资类型的基金经理，涵盖所有市场的范围广泛的指数似乎是最为合适的。这样的指数再也不应被忽略了。

其他指数风格则适用于其他类型基金的标准。衡量某一特定风格或市值规模回报的指数，也是必不可少的参照标准。对小盘股或者中盘股的基金经理而言，要他们复制（即近似）一个全市场指数的长期回报记录显然是不现实的。基金的业绩应该用其所选择参与的特定市场板块来测量。将大盘股和小盘股、价值型和成长型股票、美国股票和国际股票按照适当水平组成的加权指数，对依照以上类型确定投资政策的基金肯定有重要意义。如果投资者选择的小盘股策略没能在长期超越整个市场的回报，即便获得了优于小盘股整体的回报，也仍应归咎于投资者。但如果小盘股基金落后于小盘股的整体回报，即便它的长期收益超越整个市场，责任也在于基金经理。

在目标指数的资产配置中，投资者和基金经理都应该考虑债券和现金储备的作用。股票指数（以及指数基金）显然并不包含这两者。对一个平衡型基金的测量，应该对照一个包含股票、债券和现金储备的均衡配置。为了缓释风险，大多股票型基金可能持有5%～15%的现金储备头寸，投资顾问也可能选择一个类似的、调整后的股票 / 现金储备基准，这并不一定是个愚蠢的选择。

对投资者而言，理解这一点是很重要的：**投资者不可能对一个变化的现金储备头寸**

进行市场择时。实际上，共同基金业倾向于以一种完全适得其反的方式持有现金储备：**在市场处于低点时持有大量现金，而在市场高点时则少量持有。**（荒谬的是，有一些市场择时者还使用基金的现金储备头寸作为一个择时指标；他们相信这是一个可信的逆向指标。）最重要的是，在股市积极上升的阶段，投资者必须明白，无论基金的现金储备稳定还是波动，他们都将牺牲相当的回报率。当然，基金的波动率可能会稍微降低。但正如我之前所说，投资者必须明白，**在长期，波动率增长一个百分点是没有意义的；而回报率增加一个百分点却是无价的。**这两个有力的、无可争辩的公理之间的鲜明对比，为投资顾问和投资者都提供了值得深思的深刻启示。

“如果你不能战胜它们，那就加入它们”

在这个投资相对主义的时代，面对指数投资和量化投资的竞争，太多的基金经理以隐秘指数化这种可能最无效的方式来应对。**但是，依据指数的结构来制订不成熟的、未公开披露的投资政策，最终基本无异于管理上的自杀。**这最终承认了低成本、被动管理的指数基金相对于高成本、主动管理的传统基金具有无可争辩的经济价值。然而，隐秘指数化政策未被公开披露或被否认，这并不是其失败的最主要原因。问题只在于，如果一个基金的费用和开支越是高于指数基金每年 0.2% 的费用，其资产组合的换手率越是超过正常水平，那么这个基金跟踪指数的尝试就越可能归于失败。（低开支、低换手率，以及全部投资于股票，这些都是指数基金优越性的标志。）简而言之，如果基金经理所管理的基金费用高、换手率高且持有一定头寸的现金储备，那么其今天获胜的可能将会成为明天失败的必然。这种获胜的可能对积极的基金经理而言非常小。而真正为此买单的却是基金持有人。

投资相对主义意味着基金经理正变得和对手更加相似：“如果你不能战胜它们，那就加入它们。”但在长期看来，保持差异化会使得基金经理有机会赢得超额的市场回报，坚持明显的差异化策略并严格限制费用和其他成本以应对指数竞争的现实挑战，这至少好过于像密考伯先生那样站在原处空想“有些事情将会发生”。

幸运的是，不是所有的基金经理都赞同新的投资相对主义。事实上，有一些较优秀的基金经理对投资相对主义嗤之以鼻。《货币》杂志上一篇最新文章认为，导致投资相对主义的原因是“激进的市场营销人员将短期数字看作是吸引新投资者的最好方法”。一个顶级资产组合策略师说：“那只是基金营销人员，而并不是遵守信用、看重职责的人的说法。”另一个基金经理声称：“相对投资是可笑的。”还有一个基金经理将其描述为第

11戒[①]:“你不应该进行相对投资。”另有一人警告说:“相对论对爱因斯坦而言虽行之有效,但在投资领域却没有它的容身之地。”

选择差异化的基金经理(我希望有更多这样的基金经理),需要向基金持有人充分说明,他们的回报将不会紧跟一个市场指数的季度回报或年度回报。同样需要说明的是,他们的期望是在长期超越市场(或换种说法,他们并不想超越市场,而为什么不想,这又是个有趣的问题)。当今无处不在的短期业绩比较只是一种噪音,是困扰基金经理和投资者的一个不和谐因素。在这一背景下,我借用威廉·莎士比亚的一句话来描述市场中的短期噪音:“傻瓜口中事,有声有色,却毫无意义。”

投资相对主义是投资过程对投资判断的胜利。我相信,从长期看,对一些基金经理而言,通过选择股票组合的智慧和经验,是有可能超越市场的,而且还不用承担过多的风险。基金经理很难事先确认投资机会,但只要投资者寻找有经验、个性鲜明、训练有素、经验丰富、头脑机智、决策果断且不墨守成规(或能打破传统旧习)并努力工作的专业人士,就能有机会经过努力获得成功。清教徒的伦理也并非都是不好的!重要的是,相对于他们研究的资产种类的流通市值规模,这些成功的基金经理将会限制其所管理基金的资产并抑制频繁交易的倾向,同时分析、购买并长期持有股票。

一些成功的基金经理不关心短期的相对风险,而是以较低的换手率进行满仓投资,以期通过投资那些经过认真选择的股票,能够长期获得基本面上的收益。有的基金经理从不盲目依赖短期标准,而是根据他们的信念和勇气,在判断市场风险过度时,持有现金储备以获得成功。这两组成功的基金经理都会以合理的低成本来管理基金,将他们的费用收入用于增加个人能力和投资产出,而不是在市场营销中肆意挥霍。市场营销只能用来提升基金管理公司自身的盈利能力,难以改进基金持有人的投资回报。在指数化策略和量化策略变得越来越普遍和富有竞争力的环境中,基金经理要想取得成功,必须将基金持有人的利益作为第一要务和最终目的,并全心全意地为之服务。

狄更斯“回来了”

在查尔斯·狄更斯的另一部小说《双城记》(*A Tale of Two Cities*)中,开篇就是这个著名的句子:“这是最美好的时代,这是最糟糕的时代。”在过去的16年里,我们已见证了股票市场最美好的时代:一个规模空前的大牛市,为基金经理和基金投资者都带来了无限的幸福和财富。但是对基金持有人而言,那也是最糟糕的时代(尽管还很难感觉到是这样的)。如果当他们意识到所持有的基金本应能产生接近甚至超过股票市场本身

① 犹太教、基督教中有“十诫”(Ten Commandments)之说。——译者注

回报率的话，或本应能为他们创造多少财富时，他们肯定会痛苦至极。当今时代，投资相对主义大行其道，而投资常识却被人遗忘于尘埃之中。尽管专业的基金经理向其持有人和客户隐含地保证能提供可观的长期回报，但这一时期的投资记录却绝不支持这一点。

十年以后

投资相对主义

优秀的量化投资者所用的高级数学工具，现在正直接或间接地充斥于我们的金融市场体系之中。如果你相信这些工具一定有助于增加投资者回报，那么你就会难以理解市场自我修正的本质。更糟的是，数学模型的兴起能很容易引起一种价值创造的幻觉而掩饰了事实。

很久以前，历史上一位最明智的投资者就曾警告过这个问题。1958 年，作为纽约证券分析师协会（New York Society of Security Analysts）的主席，本杰明·格雷厄姆在他的就职演讲中直言不讳地说道：

人们一般认为数学能产生精确和可靠的结果；但在股票市场，越是使用精细和深奥的数学工具，得到的结论越是具有更大的不确定性和投机性。……无论何时，一旦微积分和高等代数被用于投资，你就可以将其看做一个警告信号，这意味着投资操作者正在试图用理论来代替经验，也常给投机行为披上投资的欺骗性伪装。……投资者和证券分析师们没有偷食过有关善恶的知识之树上的投机禁果吗？他们没有因此而被永久驱逐出投资的伊甸园吗？在其中的丛林里投资者能够选出价格合理、有投资前途的股票。

大半个世纪后的现在，格雷厄姆的预言看起来是相当有预见性的。在当今这个时代，我们应对此特别注意。

第12章

基金资产规模：胜利是最大的失败

在短短的20年时间里，共同基金已经从夫妻店这样的行业小作坊成长为金融巨人。美国共同基金业的极大繁荣，已将股票型基金资产扩张了整整82倍，从20年前的3 400亿美元上升到现在的28万亿美元。古人说的“一事成功百事顺”确实正是当今基金业的真实写照。经过长达16年的大牛市繁荣后，共同基金的投资人数已经增加到我们在20年前连做梦也想不到程度。

但还有一个相反的说法：“胜利是最大的失败。”由资产组合经理和持有人共同造成的基金的巨大资产规模和交易量，已经导致了严重的问题，而且基金业本身还有一系列严重的缺点。如果以小为美，共同基金已经不如曾经那样可爱了。

即便与10年前相比，如今的基金业不仅市场地位不同，而且类型也不一样了。因此，过去的改变不可能只是一个序幕而已。为了反映当今及未来几年要继续面对的现实情况，我们看待股票型基金的方法必须改变。共同基金相对于市场的历史业绩与未来业绩的关系并不是非常的密切。尽管以前曾有机会超越市场，但共同基金却仍落后市场很多。

不是越大越好吗

共同基金现在持有2.5万亿的美国股票证券，控制着整个美国超过21%的股权。在1982年年初，也即大牛市开始前夕，当时美国股市的总市值是1.3万亿美元，基金总共持有400亿美元，仅为总市值的2.8%（见图12-1）。基金持有的比例增长了8倍多，虽然很少被人提及，但确实隐含着重要的内容。而且基金的持有比例还在持续增长。到20世纪末，被共同基金有效控制的股份可能会达到1/4，如果加上由基金公司管理的其他投资账户所持有的份额，这一比例可能高达4/10。

1982年，共同基金本身在很大程度上形成了一个独立的产业，差不多完全集中于其自身的业务。几乎没有基金同时直接向个人和机构提供资产管理服务。如今，25家最大的基金集团中只有3家仅提供共同基金的服务。基金集团已经发展到非常大的规模，它们由基金公司和国内外其他基金、银行、信托公司、保险公司、经纪公司等（更不用说和铁路、玻璃制造商和航空公司）联合而成。

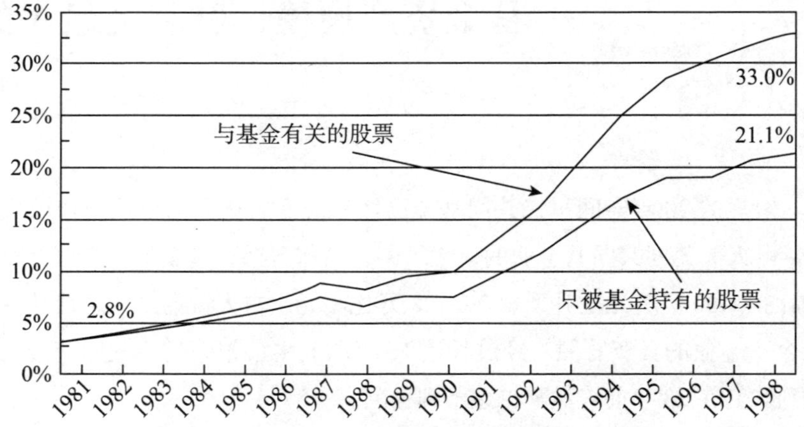

图 12-1　美国股票的基金经理所有权

因此，若只看共同基金所持有的股票，对基金管理公司投资力量的重要性和影响力将会整整低估 1/3。这些基金公司也为机构客户和富有个人管理着独立的投资账户。这些账户的价值现在估计已有 1.5 万亿美元，这使得由共同基金投资顾问管理的股票账户价值总共达到了约 4 万亿美元，也即美国股票市场资本总值 12 万亿美元的 33%。这样的所有权集中程度在美国金融发展史上前所未有，而且还在继续加速增长。

但在某种意义上，所有权并不是最重要的问题。股票型基金每年的换手率接近 90% 之多，假定大多数共同基金都采用这种高度活跃的投资策略，则这一小部分管理机构就占到了美国股市交易活动的一半或者更多。断言这些基金就是市场，并不可笑。

这种情况意味着什么呢？让我们从共同基金对个股的所有权开始讨论。图 12-2a 显示了基金持有市值最大的 10 只美国股票。注意它们持有比例的差异之大，令人惊奇：可口可乐为不到 5%；埃克森、通用电气、微软和英特尔约为 6%～10%；默克公司接近 19%。而基金业持有的所有股票平均比例为 21%。这些具有高业绩、但明显持有比例过低的股票，引领了 1996—1998 年的牛市并推动了指数基金的繁荣。

因为指数基金和指数资产组合持有了标准普尔 500 指数总价值的 8%，这相当于这些基金拥有指数中每一只大型成分股 8% 的股份。（假定它们资产组合中每只股票的比例相同。）因此，给予这些大盘股价格上升动力的不是指数基金的需求，而是积极的基金经理所创造的需求。这些基金经理害怕对这些大型股票投资权重过低，也担心失去进一步获得指数基金诱人回报的基础。

	共同基金持有比例[a]（%）
通用电气（General Electrics）	9.8
微软（Microsoft）	9.3
可口可乐（Coca-Cola）	4.5
埃克森（Exxon）	6.5
默克（Merck）	10.8
瑞辉制药（Pfizer）	12.6
沃尔玛（Wal-Mart）	12.7
英特尔（Intel）	9.4
宝洁（Procter & Gamble）	8.3
百时美施贵宝（Bristol-Myers Squibb）	16.0

图 12-2a 基金对 10 只最大股票的所有权

注：a. 截至 1998 年 6 月 30 日。

十年以后

	共同基金持有比例[b]（%）
埃克森美孚（ExxonMobil）	11.0
微软（Microsoft）	20.0
沃尔玛（Wal-Mart）	11.0
强生（Johnson & Johnson）	15.0
宝洁（Procter & Gamble）	13.0
美国电话电报公司（AT&T）	19.0
国际商用机器公司（IBM）	16.0
雪佛龙（Chevron）	19.0
谷歌（Google）	24.0
通用电气（General Electrics）	12.0

图 12-2b 基金对十只最大股票的所有权

注：b. 截至 2009 年 5 月 31 日。

那么，基金业的持有策略确实对大盘股有偏见：较少持有流通市值最大的股票，而更喜欢中小盘股票。图 12-3 显示，在这种所有权模式中，基金持有比例随着股票的流通市值规模的下降而上升。基金业持有所有美国股票的比例约为 21%，与之相比，对流通市值超过 2 300 亿美元的那 100 只股票的持有比例只有 15%。这一比例随着市值规模的收缩同步地增长，对市值最大的第 300 位到第 600 位的股票的持有比例增至 21%，而对市值规模排第901位到第1 000位的100只股票的持有比例则升到36%，对剩下的市值规模小于5亿美元的6 300只股票，持有比例又降至21%。对市值非常小的股票持有比例的逆转，大概与它们的流动性有限有关。

基金业规模巨大的意义之一是，这些支配性的所有权比例代表了共同基金（及与其相关的资产组合）在公司治理中所拥有的“大棒”。迄今为止，基金一直都遵循了西奥多·罗斯福（Theodore Roosevelt）总统的建议，“手持大棒，说话温柔。”但是，它们在全国或当地政府养老基金的兄弟机构却没有表现出这样的克制。虽然如此，由全国或当地的巨型资产池的所有权代表的动态力量，加上基金所有权的潜在力量，已经引发了为基金持有人创造经济价值的革命性关注，而这已经帮助整个美国意识到对基金所有者应负的责任。在这一意义上，可以说基金通过集中关注持有人的价值，已经帮助美国公司实现了最近几年盈利的急剧增长。

根据规模大小分组的股票	股票型基金持有比例[a]（%）
1～100	14.8
101～200	18.7
201～300	20.2
301～400	20.9
401～500	21.0
501～600	21.7
601～700	23.6
701～800	25.4
801～900	29.2
901～1 000	35.7
1 001～7 300	21.6

图 12-3　根据流通市值大小排序的基金所有权

注：a. 截至1998年6月30日。

基金规模巨大的另一个含义在于，共同基金持有人对股市回报的影响作用越来越大。16年来，基金对美国股票的持有比例由不足3%增加到21%，意味着基金持有人本身就激发了自己对股票的需求，这种需求有助于推动股价的上涨。但这些基金持有人同样也造成了新的市场流动性风险。基金持有人可能危及共同基金所能保证提供的流动性，他们所表现出来的群体从众本能的程度有多深，对流动性的影响就有多大。一直以来，这一明显的、固有的流动性风险只通过增加对股票的需求来表现。这使我们不能无视这一现实：任何大规模的基金赎回都将引发股价下行的压力，而且幅度可能较大。

十年以后

资产规模

自从上一版出版以来，股票型基金的资产已经由1998年的2.8万亿美元飞涨到2007年10月的6.9万亿美元，只是在2009年年中又跌至4万亿美元。1998年，基金持有全部美国股票的19%（由1981年的3.1%增加而来）；基金所有权比例最高曾达到29%，从那以后下降到了24%。

回顾历史，共同基金已经成为美国公司股票所有权机构化浪潮中的主要部分了。它和公司养老基金、国家和地区的养老基金、捐赠基金以及由专业投资机构管理的其他基金同时存在，这些机构如今控制了全部美国公司股票的75%之多，而在20世纪50年代只有13%，在更近的1968年也只有20%。

在这期间，共同基金管理公司和企业养老基金管理公司之间的鸿沟已经消失了。在美国最大的50家财富管理机构中，足有48家既管理着共同基金又管理着养老基金的资产。因此，只要考虑一下这些金融巨鳄们的基金资产，便会明白它们获得或者清算股票头寸有多么困难。

我之前写过，基金增加的股票所有权“已经带来了为基金持有人创造经济价值的革命性关注，而这已经帮助整个美国意识到对基金所有者应负的责任”。我当时彻底的错了。个人持有股票占90%以上的所有权社会（ownership society），已经让步于新的代理人社会（agency society），其中个人持股只占25%。很明显，这些代理机构的主要参与人就是共同基金持有人和养老基金受益人，但代理机构对他们的利益基本上没有表现出尊敬的态度，而是允许公司为了基金经理而非持有人的利益而运作。（想想经理人薪酬的例子。）更糟的是，公司管理者能说服专业投资者相信这样的谎言：公司股价代表了其所创造的股东价值。市场对这一荒谬理论的热情接受，反而引来了收益管理、“金融工程”和恶劣的会计标准，产生了许多没脑筋的基金经理和关联交易。总之，投机对投资的胜利，在事实上，经常会减少全部美国公司的内在价值。

规模和基金投资回报

但是，基金对股票支配性所有权的最终意义，即基金相对于市场的业绩，是我在此的主要关注点。我相信基金业的巨大规模倾向于降低（事实上是消除）共同基金整体较高回报的任何潜在可能性。自相矛盾的是，通过帮助增加整个市场的价值，共同基金的增长促进了股票回报率的提升，但却对基金持有人的价值增加有负面影响。简而言之，如果说一个拥有股票市场不足 3% 的共同基金能超越市场本身，这至少还可以想象。但要一个持有 21% 股票市值的共同基金也做到这一点，则完全难以想象。当一只基金（包括基金及其相关联的资产组合）占到了市场的 33%，并以 50% 的换手率交易股票，则任何人都难以相信它会战胜市场。在一个有效市场中，所有投资资产 1/3 的集合是不能超越其余 2/3 的，就是因为规模太大的原因。

1975 年，我给领航基金的主管们看了从 1945—1975 年间的基金回报数据。股票型基金比标准普尔 500 指数的平均年回报率要落后 1.6%。到 1981 年，这一数字变成了落后 0.8%。从那以后，基金一直大大落后于标准普尔 500 指数，在 1981—1998 年 6 月，每年落后 3.7%（尽管相当部分增加的差额是由指数对大盘股的偏好而引起的）。毫无疑问，大部分是由于共同基金的费率和高成本的换手率造成的。

基金业整体规模如此庞大，的确是像穿了一件束身衣。健步如飞的印度豹如今已经变成了行动迟缓的大笨象。共同基金整体能够超越适当加权的市场指数（这一指数包含了和基金业相同比例的大盘股和小盘股）的任何机会都已“随风而逝”了，这种机会本来就微乎其微。

换句话说，如果股票型基金整体最终会超越市场，最有可能的方法就是最小化财政拖累，因为正是这样的财政拖累使得基金战胜市场变得非常艰难。基金应该可以减少咨询费用、市场营销成本和费率；降低过于频繁且高成本的组合换手率；限制持有现金对投资回报的长期拖累，在可以利用市场指数期货合约的时代，这一点是很容易做到的。但迄今为止，这些趋势都还尚未出现。在一种可能性不高的情况下，假设这些趋势确已形成，它们将会帮助提高基金的回报率，让更多的基金经理有机会来建立其自身的专业声誉和实现基金持有人的期望。基金整体继续根据它们的成本大小会一直落后于市场，但其落后的程度会更小。这样的改变将有助于减少基金业回报率落后市场指数的差距。但是，基金业的庞大规模使其不再有任何机会来消除这一差距。

实际的规模才是真正的问题

基金业面临的一切问题，也正是大型基金所面临的。这些具有支配地位的共同基金已经达到了庞大的规模，实际上，两只最大的基金，分别管理着 750 亿美元和 640 亿美元的主动管理型的麦哲伦基金和领航 500 指数基金[①]，每一只基金的资产都比 1983 年年初共同基金业整体持有的所有股票都要多。现在有其他的 17 只基金拥有了超过 200 亿美元的资产。资产超过 100 亿美元的 48 只股票型基金合计控制着超过 1 万亿美元的股票。当基金规模增大时会发生什么情况？考虑一下最大的 5 只主动管理的股票型基金的经验，它们的总资产在 1978—1998 年间从 5 亿美元增长到了 370 亿美元；但他们的业绩却同时在恶化。图 12-4a 展示了它们相对于标准普尔 500 指数的平均年回报率，以及相对于整体股票市场的资产规模。这一模式是我们所熟悉的：显著的均值回复（RTM），正是我们在第 10 章所见过的情形。虽然均值回复是金融市场上最为普遍的法则之一，但仍然有持续时间长达 15 年或更长时间的例外情况。然而，如图 12-4b 所示，基金的巨大规模将均值回复这一法则从比较普遍变为完全普遍。从 1978 年年初到 1982 年年末，这 5 大基金积聚了超越标准普尔 500 指数的巨大业绩优势，每年超越市场基准 10 个百分点。它们获得这一优势，是在规模相对较小的时候（事实上，它们的业绩促使了规模的增长），当时在每 10 亿美元的流通市值中平均只持有 50 万美元。当它们规模变得巨大时，它们就失去了这种优势。自从 1994 年年初，每 10 亿美元流通市值中的相对资产达到 350 万美元以来，这 5 只主动管理的基金就一直落后于标准普尔 500 指数每年超过 4 个百分点。

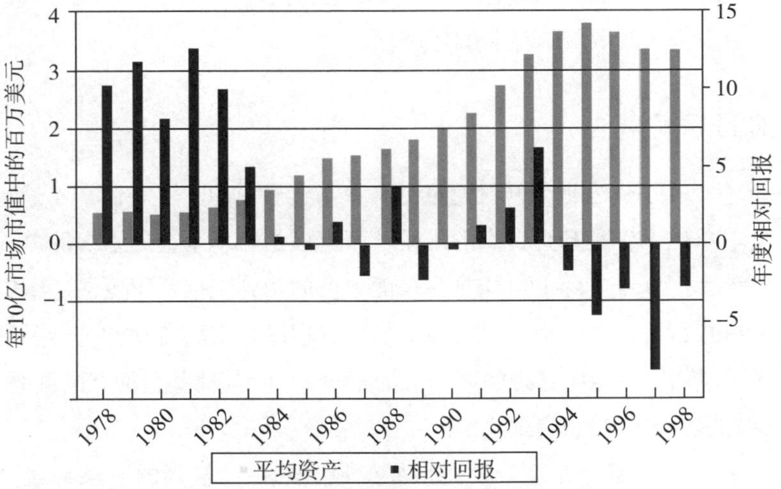

图 12-4a 最大的 5 只股票型基金（1978—1998 年 6 月）

① 一只指数基金没有特定的规模限制，仅仅是因为它的投资组合与每个公司的份额相一致。它并不需要积极地交易这些股票，只是为了与投资者购买（或者赎回）指数基金的份额所造成的净现金流的变化相适应而买卖股票。

十年以后

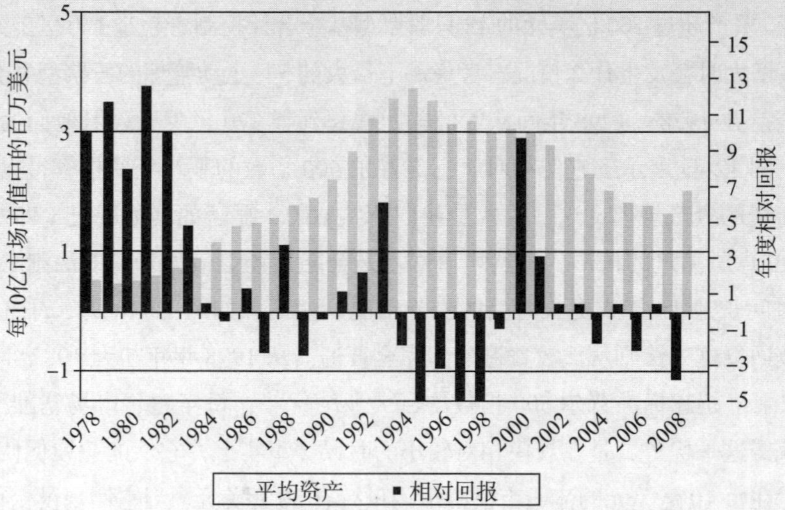

图 12-4b　最大的 5 只股票型基金（1978—2009 年）

换句话说，当这些基金管理的相对资产上升了 7 倍之后，相对年化回报率却足足下跌了至少 14 个百分点。在这一基金回报率回复到均值、然后低于均值的例子中，基金规模的增加无疑发挥了主要的、显著的作用。

度量基金的实际规模

考虑一下一个几乎从未被公开讨论过的有关基金规模的问题。什么才是基金的规模单位？这一度量单位不应是基金自身的规模，而应该是管理基金的组织的总资产。根据这一标准，一个大型基金实际上可能是它表面规模的两到三倍甚至更多。给定整个企业对特定股票所有权百分比的约束，以及对交易配置程序和市场流动性进行限制，如果在同一基金集团（或由同一组织管理的多个机构账户）中，其他基金拥有同种股票越频繁、越普遍，基金规模就越会被相应地放大。

举两个实例。一只基金是迄今为止世界上最大的主动管理的股票基金，资产规模高达 750 亿美元，在 1997 年资产规模为 600 亿美元时，向新的个人持有者封闭，但始终向已存在的数百万退休计划投资者开放。在其 5 个最大的股票头寸中，这只基金共计持有了 4 000 万股。但由这家基金管理公司监管的其他 10 只姐妹基金就持有了将近 1.3 亿股。这只巨型基金资产组合的其余部分使得这一比率增加了两倍，就此，可以肯定地说，这只基金封闭时的资产规模不是600亿美元，而是足足2 000亿美元。如果你相信媒体报道，那么这种情况就是基金行业的规则。

另外一个例子是第二大主动管理的股票型基金，资产规模为470亿美元。由同一企业管理的只有两只姐妹基金（450亿美元的第4大股票型基金和只有100亿美元的第32大股票型基金）。这一资产组合持有的最大的5只股票，代表了三只基金整体持有股份的1/3。如果同时满足所有约束条件，我们假设该比率接近于该基金总资产组合与该公司管理的所有其他基金和机构投资账户的比例，则该基金的有效规模将达到1 050亿美元。但是，至今这一基金集团中的基金（或管理账户）还没有一只打算制止新的资金流入。

基金在较小规模时能创造可观的回报，但显然当规模变大时基金就不再会有这一优势了。还有一个相当有趣的证据，当基金规模变大时，高度波动的基金也将倾向于变得更加稳定。无论哪种情况，不管一只基金过去的业绩记录可能有多好，在基金规模逐渐变大时都将变得毫不相关。基金持有人确实应该被告知这种情形在多大程度上存在，因为它们直接涉及长期业绩的有效性、可靠性和相关性，而在基金的促销材料中，长期记录被当成福音一样广为宣传。“过去的业绩并不能保证未来的回报”，这只是基金业的行业习语，但却很少有人意识到这一现象。

十年以后

实际的规模才是真正的问题

图12-4b所表示的模式自1998年以来，依然持续。直到2003年，那5只基金一直稳定地持有大量资产，直到接下来的两个熊市才有所降低。当它们规模较小时，回报率超越了标准普尔500指数，然后很快持平，到20世纪90年代中后期就降至平均水平以下了。但是它们的回报在过去10年也乏善可陈，4年落后于指数，另外4年紧随指数，只有两年跑赢指数。这是第10章所描述的均值回复的又一次重复。

规模为什么重要

过大的基金规模会抑制较高回报的获得，有三个主要理由：基金投资组合可选择的股票范围缩小；交易成本增加；投资组合管理变得越来越结构化、以组织为导向且更少地依赖有见识的个人。

缩小的投资范围

随着规模的增大，投资机会的范围明显不断缩小。在证券所有权关系上有一些法律和操作上的约束。为了确保投资分散化，基金经理不希望其基金持有过多超过总资产 3% 的股票。此外，由于在股票买卖时，支配性的所有权会明显地限制市场流动性，极少有企业愿意持有过多占一家公司公开发行规模 10% 以上的股票。

把资产多元化和保持流动性这两个限制考虑在一起，显然影响着一定规模的基金所能持有的主要股票的数量。例如，假设持有单只股票占总资产的最大比例为 2%，对单只股票的最大所有权比例为 10%，一个拥有 10 亿美元基金的基金经理在 1998 年年中，能够在 3 080 只股票中进行选择（见图 12-5）。

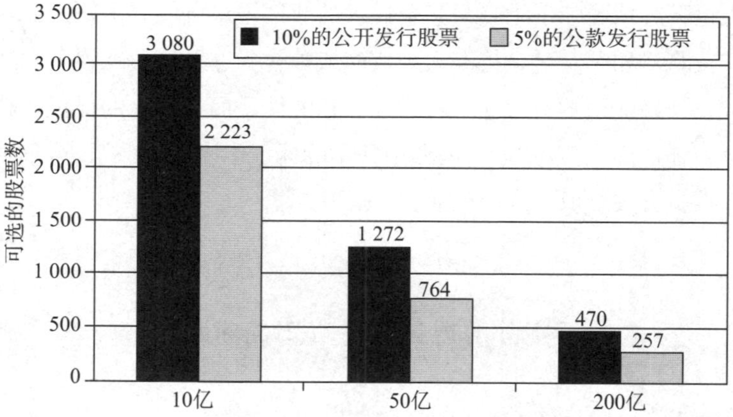

图 12-5a　可供购买的股票投资范围（1999 年）

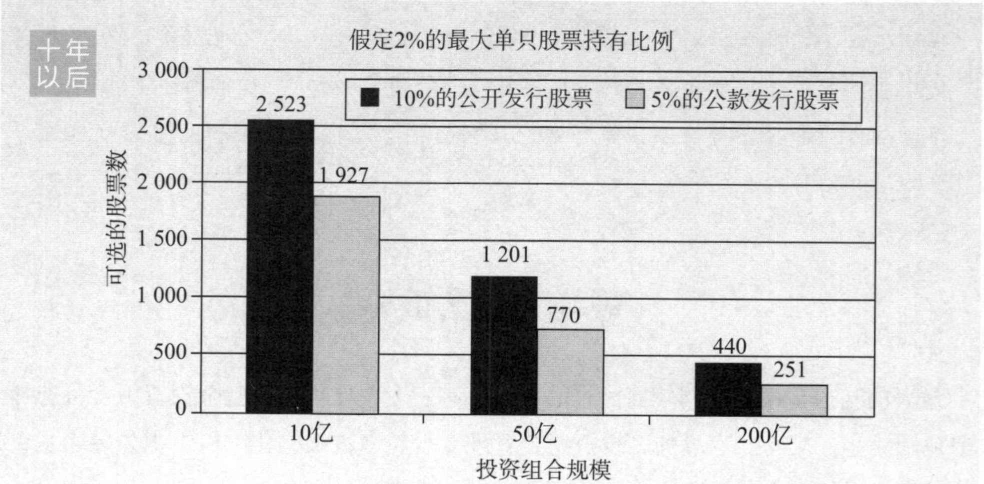

图 12-5b　可供购买的股票投资范围（2009 年）

但如果投资组合的规模是50亿美元，这一数字将下降至少一半到1 272只股票。若规模达200亿美元，将下降接近2/3，只能投资470只股票了。而如果由于流动性风险，将持有一家公司对外公开发行股票限制在5%（这一数字可能是比10%更符合基金业的实际），则只有257只股票可供选择。这比初始数据下降了92%，大大限制了投资组合选择的范围。这些限制是显而易见且非常重要的。

一只大型基金的基金经理，应该通过持有大量集中度较小的资产，努力避免规模过大导致的问题。（例如，最大的基金持有着483只股票。）但是正因如此，每一个投资组合所持有的股票只能对整个组合的业绩产生较小的影响。基金经理也可以基于子行业构建投资策略，如互联网公司、现代制造业、电路板制造商等，而不是选择单只股票。但是基本点仍保持不变：这些包含于投资范围内的股票头寸可供大型基金的基金经理进行投资，而庞大的资产规模将会显著地减少可供选择的股票头寸数量。

十年以后

缩小的投资范围

显然，可供一只共同基金购买的股票数量将随着基金资产的增长而减少。使用与上一版同样的一组假设，尽管单只股票的流通市值规模发生了实质性的变化，但图12-5b与其之前版本看起来非常相像。一个10亿美元的基金，大概能以一定权重购买2 500只股票。但是一只规模200亿美元的基金（现在有23只资产规模至少有200亿美元主动管理的股票型基金）可能购买的股票大约只有440只。

但即便是这样，限制也远非过高。为什么呢？正如我之前所说，因为单只基金是巨型基金集团的一部分，而这些基金集团常常不只管理着许多其他大型基金，也还管理着大型养老金计划。例如，管理基金规模最大的一位基金经理，在其最大的基金中持有微软公司1.27亿股，但在他管理的其他基金中持有1.5亿股，在他管理的养老金账户中还另有2.55亿股，合计达到5.32亿股，足足占到微软对外股票发行量的6%。

更高的交易成本

第二个因素是投资组合的交易成本也随着规模而增加。作为一个普遍规则，基金经理能倒背如流的是："股份交易的数量越大，对股价的影响越大"，而且，"一天（或一周）交易量的比率越大，对价格的影响也越大"，接着是，"越是急于完成一项交易，对股价的影响同样也越大"。但普遍的现象是，他们所做的远比所说的糟很多。那么，一般性的结论是这样的：（1）执行短期策略比长期策略的成本更高。（2）动量交易比基于基本面的交易成本更高。（3）基于市场传言的信息敏感的交易比缺少信息的交易（如指数基金交易）成本更高。（4）以快速完成为目标的激进型交易比机会主义（逆向投资）的交易成本更高。

因此，共同基金的规模并不是问题。巴菲特先生的伯克希尔哈撒韦公司长期大量持有美国运通、沃尔特·迪斯尼和吉列公司股票，尽管持有量足足占了整个共同基金业持有量的一半，但并没有带来什么交易成本；同样的情况还有他持有的2亿股可口可乐，约是其他所有基金合计持有的1.12亿股的两倍（现在我们看到基金业持有的可口可乐股票是如何地不足了）。为什么呢？因为他不经常买卖这些股票。伯克希尔哈撒韦公司的份额不能根据要求赎回，所以他可以等到以自己满意的价格（也就是机会主义）卖掉股票。如果他想急匆匆地卖出，这无疑会牺牲相当的价格。但这绝不是巴菲特的风格。

鼓起的钱包是高投资回报的敌人

对所有管理着巨额资本的投资机构而言，资产规模是一个共同面临的问题。统计上的证据是有说服力的。真正卓越的基金经理几乎已经绝迹了。投资组合策略家彼得·伯恩斯坦在其1998年的一篇题为《哪里还有昨天的0.400击球手啊》[①]的文章中给出了有力证据表明，在过去40年中，最成功的投资经理（包括共同基金经理）超出常规业绩的差额，一直在稳定的缩小。

上文提到的沃伦·巴菲特表达了同样的观点：导致投资趋向平庸的罪魁祸首是资产规模，而不是对投资业绩日益激烈的竞争，这和伯恩斯坦的统计研究

① 指单赛季平均击球率达到或超过0.400的成功率的棒球击球手，此处意指投资选择精准的投资专家。——译者注

结果是一致的。巴菲特先生说:“现在与过去的业绩之间差异的75%都是由规模导致的。我们已经知道，基金管理规模的急剧增加会导致投资选择范围的显著减小（他所监管的伯克希尔哈撒韦公司的资产现在总计已经达到了640亿美元)。当我们的资本很小时，比如说有10 000只可供投资的证券；与之相比，如果我们只有100只可供投资的证券，投资业绩显然会大受削弱。”

这就是他所描述的，当基金的钱包鼓起来时，对投资业绩会有什么影响:“在整个20世纪50年代，我用不足1 000万美元的流通市值获得了高于60%的年回报率。而以现在的规模，达到300个基点都是我梦寐以求的事了（即每年比市场高出3个百分点)。”

至少近10年以来，共同基金业一直都面临着与巴菲特同样的规模问题。但是大多数巨型基金公司很难像巴菲特先生一样直率地坦言:“鼓起的钱包”所带来的挑战，更别提他们会承认大量的资产积累会限制获得较高的回报。

在共同基金业中，我只听说过一个基金经理仔细考察过了交易成本对其公司的影响。这些成本包括佣金、买卖差价、市场冲击、机会成本，而且他还有勇气将这一结果公诸于众。他就是小约翰·博格（John C. Bogle Jr.），数值投资者公司（Numeric Investors）的三只共同基金的基金经理，这三只基金都是量化投资且换手率高的（要完全说明白的话，他就是我的长子，显然苹果不会掉到离果树很远的地方）。在检查了20 000多个交易之后，他报告了这些成本数据：价值型股票交易的成本是交易金额的0.6%；小盘成长股的交易成本是1.8%；占日交易量1/8的股票交易成本为0.5%；代表两日交易量的股票成本是2.3%。他总结道，随着买卖规模对市场交易量占比的增加，交易成本对投资业绩的拖后效应就会上升。他说，这种影响对“每一个投资周期、每一种基金规模和每一个基金经理”都存在。最近他封闭了自己三只基金中的两只，全都在1亿美元的资产水平上。这就是纪律。

更一般的结论是，基于普莱克斯集团（Plexus Group）提供的数据，一个投资经理典型的交易成本估计是交易金额的0.8%。如果一个基金的换手率是每年50%（也即意味着将资产组合中一半的股票卖出，然后将其收入再投资于其他股票），买卖加在一起的规模将等于基金的平均资产。因此，基金的年度回报将下降0.8%，或者是假设的10%年回报率中的8%。假定其他因素不变，如果是100%的换手率，则每年投资业绩将会下降1.6%。这些隐藏的交易成本，加上一般股票型基金1.5%的费率，将造成每年超过 3% 的总财政拖累，几乎耗费了 10% 年度回报的 1/3。

我自己对全行业交易成本的估计大大低于这些数据，而且根据投资目标、投资风格、交易活跃度和基金规模而变化。但是，交易成本与资产规模有着某种直接的联系，这一点却是肯定的。当所管理的基金资产规模相对于市场增加时，聪明的基金经理（绝大多数基金经理都是聪明的）应该特别警惕。基金经理必须附加某种额外价值，以超过不断增加的交易成本。如果没这么聪明，他们必然会远远落后于市场指数的无成本回报，而且作为基金业整体中的个体，他们不可能总是比别人更聪明。市场指数由基金投资风格所代表的证券组成，而且是无需管理的。这些证据都表明，没有任何一种额外回报是唾手可得的。

流程对判断的胜利

基金规模过大有损其卓越回报的第三个原因并不那么明显。但是它对一个基金经理造成的障碍却是实际存在的。随着一个基金组织的扩张，单个投资组合经理的影响变小，而机构投资流程的作用变大。不再有这样一些基金经理：他们在凌乱的办公桌上办公，有着聪明的点子、果断的思想，有几个分析师和交易员提供技术支持和适当的行政支持。现在有大量的基金（100 只或更多），加上组织机构图、投资流程，批准和评估交易的委员会，各种会议、繁琐的法律和监管文档等等的繁文缛节。这就是当今基金投资管理的本质，关注于流程（“谁在此负责？”）而非判断（“我们应该拥有什么？”）。过去曾经主要依据自身的最优思想进行投资的基金经理，再也不能这么做了。

《华尔街日报》专栏作家罗杰·洛文斯坦是极少能意识到这一现象的新闻从业者之一。他最近写道：“选择股票就像写故事一样，是一次一个人的努力。由几个人或者小规模的小组人员来选择股票是最好的，这些人分享他们的想法，并只买那些最好的。基金经理精挑细选的投资组合……作为一个整体可以获得成功，但是没有大的机构……能使许多的基金经理都战胜市场。投资的品牌形象可能因业绩不佳而沾上污名，但真正的人才却不会。公司获得好人才远比得到好名声更重要。”

对基金经理而言确实一事成功百事顺

我的假设“成功是最大的失败”已在之前展示过了。为了说明原因，我不仅基于常识也基于历史统计，已经提出非常有说服力的证据了。我的推理完全符合直觉。基于基金业现在的规模（这一规模看起来不可能缩回到 10 年前甚至 5 年前的水平）和增长率，巨大规模导致的问题有可能更进一步强化而不是减轻。据我所知，一直以来都没有人严肃地提出过反例，难道基金业的规模问题还不够明显吗？基本上没有财经期刊曾发表过题为“资产规模：对共同基金投资者不同寻常的益处”之类的文章，没有哪家个人理财媒体的成员建议“为了获得真正较高的业绩，去投资大型基金吧”，也没有人退而求其次地提出辩护：“大型基金是战胜指数的最佳方法”。可能任何大型基金的基金经理对这一主题最喜欢的评论是：“规模没有显著削弱我工作的能力。”但是我完全不确定，他们在说这句话时，是满怀热情的，充满信心的，还是面无表情的。对我而言，资产规模（用沃伦·巴菲特的话说，就是鼓起的钱包）是卓越业绩的敌人，这一事实是如此明确，以至于无需严肃的讨论。

为什么基金允许其规模超出控制范围？因为对投资顾问而言，确实是“一事成功百事顺”。基金管理公司偏好大的规模，因为它所获得的咨询费的额度和基金规模是线性相关的。资产规模越大，费用越多。而且，即便基金持有人的收益受损，基金公司的利润仍会以更高的速度增长。为什么？因为投资顾问为了自己而不是基金持有人的利益，规模经济的巨大杠杆作用已经被投资顾问盗用了。

基金业正在加速增长，主要是因为被持续的牛市所激励的美国投资者，已经形成了一种对共同基金贪得无厌的欲望。单个基金集团也在以同样的速率增长。基金业的增长不仅被投资者所接受，还被激进的市场营销公司进一步加速，但这是以基金投资者为代价的。这样的基金投资顾问是主要的催化剂，他们将基金发展至如此大的规模，以至于过去的业绩毫不重要了，因而市场回报率减去基金管理费用和交易成本之后的未来业绩也注定平庸。如此一来，投资顾问实现了无本万利，至少从财务的角度说是这样的。

追寻不可能实现的梦想

共同基金投资者承认，他们不但要关心巨型基金集团不断膨胀的规模问题，而且也开始采取行动解决这一问题了。阿尔伯特·爱因斯坦说过：“任何聪明的傻瓜都能将事情变得更大，更复杂……而要将事情向相反的方向改变，则需要相当的天赋和勇气。”这也许是一个不可能实现的梦想，但现实世界中确实有一些解决方法和规则供基金经理遵循，只要给予他们适当的激励。如果足够多的投资者能选择遵守他们规则的基金，而对忽略这些规则的基金“用脚投票”，情况将会有所改观。接下来，这里有一些可供聪明的和负责任的基金经理遵循的戒律：

1. 改变基金的策略，但不改变其目标。长期投资策略到底发生了什么变化？基金资产组合的换手率从往日黄金时代的每年不足 20%，已经增长到了现在的每年 90%。无论这种策略已经实现了其他什么目标，但它一直没有改进基金相对于市场的回报率。事实上，基金的回报率已经无可争议地受到影响并恶化了。为什么这些共同基金业不改变它们高换手率的污点，回到它们往日的黄金时代呢？（回到基金业传统的 15% 的换手率可能会更好。）我猜想的答案是：大部分基金经理愿意成为短期交易者（如今平均持有期大约为一年），而不愿意成为长期交易者（“往日黄金时代”的平均持有期为 7 年，也即 15% 的换手率）。

然而，现在这样的情况可能会继续下去。首先，因为新生代的资产组合经理喜欢高换手率。可能这些经理性情激进，他们相当聪明且受过良好的教育，热衷于发挥其聪明才干。其次，可能更加重要的是，如果这一行业的基金经理能带来亮眼的短期业绩，就能够赚大钱。一个稳扎稳打、购买并持有的投资组合已经过时了。为一个新基金聚敛资产的方法，就是创造一个投资记录以供财经新闻报道。然后，资金自会流入，同时给基金经理带来剧增的咨询费和利润。没有人担心当基金规模变大时，基金的特性及其业绩必然会改变。人们对此的态度似乎是“我们明天才会为此担忧”。

2. 对新投资者封闭基金。当一只基金达到一定规模时，由于在其投资范围内股票数量有限，或者主动买卖基金可能会显著影响其价格，使它不能再实施其投资策略，为什么不封闭基金呢？至今为止，即便规模问题已经如此迫在眉睫，在每 100 只基金中大约仍只有两只进行了封闭，这还包括在远高于合适资产规模时进行封闭的基金。但是大多数基金似乎都忽略了这一问题，因而不得不面对恶化的相对回报率，并丧失了使其自身更加杰出机会；这似乎也在损害基金持有人的利益，他们因为基金在过去的杰出表现而购买基金份额。如小约翰·博格所说的：“基金经理和托管人对基金持有人的利益熟视无睹，而且只在乎持续增长的收入流带给他们自身的利益。”

但悲哀的是，这种情况看起来还要持续下去，仅仅因为对基金经理的基金“特许权”的赢利性是线性的：基金规模越大，投资顾问的回报就越多。看起来，这样的激励使得基金经理对为基金持有人提供最佳回报丧失了任何兴趣。如果投资者和财务顾问打算在对这一问题公平解决之后再进行他们的投资，而且财经新闻也集中报道这一值得注意的问题，那么基金经理可能最终会被迫在合适的规模水平上封闭基金。

3. 让基金继续增长，但是增加新的基金经理。一个基金开始变得过大时就不能再实施其之前的策略，这一问题的一个明显的解决方法是，增加一个新的资产组合经理，并将一部分现有资产组合及未来的现金流配置给新的企业。（我之所以推荐一个新企业是因为从现有企业中引入一个新的基金经理并不能解决流动性问题。）然而，只有少量的大型基金组织使用了多基金经理的结构，指派2~4名外部基金经理来监督现有基金。如果这一制度安排下的隔离效果可行，那么支付给新的外部顾问的咨询费将远低于行业基准。于是呈现出这样一个悖论：为什么特定基金的内部投资顾问得到较高的费用，但其姐妹基金的外部顾问只得到很少一部分的费用？（投资者应该将这一问题提交给他们的基金管理公司或其董事。我乐意听到答案。）

保留一个外部基金经理，可以在不降低（甚至可能提高）投资效率的前提下，允许基金规模的扩大。然而，这一解决办法也造成了新的问题。由新的投资顾问所运作的投资组合有多大可能性会增加价值？在交互轮替的牛市和熊市里，两个基金经理的业绩不会恰巧相互抵消吗？ 4个基金经理会如何？或者6个呢？回报率会随着基金经理人数的增加而逐渐减少，这一明显的规律在增加第一个基金经理时就开始显现了，只是我们不能确定而已。任何情况下，对这一策略的使用少之又少。

4. 降低基本咨询费，但是增加奖励费。如果在不危害投资者相对收益的前提下，对基金经理保持慷慨的激励，那么为什么不削减常规的咨询费而增加奖励费呢？奖励费按照基金回报率超过适当市场指数回报率的程度来支付。举一个简单的例子：将管理费从1%削减到0.75%，同时增加0.25%的奖励费。对基金经理而言，问题是激励必须对称。如果基金超越不了指数，将会征收0.25%的惩罚性费用，这种情况下总的管理费将跌至0.5%。但公平的就是公平的，完成任务就劳有所得；如果失败就自食苦果。更为公平的是，不仅应该把指数回报率作为标准，而且还应在此基础上，再加上基金（比如说在之前5年）超越指数的超额回报的差额。这才像基金投资者期望的投资业绩，而且这么一种费用结构看起来显然是合理的。

哎，除非基金持有人要求实施，否则这两种奖励费的解决办法（尤其是第二种）看起来不大可能被采用。基本的奖励费在基金业中历来少见，现在则变得更加稀有。现在，7 000只共同基金中只有100只使用了奖励费。基金经理更愿意不劳而获（无论投资业绩是好是坏，都能得到高额的管理费）。虽然如此，对基金业管理费现状的任何挑战都是引人注目的，因为这种挑战是非常缺乏的。

5. 建立一个规模封顶、换手率最低、名义管理费最少的共同基金。基于交易成本和管理费用对历史回报率的重要影响，再考虑到基金业如今的巨大规模以及高额的管理费，未来这些因素可能使得基金连现在平庸的回报率都难以达到。一个低换手率、低成本的基金，不会为共同基金投资者提供一个可靠的替代投资对象吗？当然会。但是“长期投资”似乎已经从大多数投资组合经理的字典中消失了，部分是因为发现一流的、经营持久的公司很困难，部分是因为如今大多数基金经理是积极而缺乏耐心的。这一规则下合乎逻辑的结论是建议投资指数基金，虽然指数化策略能明显为投资者提供较高利润，但为投资顾问提供的利润却极少。

你能使梦想成真

迄今为止，确实很少有基金公司认真地采用了如上建议。尽管有一些零散的证据显示单位交易成本正在上升，但投资组合的换手率依然很高且没有降低的任何迹象。几乎没有基金进行封闭，即使在已经封闭的基金中，许多也是在它们增长到需要封闭的很长时间后才进行封闭的。对外部基金经理的使用更是如 10 克拉的钻石一样稀有。费率不断上升，这在新近设立的新基金上体现得尤为显著。奖励费不仅仅是稀有的，而且在事实上是完全被禁止的。基金创新换句话说就是聪明过度，已经忽略了创建成本更为有效和税收更为有效的基金的机会（我在下一章会展示一个这类基金的结构）。过大的规模会给基金造成挑战，现有的处理这一挑战的最佳代表——指数基金，仍只是一个下等角色。它之所以被接受，是因为储蓄机构和退休计划的基金托管人，需要满足公司雇员的要求。而荒谬的是，这些基金并未从税收有效中获得业绩优势。作为基金投资者的你，也是那 5 000 万个基金投资者之一，他们就像大卫联合在一起向巨人歌利亚投掷石块①，迫使基金管理公司注意资产规模的问题。

与初创时比较，如今的共同基金业的总体规模已经不同了，对金融市场的影响力不同，投资的限制条件不同，成本不同，对股票市场的作用不同，其投资决策的制定和实施方法也不相同。任何依靠历史的指引来预测单只基金或基金业自身未来收益的行为，都是不大可能的。

如果现在的增长率继续下去，只要几年时间，共同基金经理将会控制整个美国股票市场的 4/10，以及所有股票交易账户的 3/4 之多。为什么基金业对资产规模问题不能坦然面对呢？为什么我们不能直面迅速增长的基金已经改变了大多数巨型基金的特性，而且确实也改变了基金业整体特性的现实？流动性是重要的，成本是重要的，税收是重要的，但规模能毁掉这一切。即使是熟练的专业投资组合经理，要获得卓越业绩正变得越来越难以实现。如果基金不处理这些问题，投资者就必须坚持提出这些问题。如果问题得不到解决，对基金业绩和未来回报的影响可能是深远的。

我必须强调：没有一家基金公司能够免除这些问题，因而也没有一个基金经理能够避开这些问题。投资公司和投资者必须有充分的智慧来面对这一不和谐因素。共同基金

① 歌利亚（Goliath）：旧约圣经里的非利士巨人勇士，最终被大卫（David）用石头打死。——译者注

业的惊人成就生动地证明了“一事成功百事顺”。但这个规则也同时播下了其自身对立面“胜利是最大的失败”的种子。投资者不仅必须考虑投资规模对他们所投资基金的影响，还要考虑对他们所创建的庞大基金业整体的影响。

十年以后

不可能实现的梦想

我为了应对基金资产规模过大这个问题的梦想，大部分都被证明是“不可能实现的梦想”。我对基金规模将导致更低换手率的希望破灭了。(2009 年的换手率甚至还高于 1998 年。) 对新的投资者而言，封闭基金依然非常罕见。(这不仅要求基金经理有相当的自律性，还要求他愿意为基金持有人的利益而非自身利益行动。) 据我所知，没有一家基金公司显著降低了其基本咨询费，代之以对较高实际回报率的奖励费。(这些奖励费要求的会不会是完全不可能实现的业绩？)

我对多基金经理的观点也遭遇了很大阻力，但主要是因为基金公司将这一策略作为下面策略的一部分：充分的多元化投资，关注于长期投资，并且争取最少的管理费（而不是期望的那样，可能选择 4~6 个一贯出众的基金经理。）而且当他们拥有我所认可的规模封顶、低换手率的指数基金时，其增长主要是因为使用交易型开放式指数基金（ETFs）作为媒介，吸引了大方买卖的投资者。

当基金业已经不得不面对资产规模问题时，“规模能毁掉一切”仍然是正确的。2009 年问题和 1999 年的同样严重，事实上，甚至更为严重。仔细考虑由庞大的基金资产所产生的问题并避免由此受到限制，依然是基金经理责无旁贷的事情。

税收的影响：视差的启示

微小的改变经常能造成感知上的巨大偏差。视差也是如此，由我们两眼之间6厘米的距离所放大的视野的角度，使我们能看到物体的三维成像。正如我在第3章所讨论的，共同基金投资有4个维度：回报、风险、成本和时间。**人们大都习惯性地基于风险和回报进行投资，但我相信，一般来说，加上第三维度的成本，能使人们对投资回报率有更好的理解，对共同基金的回报率尤其如此。**因此，我将视差的原理应用于共同基金。

当我们不仅要考虑共同基金真实的操作成本和交易成本，同时还要考虑税收成本时，成本的影响会被显著放大。税收对基金回报率的深远影响被忽略已久。基金经理可能觉得他们可以忽略税收成本，但基金持有人倘若也如此，就会使自己陷入投资风险中。据估计，现在共同基金投资组合账面上的资本利得高达7 000亿美元之多，是时候让税收这一主题得到它应有的关注了。诚然，投资者的目标并不是简单地最小化税收负担，而是最大化可能的净回报。然而自相矛盾的是，致力于最小化税收的行为似乎不仅没有减少，反而会增加税前回报。

在过去16年的牛市中，潜在的税收负担不断增加，承认税收是投资共同基金的一个重要成本，现在正当其时。1998年4月15日，投资者为基金业在1997年1 800亿美元的资本利得支付了税收。唉，现在讨论这为时已晚。尽管为那些利得支付的税收只是沧海一粟，但这一问题还将继续存在。1998年实现并分配的数千亿美元的利得必须在1998年的税收收入中披露，而且其应纳的税收应在1999年4月15日前支付。

对此要加以注意的是：未实现的税收负债高达7 000亿美元，这一估计的规模非常不稳定，它对股票市场的变动高度敏感。当市场下行时，未实现的利得就会从高点下降。例如，市场下行25%将会使基金业所有的潜在净税负消失殆尽，而市场上涨25%会使所有潜在的净税负翻倍。在考虑税收对基金投资收入的影响时，请记住这一高杠杆效应。同样也请记住，即使基金业未实现的利得由于市场下行而完全被消除，已经确认但还未分配的真实利得，最终还是会成为基金持有人的应税所得。由于在基金账目上大量未实现的利得不可能完全被消除，无论市场表现如何，真实的资本利得在很多年后都会被分配给基金投资者。

具有讽刺意味的是，共同基金业的高换手率政策已经恶化了税收问题。当基金经理为了击败市场（这总是难以做到）而买卖其资产组合时，也进一步增加了应税基金持有人的税收负担。这一成本的增加，实质上扩大了绝大多数共同基金报告中税前回报率落后市场的程度。

我之前注意到，在截至1998年6月的16年牛市期间，股票型基金的平均回报率为16.5%，而整个股票市场的平均回报率是18.9%。这每年2.4个百分点的落差，主要是由每年2%的成本造成的。如果从每年20%的市场回报率中减去这一落差，可能并不明显；但随着时间推移，它会足足消耗掉10%回报率的1/4，更不用说会从5%的回报率中减去一半了。

让我们考虑一下什么是"α"。它是度量基金相对于股票市场回报率的关键指标，经风险调整后反映基金所承受的相对风险。统计结果（《晨星共同基金》是公认最好的信息来源）非常清楚地显示，通常共同基金的α（一个相对于市场风险调整回报率）在过去10年中都是–1.9%（如人们所知的"负α"）。换句话说，由基金投资者挣得的年回报率，比人们期望的少了将近两个百分点。这一数字差不多等于基金业的年度成本。α通常接近基金总的运营成本和交易费用之和，这并不令人意外。但这显然没有考虑隐含的税收成本。

十年以后

税收

如我在1999年版中所写的："无论市场表现如何，真实的资本利得在很多年后都会被分配给基金投资者。"事实证明，确实如此。自1998年以来，共同基金已经为其持有人分配了接近1.5万亿美元的已实现资本利得。

尽管在此期间，这些基金只挣得了很少的利润或者根本没有实现资本增值，它们年复一年地将这些资本利得支付给它们的持有人，规模从2007年市场高位时的3 800亿美元到2003年市场底部时的77亿美元不等。即使是在2000—2002年以及2007—2009年的两个主要熊市中，基金承受的损失也不足以阻止资本利得分配，这随即也给应税投资者带来税收负担。（大约一半的股票型基金资产由应税投资者持有，另一半由税收递延的退休计划投资者持有。）

税收：基金业的害群之马

税收问题是共同基金业的害群之马。就像一个生活不能自理的表妹，或者一个酗酒的叔叔一样，我们或许可以对税收眼不见心不烦，但是投资者却不能忽略这一问题，因为基金持有人是用基金的收入分红和资本利得分配来支付税收的。资本利得是由资产组合不断地卖出而产生的，而且在最近的大牛市中，由于大量应税资本利得的实现也产生了税收。事情的另一面是，一个投资组合经理的业绩是在税前回报的基础上进行度量的，他们从不介意美国国内税务署（IRS）从中征收走相当大一部分 。几乎没有资产组合经理会担心他们决策所导致的税收后果。

自从 1924 年第一只共同基金建立以来，事实上，基金业一直忽略了税收问题。确实，几十年来投资者在基于总回报的同时，也同样在基于“寻求更多的收益”来购买基金。（在 20 世纪 40 年代和 50 年代早期，股票平均回报率为 8%，债券到期回报率为 2.5%。想象一下吧！）基金业对收入分红和资本利得分配之间的差异已不加区分，把这两者合称为“总的可分配收益”，这从 1950 年以来就被法律所禁止。随着近年税收递延个人退休账户（IRA）和 401（k）公司退休计划的出现，对税收所带来的问题则更少有人注意。事实上，掌握着 40% 股票型基金资产的税收递延退休计划投资者，正是现在基金业增长的驱动力量。这些投资者无须为税收问题而烦恼，他们的支票簿也不需承受税收负担。

但是，其他 60% 基金资产的所有者却难以享有由于忽略税收而带来的奢侈。他们必须每年为自己所获得的基金收益纳税。然而，共同基金还没有充分披露以下事项的税收影响：他们的投资策略、期望的换手率，以及资本利得的实现政策。在典型的基金招募说明书的“分红、资本利得和税收”的标题下，你会看到类似这样的文字：“对所有扣除开支的净收入和来自卖出证券的资本利得，实际上，基金每年都会进行分配。对你而言，分红和短期利得作为一般性收入是应缴税的；长期资本利得的分配也是应缴税的。”虽然这已经是基金尽可能披露的信息了，但是依然不够充分。

投资组合经理、基金发起人、基金发行人都知道，基金对税收问题即便是有考虑，也并没有给予太多注意。基金不仅不应该忽略这一重要现实，而且应该唤起投资者对税收问题的关注。以下是我认为招募说明书中必须披露的信息：

> 基金管理没有考虑税收。给定期望水平的换手率，基金很可能以每年都应税资本利得的形式，实现并分配很大一部分的资本回报。其中有相当一部分可能以短期收益的形式实现，并会承担足额的所得税率。（可能一些基金能够减轻

最后一句话所说的情况。）

之所以没有找到合适方法对以上税收事实在招募说明书中进行披露，看起来只有两个原因：一是基金公司的“漫不经心”，二是它们认为投资者注意到超额税收会对回报产生负面影响，也会有损基金的营销效果。无论哪种原因，我相信如上的引文如果不是开篇之词的话，都应该作为一个显著的部分出现在招募说明书关于税收的信息披露中。完全的信息披露必须提上议事日程。

十年以后

基金业的害群之马

据我所知，没有一只共同基金采纳我的忠告，愿意像我在上一版中建议的那样诚实地进行有关税收的信息披露。

税收递延的可观价值

快速实现基金资本利得带来了严重的问题，投资者几乎必须立即为此支付税收。然而，递延的资本利得税的巨大价值却几乎被完全忽略了。简单地说：如果贷款的期限和递延的年数一样，一项递延的税收在功能上就等价于一笔来自美国财政部的无息贷款。你可能在未来某一天面对税收，但是直到递延到期日之前，你都不必支付这项税收。想象一下，一笔10年期或者25年期无息贷款的价值吧。再计算一下，递延10年的1美元欠款的现值是47美分；对25年期的无息贷款而言，现值却只有15美分！但是共同基金的历史表明，只有5%的基金份额能有希望被持有10年以上，从而获得递延10年的、每一美元53美分的红利，能被坚持持有25年，并获得一美元85美分红利的基金份额更是凤毛麟角。

在1998年下半年，共同基金的增值规模估计高达7 000亿美元（占股票型基金资产的25%），对应税投资者而言，这意味着约1 000亿美元的潜在税负。1998年，高达2 000亿美元的净资本利得已经实现，而且会在年末进行分配。剩下的5 000亿收入还没有实现，但是，假设市场价格保持不变，这部分收入最终还是要实现并需要纳税的。在1998年实现的巨大利得分配中，约有1 500亿美元是长期收入，其中约有500亿美元是

① 事实上，如果在投资者死亡的时候这项投资将遗赠给一位受益人，那么税收将永不需要支付。这样，受赠人的初始成本基数将接近于捐赠人死亡时的市场价值。

短期收入。在这2 000亿美元中，可能有800亿由税收递延的退休计划投资者获得。而由应税投资者得到的1 200亿美元中，估计将有超过300亿美元是税负。投资者不得不为支付这笔税收做好准备。

1999年的外部环境可能会进一步恶化这一情形。如果市场下行会导致基金份额的净赎回，这就将增加每一份额的利得分配额。相反，上行的市场将以不断上升的价格带来新的资金，这就将稀释每一份额的利得分配。这就是为什么相较于市场价格的上升，共同基金未实现的利得规模一直都非常小的原因。令人惊讶的是，投资者似乎并不反对为每一基金份额支付10美元，但在其未实现的资本利得中还有2.5美元的潜在税负。当下行市场中基金净值下跌时，有浮亏的新基金投资者将仍有可能得到实质性的应税资本利得分配。（基金的会计行为引起了这些奇怪的结果。）这正是所谓的凡事预则立，不预则废。

基于以上背景，我们在长期环境下看看税收的影响。非常有悖常理的是，在某种意义上，税收对收入分配的影响竟然是有益的。在1998年的下半年，股票型基金在各项支出扣除之前会得到约1.9%的毛收入增长率。（它们持有的股票产生了约1.2%的盈利；约占10%的债券和现金储备头寸贡献了约0.7%[①]。）但是基金年度费率平均为1.5%，因此股票型基金投资者只得到了微不足道的0.5%的回报率，还要对此支付税收。支出消耗了约75%的基金收入。在基金荒谬的世界里，费率越高，总收入的税收效应就越明显。但是正如上面有悖常理的例子所反映的，为税收有效性而付出的成本太高了。在一定程度上，共同基金支出的税率相当于总收入75%，而且在支付常规的税率之前已经扣除了。显而易见，这就像是爱丽丝梦游仙境般，最终只是美梦一场。[②]

税收再次影响 α

税收对资本构成的影响完全是另外一回事。这里用“税收无效”来形容共同基金恰如其分。回报中所得税的好处被更大的资本利得税所淹没。举一个简单的例子：在过去15年中，股票型基金平均有14%的年回报率。假设3%的回报来自收入而11%来自资本，那么，其中有8%是实现了的回报率。进一步假设资本利得的30%是基于短期交易实现的（这些假设与基金业的实际非常接近）。在收入方面，假定平均税率为33%，税收将使回报率减少1%。在资本方面，如果短期应税收入的税率是33%，而长期收入的税率

① 原文为7%，应为笔误。——译者注

② 《爱丽丝梦游仙境》是英国作家查尔斯·路德维希·道奇森于1865年出版的儿童文学作品。讲述了一个名叫爱丽丝的女孩从兔子洞进入一处神奇国度，遇到许多会讲话的生物以及像人一般活动的纸牌，最后发现原来是一场梦。——译者注

是 25%，则税收会减少 2.2% 的回报率。总而言之，税收将会使平均共同基金的回报率从 14% 降至 10.8%，而风险并没有任何变化[①]。

事实上，税收对相对回报率有巨大的负面影响。罗伯特·杰弗瑞（Robert Jeffrey）和罗伯特·阿诺德（Robert Arnott）在《投资组合管理期刊》中的另一篇重要文章《你的 α 大到足以覆盖税收了吗》中认为，α 并不足够大。我还要补充一句：不，你的 α 正在被你的税收活活吞噬。在过去的 10 年中，股票型基金每年的 α 只有 –1.9%，这就使上面的情形更加可怕。正如我们所看到的，这在很大程度上是由基金的投资成本所致。税后的负 α 几乎扩展了三倍达到了 –5.1%。专业的投资者都知道成功的投资是一个艰难的游戏，一些本没必要支付的基金成本和税收都将使得投资成功难上加难。即便有一些个人投资者知道，当基金支出和税收从基金经理的回报中减去后，赢得投资游戏是多么的困难，但所有的基金投资者都应该被坦诚地告知这一事实和数据。在过去的 10 年里，那 5.1% 的比率已经把股票市场回报的 1/4 侵蚀掉了。

基金投资组合的换手率激增

这些情况基本上都是由过高的基金换手率导致的，认识到这一点很重要。25 年前，基金投资组合换手率平均每年为 30%；而今几乎达到了 90%。个人投资者可能持有股票长达几十年，而家庭可能有好几代人一直持有，而共同基金却忙于买入和卖出它们的股票。它们只会根据短期内的价格变化不负责任地放弃股票，却不考虑由此导致的税收问题。但对应税基金持有人而言，基金的这一行为大大降低了他们的回报。

不仅如此，一些基金经理还非常频繁地进行交易，以至于许多收入实际上都是短期的（少于一年），并以普通的所得税进行课税。近年来有 30% 的基金收入都属于此类，但这一数字还可能会显著增加，因为随着所谓的《1997 年纳税人减税法案》(*Taxpayer Relief Act of 1997*）的颁布，长期以来对短期收入的限制终结了。现在，投资组合经理可以不受限制，可以在不足 30 天的时间里，以资本利得的方式实现任何比例的基金收入。对共同基金持有人而言，这一法律的变革对他们是否能创造经济价值是极度可疑的。

要使基金换手率明显下降并减轻资本利得实现的问题，这几乎是不可能的。将基金换手率从 150% 降至 100% 并不重要。实际上，所有的利得都是相当快实现的。权威研究显示，要实质性地减轻税收负担，换手率必须降到 20% 或更低。但是，任何换手率都会对投资者享有的净回报产生负面影响，因为这会迫使投资者放弃隐含的无息贷款的价值。

---

① 一个由普莱斯基金（T. Rowe Price Associates）所做的研究估计，截至 1996 年的 20 年间，税收对税前（以及公开报道）的回报率的降低程度更大，多达 3.9%。

如果一只基金的基本策略要求有限的换手率，将会发生什么？对基金投资者来说，这将是很好的事情。显而易见，当应支付的税收额度降低时，相应的税后回报就会上升。当税收被递延时，在投资者愿意持有基金份额的每一年里，回报都会明显地上升。而且，如果一个投资者的继承人在投资者去世时继承了基金份额，尽管基金的成本基数已经累积增加了，但通过消除税收，税后的回报率将会非常高。

基金经理的更替无济于事

当引入一个新的基金经理来管理一只基金时，即使从政策上有降低换手率的良好意图，但换手率还是会剧增，并将实现实质性的利得。在基金经理频繁更替的时代里，超级明星基金经理可能会受以下因素的引诱而离职：巨额薪金，创业本能，或者所管理基金的巨大资产规模阻止了他们施展带来卓越回报的能力。但无论何种情况，基金经理现在平均只有 5 年的任期。

这些问题对于应税基金投资者而言非常关键，这仍只是非常保守的说法。正如杰弗瑞公司（Jeffrey Company）的总裁詹姆斯 · 格兰德（James P. Garland）所说："应税投资是一个失败者的游戏。那些在税收和费用方面损失最少的人，将在游戏终结时获得最大的胜利。"格兰德比较了 1971—1995 年的 25 年间投资者的税后回报，一个是假设投资于一只典型基金，另一个是假设投资于税赋管理指数基金。在这期间，标准普尔 500 指数获得了 12.0% 的税前复合回报率。扣除支出和税收之后，一般的共同基金复合回报率为 8.0%，税赋管理基金复合回报率为 10.2%（见图 13-1）。

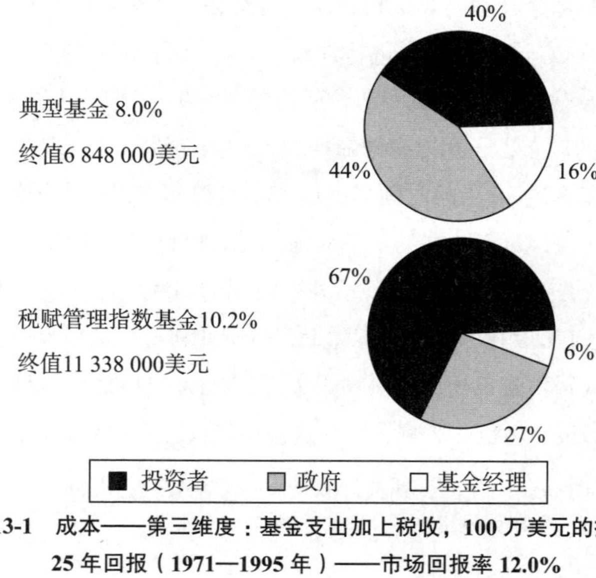

图 13-1　成本——第三维度：基金支出加上税收，100 万美元的投资，25 年回报（1971—1995 年）——市场回报率 12.0%

在最终基金总回报中，除去交给基金经理的 16% 和给政府的 44%，基金投资者只得到理论上的免税市场回报率的 40%。对一只税赋管理指数基金，最终价值的 6% 是基金经理的，27% 归政府所有，投资者则保留了 67%。对一个在开始时投资 100 万美元的投资者，投资于低成本税赋管理基金的最终资产组合的净值是 1 130 万美元，而投资于典型基金只有 680 万美元。

我怀着非常复杂的心情告诉你，格兰德的方法确实夸大了典型基金的净回报率。这一方法假设有 1% 的基金费率,并忽略了基金资产组合的交易成本。然而正如我所提到的，如今基金所有成本平均为 2% 或更多。这一方法也假定所有资本利得在长期才能实现（28% 的税率），而事实上大约有 1/3 的基金利得是按 36% 的短期税率进行征税的。[①] 这一研究也低估了税赋管理指数基金的结果。它假设了 0.3% 的费率，而 0.2% 的费率可能会更接近现实。但是，即便赋予典型基金这些很值得怀疑的优点，税收和支出对共同基金回报的影响也是惊人的。

十年以后

税率

在 2003 年，对长期资本利得的最高联邦税率从 20% 降到了 15%，而对短期资本利得和一般收入的最大税率则从 40% 降到了 35%。很有可能的是，2010 年的这两种基金税率都要提高到它们之前的更高水平。当然，全国和地方的税收将使投资者所承受的税负更为繁重。

一个好的解决方法：指数基金

考虑到税收这一点，你可能在想，应该忘掉共同基金，至少应该忘掉应税账户；或者还应该有更好地像基金那样能进行多元化投资的方法。那么，确实还存在更好的方法，使你能够避免承受由高成本和超额税收带来的负面结果，而且能在金融市场法则允许的范围内尽可能接近于一个正 α 值。只有少数几只基金以最少的成本和最小的税负进行运营。绝大多数都是基于如标准普尔 500 指数的市场指数基金，或者是复制整个市场的指数基金（如威尔逊 5 000 股票指数）。而且，由于它们成分股的结构很少发生显著性变

① 现在对长期利得的最大税率是 20%，而对短期利得（以及一般收入）的最大税率是 40%。

化，所以大都运行良好（尤其是威尔逊指数）。

让我们从标准普尔500指数的税后回报率这么一个基点开始讨论。从分红中扣去所得税，并假设没有资本利得实现，且递延所有的资本利得税。从1983年6月到1998年6月的15年间，税前回报率为17.2%，假定税收的影响是–1.5%（基本上是所得税），则税后回报率为15.7%，约为税前回报率的91%。

现在让我们转向现实世界来计算可比较的数字。对于普通的共同基金而言，15年的税前回报率是13.6%，税率是2.8%，这将产生一个10.8%的税后回报率，是税前回报率的79%。为了比较起见，表13-1展示了领航500指数基金的记录。其税前回报率是16.9%，税收消耗了其中的1.9%后，剩下15.0%的净回报率。结果，领航500指数的排名从前94%上升到前97%。前一个优势主要由典型的主动管理型基金产生的高成本所造成；而后一优势则主要由产生于基金业的高换手率所导致的较重税负。

表13-1　　标准普尔500指数基金和普通共同基金　　单位：%

	回报率			
	1998年6月30日之前的15年		2009年5月30日之前的15年	
	税前	税后	税前	税后
指数基金	+16.9	+15.0	6.7	6.1
普通共同基金	+13.6	+10.8	5.4	3.7
指数基金优势	+3.3	+4.2	1.3	2.4
被指数基金超越的基金	94	97	52	72

诚然，这15年对支配着指数的大盘股而言，是一段好时光，这期间关注于低成本的指数基金成为了共同基金业中的佼佼者。而指数基金对税收最小化的强调，则将其地位进一步提升了，使其成为最成功的一类基金。消极管理型基金在十多年中的税后回报率超越了97%的股票型基金，由于这类基金缺乏熟练的投资组合经理的优势，即使只有这一数据的一半，也是一个不错的投资成绩了。

因为那些业绩不佳的共同基金被淘汰了，从而就没有进入回报率的计算之列，因此在一定程度上，这些数字又夸大了普通共同基金的回报率。我已在第5章表明，生存偏差对基金业回报率的重要影响，并不是微不足道的。如果表13-1中，普通共同基金的回报率因这一偏差而被修正，那么它们的业绩会落后得更加明显。

然而事实上，由于投资组合交易成本和运营成本的互相抵消，指数基金回报率低于指数本身的回报率。无论这些成本是多么微小，它们确实存在。例如，从 1983—1998 年，领航 500 指数基金 16.9% 的税前回报率，以及 15.0% 的税后回报率，就分别低于指数本身的 17.2% 和 15.7% 的回报率。

十年以后

一个好的解决方法

在 2009 年之前的 15 年里，尽管在大部分时间里市场环境苛刻，但相比较 1998 年之前的 15 年，指数基金仍然具有同样的优势，尽管这一优势不一定拉大。指数基金获得了每年 6.7% 的税前回报率，而普通股票型基金只获得了 5.4% 的回报率（经销售费用和生存偏差调整），落后 1.3 个百分点。正如之前的比较，主动管理型基金的税后回报率落后更多，增加了 1.1 个百分点，达到了 2.4%，而在之前的表中，这一差距是 4.2%。（换句话说，税后回报率总的落后程度，等于指数基金在最近这一时期回报率的 39%，甚至比前一时期落后 28% 的情况更糟。）

经证实的结论

这一分析结论已经被其他的独立研究所证实。其中最严谨的一项研究是来自于斯坦福大学的乔·迪克森（Joel M. Dickson）和约翰·沙文（John B. Shoven）。他们发现，在 1992 年之前的 10 年间，基于标准普尔 500 指数建模的一只真实的共同基金，其年度税后回报率为 13.4%，而股票型基金的一般回报率为 10.7%。这每年 2.7 个百分点的优势，将指数基金从基金业排名的前 79% 提升到 86%，在 147 只税前回报率较高的基金样本中，超越了 10 只排在前 31 的基金。

我可以非常确定，指数化的低成本优势将持续存在。但对利得实现的递延能否持续，我就不那么确定了。首先，依靠其较低的换手率，指数基金会随时间积累起它们未实现的资本利得。而在将来的某一时点，这些利得的一部分可能会实现。其次，即便指数基金倾向于避免实现利得，它可能也很容易受到持有人接二连三赎回的影响，这会迫使它清算其所持有的高度增值的投资组合。虽然如此，考虑到税收递延在长期的巨大价值，甚至是在有限期间里的可观价值，这种由指数基金特有的、相对于传统的主动管理型基金的潜在税收优势，不太可能就此消失。

一个更好的解决办法：避税基金

为了解决共同基金持有人所面对的税收问题，一种比常规的指数基金更新的基金终于发展起来了。1994 年，一个有兴趣改进传统指数基金税收有效性的基金集团，创立了基金业的第一批低成本的避税基金。其最常见的形式是基于以下特点：

- 使用市场指数策略，但是强调成长型股票并持有低收益的股票，以达到最小化收入的税收负担。
- 尽最大的可能，实现所持有的资产组合头寸在下跌时卖出的损失（这一行为被称为“收获期损失”），从而抵消卖出时实现的资本利得。
- 在 30 天后再补进那些亏本售出的股票。（在过渡时期，它们在投资组合中的缺失，可能造成对指数匹配稍微的不精确。）
- 为了鼓励长期投资，限制基金投资者的短期行为。如果份额在购买后的 5 年内被赎回，则对投资者索取惩罚，向基金和其他持有人支付交易费。设计这样一项惩罚，是为了最小化基金份额突然赎回的可能性。
- 保持低成本指数基金所特有的、同样最低的成本。

从这些避税基金较短时间内的经验来看，这一方法运行良好。由于惩罚性措施的存在，赎回份额只占基金业总额极少的一部分；几乎没有进行短期市场择时的投机性投资者；迄今没有资本利得被实现。相较于主动管理型基金，这些避税基金还提供了卓越的回报率。

最近，行业里的其他基金开始有所反应了；据称大量税赋管理型的基金也已经成立。但它们几乎没有遵循指数策略，也没有采取诸如惩罚性费用的有效措施来限制赎回。这些基金的费率并不比其他主动管理型基金更低，这使它们丧失了另一个关键优势。总之，除了试图逆势操作以避免过于频繁的换手率外，它们的投资目标一如既往。而且，当不可避免地更换了基金经理后，这些基金会发生什么，我们还不清楚。归结起来，这些潜在的负面因素容易使基金难以实质性地减少税收，或者减少运营费率对 α 的侵蚀。

然而，合理组建的避税基金注定会成为基金业的一股强大势力，而且我相信，《1997 年纳税人减税法案》对税收的减免将会使这一势力更加强大。在之前的法律下，资本利得 28% 的税率，比边际所得税率的最大值 40% 还低 12%。而资本利得 20% 的新税率比 40% 的所得税率要低 20%。这一改变将长期资本利得的税收折扣从 12% 提升到了 20%，足足增加到了 1.7 倍，也进一步增强了长期税收递延的价值。但那些持有股票平均不到一年的高换手率基金，将继续使投资者承受短期资本利得的全额所得税，这就牺牲了对长期资本利得的税收递延价值。

一个已有 60 年历史的新想法

共同基金业有着这么多身价不菲、富有创造力和想象力的人才，但为什么至今没有人构想出一个更好的方法来提高共同基金的税后回报率？这样的机会确实大量存在着。请允许我描述一个想法。比如这样一只基金：它买入了许多高质量的蓝筹成长型股票作为样本，并持有它们直至其基本面发生了根本性的改变。我们去哪里可以找到一个年轻的沃伦·巴菲特来管理这只基金呢？坦白地说，我不知道。作为一个替代方法，这样做怎么样，比如说，这只基金买入 50 只最大的标准普尔 500 成长指数的成分股？（占成长型股票总流通市值的 80%，以及整个股票市场的 30%。）这只基金持有的这 50 只股票，并不随着股价变化而进行再平衡。如果发生了一次合并，就继续持有合并后的公司股票。如果一个公司被现金收购，则将收益再投资于下一个最大的公司，或者基金持有的其他公司的股票（这一选择可能并没有关系）。

这将不再需要任何基金经理，基金只会产生极少的运营成本，可能总的费率只有 20 个基点。通过设定严厉的赎回费用，或对每日的清算额进行严格限定（或者只在每一季度的最后一天放开基金赎回），使基金面临的投资者赎回份额最小化。最后，当基金份额被赎回时，不需要通过卖出股票来满足赎回，而是把投资组合中最易于销售的证券支付给投资者（以货代款的赎回），并事先解释清楚你将要这么做。那些投资者将会意识到，他们本来就应该为资本利得支付相应的税收，这样基金税收的完整性将得到保护。这些程序将使基金对那些快进快出的机会主义者不具有吸引力，这对基金持有人而言是个很好的结果。而且，随着时间推移，这些良好的政策将使基金更容易吸引真正的长期投资者，否则他们在市场上将濒临绝迹。

这些潜在的回报是巨大的。在平均税前回报率为 10% 的股票市场中，假定普通基金的费率为 2%，可能会有 8% 的税前回报率和 6.5% 的税后回报率。如果税前毛回报率为 10%、费率为 0.2%，一个低成本的、买入并长期持有的基金应能达到税前 9.8% 以及税后 9% 的回报率。税后回报率 2.5% 的差距还只是一个保守的假设，明显低于在过去 15 年中，主动管理型基金和标准普尔 500 指数之间实际存在的 4.3% 的税后回报率差额。

对于长期投资者而言，这些数字意味着巨大的回报。开始时投资于主动管理型基金的 10 万美元，在 25 年后的税后价值可能会增长到 48.3 万美元。但是，投资于买入并长期持有的基金的税后价值将会增至 86.2 万，几乎是前者的两倍。所以说基金支出和基金税收都非常重要，这是完全恰当的。

长期投资基金的潜在风险是很小的。计算如下：现在代表了整个投资市场 30% 的 50 只最大的成长型股票，要在 25 年中每年比市场其余 70% 的股票回报率低 3 个百分点以上，才能使其在两种基金之间的选择没有差异。有效金融市场的巨大力量，可能会消除任何对这一均衡的挑战。过去 60 年的历史事实表明，成长型股票和价值型股票的回报率实际上是完全一致的（见第 10 章）。我们所假设的基金在长期是不可能被市场所击败的。令人惊讶的事实是，广泛的多元化使投资业绩明显低于市场与明显高于市场一样困难。简而言之，风险—回报等式之所以会显得很受欢迎，是因为对运营支出和税收惩罚导致的财政约束的最小化。这就是我们通过三维视角所能看到的。

即使在估值相当高时买入，成长型股票也将可能在长期表现不如市场。对历史的回顾，可能有助于评估这一风险。杰雷米 · 西格尔（Jeremy J. Siegel）对在 1965—1972 年间的投机时代中著名的“漂亮 50”成长型股票（Nifty Fifty growth stocks）的研究，有助于回答这一问题。在一篇发表于《投资组合管理期刊》的文章中，西格尔教授证明了一个在 1971 年年初（接近市场的顶部）买入并由那 50 只高估的股票平均加权而成的、固定不变的投资组合，在随后的 25 年中，这 50 只股票只是稍稍超越了市场的整体回报。这 50 只股票中有些表现出色：菲利普 · 莫里斯（Philip Morris）公司是其中的冠军，每年回报率高达 21%，紧接着是麦当劳（+18%），可口可乐和迪士尼（两者都是 +16%）。也有一些表现不佳：MGIC[①] 投资公司落在名单的最后，每年的损失超过了 4.6%；埃默里空运公司（Emery Air Freight，−1%）的表现也同样糟糕；还有宝丽来公司（Polaroid，+2%）和施乐公司（+5%）也几乎排在底部。

“漂亮 50”投资组合获得了平均每年 12.4% 的税前回报率，只比股市整体 11.7% 的年回报率略高 0.7 个百分点。但是，税后回报率的相对优势明显增加：“漂亮 50”投资组合的优势增长到每年足有 2%（9.8% 比 7.8%）。这些在高价位买进的、由成长型股票构成的静态投资组合，在过去长期内获得的回报率，确实证明了上述投资概念。在这一时期的最后，对“漂亮 50”投资组合 1 万美元的初始投资，在扣除税收之后，价值为 9.8 万美元，而投资于股票市场整体则是 6.3 万美元。当然，普通的共同基金更是远远落后于同期的市场。

① 美国最大的抵押贷款保险公司。——译者注

十年以后

避税基金和新想法

事实证明，我的预测“避税基金似乎注定会成为基金业的一股强大的势力”，这是与现实完全不相符的。如今只有26只避税基金，其中有的表现极好，而有的则很差。可能21世纪最初几年的减税，是我预测失败的部分原因；正在增长的税率可能将会使税收问题再次引起人们的注意。然而，现在大部分共同基金组合都有实在的潜在损失，而且这些损失最终将被用于抵消所持有投资组合未来的资本利得。结果是，在未来几年中，资本利得分配将会明显减少。

而至于那个购买并持有的“新想法”，它都不知所踪了。已有一个对“漂亮50”投资组合的50只股票进行单纯购买并持有的基金可供投资大众选择了。但相对于成长型指数基金、避税的积极成长型基金，或简单的避税标准普尔500指数基金，这一投资组合是否会是一个具有吸引力的选择，还有待观察。

太阳底下无新事

《圣经·传道书》告诉我们，太阳底下无新事。在一定程度上，这一古老格言适用于这个“新想法”。少数共同基金史学家可能还记得，一只成立于1938年的类似的基金，在早期曾证明过购买并持有的想法。作为一个固定信托（fixed trust），创始人共同基金（Founders Mutual Fund）选择了当时的36只蓝筹股，以平均权重组成投资组合，并一直持有到1983年，基金才放弃了这一策略。在45年持有期的最后，创始人共同基金依然持有它在开始时拥有的相同的36只股票。其中包括IBM、宝洁、杜邦、联合太平洋，以及伊士曼-柯达，这些公司不仅经营持久，而且还很成功。

在改变其策略之前（我不能找出其前5年的任何记录），创始人基金的投资组合平均的税前回报率为每年10.3%，同期标准普尔500指数的回报率是11.4%，这一缺口可能部分是由0.5%的基金运营成本导致的。有趣的是，其回报率与马萨诸塞州投资者信托（Massachusetts Investors Trust，MIT，当时最大的股票型基金）10.3%的回报率是一致的。我不能精确算出税后回报率，但纪录表明，创始人基金在这一时期只分配了极少的资本利得，而MIT却分配了相当多。简而言之，创始人共同基金在税后的较量中获胜了。

另一只类似的基金，是成立于1935年的列克星敦公司领导者基金（Lexington Corporate Leader Fund），投资于30只股票。在过去的22年中（使用晨星的数据库所能进行的最早的比较），它差不多完全和标准普尔500指数的回报率一样（分别是15.6%和15.7%）。以基金业的标准来衡量，这令人印象非常深刻的。这与创始人基金的数据一起证明了并只证明了一件事：一个在开始时选择、并且不论发生什么事情，都一直持有一组固定的大盘蓝筹股基金，能提供具有竞争力的、扣除成本后的税前回报率。而且相对于其他基金的税后回报率，这只基金的优势很明显。基金业应该为聪明的、有税收意识的投资者提供这种基金。

个股与共同基金

近年来，投资者从个股抽逃转投向共同基金的资本比例已经相当大了。对参与税收递延的个人退休账户（IRA）和公司退休计划的投资者而言，这在多方面都是一件好事；虽然成本经常过高，但基金能给个人投资者提供更充分的多元化投资以及更专业的投资监管。而这些在基金之外，都是投资者难以享受到的。然而，对于应税投资者，共同基金的大部分益处的却已被基金过早实现的资本利得侵蚀了。根据联邦法律，这些利得必须被分配，实际上，资本利得经常仅持有很短时间就被实现了，此时基金持有人就失去了免税的明显优势。持有期如此之短（等于或少于12个月），使被实现的利得不得不承受高达40%的税率；而针对长期利得的税率则是20%。

在充满竞争的资本主义现实世界中，人们过去只能希望基金业有各种各样的共同基金，它们的目标和策略都是能够满足应税投资者的需求。然而，这一看似不可避免的趋势，现已开始不断积累兴起的动量。我认为，原因一方面在于，基金业自鸣得意地认为，投资者对税收的影响缺乏了解（在极好的股票市场环境下，基金业受税收影响不可避免）；另一方面，也在于基金业对提供新型基金的迟疑不决，这些新型基金的目标和策略至少在一定程度上类似于指数基金的以下特征：消极投资、最小化的换手率、高质量以及低成本。这一让步将有利于投资者的利益，但大多数基金管理公司的利益就难以得到保障了。这几乎没有什么创新之处（甚至还向投资者提供我在本章曾描述过的新型“老式”

基金)，没有提供给投资者令人满意的选择。

然而，投资者至少是那些有办法使其组合多元化的投资者，并非无所依赖。他们可以简单直接地放弃共同基金而买入股票。在一定程度上，这种策略可能会增加他们的风险，尽管选择股票有时很大一部分风险能通过多元化被消除，比如说持有15~20只和业务不相关的蓝筹股。但是这一策略的确会增加回报，因为基金投资的税负（以及不断增长的基金持有成本）会被显著降低。用过高的税后收益来抵消额外风险，精明的投资者能显著增加其长期回报率。

当投资者持有个股时，就能够控制所拥有的资本利得的实现。他们可以根据自己个人和家庭的情况，对以下问题做出最好的回答：

- 我是否应该在短期实现资本利得，并支付40%的惩罚性税收？
- 即便我的利得是长期的，我能否用税后净得销售收入中的80%或更多进行再投资呢？
- 我是否应该买入并永远持有股票，并且秉持这样的希望和期待：我选择的股票中至少有一只，或两只，或三只将会成为“本垒打”（home runs）①，消除掉我的不佳选择的负面影响？

对投资者而言，税收控制是个关键问题。如果共同基金业不愿意为税收控制提供富有成效的投资策略，大量的投资者将被迫走向另一条路而直接购买股票。基金业对聪明的投资者的资产管理并没有任何垄断权。

税收策略

本章的目的，一直是帮助应税基金投资者形成聪明的投资策略，最大化他们基金投资的税后回报率。共同基金业严重依赖超高的换手率，这在税收上是非常效的，因而最好的选择是：组织良好且有着极低投资组合换手率的共同基金（可供选择的此类基金寥寥无几）；消极管理的指数基金，它们集中关注整个股票市场，或关注市场大板块的标准普尔500指数；投资于大盘成长股的指数导向型税赋管理基金；如果可能的话，也可以选择提供固定投资组合的基金。

① 棒球击球员打出绕球场一周然后回到本垒得分的一球，此处指能带来稳定盈利的优质股票。——译者注

但是，对投资者的税收策略而言，还有另外一个关键问题。合格的退休计划如401（k）、403（b）、个人退休账户等，在家庭资本积累的过程中已经变得至关重要了。在一个常规的应税账户和一个税收递延账户之间进行投资配置，已成为了一个关系重大的决策。常识会建议，如债券这样的收入导向型资产应该被置于税收递延账户中；而股票这样的成长导向型资产，其大部分回报是作为资本利得而提供的，应该保持在应税账户中。逻辑很简单：现在的收入会以高达40%的税率进行征税，而长期资本利得则只需承受低至20%的税率。更为重要的是，资本利得的实现可无限期地被递延，相当于有效地获得了美国财政部的一笔无息贷款。

然而，共同基金对其应税投资者置之不理，这就使上面的常识有倒悬之危。约翰·沙文考察了股票型基金和债券型基金在应税账户和税收递延账户之间的配置。他发现，在30年的时间里，**通过在税收递延账户中持有股票型基金，同时在应税账户中持有免税的市政债券基金，绝大部分投资者积累了最高水平的最终财富。**在分析中，他假设股票的毛回报率是12%，而市政债券的毛回报率是5.4%。

如果在税收递延账户中持有公司债券基金（在其研究中回报率为7.2%），而将股票型基金置于应税账户中，这么做为什么不会更加有益呢？毕竟，只要股票的资本利得没有被实现，一只股票型基金就不会将其12%的回报率中的大部分交给国内税务署（IRS）的，而且投资者还能从公司债券中获得比市政债券更高的回报。

这一看似明显的策略却是行不通的，原因在于共同基金业对应税基金持有人的需求毫不关注。一个典型的股票型基金经理可能会将12%的税前回报率变为8.5%的税后回报率，主要原因就是过高的换手率。通过对长期和短期资本回报的连续性分配，基金经理毫无必要地将股票市场利得的30%交给了税务部门。沙文教授总结道，给定大部分股票型基金的分配模式，长期投资者通过将股票型基金保持在税收递延账户内部，在税收递延账户之外持有免税的市政债券基金，就可以积累最大规模的最终财富。

但并不是所有的共同基金都需要采取同样的方法。沙文的研究也以一只投资组合换手率低很多的指数型基金账户为例，展示了其税后回报率。表13-2将一只传统方式管理的共同基金（基金A）和一只指数股票型基金（基金B）进行比较，总结了沙文教授的发现。两只基金的税前回报率都同为12%，但基金A将其中的10个百分点都进行了分配——4%的短期利得和收入，6%的长期资本利得。基金B只将其12%的回报率中的两个百分点进行了分配——1%的收入，1%的长期利得。一旦沙文算上这些分配应缴纳的税收，基金B比基金A显示出了2.3个百分点的优势，也即税后回报率高出了 25%。

表 13-2　　税收有效和税收无效股票型基金的税后回报率

	分红和短期资本利得	长期资本利得	增加的资本利得	税前回报率	税后回报率
税收无效基金 A	4%	6%	2%	12%	8.5%
税收有效基金 B	1%	1%	10%	12%	10.8%

与沙文教授非传统的建议完全相反的是，通过投资一只税收有效的股票型基金，投资者在其养老金账户之中持有应税债券基金，在养老金账户之外持有税收有效的股票型基金，就能够积累更多的资本。在 30 年的持有期之后，1 万美元的初始投资（5 000 美元投资于股票，另外 5 000 美元投资于债券）的最终价值将如表 13-3 所示。

表 13-3　　使用税收无效和税收有效股票型基金的财富积累 [a]

	股票在养老基金之内，市政债券在之外	应税债券在养老基金之内，股票在之外	差距
税收无效基金 A	104 000 美元	72 000 美元	–32 000 美元
税收有效基金 B	104 000 美元	112 000 美元	+ 8 000 美元

注：a，假定的回报率：市政债券，5.2% 免税；公司债券，税前 7.4%，税后 4.4%；普通股票，税前 12%，基金 A 税后为 8.5%，基金 B 税后为 10.8%。

使用一只高度税收有效的股票型基金，将使这一关系颠倒过来。一个投资者将债券投资于养老金账户，将股票投资于养老金账户之外的典型税收无效基金，他积累了 72 000 美元，比使用沙文的配置方法积累的资本少了 32 000 美元。但是，当这一相同的 50% 对 50% 的策略利用了税收有效的股票型基金时，总的资金积累将达到 112 000 美元，比沙文的配置方法多出 8 000 美元。这一表格已经被颠倒过来了。在养老金账户中使用债券，将 32 000 美元的不足变为 8 000 美元的盈余（由于有遗产税的优势，应税股票账户的成本在投资者去世时将达到市场价值。）

绝大部分投资者可能都会决定，在应税账户和税收递延的账户中都保持一些股票和一些债券。在当前的税法下，每年投资 10 000～12 000 美元或者更多于税收递延账户，如 401（k）计划或者传统的 IRA（个人退休账户）。沙文的研究为那些投资规模相当大的投资者提供了明智的建议：在退休基金和传统的存款账户之间进行最佳资产配置。这个决策一定是投资者税收策略的主要关注点。

视差的观点

投资者不仅必须明白税收最小化的重要性，而且还要意识到税后回报率最大化的重要性。他们必须考虑共同基金投资所有的三个空间维度：回报、风险和成本。应税投资者一直都承认，税收就是实实在在的成本，而且现在确实是让共同基金经理承认这一点的时候了。虽然让其他的传统共同基金提供相同的旧策略看起来并无必要，但确有充分的必要去设计只为应税投资而服务的新基金。一个替代方案是，拥有多元化的 50 只美国蓝筹成长股的固定信托。在这全球化的时代，另一个替代方案是，一个类似的持有全球 75 只最大成长股的固定信托。这两个方案都会很漂亮。但是，无论选择了什么股票，这一固定信托都必须以最小成本进行运作并且限制现金流。

本章中的想法和概念，尽管明显而简单，但与我关于当今共同基金业的视差观点完全一致。我所说过的新基金，并不像近年来的许多动量策略基金只是昙花一现的潮流，而是一个在古老历史基础上持久不变的投资概念。基金业应该向聪明的投资者提供最有价值的长期服务，而不是集中向短期投机性投资者提供最易于销售的产品。对引进这样一只基金的时机选择是有风险的，但所有的新基金的时机选择也都同样危险。全世界、尤其是美国股票市场，今天看起来都过分扩张了，但我之前的建议在此依然适用：绝不要认为你比市场知道得更多。没有人能做到。

是时候了，投资经理应该明白税收的关键性问题，检查他们的投资策略，并考虑 3 000 万应税基金持有人是否应被一视同仁。共同基金对投资者的投资倾向并没有垄断权。如果基金经理坚持忽视他们决策所导致的税收后果，投资者就有权选择直接持有多元化的股票组合，并保持个人对利得实现的控制权。其他税收有效的投资方式也正在出现，著名的有“蜘蛛”（Spiders）和“钻石”（Diamonds）信托公司，它们实际上都是指数基金，分别复制了标准普尔 500 指数和道琼斯工业平均指数，并且在美国股票交易所上市。只要共同基金继续成为美国家庭的投资选择，就最终不得不面对这些竞争。

十年以后

视差的观点

自相矛盾的是，尽管交易型开放式指数基金本身一般是税收有效的，但它们的份额却被投资者频繁交易，这意味着虽然基金没有分配利得，但它们的投资者却在短期逐利交易时承担了所得税。正如之前所提到的，“蜘蛛”信托公司的交易现在非常频繁，每天的换手率就高达40%。

我的结论保持不变：(1)“投资者不仅必须明白最小化税收的重要性，而且还要意识到最大化税后回报率的重要性”。(2)“共同基金经理必须明白税收的关键性问题”。尽管我们在1999—2009年这10年迷失在股票市场中，应税利得的产生可能是相对不活跃的，但市场是不会永远跌下去的。不仅如此，在2010年，长期和短期利得的税率都有可能有相当大的上升。无论如何，应税投资者都应重视这些基金：消极管理型指数基金，管理良好的、低换手率的主动管理型共同基金，或者账面上有着相当多未实现损失的基金。

时间的作用：第四维度，魔法还是专制

我在描述进行精明的长期投资的各种要素时，几何学语言可对其进行恰当的象征和暗喻。之前，我曾用三角形来描述影响投资回报的回报、风险和成本三者之间的相互影响关系，但是，三角形只存在于一个平坦的二维平面上。对以上三个关键的投资要素而言，一个有着长、宽、高三个空间维度的延伸立方体是一个更为有用的几何图形。它更好地代表了回报的动态向量之间复杂、即时的相互影响关系。但是，如阿尔伯特·爱因斯坦曾指出的，我们不仅生活在一个空间的世界里，也生活在一个时间的世界里。他将时间看作是第四维度，在投资世界中也是如此。

换句话说，投资回报有四个维度。其中三个是空间维度：长（回报）、宽（风险）和高（成本）。但是还有一个维度：时间。图 14-1 表示了 4 个维度间如何相互作用。如果对每个维度的影响没有一个清晰的认识，就不要做任何投资，也不要制订任何不符合这一标准的财务计划。

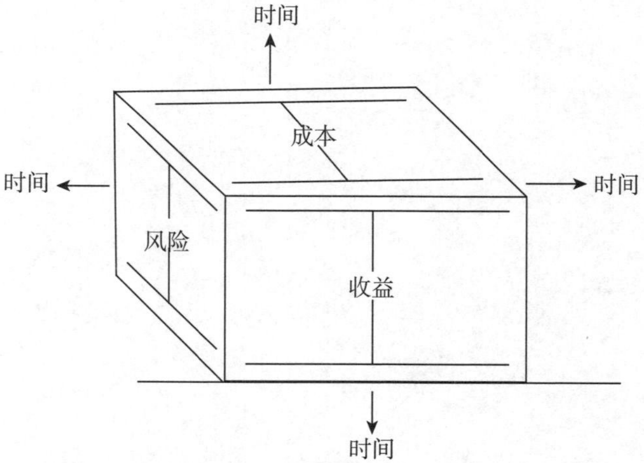

图 14-1　投资的四个维度

下文中，我将首先回顾之前对回报、风险和成本维度的评论，然后转向时间维度。这四个维度之间以一种复杂的方式相互联系，时而明显，时而微妙。精明的投资者不能忽略任何一个维度。挑战在于如何根据将要达到的投资目标，衡量每一个维度的重要性。

根据常识和纪律制定一个良好投资计划非常关键。

回报，第一维度

在图 14-1 中，我使用“长度”来描述回报，只是由于它是平面上两个直线维度中较长的一个。**作为财富积累过程中的一个因素，回报必须置于首位。**回溯过去的 15 年，共同基金已经成为美国家庭最主要的投资选择，回报的获得已被视为理所当然了。在这期间，资本市场整体获得了 17.2% 令人惊讶的年化回报率。结果是，如果忽略税收和成本，1982 年年底，投资者在股票市场投资 10 000 美元，现在将会有 117 000 美元的投资财富。（这是投资者应有的！）对于很多投资者而言，在这个资金充裕的年代，成立一只基金似乎非常容易。

然而，金融市场已经证实，随着时间的推移，市场有向均值回复的明显趋势。明智的投资者应该看到以下事实：1802 年以来，在 181 个相同期限中，只有 9 个超越了过去 15 年 12.6% 的通胀率调整后的实际回报率。这几乎是长期回报率基准 7% 的两倍，而且看起来也不大可能很快就能重现。如今的投资基本面也明显不如 1982 年年中时那么炫目了，当时牛市刚开始形成，市盈率也只有 7.9 倍。在 1998 年下半年，市盈率达到 27 倍，几乎是之前的三倍多。1982 年，每 1 美元的分红需要 16 美元（6% 的回报率）的初始投资；今天，每 1 美元的分红则要耗费 71 美元（1.4% 的回报率）的投资，几乎是之前的 4 倍。（虽然有人说分红已不再重要，但我实在难以苟同。）当然，如果说每 1 美元分红的价格是 71 美元还不算太高的话，必然会有更高的难以支付的价格。

十年以后

分红收益和回报率

我曾断言，分红仍然重要，这正一语中的。而在 20 世纪 90 年代后期的牛市泡沫中，分红实际上已经被忽略了。在短短几年中，为每 1 美元的分红支付 70 美元看起来并不过多；事实上，在 2000 年年初，价格已上升到令人惊愕的 99 美元。但价格还是一如既往地回到了现实的正常水平。到 2009 年年中，每 1 美元分红的价格已经跌至 38 美元，这是股价急剧下跌和较高分红的结果。即使是考虑了预计 2009 年分红率将急剧下降到 23%，这一比例依然是比较高的。

风险，第二维度

当你审视短期回报不确定的前景时，必然会考虑到风险这一投资回报的第二维度。股票市场的短期不确定性，比大多数投资者终身投资周期里的不确定性更大。**投资术语中的风险之于回报，相当于空间术语中的宽度之于长度：是平面的两个边的较短者。这并不是说风险就不重要。它也很关键，只是我并不认为它和回报具有同等的地位。**事实上，如我在第1章所提到的，对未来的信念是投资的一个关键因素。这隐含了这样的假设：回报终将会超过风险。如果潜在回报没有超过潜在风险，那到底为何还要投资呢？但是风险是股票投资的标志之一，对损失的恐惧经常是投资者最主要的顾虑。传统上，风险以标准差的形式度量，这种度量方法精确但并不完美。尽管这是一种后视性的度量法，更精确地说，是对价格波动性而非对风险的一种度量。（这两者并不完全一样！）

在衡量第一维度和第二维度时，投资者依赖于对风险调整回报率，其中最完美的一个指标是夏普比率（Sharpe ratio），这实质上是一个投资组合回报率及其波动率之间的比率。然而，正如我在第6章提到的，将一单位风险当作一单位回报的等价物是过分简单化了的。因为边际波动性的一个百分点的差异是毫无意义的，而长期回报率的一个百分点的差异则是无价的，将这两者等同是很不理性的。虽然如此，一些投资者只关注风险调整回报率。**机构投资者以及许多个人投资者为降低投资组合波动率，已经越来越倾向于在高流动性的美国金融市场之外进行多元化投资。**他们进入国际股票市场和债券市场，并投资于各种非传统的另类资产：对冲基金，风险资本等流动性相对差的资产，非公开市场上成熟企业的私人资本，以及诸如房地产和能源等有形资产。（黄金曾经一度被认为是逆经济周期持有的最佳资产，现已失去其光彩，可能是将近20年来投资黄金回报率的日渐衰减的原因。）

自从成为机构投资的主流选择以来，这些类型的投资几乎从未有出彩之处，但这样的投资策略也有可能成功。如果退后10年，国际股票的相对回报率回复到其长期均值，它们就很有可能会增加一个股票投资组合的投资收益。而且这样的假设可能是合理的：流动性较差的投资（如风险资本和私募股权）相对于完全可交易的股票，在长期应该具有一定的溢价。这意味着，这些投资领域也能为那些不太在意流动性的投资者增加其投资回报[①]。经历过风雨才能见彩虹，那么**未来通过投资非传统的资产类型，资产组合就可以同时降低波动性和提高回报率。**

---

① 独立研究显示，这样的另类投资在1992—1997年间已经提供了15%~20%的年度回报率。与同期标准普尔500指数的18%的回报率相比，并考虑许多另类投资的杠杆效应，这样的回报率并不非常抢眼。

然而，这一系列事件只是猜想。但是，别犯错误：每一种另类资产类型都有各自特别大的、投资者意料之外的特殊风险。不仅如此，每一另类资产类型中的单只证券也经常有着非常高的固有风险，这一风险比持有大型、高度可交易、高流动性的美国股票的风险大得多。投资者应该仔细考虑投资另类资产的决策含义，并且要充分意识到决策所产生的这一悖论：虽然持有投资单个产品的风险较高，但我们的目标仍然是降低股票资产组合整体的风险。

成本，第三维度

前两个维度回报和风险，是被广为接受的投资回报维度。然而，人们确实经常把第三维度完全排除在外。例如，我们经常看到“风险 / 回报率”，而很少看到“风险 / 回报 / 成本率”。但成本对回报和风险两者的作用再怎样强调也不过分。

成本是重要的。它在投资世界的每一方面都是重要的，但在成本越高的地方它更加重要。我在整本书中提到异常高的成本，这是大部分基金业的特征；同时也记录了成本对基金净回报率的影响，后者对成本的敏感度极高。加上普通股票型基金 1.5% 的运营费率，再加上 0.5% 的最小平均交易成本，那么一只免佣基金的总成本每年至少为 2%。如果基金要求对销售费用进行前端收费（正如大多数基金所做的），分摊于 10 年持有期内的最小初始佣金将是每年 0.5%，这使得每年的总成本达到 2.5%。对费用最高的占所有基金 1/4 的基金，总成本将达到每年 2.5%（如果持有高成本基金，这一比例将是 3%）。

正如我在第 3 章结尾提到的，即使是每年 2.2% 的成本，也会消耗每年 10% 的名义市场回报率的 22%；而且，如果 2.5% 的通胀率使实际回报率降到 7.5% 的话，成本将足足消耗实际回报率的 30%。在 10 年中，以复利计算，成本将消耗总名义回报率的 30%，足足消耗总实际回报率的 36%。换一个角度看，2.2% 的成本能将 3.5% 的名义股票风险溢价中的 63% 抵消掉，这实在令人惊讶。可见，基金的支出如同饥饿的食人恶魔，难以轻易被满足。

以上这些计算还没有包括税收所导致的回报率的降低，这是基金支出这一食人恶魔同样饥肠辘辘的兄弟。而且正如我在第 13 章提到的，典型的基金资产组合管理都是全然漠视税收影响的。基金经理不仅不会尽可能迟地递延利得实现，还会早在符合 20% 的长期利得税率条件（一年以后）之前，就将大部分的利得实现了。可能有 1/3 的资本利得都在不足一年的持有期中实现了，因而就要承受最高达到 40% 的所得税率。

长期投资——精明的苏格兰人

尽管从美国共同基金业的现状来看，几乎没有真正的长期投资，但在全球却仍有例外。《华尔街日报》最新的一篇文章报道，苏格兰的资本管理者们正在实践着被大多数美国基金经理所废弃的投资路径。位于爱丁堡的沃特·司各特合伙人公司（Walter Scott and Partners）关注于一个集中的投资组合，“它最多持有50只股票，并且每年改变不到6只，即换手率低于15%。基金经理忽略股票市场基准，以摆脱股票市场波动的影响。”其发言人说道，“股票市场可能上下波动，但我们的目标是拥有那些能增加自身现金流的公司的股票。而且，复合增长是所有投资基金经理最有价值的工具。”

在最近市场高涨的几年里，对共同基金实现和分配的资本利得所征收的税收，每年使基金持有人的投资回报率下降了2.2%，这将原有的每年2.2%的成本又扩大了一倍。而且，仅在1995—1998年间，即使是在税收扣除之前，普通股票型基金实际上也落后了整个股票市场每年5个百分点，因而，税收将会使落后扩大到7个百分点以上。明智的基金投资者将为忽视回报率的第三维度成本（特别是基金投资支出和税收），付出高昂代价。

时间，第四维度

在回顾了投资回报的三个空间维度：长、宽、高，即回报、风险和成本三个因素之后，我们来看第四维度：时间。一般认为，阿尔伯特·爱因斯坦的广义相对论提出了时间作为宇宙第四维度的概念，而且在投资回报的世界里，时间同样是一个有用的概念。

在投资世界中，时间对回报的作用，更多是在被违背而不是在被遵守中得到认识和尊重的。时间的作用更多限于理论中而不是在实践中。我们在谈及长期投资的价值时，对长期投资者多有美言。但是当要列出长期投资的例子时，我们却难以指出第二个。在沃伦·巴菲特之后，我们还能想起谁呢？

正如我在本书一开始提到的，共同基金业显然只进行短期投资，足有1/3的股票型基金投资组合每年的换手率达100%以上。如果说基金营销政策和基金超市有任何作用的话，那就是寻找短期投资者。即便找到了基金持有人也仍正在以平均每年超过30%的换手率买卖他们持有的股票型基金。这些数字反映了令人难以置信的流动性和愚蠢的短期策略。我毫不怀疑他们追求投资回报的效果是适得其反的。环视各种各样的基金持有人，我有时甚至怀疑，富有的私人投资者可能是珍视长期策略并实践低组合换手率的唯一群体。而且我要说明的是，对这一策略的依赖可能正是这些家庭能首先富裕起来的原因。获得一个有用的经验，不一定要有痛苦的教训。基金投资者和基金经理都应该学习这一经验。

在所有的策略中，市场指数策略的投资期限最长。一个全市场指数只随着整个市场缓慢的改变速度而变化。股票首次发行的相对权重是很小的，而且，当公司由于合并或破产而消失时，并没有随之发生资产组合的交易。全市场指数型基金的年度投资组合换手率很少超过 2%～3% 的，实质上它们的平均持有期达到了 33～50 年。无论是指数基金难以企及的相对税前回报率，还是其同样无可比拟的税后回报率，长时间的持有确实是一个显著的形成因素。

时间和回报——复利的魔力

爱因斯坦提出将时间作为宇宙的第四维度，考虑到他的这一角色，他经常被引证为（可能是杜撰的）曾将复利描述为“有史以来最为伟大的数学发现”的人，也就不令人惊异了。确实，时间和回报之间的紧密关系常被描述为“复利的魔力”。在将初始投资或一系列适度的年度投资转化为惊人的最终价值的过程中，期限越长，投资回报的复利作用就越大。

让我们由两个基本的例子开始来讨论复利的魔力。图 14-2 显示了单笔初始投资随时间推移后的结果。假设有一笔 10 000 美元对股票的初始投资，持有 40 年的工作年限，获得每年 12% 的高回报率；另外用一个年回报率远低于前者、回报率仅为 5% 的固定收益替代投资方案，共同基金常常将两者进行比较。12% 的回报率约为过去 40 年中股票市场的总体回报率；而 5% 大致是美国短期国债近期的回报率。

年复一年，投资股票的回报一直都是高于储蓄的。图 14-2 显示了数十年来这一收益的优势是如何增长的。股票最终产生了 931 000 美元的回报；而储蓄只产生了 70 400 美元的最终回报。用魔力（Magic）形容这一可怕的差异并不为过。

表 14-1 展示了一个目标是有规则地投资并积累 500 000 美元资产的投资者的例子。在这个假设中，投资者为 25 岁，预计于 65 岁退休。经过必要的计算（使用通用的回报率假设），他有两个选择:（1）每月投资股票 43 美元，坚持 40 年;（2）每月储蓄 328 元，坚持 40 年。

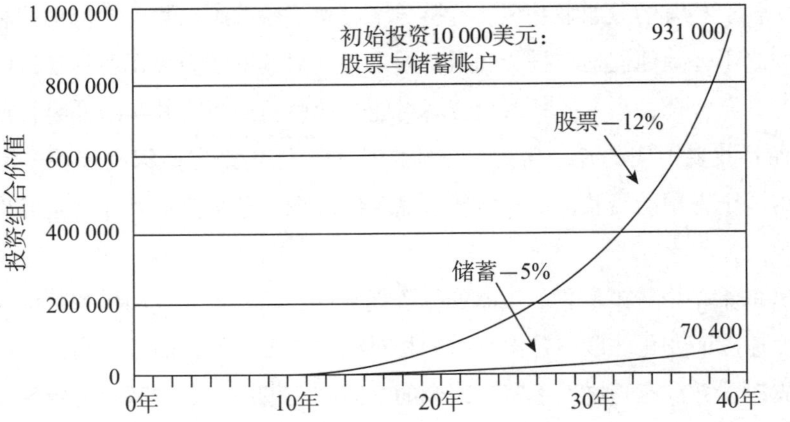

储蓄	16 300	26 500	43 200	70 400
股票	31 100	96 500	299 600	931 000

单位：美元

图 14-2a　第一维度：回报和复利的魔力

十年以后

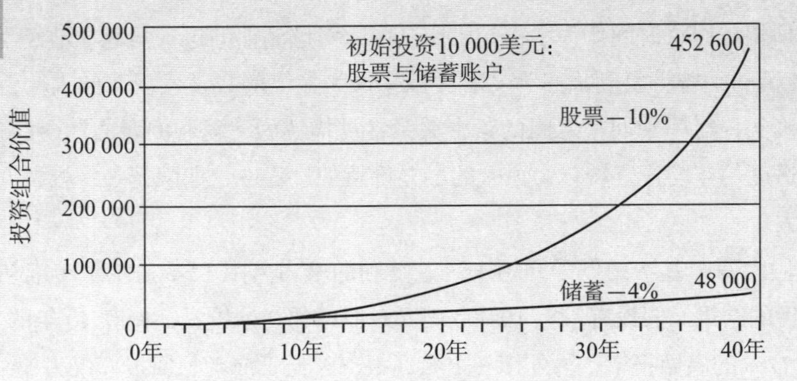

储蓄	14 800	21 900	32 400	48 000
股票	25 900	67 300	174 500	452 600

单位：美元

图 14-2b　第一维度：回报和复利的魔力

这里我们正好看到了同样的复利效应，但是以不同的方式实现的。两个案例中都累积了与投资者的目标一致的资本，但如果选择股票而非储蓄的话，为达此目标所需要的投资就极少了（假设过去的回报率可以实现，且投资都是在税收递延账户中的）。对股票每月 43 美元的累积投资（每年 516 美元）在 40 年后总计为 20 600 美元；而每月 328 美元储蓄的累积投资每年达到 3 936 美元，到 40 年期末总计达 157 400 美元。股票投资只需要 1/8 的投资就可以达到 500 000 美元的储蓄投资目标了。

表 14-1a　为获得 500 000 美元资产的月度投资，即 43 美元 / 月的股票投资与 328 美元的储蓄投资　单位：美元

年数	累积的月度投资		终值[a]	
	股票	储蓄	股票	储蓄
10	5 100	39 300	9 900	51 100
20	10 300	78 700	42 500	135 200
30	15 500	118 100	150 000	273 800
40	20 600	157 400	500 000	500 000

注：a. 假设的回报率：股票 12%；储蓄 5%。

十年以后

表 14-1b　为获得 500 000 美元资产的月度投资，即 79 美元 / 月的股票投资与 423 美元的储蓄投资　单位：美元

年数	累积的月度投资		终值[b]	
	股票	储蓄	股票	储蓄
10	9 500	50 800	16 200	62 300
20	19 000	101 500	60 000	155 200
30	28 600	152 300	178 700	293 600
40	37 950	203 000	500 000	500 000

注：b. 假设的回报率：股票 10%；储蓄 4%。

如果对三个延迟开始其投资计划的投资者的结果进行比较，复利的魔力将会变得更加明显。如果不是如之前那样在25岁就开始投资，第一个投资者等候了10年从35岁开始，第二个等候了 20 年从 45 岁开始，第三个等了 30 年从 55 岁开始。要求形成节俭的习惯并不容易，尤其是当人们感觉花钱比储蓄有趣得多时。花钱确实有趣，但也代价昂贵。无论是投资还是储蓄，对投资者而言，延迟的成本会随着时间的流逝而急速上升。

如果只投资股票，并假设在过去 40 年中，回报率仍是 12%，延迟的投资成本如图 14-3 所示。如果很早开始投资，每月只要准备 43 美元（一年 516 美元），但是如果在 30 年后开始投资，则每月需要投资令人吃惊的 2 174 美元（一年 26 088 美元），这一差异令人震惊。如图 14-3 所示，较早的投资者只须攀爬相当平缓的斜坡，而等待太长时间的投资者则要面对喜马拉雅山一样的峭壁高峰，这足以难倒最为敏捷的登山者了。（延

迟 10 年，每月支出将增至三倍多，达 143 美元；延迟 20 年，则每月支出将增至 12 倍，高达 505 美元。）

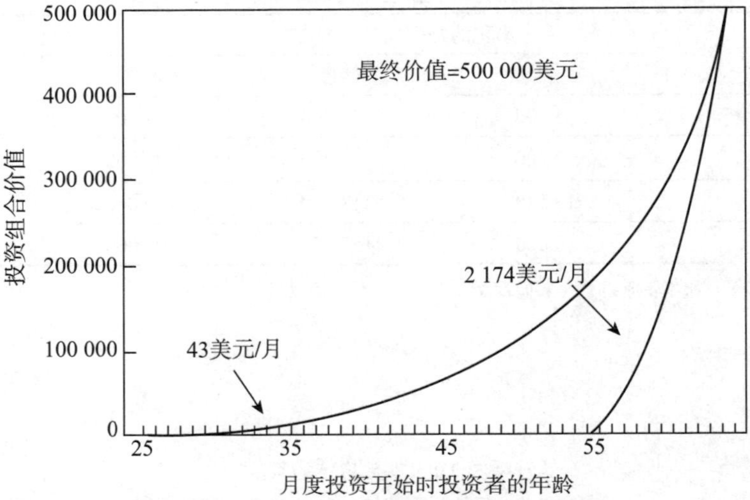

图 14-3　斜率如何随着时间变得更陡

注：在 35 岁时要求的月度投资，143 美元；45 岁时，505 美元。

“72 法则”

“72 法则”是复利的魔力的一个精彩例证。为了快速估计将一笔投资的价值翻倍需要多少年，只要用回报率去除以 72 : 如，4% 的回报率需要大约 18 年；6% 的回报率需要 12 年；10% 则要 7 年多；以此类推。

下面的表格展示了在不同的回报率下，资金随着时间将以多快的速度增长。注意较高回报率的收益随着时间是如何增加的。要使初始投资增加到 16 倍，以 4% 的回报率需要 72 年，这是一个非常长的时间。但是，以 12% 的回报率只需要 24 年，只用了 1/3 的时间。如果投资以每年 12% 的速度复合增长，约 30 年以后将会达到 32 倍，这一倍数以 4% 的回报率即便用 90 年也难以达到。这更加不可思议。

对那些将资金在今天储存以便日后收益的投资者而言，“72 法则”也能通过另一种有用的方式发挥作用。对任何给定的回报率，“72 法则”表明你需要有规则地进行一定数额的投资多少年，就可以停止投资并能开始提取相同数额的回报，同时并不减少你的本金。

例如，如果你以6%的回报率每月投资500美元，12年后（72除以6）你能够每月有规则地提取500美元，而且仍保持你的本金不动。24年后，你能够开始每月提取1 500美元。36年以后，你能每月提取3 500美元，同时保持本金不变。但如果你的回报率是12%，你的等待时间将会更短：6年后便可开始每月提取500美元，12年后可每月提取1 500美元，18年后便可每月提取3 500美元。在24年后，你可在不影响本金的前提下每月提取7 500美元，这足足有6%的回报率下的5倍之多。

*注意：*这一表格可能让人误以为股票市场像是保险精算。如果股票市场回报低于12%——这并非难以想象的结果，未来的退休收入将会减少。例如，以12%进行的每月500美元的投资，将会在24年后允许每月提取7 500美元而不减少本金。但如果回报率是8%，24年后可能每月提取的额度只有2 670美元。所以，将过去的回报率照搬到未来是要加以注意的，并且在估计回报率时要保守一些。

"72法则"的应用

复合回报率	2倍	4倍	8倍	16倍	32倍
4%	18年	36年	54年	72年	90年
6%	12年	24年	36年	48年	60年
8%	9年	18年	27年	36年	45年
10%	7年	14年	21年	28年	35年
12%	6年	12年	18年	24年	30年

十年以后

时间——第四维度

1998和1999年，在我写本书的第一版时，我回顾了连续两个10年（20世纪80年代和90年代），其间股票的年回报率平均达到18%（相当于一个20年间2 500%的复合回报率）。当然，期望这样的回报率永远持续下去是可笑的，因为企业的业务不可能增长得那么快！但是，我将12%的年增长率作为投资回报率区间的上限而将4%假定为下限，也是错误的。

在这个修订版本中，我使用了一个更为现实的潜在最大股票回报率，即 10%，而非 12%，重新计算了图 14-2b“回报和复利的魔力”，以及表 14-1b“为获得 500 000 美元资产的月度投资”中的数据。我也将储蓄（我将其定义为固定收益投资）的假定回报率从 5% 降到了 4%，大致就是在 2009 年年中投资于中短期债券的投资组合所能获得的回报率。

在前面的图表中，投资于储蓄和股票两者间 10 000 美元的初始投资，在 40 年间的累积回报缺口是 860 600 美元（两者的累积回报分别为 70 400 美元和 931 000 美元）。尽管重新计算的两个数据（分别为 48 000 美元和 452 600 美元）都远低于以前，但缺口依然很大：404 600 美元。当然，为了达到 500 000 美元累积资产的目标，每月必要的投资也有所上升，每月对股票的投资从 43 美元上升到 79 美元，对储蓄则从美元 328 美元上升到 423 美元。但是，得到的启示却保持不变，因为时间是你的朋友。

时间和风险——复利的缓和作用

时间和风险的相互影响关系，与时间和回报间的关系同样令人震惊，特别是在股票市场。股市回报率的波动性会随着投资期限的延长而降低，复利会随着时间流逝而缓和市场风险。而且股票市场长期回报的风险会在短期内快速下降。例如，只要将投资期限从 1 年扩展到 5 年，股票回报率的绝对区间就会从 +67%～–40%，压缩为 27%～–11%。出于同样的原因，风险极值的正常水平（传统上由标准差来度量）也急速降低。如果是 1 年，回报区间为 25.1%～–11.1%；如果是 5 年，区间则变为 14.4%～–0.6%；将时间再扩展到 10 年，年回报率区间将缩至 11.2%～2.4%。

在有风险的股票投资业务中，大部分风险在 10 年中都得以消减。再加上 5 年，15 年间的回报率区间降至 10.3% 到 3.4%。再加上 10 年，25 年后这一区间只有细微的减少：从 8.7% 到 4.7%。如果将投资期限扩大为半个世纪也不能再减少任何风险了。股票的年回报率的区间将缩小为 7.7% 到 5.7%。

图 14-4 基于第 1 章图 1-3 中的数据，展示了风险是如何随着时间而消失的，风险迅速降低且上下对称。这说明**降低风险的斜率远比增加回报的斜率更为容易**。在投资生命周期中所减少的风险中，足有 6/10 是在持有股票的前 5 年中减少的，8/10 是在前 10 年、而 9/10 是在前 15 年的持有期中减少的。但是，尽管风险在 15 年中，风险已大大

降低，但仍是难以完全消除的，这一点要谨记在心。尽管如图 14-4 所示的正常区间是非常窄的，但是极值的范围却是非常宽的。在最好的 15 年里，年回报率是 14.2%；而在最差的期间里则是每年 –1.4%。这里没有保险精算！投资者的投资期限本身，使得投资风险成为一个难以捉摸的概念，风险不可避免地要和投资回报相互连接起来。第四维度明显地影响了我们对投资回报的第一维度和第二维度的理解。

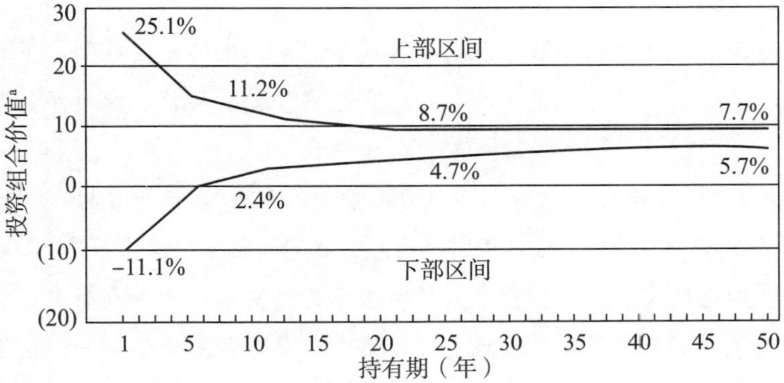

图 14-4a　第二维度：风险和复利的缓和作用（1999 年）

注：a，基于一个标准差的正常区间（观测值中间的 2/3）。

十年以后

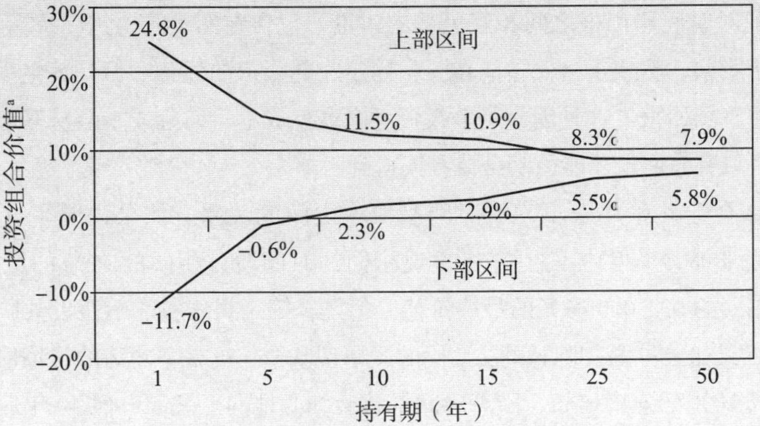

图 14-4b　第二维度：风险和复利的缓和作用（2009 年）

注：b，基于一个标准差的正常区间（观测值中间的 2/3）。

十年以后

复利的缓和作用

可以想象，更新后的图 14-4 与之前在本质上并无改变。最近的一段时间几乎没有改变过去 200 多年来的回报率的模式：随着时间向前推移，历史平均回报率的波动性显著收敛了。

但是，请不要错将较窄的回报率区间等同于较低的长期风险。正如我在下节所解释的，即使是看似很小的年回报率差别，也能导致长期财富积累的巨大差异。

例如，在 25 年间，每年投资 1 000 美元，年增长率为 8.3%，在期末时，价值将接近 83 000 美元。若将年回报率降至 5.5%，最终价值将只有 54 000 美元，这一客观的差额表明，看似很小的年回报率的差别实际上并不简单。但即使是历史上较低的回报率，在长期也能提供令人印象深刻的价值增长。由于对市场未来的回报无法控制，所以精明的投资者不论市场给予他们的长期回报率是多少，都将寻求成本最小化，从而最大化其持有的基金份额。

时间和成本——复利的“专制”

我之前对时间和回报之间相互关系的讨论，包含在图 14-2 之中，展示了典型的基金业投资于股票，相较于将储蓄放在一个固定收益账户的优势。但是基金投资者并没有获得所有的市场回报。这是因为基金投资者会产生成本，而且成本会从基金的毛回报中直接扣除。只有净回报才能由基金持有人得到。

共同基金业几乎从来不说明时间和成本之间的关系。如果说明了这种关系，图 14-5 将会是非常令人困扰的。它将呈现相同的时间段，相同的 12% 的股票市场回报率，以及相同的 931 000 美元的最终价值。但是，第二根线将表示假设共同基金回报率为 10% 时的结果：这是扣除掉约为 2% 的股票型基金年度费率之后的市场回报率。这根线依然会以 10% 的速度增长，随着时间推移会细微地向上翘起，但 40 年后的总值只有 453 000 美元，还不足股票市场回报产生价值的一半。在整个 40 年间，成本吞噬了足足 478 000 美元。换句话说，一大半的市场回报被基金业的成本消耗了。图 14-5 描述了扣除成本前后的回报率。

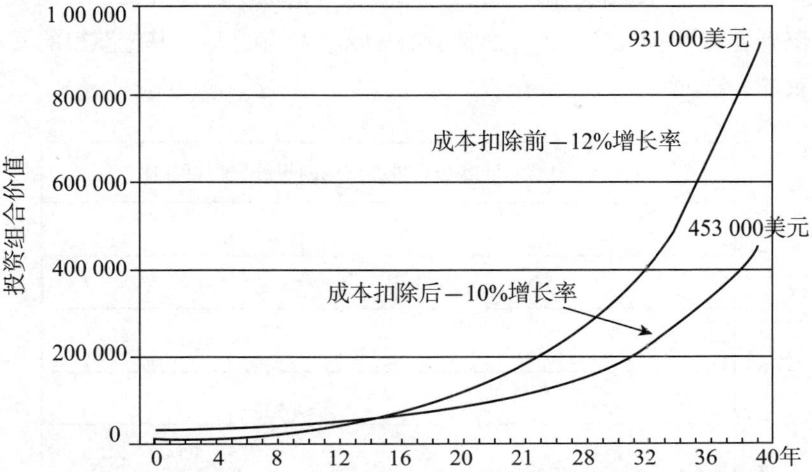

图 14-5a　时间和成本的相互影响关系：10 000 美元在 40 年间的增长

十年以后

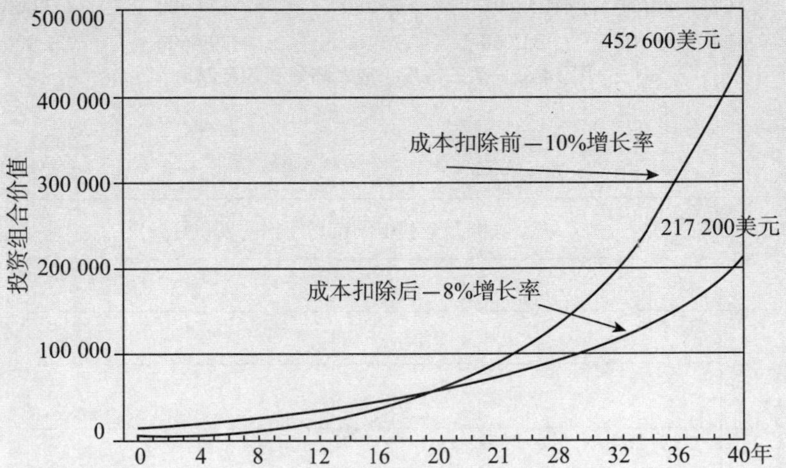

图 14-5b　时间和成本的相互影响关系：10 000 美元在 40 年间的增长

这一证据尽管严酷但却是事实，反映了复利的专制[①]。图 14-6 比较了以 12% 的毛回报率获得的额外资本（超过初始投资）和以 10% 的净回报率（扣除成本之后）获得的资本。第 1 年，12% 的毛回报率使 10 000 美元的投资增加了 1 200 美元，但以净回报率

① 新闻记者贾森·泽韦格（Jason Zweig）将这一影响称为“反复利的黑色魔力”。

10% 的投资只增长了 1 000 美元，仅得到 1 200 美元的 83%。10 年之后，高成本投资的价值已经降到了市场的 76%，25 年之后只有 61%。40 年之后，基金获得的资本只占市场本应累积资本的 48%。

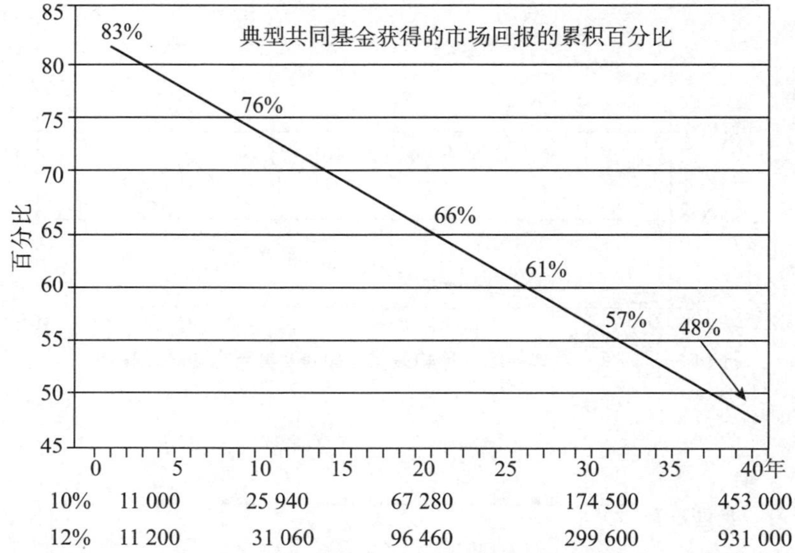

图 14-6a　第三维度：成本与复利的专制

十年以后

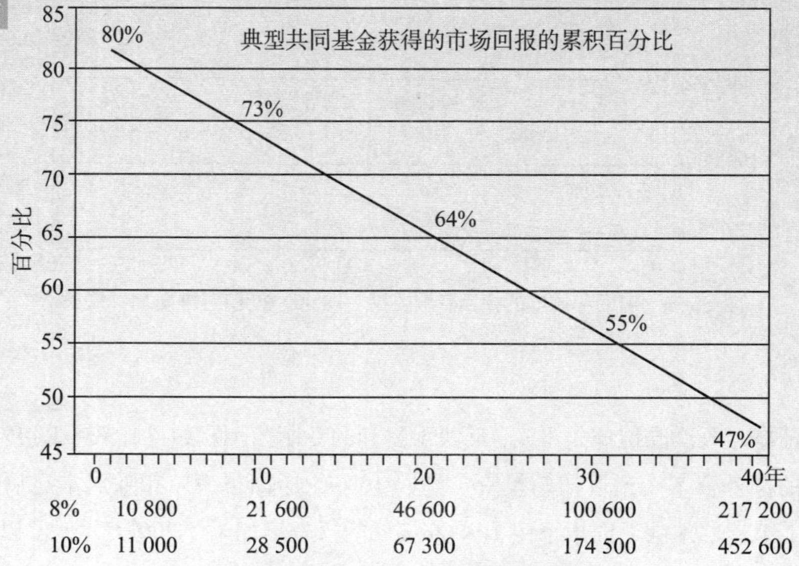

图 14-6b　第三维度：成本与复利的专制

十年以后

复利的专制

正如之前提到的，我将假定的股票回报率从12%降到了10%，并假设共同基金的成本是每年2%。（实际水平肯定更高。）图14-5b和图14-6b精确地反映了同样的模式，尽管比之前版本中的缺口更小。与我之前更好的判断不同，我在此假定基金的净基金回报率（时间加权）为8%，而不是基金投资者可能获得的更低的（市值加权的）回报率。

成本是重要的，我再次重复这句话。复利的微小差别会导致资本积累出现不断增加，最终形成令人震惊的差异。然而，这句话不仅表明了复利的魔力，也表明了它的专制。随着时间推移，高成本的投资会比低成本投资失去更多，导致资本积累急剧减少。就像时间和回报以及时间和风险一样，时间和成本也是相互紧密联系的两个维度。

另外，随着时间的推移，税收这一主要的投资成本也会使相对回报率急剧下降，因而复利的专制作用会更进一步。在第13章的分析中，假定市场回报率为12%，扣除税收和成本之后的共同基金回报率为8%，由此，我们可以得到结论：支出和税收这两个食人恶魔合起来，在25年里带来了回报率令人震惊的落后程度。相比扣除成本和税收之前的市场回报所能提供的价值，最终的资本价值将仅为前者的37%。使用同样的净回报率，如果将时间扩展至40年，最终价值将分别是931 000美元和217 200美元。预计仅有23%的资本能积累下来。基金支出加之为基金分红和资本利得分配而支付的税收，它们残酷的影响就算完全被基金业所忽略，也不能再被基金投资者忽略了。表明成本重要性的证据是非常确凿的。

维度的训诫

在闯荡金融市场时，长期投资者必须牢记长期回报的4个基本维度：回报、风险、成本和时间，并且要将这些维度应用于管理每一个资产类型之中。永远记住，这4个维度在很大程度上是相互依赖的。

回报和风险相伴而行。金融的传统智慧教导人们，如果其中一个上升（或下降），另外一个必然同样变化。成本对回报和风险都有着显著的影响。较低的成本使得投资者可能获得较高的回报而不承担过多的风险，或者保持回报不变而降低风险。而且，由于时间的流逝，能使得总回报成倍增长，使得波动性风险得以缓解，也使得成本负担被放大，因而时间和投资的三个空间性维度都是相互作用的。

如果你的基本目标是长期投资，那么明白这一相互依赖关系，将在制订旗舰的航程计划时赋予你极强的优势，而你所拥有的投资账户就代表着这一旗舰。在你达到累积资本目标的漫长航程中，金融市场将不可避免地经历逆流、潮汐转移、飓风、巨浪滔天的海面和严酷无常的风暴。如今，普照的阳光、轻快的微风和平静的水面不会永远持续。但是，作为投资者的你只要有远见，能在追求长期回报时接受更高的短期风险，意识到成本的破坏性，并能够利用时间发挥最大优势，那么你就将在投资的生存之战中获胜。只要你能有足够的聪明才智把握未来的方向，投资就会获得成功。

十年以后

维度的训诫

本章的启示与上一版完全相同。时间与回报、风险和成本相互交叉影响。而且，随着时间流逝，复合回报率的魔力不可避免地将被复合成本的专制所压倒。（做一下数学计算吧）事实上，这一教训是永恒不变的。

第四部分

基金管理

导读

这一部分，将从本书前三部分对投资的关注，转向考察为何有如此众多的基金没能达到投资者的期待。问题在于当今共同基金业的本质和结构。我们让基金业抛弃了原先的指导原则，转而采取不利于基金投资者的新原则。对基金投资组合审慎、有纪律的管理再也不是核心职责，所有其他职责也都只是附属品。而通过积极的广告和销售技术发行基金份额，反倒成了基金业的核心职责，由此指引着基金的管理方式和所推出基金的种类，决定了认购基金的价格。营销已取代管理成为行业法宝。技术虽然给了基金投资者大量信息，并改进了所提供的服务，带来了巨大的福祉，但也已成为了祸根。事实上，技术促使共同基金从合理的长期投资项目转变为普通个股的替代品，使其在类似赌场的市场中被短期投资者进行积极的交易。

由于共同基金事务由外部管理公司控制，基金份额持有人和基金经理之间利益关系非常紧张，所有权和控制权的分离也损害了基金份额持有人的利益。然而，大多数基金董事似乎都对这些问题浑然不觉。而明显缺乏批判力的基金董事会，对于业绩不佳的管理人的缔约总是例行公事般地予以批准；对于管理费用的不断增加，也是睁一只眼闭一只眼。也许，需要一种新的治理结构来使基金可以自行管理。在第四部分的最后一章，我将探究如何能更好地服务于基金持有人利益的新的治理结构。我认为，这种常识性的结构转变，能让审慎的投资管理再次超越积极的市场营销，成为基金业的关注焦点，并极大地惠及基金投资者。

COMMON SENSE ON MUTUAL FUNDS 第15章

投资原则：重要的原则不可动摇

1864年，在最后一次公开演讲中，亚伯拉罕·林肯说："重要的原则不可动摇。"他是对的。在我看来，这条共同基金业在其基础上建立并凭此而欣欣向荣的最重要原则，不但已变得过于灵活，而且正逐渐被丢弃。本章将描绘这一过程是如何将我们拖离根基的，并给出了一些解决方案，对共同基金份额持有人在这一产业的复兴可能扮演的角色提供建议。

共同基金业的基本原则是什么？管理、分散化、服务（包括基金份额的每日估值、流动性、完全的信息披露和便利性）。在这些原则中，管理最为重要。在我看来，基金管理应被定义为信托责任精神、专业竞争力和自律，以及着眼于长期。这一重要原则及其三个关键组成部分，正在丧失它们在共同基金业中作为驱动力（在长期是生命力）的地位。

以下说法可能刻薄了些，但我认为它是对基金业现状的公正描述：

- 信托责任。这意味着将基金份额持有人的利益置于首要位置，并为我们的服务收取一个合理的价格。而这正被对资产聚集，即对基金份额发行的关注所取代。我们似乎拜倒在"市场份额之神"的神殿前，由此产生的过高成本则要由基金份额持有人承担。
- 专业竞争力和自律。它最初适用于投资基本面，现在则集中于投机活动。其标志就包括基金投资组合中过高的换手率（平均每年85%！），基金对不断细化的股市板块的关注，以及数量众多的"快枪手"式投资组合经理们。
- 着眼于长期。它曾经被定义为长期投资者对共同基金的良好适应性，现已变成对短期基金份额所有权的强调，可以说是二级投机。更致命的是，基金份额持有人被诱使去将其共同基金作为快速换手的投资工具，有时是为了利用市场时机，但更经常的仅仅是为了能跳到最新的热门基金上去。这也是投机。

无论对投资者还是对基金业来说，这些趋势都是不祥之兆。更重要的是，这些趋势对我们国家的资本形成体系也不是好事。60年前，凯恩斯写道："当一个国家的资本发展变成赌博活动的副产品时，结果可能会很糟糕"。他的警告今天依旧成立。共同基金业正变成一种赌场资本主义，以金融市场和共同基金市场中的频繁交易为特色，其中很多的资金量正被赌场经理收入囊中。很不幸，赌博术语已经开始渗透进投资世界了。

十年以后

重要原则

10 年前我确定的趋势，确实证明了对投资者和基金业都是不祥的。赌场资本主义坐上了驾驶席，而信托责任、专业竞争力和自律，以及对长期的关注，则在这次洗牌中出局了。但回归行业基本原则的需要，仍然迫切存在。

发行驱动基金业

在共同基金业中，发行已变得比管理更重要，而资产聚集则取代了信托责任。[①]我对这些趋势的担忧并不是最近才开始的。1951 年，我在普林斯顿大学写研究论文时，就将一个管理着区区 20 亿美元（大概是今天 5 万亿美元规模的 0.04%）的幼小行业选作我的课题了。即便在那时，我也明确地总结说，基金应该给予他们的份额持有人一个更公平的待遇，即减少管理和销售费用，同时还“不号称能跑赢市场平均水平”。更基本的是，我主张基金业的焦点应首先集中于基金份额持有人身上，“所有其他职能都是附属品”。在我论文最后一章的结尾，我强调了以下引文：**“投资公司的首要职责是管理它们的投资组合。其他所有事情对这一职责来说，都是次要的。”**

如果这条原则曾经存在过，今天它也正在消亡。共同基金份额的发行似乎已成为投资公司的首要职责了。听听最大共同基金的经理是怎么说的：“这就像制作电影和发行电影的区别。做发行更好，因为你有机会接近所有其他业务。”这当然是对共同基金赌场，即所谓基金市场的宣传。它宣传的观点是：“买进任何吸引你的基金，不过只从我们这里买就好了。”频繁地交易，同时将交易费用从自己的账户转嫁到大批无组织的、沉默的长期基金份额持有人身上，这就是“免费交易”。今天，股票型基金投资者的平均持有期大约是三年；而在 20 世纪 70 年代，即“免费换手”时代之前，平均持有期差不多是 12 年半。

① 我相信我对共同基金业的总体描述是公正的，但如果不承认一些行业参与者变得更开明的话，那也不公平。他们是存在的，虽然我敢说他们只占很小的一部分。

管理与发行

我认为投资共同基金两个最基本的原则是：进行长期投资，及其推论，即不要期待管理能带来奇迹（这是我在普林斯顿大学写的论文中的一句话）。我所称的赌场资本主义与这两条原则全然相悖。自相矛盾的是，迄今最大的共同基金赌场（准确的名字为"基金超市"）的老板居然赞同这两者。他的个人投资原则为他的行为所印证：他持有长期投资的基金。用他自己的话来说，"在市场择时中……有太多东西与你作对……决策、情绪化、做出正确决定的分析……成本、税收。"他持有消极管理的指数基金。"我更多地是个指数投资者……如果你得到标准普尔500指数回报率,你的表现会好于85%的人。为什么要把这些搞糟呢？"可是，他创建的公司似乎建立在两个相反的原则上："挑选当红的基金经理"，以及"换手以致富"。也许我有加尔文主义倾向，但我确实被这一观念弄糊涂了：一个人的个人投资原则竟能公然与他的公司所持的投资原则相矛盾。林肯总统要是知道，不会觉得高兴的。

这些来自我们行业两位领导者的例子，进一步证实了我的担心，即基金业正逐渐放弃它的基本原则：管理。取而代之的是另一原则：不惜一切代价去发行。为什么这是个问题？首先，发行的代价极其高昂，而这些成本都由共同基金份额持有人以不断提高的费率的形式来承担。股票型基金的年费率在15年中上升了大约50%（从1981年的0.97%提高到了1997年的1.55%），即使资产已经爆炸式增长了（见图15-1）。随着股票型基金的资产从400亿美元飙升至2.8万亿美元，我估计，在此期间仅股票型基金份额持有人付出的年度成本一项（考虑到大盘基金一般比小盘基金具有较低的费率），就从3.2亿美元增加至340亿美元，成本100倍的增幅远远超过股票型基金资产70倍的增幅。如果这个行业的基金费率保持不变，共同基金份额持有人现在所承担的成本将会是270亿美元，能省下70亿美元。并且，因为投资组合的管理和研究存在大得惊人的规模经济，所以费率其实还应该大幅降低，那样，省下来的钱还将增加数十亿。

一般来说，关注发行的第二个问题是，扩大规模并不会带给基金份额持有人太多好处；事实上，扩大规模一般都会对份额持有人不利。份额持有人付钱给吹笛人，却没能听到更好的旋律。在真实世界中，更高的成本会损害基金份额持有人的利益，因为这会扩大金融市场回报率（实际中一般指市场指数回报）和市场参与者实际获得的回报率之间的差距。对期限和品质都受联邦监管限制的货币市场基金来说，这显然正确。对高等级债券型基金来说这也极其正确（比如说，一只短期美国国债基金），这种情形在股票型基金领域更是日益明显，因为其中消极管理的低成本市场指数基金跑赢了大多数主动管理的股票型基金。

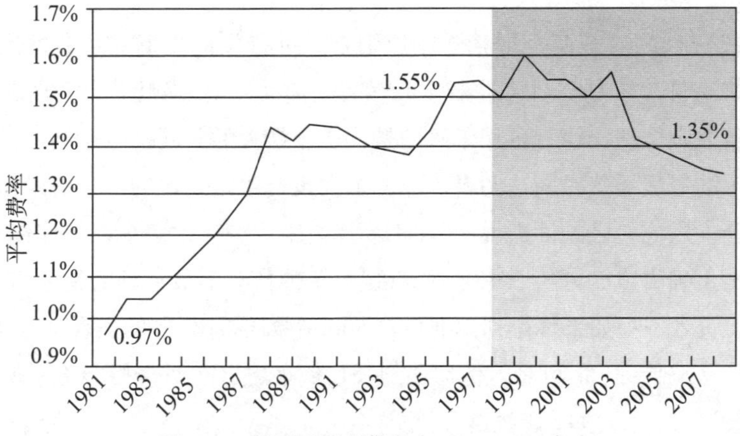

图 15-1　股票型基金费率（1981—1928 年）

这两种趋势的分离产生了一种巨大的讽刺：基金份额持有人支付的大量费用对他们自己而言并无价值。实际上，高费用给基金经理带来了（或他们公司随大流的公众股东）巨大收益，而他们整体却持续跑输他们所参与的金融市场。

这一状况能得以产生，基本上是因为“管理是共同基金公司的中心职责”这一指导原则的变质，而除它之外的职责都本应是它的附属品。这不只是原则的问题，还关系到遵守联邦法律的问题，即《1940 年投资公司法》（*The Investment Company Act of 1940*）所清晰地陈述的：投资公司必须为其基金份额持有人的利益而经营。

怎样才能扭转这些不祥的趋势？基金投资者们如何才能得到公平对待？对代表基金份额持有人利益的共同基金独立董事们，法律要求他们阻止确实需要被扭转的趋势，但倡导了这么久之后，我对这一可能性已经开始丧失信心了。我们能不能依靠竞争来完成这一任务？依靠竞争来完成任务在经济运行中通常做得很好，但在共同基金业中却不行。价格竞争的现象已被证明在大牛市中不太可能出现，而此时股票型基金 16.5% 的年回报率已是我们终生难遇的大奖。别去奢想整体股市的年回报率是 18.9%，而且在我们的一生中很难再见到如此高的回报率。基金回报率与市场回报率之间的差距，是由共同基金成本所导致的。在一个不那么繁荣的股票市场中，要是投资者消息灵通，竞争最终应该会成功。

但是，如果要让竞争起作用，投资者在获得知识之前需要信息，在形成智慧之前需要知识，在制定出一个符合常识的金融计划之前需要智慧。关于历史回报率、预期风险和共同基金实际成本的信息都已非常充分。问题是并非所有这些信息都会对外公布。经常出现的情况是，人们受害于不充分或选择性被披露的信息，甚至是不被披露的信息。就算是被完全披露时，信息的重要性也往往被投资者们忽略。他们没有认识到，或者认为信息在今天繁荣的市场环境中不是特别有用。要求投资者们注意这些，特别是由尖锐善思的评论家们来提醒他们，在促使基金业回归其基本原则的进程中将起重要作用。

十年以后

共同基金成本

过去10年中，一般股票型基金的费率逐渐稳定下来，实际上还略有下降，但股票型基金的费用（以美元计）却猛增了。2008年，平均资产大约为5.2万亿美元，而总费用从1997年的约240亿美元增至2008年的430亿美元。

我承认，自己已对遏制基金费用的增长趋势失去了信心，但一些令人鼓舞的信号已然出现。首先，虽然基金发起人没有认真地去试着减少费用，但基金投资者正变得有所选择，倾向于低成本基金，或者至少是低于平均成本的基金，远离高成本基金。2005—2007年，投资者们净购入的股票型基金份额中的93%，都是成本低于行业常规的基金。

第二大趋势是投资者更多地使用指数基金。这些（一般）成本超低的基金分散于整个股票市场和/或债券市场或各自不同板块中，现在足足占到股票型基金资产的22%，这与10年前的10%相比翻了一番还多。正如我当时写到的，“要求投资者们注意这些……能在促使基金业回归其基本原则的进程中起重要作用。”这似乎就是正在发生的事情，虽然还未达到所需的程度。

能使你的基金投资有所不同的信息

让我指出6方面的信息，以便你作为投资者能更好地自我教育：（1）成本；（2）费用豁免；（3）业绩；（4）代理权投票；（5）另类投资策略；（6）投资指导。

你能在基金选择和代理权投票的过程中，以及在决定投资组合中将不再持有哪只基金时，利用这些信息获利。“用脚投票”是带来积极改变的最有效方式。但如果你打算赎回你的基金份额，别忘了考虑它们的税收成本基础。在市场上行的丰裕岁月，你持有的基金很容易锁住你的资金。

成本信息

对基金投资者来说，成本和风险、回报率一样重要。因为如果其他条件相同，多余的成本要么直接减少回报率，要么增加达到目标回报率所承担的潜在风险。正如第 3 章中讨论过的，对投资者所面对的最关键的决定——资产配置策略来说，成本具有深远意义。一个高成本投资组合必须显著地持有更多的股票头寸和更少的债券头寸，以产生和一个低成本投资组合相同的回报率。这个要点你必须铭记在心。

多亏美国证券与交易委员会（SEC）的高度警觉性，如今的基金招募说明书在说明费率和销售费用的影响时，已经做得够好了。招募说明书展示了两者的实际成本，以及它们对共同基金投资者回报率复合影响的假设性例子，投资者持有基金份额的时间为 1 年、3 年、5 年和 10 年。实际上，SEC 已经提高了参照标准，成本披露的旧标准基于极小的 1 000 美元来进行投资，所以拥有一只普通基金 10 年一共 185 美元的成本就显得很少了。现在的披露标准是基于 10 000 美元进行的投资，成本就是 1 850 美元了。投资者，至少看了基金招募说明书的投资者，可能就会觉得这不是个小数目。在任何情况下，10 年后，成本都会足足消耗掉初始基金投资的 18.5%，这是一条清晰而有说服力的信息。对一只成本非常低的基金来说，成本可能仅有 200 美元，或者说仅有 10 000 美元的 2%，这可与 1 850 美元有天壤之别。我几年前曾向 SEC 建议做此改变，我很高兴这个建议现已落实。它会帮助投资者关注成本这一关键因素。但持有基金的另一沉重成本尚未披露：基金在更换其投资组合时引起的交易成本。这些成本仅能从招募说明书中报告的换手率数字里模糊地推断出来。但是换手率的间接成本常常与被披露的直接基金成本不相上下。投资者应该要求基金估计出这些成本，并在招募说明书里披露。

我还敦促，年报中应要求一只基金将其费率与同档次组的成员进行比较，但这个建议迄今尚未被采纳。从更长的时期来看，成本往往在排名前 1/4（或者，后 1/4）的回报率和平均回报率之间造成较大差别。但是在今天一份典型的年报中，甚至很难找到一个基金费率的强制性参考。（提示：在报告结尾处查找，有那么一行，深埋于一个 14 行的“财务要点”表格中，就在明显的“财务报表备忘录”和“独立会计报告”之前。）SEC 对招募说明书要求得更多；看看我之前提到的 10 年期的成本表格。投资者应该督促基金给予成本更多关注，并讨论它们对回报率的影响。投资者还应得到关于被成本消耗掉的可怕的基金收入的信息。在当今，成本使得一般股票型基金的收入足足减少 75%，从 1.9% 的总收入变成不到 0.5% 的净收入（扣去费用之后），显然这点收入根本微不足道。

但收入的扣减比例仍然没有被披露。

费用豁免信息

不要只听我“成本很重要”的话。基金业知道这个，一些为高净值（high-net-worth）投资者设计的低成本基金，甚至让人感觉它是在被迫宣传“如果其他条件相同，低成本会产生高回报”。当成本被用做行业内的营销武器时，我们看到的不是有利于基金份额持有人的真实的成本削减，而是货币市场基金收益的诱惑利率（Teaser Rate）[①]。比如，一段临时（未具体指定）的时间段内的费用豁免与合并。设计这样的成本削减，是为了在货币市场基金的可持续回报率问题上误导投资者。而广告出现后只持续一天的货币市场回报率怎么能代表合适的年收益率呢？毫无疑问：成本是货币市场基金相对收益的唯一关键的决定性因素，而且，投资者会很在乎这些收益。

看看这个例子：一只货币市场基金在1989年诞生之后不到两年的时间，就靠着临时性的费用豁免，其规模从100 000美元增长至90亿美元。接下来，投资顾问开始收取非常沉重的全额费用，却将基金份额持有人蒙在鼓里。然后，基金资产逐渐缩水至16亿美元。显然，聪明的投资者在渐渐感受到回报率减少后会逃离，但许多不那么有洞察力的投资者依然会持有这只基金。这是一段对成功的营销与失败的管理之间可悲关系的评述。

投资者们应寻求能说明扣除所有预期成本，以及忽略费用豁免造成的诱惑利率后的基金真实回报率。不应再允许基金公布受补助的回报率，除非这份补助能保证持续，比如说，至少三年。这一规定也应适用于临时提供低费用以在市场中显得有竞争力的指数基金。（最大的标准普尔500指数基金之一就豁免了费用，以显得自己是此类基金中的费用最低者，它向交易媒体公开承认自己并不打算在补助过期后继续保留这个令人艳羡的位置。但有意思的是，它在招募说明书里没向投资者披露这些内容。）可以认为，投资者应考虑在低费率存在时利用它们。这么做当然需要在此后相当警惕，以注意到什么时候它的费用豁免终止了。让人气馁的是，基金发起人忽略了通知份额持有人这一事件的明确职责。

业绩信息

在基金业内，用来衡量基金业绩的传统回报率（在每股基础上进行时间加权），除

① 诱惑利率是一些银行在发放贷款的初始阶段，用来吸引贷款人的低于水平的优惠利率。这段时间过去后，利率逐渐上升至一个相当高的水平。——译者注

了极少数例外，大都明显比份额持有人实际所得的回报率（总净资产基础上进行市值加权）更高，很多情况下还高得离谱，这已经不是什么秘密了。当下这种传统的度量标准虽然简单、方便、实用，却没能揭露全部真相。比如说，这一度量标准如何与一个起初为 5 000 万美元、最后有 30 亿美元资产的基金相关联？是不是管理乃至（但愿不是如此）操纵一只小基金的投资组合更容易？一个没有参与首次公开发行（IPO）市场的基金经理，能在他管理的基金变成原来的 60 倍之后，依然延续他的成功吗？

这些问题的答案对投资者来说并非不重要。无论出于什么原因，在截至 1996 年 7 月 31 日的上个 10 年中，以传统标准衡量，每年有大约 20% 这样的行业最高回报率的基金，同一时期内市值加权的回报率是 –4%。这里的明显差别，投资者应该加以注意。应敦促你的基金在招募说明书和年报里，与时间加权的回报率一起报告市值加权的回报率。[①]

在这样的背景下，你有权在投资之前得到该基金早期业绩的清晰解释。基金经理很可能会对此守口如瓶，但通常都有应该得以陈述的重要情况。比如说，在 1995 年里，排名前 10 的一般股票型基金上涨了 67%，是普通的一般股票型基金 31% 收益的两倍多。它们都很新，而且平均资产少于 1 亿美元。这是如何做到的呢？ 20 个 5% 的头寸，每个都上涨 67%？难以想象。还是 20 个头寸，其中 4 个上涨 180%，剩下 16 个平均上涨 39%？有可能，但不是很可能。持有 80 个头寸，其中 20 只股票的平均持有期是三个月？这是最可能的。没有哪个明智的观察者会期待这些基金再跑赢市场三倍。而且它们确实没有。1996 年它们的回报率是 5.9%，1997 年是 5.6%，这让它们的收益在整个三年期中比总体股票市场低 25%。基于历史业绩进行投资决策的缺乏经验的观察者们，如果能获得关于这些惊人高回报率本质的信息，就可以远离这些危险的。

十年以后

业绩信息

我以前曾要求：共同基金投资者实际所得的回报率（市值加权回报率）要和基金自己报告的传统回报率（时间加权回报率）一起报告，我当然会为以前的这项要求最终得到回应而高兴。虽然据我所知，还没有共同基金向投资者报告它实际获得的回报率，但晨星现在已经定期报告两组数据了。

① 传统的时间加权总回报率仅仅衡量了基金份额净资产价值的变化，该部分变化已调节过股利的影响。而市值加权总回报率将使基金获得的不同回报率，与该基金管理的不同规模资产联系起来。基金管理更大规模资产时获得的回报率，与管理更小规模资产相比被赋予更大的权重。实际上，市值加权回报率反映了拥有该基金份额的普通投资者的经历。

要明白为什么基金依然在回避这样的信息披露，我们只需要看看数据就明白了。正如我在第11章讨论过的，到2000年年初为止的10年里，在最大的200只共同基金中，基金投资者所获得的6.5%年回报率，比基金自己报告的9.8%的年回报率低了3.3%。（基金的累计回报是+152%，投资者的累计回报是+88%。）这些数字明白无误地证实了我10年前的话："（我们用以）衡量基金业绩的传统回报率……都明显比份额持有人实际所得的回报率更高，很多情况下高得离谱。"随着这一宝贵信息为投资者们所知，他们实际拥有的回报率将被提高。

你有权得到更好的风险披露，虽然这个明显的需求说起来容易做起来难。风险是个高度复杂的议题，我相信中心议题是一只基金相对于总体股票市场的个别风险。大多数投资者已大体了解股票市场风险的性质，所以我们应该关注第二和第三种风险要素：目标风险（比如,大盘价值型基金对小盘成长型基金）和管理人风险（在其投资的目标组中，基金顾问表现如何）。虽然管理人风险无法预测，但目标风险随着时间推移保持得相当稳定。在对基金季度总回报率与更广的市场指数的简单比较之中，两种风险要素都包括在内。图15-2显示了这两种回报率，并展示了基金风险容忍（或不容忍）的大体性质。在大盘指数基金中，图中的柱形基本相等；在小盘积极成长型基金中，它们就参差不齐了。我强调相对风险比未来回报更易预测，由此我建议在基金招募说明书中添加这样的一个图表。SEC虽然没有采纳该建议，但增加了一项要求，基金需披露此前10年中它获得的最高和最低回报率。这种披露是向前迈出的一大步，但它如果能显示每个季度的股票市场回报率，以指出基金比投资者所希望的承担了更多或更少的风险，会更加有用的。

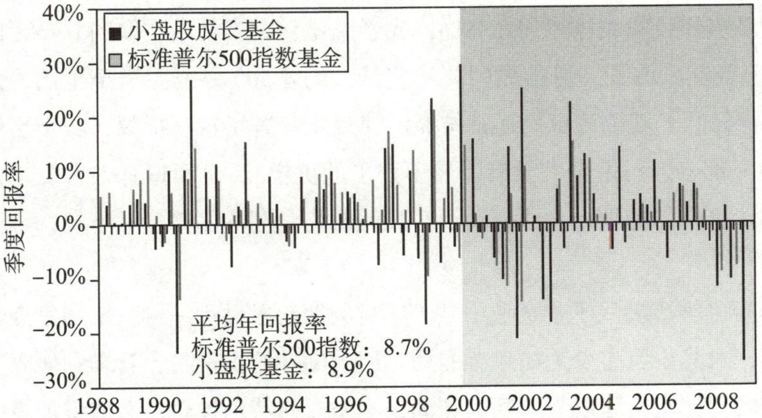

图15-2 风险衡量：对比季度回报率（1988—2008年）

代理权投票信息

很少有共同基金投资者会不厌其烦地阅读基金的委托声明。这些声明极少强调关于基金份额持有人同意增加顾问费的提议，也从不宣传它们。媒体经常收到的是对业绩的吹嘘，或者明星经理，或者创纪录现金流的消息，而不会讨论那些基金经理不希望让份额持有人知道的事情。基金经理们知道，如果投资者们更充分地享有了知情权，他们便很可能“就说不”，或者“用脚投票”赎回他们的份额。让你自己拥有这一机会的唯一方法，就是注意基金的代理权，即使其中充满了含糊的行文。你作为一个份额持有人，只要你为自己的利益投票，那么共同基金业无节制的增加顾问费和发行费的倾向就将会受到约束。

倘若份额持有人对此漠不关心，或者相信基金董事将保护他们的利益，就可能发生权力滥用。比如说，通过在公众所不知的幕后运作，一个主要的基金集团就能在一年内将它的费率提高 100%。1991 年 12 月，基金份额持有人收到要求同意将投资顾问费提高 50% 的新合约委托书。基本费用将增加 25 个基点，从资产的 0.50% 升至 0.75%。原因是成本的增加，投资管理和研究活动的复杂性，还有基金费用低于平均水平的事实。而没有披露（在我看来是严重缺乏披露的）是费用增加对顾问机构税前利润的影响：大约提高了 100%。份额持有人按时批准了该提议。

在盈利如此飙升之后，仅仅 7 个月（这可能不会让你觉得惊奇），这家顾问机构将自己以 10 亿美元出售给了它的一个竞争者。然后它就要求基金份额持有人不只批准控制权的变更，而且批准费用再次增加 0.25%，这一回，是 12b-1 发行费。顾问机构（及其新的所有者）获得又一次的盈利飙升肯定是毫无疑问了，大概又能给销售价格增加可观的价值。新费用使得费率增至 1.19%，或者说比它一年之前收取的 0.75% 的水平高出了 60%。（随着资产增长，付给顾问的年费从大约 4 500 万美元增至 1 亿美元，提高了 125%。）尽管如此，基金董事们还是按照法律规定审查了这项提议，裁定新增费用作为并购交易的一部分，对基金“没有造成不公平的负担”。份额持有人大概是被该基金表面上独立的董事们的拥护行为所打动，对顾问机构利润的剧增浑然不知，再次忠实地同意增加费用。

这则简短的轶事展示了基金业中并不罕见的两阶段过程缩影：增加投资者为管理而支付的费用，对其中有多少（如果有的话）用于额外的投资组合管理和研究支出，又有多少用于市场营销支出和成为顾问的利润，不做任何特别披露；然后增加更多的发行费（因为交易商的报酬变得更具吸引力，基金份额销售可能会增长），而不披露更高的销售量对份额持有人并无好处的事实。就管理和发行之间的文化冲突而言，我很难找到比这更好的例子了。基金顾问应被要求披露他们的收入、支出（分别说明管理、营销和行政成本），以及他们从其管理的每只基金和作为一组的几只基金中获得的利润。

想象一下，如果三大汽车制造商之一，将其新车均价提高了60%，比如，从16 000美元提高至26 000美元，消费者会作何反应。这绝不会在竞争性的汽车市场中出现，因为那里有着真实的价格竞争，但这却不时地在共同基金市场中发生。基金支付的顾问费并非由市场来决定，通常是经过由同一人担任的基金董事长和投资顾问机构董事长同意，然后被提交至基金董事会。（现在要想保持距离进行协商可有困难了。）份额持有人应该像关心他们买车的价格一样，关心他们为自己基金所付的价格。

十年以后

代理权投票信息

还没有多少基金经理披露他们的收入来源和支出的分配，比如投资组合管理与市场营销，更不用提他们自己的盈利了。但最近出现了一个给人以希望的信号，自由竞争（即降低费用）可能会最终降临于共同基金业。

美国联邦最高法院已经同意（定于2009年11月2日）听取关于基金业费用的设置惯例存在缺陷的抗辩。这些惯例在很大程度上依靠将一只基金的费率（而不是金额），与另一只相比（一个类似的也同样有缺陷的惯例是以同行薪酬而非公司业绩所定的标准，它要为我们看到的在公司首席执行官报酬上的超额花费负责）。如果最高法院裁定这些惯例违反了《1940年投资公司法》中规定的关于费用的信托责任，自由竞争最终将为基金投资者降低成本。

有关另类投资策略的信息

共同基金业在某种意义上是建立于迷信之上的。投资者们被大牛市和“专业人士”，特别是“当红经理”能比普通人做得更好的传统（且虚幻）的说法所迷惑，忽略了经验的规律：基金的净回报迟早都会回复至市场平均水平，并最终低于平均水平。投资者们应该意识到，以传统方式管理的共同基金不是投资的唯一途径。长期持有个股也许不仅是明智的，还能更有效避税。市场指数基金虽然违反直觉，但同样是一个有价值的选择。历史记录很清楚地表明，低成本指数基金已经为长期投资者提供了更高的回报率。

之前提到的赌场老板，甚至还说它的回报率将超过85%的股票型基金（“你为什么要搞砸呢？”）。

我知道指数基金让人乏味。它们并不吸引人；它们不制造新闻；其基金经理即使不是低能，也远非天才；它们不会“击败市场”。具有讽刺意味的是，仅仅在近些年，已有超过20年运营经验的指数基金才开始获得关注。很悲哀，这种认可更多地是基于标准普尔500指数在过去三年相当轰动性的成果（在基金中排名前6%，这肯定不可能在未来的任何三年期中再重复了），而不是它卓越的长期表现。指数基金现在很热门，但这是个愚蠢的投资理由。现在是关注它们的原则，而不是短期业绩的时候。现在应该不只关注指数基金，还要关注低成本指数基金。实际上，**低成本、广泛的分散化和税收有效性，是这一消极投资策略最核心的优点**。大约40只指数基金有销售费，其中25只的费率为1%或更多。就像威廉·萨菲尔（William Safire）说的，“算了吧。”

投资指导信息

无论你同意与否，我对基金业绩回复均值的长期影响和成本对业绩的作用的看法，你最终都希望得到应该投资哪只基金的建议。对太多的投资者来说，这一选择取决于他们相信哪只基金的预期回报率最高。投资者们一般都不会考虑成本的作用或均值回复法则，往往只看历史记录。他们被出版物误导，这些出版物总是乐衷于吹捧最新的超级明星经理，或公布下一个10年（或明年，或一段未具体说明的时间）最佳共同基金的名单。不过如果这些出版物承担了以下义务：像评判基金业绩一样去回顾评判它们自己的表现，那么投资者们会受益良多。己所不欲，勿施于人。披露推荐名单上的基金后来的业绩，肯定会让投资者们对这些名单的预见结果的可信度有所怀疑。无论从媒体还是从基金获得信息，聪明的投资者都应该要求其负起责任。

一家全国性的双周刊每年都会刊出一份基金荣誉榜，而且已经做了差不多有25年了。荣誉榜上的基金，自1973年起，平均每年会产生+12.5%的回报率，而威尔逊5 000指数的回报率是+14.7%，在15年中的14年里，该指数都跑赢了上榜基金的平均水平。更要命的是，上榜基金似乎还比威尔逊5 000指数的风险更大，它们在24年期中的4个熊市年份里，比指数下跌得还多。这家杂志既然每年都会更新数据，从榜上删去一些基金，那它为什么不向读者们报告这些事实？

一家全国性月刊在最近的一篇文章里公布了它“过去选择”的结果，但没有将它们的收益与市场指数相比较，也没有介绍它挑选的10只基金的累计平均回报率。它告知读者们：“我们有理由对我们的选择感到满意。”而对为什么他们应该满意，读者只能想象了。他们提供了入选基金为期两年 14.7% 的回报率，仅仅是同期指数每年 20.1% 收益的 2/3。有哪个投资者对这样的业绩会“有理由感到满意”？为什么？投资者们理应从那些声称向他们提供投资指导的人那里得到全面的相关信息。

世界语型的怪人

回到我的中心主题：如果你同意我的论点，你就能通过寻求以下事项信息的完全披露而进行自我帮助，这些事项包括：基金成本、费用增加、业绩与风险、另类投资策略，以及基金指导、帮助你切实评估共同基金的重要信息。去做这些，你就能纠正由于日益倾向于基金发行而偏离了基金管理的失衡状态。我坚信，回归我们最初的原则将会给共同基金投资者带来丰厚的收益。

让我用政治和共同基金的对比来展开这个主题。我借助世界语这一“具有最高普适性的语言”来阐述。根据《纽约客》杂志的政治记者迈克尔·凯利（Michael Kelly）的说法，世界语的提倡者是一个“统一场论者，相信存在着一个能解决任何问题的伟大理念，一个能将任何事物统一于其环境中的总体概念的人”。

凯利先生举出 1996 年副总统候选人杰克·开普（Jack Kemp）和阿尔·戈尔（Al Gore）作为“世界语型的怪人，即那种即便没有过人智慧，也有成为拥有过人智慧者之雄心的人”的例子。凯利写道，杰克·开普是“资本主义者的光荣，相信如果赚钱机器被正确打造并且上了油，它就会在幸福的嗡嗡声中运转并永远驱动世界”。戈尔被描绘成“一个相信系统学的人，即相信每个事物都与所有其他事物整体地相联系着，而要解决所有问题，就是要让所有系统正确运作，从自己的部分开始向外起作用”。凯利总结说：“驱使着每个世界语型怪人的梦想就是，如果他能足够详尽、彻底、深思熟虑地向足够多的人进行解释，最终每个人都会理解，然后每个问题都会被解决。”

如果他思考的不是政治，而是共同基金，凯利先生会很容易以同样的方式来描述我坚定而简单的信念。请不要把我仅仅当作另一个世界语型怪人。**仔细想想那驱使着我的梦想，即如果回归我们最初的原则：关注管理而非发行；关注专业竞争力和自律而非在赌场中投机；关注信托责任和以低成本增加价值，而非资产聚集和以过高的成本损耗价值，这个行业大部分的缺陷都将被修正。**

只要我们建立了一个新的共同基金治理和控制系统，那么就会产生这一转变，而且这就是那一个“伟大的理念”。今天，焦点总被集中于共同基金管理公司的执行官和所有者身上。没错，他们寻求良好的基金业绩，但他们也寻求巨大的个人收益，似乎还不能成功地平衡两者明显而直接的冲突。这一冲突亟待解决。共同基金必须在董事们开明的治理下运营。董事们仅仅向共同基金的份额持有人们负责，对后者来说，基金业绩是利润的唯一衡量标准。

近些年来，包括信托责任、专业竞争力与纪律，以及着眼于长期的管理原则，已经被凌驾于其上的对发行和资产聚集的需求牺牲掉了。它们要回归卓越，似乎还有很长的路要走。但明天还能改变，既然我已经解释给你听了，我希望我已解释得“足够详尽、彻底和完备了，最终每个人都会理解，然后每个问题都将被解决”，这正如迈克尔·凯利所写的。就像托马斯·潘恩（Thomas Paine）雄辩地陈述的，“适度好的总是没有它原本应是的那么好。中庸之道是美德；但原则上的妥协是罪恶。”关于共同基金原则最诚恳的话就是，他们已成为“适度的”了。现在是要求共同基金业重要而传统的原则不可动摇的时候了。只有投资者们要求改变，他们的利益才会得到保障。

十年以后

世界语型的怪人

我继续坚持我10年前所坚持的每项基金管理原则，即使我很失望地看到这些原则继续更多地被众多的基金经理们违反而不是遵守。即使我要很高兴地报告这些信息公开化的进展，帮助投资者为他们的利益做出更好的决策，我依然坚持我在当时所呼吁的全部6点信息的重要性。

而且，如果我当时是个世界语型的怪人，那么现在我更是如此了。驱使着我的梦想还在：只要我能足够详尽、彻底、完备地向足够多的人进行解释，最终每个人都将会理解，然后每个问题都将会被解决。没错，投资者们最终将看到，必将有那么一天，每个问题都会被解决。

第16章

基金营销：信息即媒介

1967年，一个名叫马歇尔·麦克卢汉（Marshall McLuhan）的“新时代”作家写了本题为《媒介即篡改》(*The Medium is the Massage*)[①]的书。他的观点是，在当今社会忙乱的节奏中，传媒借助电波已经以闪电般的速度掌控了信息。我们在电视上看到的娱乐类或新闻类的节目，与我们在书本和报纸上读到的东西有很大差别。比如说，在新闻媒体中，平实而细节丰富的报道，曾经是最佳报纸的标志性特征，但现在已经让位于电视报道，而这些报道往往是对当日事件肤浅的30秒钟剪辑。在麦克卢汉的著做出版30年后的今天，互联网已成为接收和处理信息的全新媒介，并且，通信的速度和范围都在以指数级增长。麦克卢汉超越了他的时代，他的洞察力在今天显得尤为深刻。

为讨论市场营销在共同基金业中的地位，我将冒昧地修改麦克卢汉先生标题中的两处：颠倒其顺序，并将“篡改”（Massage）一词换成“信息”（Message）。这样就给了本章一个恰当的副标题：“信息即媒介”。因为在这个行业，市场营销正成为主要的驱动力量。基金业提供给投资者的，正在影响着基金实际供应的服务和成本。用一个古老而又带有贬义的商业说法就是：“以往我们出售我们所制造的产品，但现在我们是制造任何可出售的产品。”市场营销的信息已压倒了投资这一媒介，现在是马车拖着马儿走。

自基金业1924年诞生起的前半个世纪的大多数时间里，共同基金主要关注份额持有人的资产管理。基金由负责管理他人资金的投资顾问来管理，并由独立的主要承销商来发行。事实上，许多大型的基金公司既不负责基金发行和市场营销，也不承担相应的成本。但在过去的10年中，基金公司关注的重点，从管理明显加速转向了市场营销。这是一个不祥的趋势。

对市场营销的过分重视产生了4个主要的问题。首先，它消耗了共同基金份额持有人高达数以十亿计的额外基金费用，减少了份额持有人获得的回报。其次，这一大笔开支不但没有以份额持有人所得回报的形式带来补偿收益，反而在某种程度上因为将多余

① Massage这个词与Message（信息）仅差一个字母。此书标题系麦克卢汉对自己1964年成名作《理解媒介》第一章标题“媒介即信息”（The Medium is the message）的调侃。此后麦氏还曾将这两个相近的词各自分拆，提出“媒介即混乱时代”（The Medium is the mess age）和“媒介即大众时代”（The Medium is the mass age）等变种。——译者注

的资产带入了基金，将进一步减少基金的回报率。再次，共同基金经常把自己吹得天花乱坠，信以为真的投资者可能陷于基金的风险之中，其潜在回报率可能受损。最后，或许也是最重要的，发行基金的驱动力使得投资者和基金的关系发生了改变。份额持有人不再被作为基金的所有者，而仅仅被作为投资顾问的客户来对待。在这一点上，共同基金不再主要是职业基金经理管理之下的投资账户，而变成了专业营销商控制之下的投资产品。

十年以后

基金营销

过去10年中的事件只是证实了我当年的深切担忧，即共同基金业里的市场营销和推销术，胜过了本行业早期典型的管理责任。正如前一章提到的，基金费用继续飙升，而且，特别在2000—2002年崩盘之前科技股泡沫的最后岁月，基金发行商们吹嘘他们最热门的基金，在报纸、财经杂志和电视上大做历史回报率的广告。而投资者的回报率实际上毁在了接下来的股灾中，这正是这些基金承担重大风险的直接后果。

你的钱不是目标

市场营销和发行的开销巨大，对钱的需求自然不在话下，而他们惦记的，却是基金份额持有人的钱。基金经理利用这些资金来获益，他们在资产滚滚而来时可以挣得不断增加的费用。在这增长曲线的起点，一些有益的规模经济可能会让基金份额持有人得利，但增长的主要收益还是归于基金经理。而且随着基金资产扩大到相当高的规模，基金经常会变得失去活力，不再有能力去执行那些使它们获得早期成功的投资策略。

当下报纸、杂志以及电视上那些孕育了“品牌”形象的广告，每年让基金投资者花费多达十亿美元。其他诸如直接邮寄广告、宣传品和促销活动之类的营销措施同样耗资巨大，而且基金为了争取在市场上占据一席之地所花的大笔费用，也进一步增加了营销预算。基金经理每年花在营销上的费用多达100亿美元，这占了1998年投资者们为其共同基金支付的500亿美元的很大一部分。毫不夸张的是，这也远多于为了持有基金份额而表面上支付的每年30亿～40亿美元的服务费。**正是基金份额持有人支付的所谓“管理”费，被源源不断地用于这些营销活动上。**

基金发行成本令人厌恶的不断增加，很大一部分来自共同基金费用的一种新型费率制度：12b-1 费（如此命名是因为这一费用是在证券交易委员会 [SEC] 第 270 条规则第 12b-1 条款下获准收取）。直到 1980 年 10 月，证券交易委员会（SEC）采取的立场都还是禁止基金经理将基金资产花在发行上。在此之前，基金业的发行活动基本都由申购费（基金份额申购人支付给股票经纪公司的佣金）来提供资金。当时最高申购费是交易总金额的 8%（所申购基金份额价值的 8.7%）。自 1924 年美国第一只共同基金开始运作以来，就采用了这种传统的制度。但在 1973—1974 年的熊市之后，这一制度逐渐变得难以为继了。同时，免佣基金即无需支付销售佣金即可申购的基金，开始进入了基金市场。新的竞争结果是，典型的最高申购费慢慢减至了 6%。

因为渴望获得等额收入以确保有足够资金来支付发行活动，为了使附佣基金看起来和免佣基金一样，基金业和销售基金份额的经纪商制定了一套极富想象力的计划，让他们可以持续获利。他们提出一个选项：将明确的 6% 的前端收费换成两项界定模糊的费用：一项是年度发行费（比如说，每年 1%），按基金资产收取；另一项是递减的一次性赎回费（所谓的后端收费），即在所有 1% 的年度费用累积至 6% 之前，如果投资者要赎回的话，就需要弥补其差额。举例来说，如果投资者在两年中支付了两次 1% 的费用后赎回，赎回费将是 4%；如果是 6 年之后，通常（但并非总是这样）就没有赎回费了。这样的算法不太合乎情理。（因为当基金资产在大牛市中增值时，份额持有人的总成本实际上是增加了。）但其效果相当于以相等的累积年费取代一次性的前端收费。

潘多拉魔盒已被打开

但是，在这项似乎无害的改变之后，更不祥的转变来临了。证券交易委员会规定：基金在服从有关征收 12b-1 费的详细规定的条件下（包括获得大多数独立董事的同意），基金资产可被用于支付发行费用。无论基金是否改变了其销售收费结构，都应允许收取 12b-1 费作为简单的附加费。事实上，甚至还允许免佣基金收取这些费用。当代的潘多拉魔盒被以潘多拉都想象不到的方式打开了，几乎是无限的资源都可被用于促成基金业向以营销为重点的转变。

在 20 世纪 70 年代的最后几个月，在市场崩盘之后，基金业与净赎回和股票共同基金资产不断缩水的灾难而斗争。基金经理们声称，如果基金业要为份额持有人建立规模经济，就需要收取费用来遏制赎回并鼓励增长。但是，这个药方比疾病本身还要糟糕得多。即使 12b-1 费用低至基金资产的 0.25%（能被称作“免佣”基金的最高收费水平），也明显超过了可预见的任何规模经济所带来的收益。

举例来说，如果一只基金成功地将其资产从 5 亿美元扩张至 50 亿美元，它早先的费率可能会从 1.10% 降到 1.00%。但是加上 0.25% 的 12b-1 费后，新的费率就变成了 1.25%，在原费用基础上净增加了 0.15 个百分点。当基金规模尚小时，其总年费为 550 万美元，在它扩大规模后，就将上升至 6250 万美元。在这一点上，基金公司每年靠 12b-1 费就能获得 1250 万美元用于营销开支，而基金份额持有人获得的收入则相应减少了。

在 20 世纪 90 年代末，12b-1 费盛行起来了。13 000 只共同基金中有大约 7 000 家都在收取这笔繁重的费用，包括 60% 的股票型基金，67% 的债券型基金，以及 35% 的货币市场基金。[①]随着基金业资产的增长，12b-1 费用的总水平也在增长。自 1980 年以来，基金管理的资产已上升了 35 倍，达到了 5 万亿美元。12b-1 费在 1980 年还不存在，在 1984 年也只占基金管理资产规模的 0.08%。而到了 1998 年，12b-1 费在 2/3 的基金中平均达到了资产规模的 0.40%。每年 12b-1 费的总额超过了 60 亿美元。自 1980 年以来，基金数量增长到了原先的 10 倍，基金管理的资产也变成了原先的 20 倍。但收取 12b-1 费的基金比例是原先的 30 倍，12b-1 费的水平也有了大幅的飙升。表 16-1 展示了 12b-1 费占基金管理资产比例的上升速度，以及基金份额持有人支付市场营销活动的金额。

无论你如何评价这些费用的正当性，1998 年的 65 亿美元可是一笔巨资，这也是加在基金份额持有人身上的巨大负担。它带来的后果最多是中性的，最坏的可能就是负面的。基金份额持有人付了钱，但基金公司用这些钱揽来更多的受管理资产，获取更高的管理费以及更高的利润率，从中得益。说来奇怪，没有任何迹象表明，收取 12b-1 费的基金比从未收取这些费用的基金得到了更多的市场份额。看起来，12b-1 费并没有实现其增加市场份额以追求规模经济的初衷。

悲哀的是，即便份额持有人于 1998 年支付了高达 60 多亿美元的 12b-1 费，也没有完全弥补基金在发行和市场营销上的支出。一些基金顾问靠投资顾问的服务赚取了大笔利润，而不是削减费用以利于基金份额持有人，他们将费用中的一部分用于基金发行，没有取得份额持有人的批准就收取 12b-1 费；他们也没有受到独立董事的监督（无论这对份额持有人来说，价值是多么有限）；而且 12b-1 费在基金发行中的恶名也未受到新闻媒体和统计服务的谴责。事实上，没有什么能阻止一只基金将它的顾问费提高到 0.25%，并将这一整笔横财花在市场营销上。许多基金看起来正是这么做的。

① 虽然目前股票型和债券型基金的数量超过了 13 000 只，许多基金代表了同一个基础投资组合中不同的股票类别。一个投资组合可能分为多达三四种不同的股票类别（如 A、B、C 等）每个类别的费用结构不同。如果我们仅以基础投资组合来划分，大约有 8 000 只不同的股票型、债券型和货币市场基金。

表 16-1　　12b-1 费的上升　　单位：美元

	1980 年	1984 年	1988 年	1990 年	1996 年	1998 年
年终基金资产（10 亿美元）	135	371	810	1 067	3 539	5 100
12b-1 费率[a]	0%	0.08%	0.33%	0.36%	0.39%	0.40%
总的年发行费用（10 亿美元）	0	0.10	0.85	1.20	4.40	6.50
	2000 年	2002 年	2004 年	2006 年	2008 年	
年终基金资产（10 亿美元）	5 425	5 382	7 170	9 823	9 580	
12b-1 费率[a]	0.58%	0.59%	0.59%	0.58%	0.57%	
总的年发行费用（10 亿美元）	15.10	14.50	20.20	26.60	21.40	

注：a，收取 12b-1 费的基金资产的百分比。

十年以后

12b-1 费

10 年以后，12b-1 费的荒谬依然如故：用基金资产来为销售和发行活动融资已证明只是浪费钱财，不会为投资者带任何来好处。我还从没见过一个例子表明 12b-1 费有助于增加基金资产而减少基金投资者总费率的。尽管用来将前端申购费分散在若干年的 12b-1 费正在消亡（这很好），但至少到现在为止，证券交易委员会都没有勇气取消 12b-1 费（这很坏！）。

与此同时，12b-1 费继续不停地上涨，从 2000 年的 150 亿美元变成了 2009 年的 280 亿美元左右。基金发行商对基金份额持有人取得的这一胜利，让我们看清了在共同基金的舞台上，谁的利益才是第一位的。（提示：不是基金份额持有人的。）

赌场总管的收入

仍然有更多的发行成本被计入基金超市的成本中，这意味着基金发行的快速增长。

“货架空间”（一个借自杂货店和药房的术语）的现行费率将继续上升。它现在占到了从基金超市顾客那里获得的基金资产的0.35%。基金份额持有人每年要以这一比率，为最大的基金超市的货架空间支付将近2.5亿美元。而在“免费”市场上，也销售了大约700亿美元的基金。这些费用可能直接由基金支付，或由强加于基金上的12b-1费提取，或通过提高基金交易成本的佣金安排来直接扣除中介费，若投资顾问愿意接受更低的利润，还可从基金超市中的资产扣除。当然，如果没有超市费用，削减的利润率可以很容易地返还基金份额持有人。

这些费用可在赌场中找到类比。随着更多的共同基金投资者在更短的持有期内交易基金份额，赌场总管的收入也在增长。蜂拥而至的投资者并不知道，其实“免费”的赌场使参与其中的基金必须承担沉重的成本。赌场中的资产增加了，赌场总管的口袋也鼓了起来。基金投资者们在赌场中以各种方式掏钱交易，赌场总管则在最后赚个盆满钵满。

但是，无论基金超市通过它购买基金份额的投资者带来了多少价值（如果有的话），也不论交易与否，成本都由份额持有人支付。因为所有基金份额持有人都被摊派了这些营销费用。但份额持有人很少被告知有关的超市费用，也许是因为投资顾问有权自主使用这些费用。尽管如此，如果投资顾问愿意从基金超市带来的新持有人所交的管理费中拿出1/3支付给基金超市，那他也可以容易地削减现有份额持有人的费用。但这并没有发生。

充分披露的12b-1费用

对基金投资者来说更糟糕的是（对基金经理而言当然是好事），基金超市的成功会对基金的投资策略带来严重挑战，这个挑战对于采取进取型基金投资策略的基金而言，可能无法克服。有着高换手率和侧重于小盘股的基金，其投资活动会被基金超市投资者们频繁进出的现金流搅乱。对于策略不那么激进或持有大盘股的基金来说，这种损害会小一点，但依然存在。基金份额持有人为基金的成长买单，却以遭受损失作为回报。

最近，一篇哈佛大学商学院的博士论文得出了这样的结论：“没有证据表明12b-1费为支付这笔费用的基金份额持有人带来了好处。”相反，这项研究还发现它将带给基金份额持有人不少损害。该项分析表明，不收取12b-1费的股票型基金的收益，每年超过收取12b-1费的股票型基金1.5%，这是一个惊人而显著的差距。

收取12b-1费的债券型基金的总回报率，也仅仅略微高过不收取该项费用的债券型基金。但收取这些费用的基金要明显比不收取者更具风险性。该项研究注意到，收取12b-1费会消耗掉债券型基金回报的25%，对此，一个相当简单的“疗法”就是增加风险。对于未被告知这种权衡关系的持有人而言，这是一个不怎么让人开心的结果。正常的风险和收益之间的权衡是一对一的。而在这里变成了零对一的权衡，除了对基金经理外，对其他人没有任何经济意义。

即使对最幼稚的观察者而言，很明显，基金不能靠自我消耗来获得成功。举例来说，一只业绩欠佳的基金，可能白白花掉数百万美元也难以克服其投资顾问的缺点。基金，就像商业企业一样，不应得到担保的生存权。

12b-1 计划在理论上不一定是必然错误的。但这应由支付发行费用的基金份额持有人来决断，只有通过降低未来的成本才能补偿份额持有人，并向投资者们清楚完整地披露此项费用，收取 12b-1 费才是正当的。但在实际中，12b-1 计划没能证明其理论上的正当性。份额持有人的代理人应该说但没说的事实是："这一计划会增加基金支出，并相应地减少回报率。没有证据表明现金流入会提升基金业绩，或现金流出会降低基金业绩。基金资产的增加不一定会有利于份额持有人，但肯定会增加顾问费。这些额外收入可能会被用于增加投资顾问的利润，支付有利于基金投资者的研究费用；或者用在无益于基金投资者的基金份额销售上。"也许，这样的披露永远不会出现，对此不必感到惊奇。

兜售产品、掩盖风险

不仅营销成本是投资者的负担，基金贪得无厌地追求更多资产，同样有恶性副作用：无数未经检验的新产品被创造和推出，却仅能风行一时。这对一度将稳健投资作为其终生事业的行业来说，不是一个很可靠的策略。但在最近几年，基金业已带给投资者至少三种新奇的基金品种，它们都具有市场营销上的意义，但毫无投资价值：政府债券类基金（the government-plus fund）、短期全球收入基金（the short-term globle income fund），以及可调整利率抵押贷款基金（adjustable-rate mortgage fund）。

政府债券类基金，"投资于安全的美国政府证券并提供高回报率"，在 1987 年达到了其顶峰。其时，此前两年才冒出来的 12 只该类基金的总资产共计 300 亿美元。其中的一只在美国长期国债回报率低于 8% 时，竟宣称自己能获得 12% 的回报率。只需常识便可看出这个回报率有多么虚假，净资产价值将会下降，而其收入也不可能持续。这也正是接下来 7 年所发生的事情。该基金那些正派、无辜、年长的份额持有人，再也没能挽回他们损失的资本，政府债券类基金的资产也从此一蹶不振。最终，它们放弃了这个毫无成果的策略，并经常变换名称，从此销声匿迹。

然后是短期全球收入基金。这个概念于1989年突然出现，当时短期国际债券的回报率超过了10%。这一回报率迅速吸引了投资者共计250亿美元的资产，近40只基金加入了争抢的行列。但这个概念很快就陨落了。在1992—1996年间，该类基金的平均年回报率仅为2%，其净资产价值的暴跌更是几乎抵消了所有的净收入。短期全球收益基金当时几乎化作一堆废纸，到了1996年总资产跌至25亿美元，此后，这种策略也破灭了。

最后是可调整利率抵押贷款基金，它在这三类拙劣基金中表现最优，但最终依然难逃失败。它被宣传成类似货币市场基金，价格相当稳定且有更高的回报率，于是很快流行起来。到1992年为止，37只该类基金吸引到了200亿美元的资产。唉，在接下来的三年时间里，它们的年回报率平均只有1.5%。而在那时，它们的资产已降至50亿美元以下，许多基金更改了目标和名字。到1996年，这一类型的基金同样消失殆尽。

这三个例子说明，当允许流行趋势支配提供给投资者的新型金融产品时，也就是当信息被允许作为媒介时会出现什么问题。在每个例子中，基金份额持有人都把钱付给了定调子的吹笛人。基金业证明了其营销头脑，但它的管理才能却未达到理性投资者期待的水平。份额持有人无谓地损失了资本，甚至连声道歉都没得到。过去10年或许是创新营销的伟大时代，但对投资业的信誉而言，很难说有多么伟大。

这些唠唠叨叨的抱怨来自我担心，即共同基金业曾经为他人的资金提供谨慎管理的信托服务，现在却仅仅是又一个消费品行业。这两个要素始终并存于该行业中，但我相信，从20世纪80年代起，平衡已被打破了。商业的一面，即对市场份额不计代价的追求急剧增长，而信托的一面，即稳健的投资项目、公平定价和充分解释，却已相应下降了。投资者不再是基金所有者；他们仅是基金的顾客而已。

十年以后

兜售产品

在过去10年中，基金业转向立足于产品的步伐并未放缓。事实上，基金投资管理现在经常被称作“制造业”，这又是一个标志，表明该金融部门确信共同基金在概念上与汽车、香烟、牙膏或其他商业产品并无不同。所以，没错，我仍然深切担忧基金业继续变成“仅仅是又一个消费品行业”。（我的异议可由下面的事实体现：当我创办领航基金时，我禁止用“产品”一词描述我们的基金。）所以我将继续战斗，将投资于共同基金的人们作为所有者而非仅仅是顾客来对待。

是所有者还是顾客

基金投资者是顾客而不是份额持有人的这一时髦理念，在多大程度上被人们所接受呢？不妨看看最近晨星公司总裁唐·菲利普斯（Don Phillips）与共同基金业的争论。菲利普斯先生敦促新的招募说明书摘要应使投资者更易获取并理解共同基金的信息，以如下段落开始：

> 当您购买共同基金份额时，您就成为了投资公司的股东。作为所有者，您享有特定的权利并受保护，其中首要的是大体上独立的董事会，其主要职责是保护您的利益。

反对者也直言不讳。投资公司协会（ICI，the Investment Company Institute 即基金业交易协会）的总裁，立即反对了这一提议，他说菲利普斯先生是“整个行业中唯一”采取这一立场的人。证券交易委员会也支持投资公司协会，不要求在招募说明书摘要里提到所有权的概念，甚至在更长的法定招募说明书里也不做要求。

立此存照，我就是个坚定地站在菲利普斯先生一边的人。接受共同基金仅仅是个产品（或者用可怕的行业用语来说，是“打包产品”），进一步以市场营销信息取代信托责任。投资者是所有者而不是顾客。与会计或律师一样，共同基金对其投资者负有信托责任。

是投资公司还是营销公司

当营销能力取代信托责任成为共同基金运作的驱动力时，投资者为什么要担心呢？因为其结果与投资者利益直接冲突。受人尊敬的金融记者杰森·茨威格（Jason Zweig）在 1997 年中期的一个行业论坛上，用华丽却相当深刻的语言表述了这种矛盾：

> 今天，当我们面对未来时，你们必须决定的问题很清楚：你主要是一家营销公司，还是一家投资公司？大体上，你能成为前者，也能成为后者，但不可能在同等标准下同时兼具两者。
>
> 营销公司和投资公司有什么区别？让我们逐一道来：
>
> - 营销公司有一群疯狂科学家在实验室“孵化”新基金，若新基金不奏效，就抛弃掉。投资公司不这么做。
> - 营销公司无论旗下基金增长到多大的规模，都收取固定的管理费。其费率也保持在难以接受的高水平。投资公司不这么做。

- 营销公司不管基金已变得多么庞大和重以控制，都不会向新投资者关闭旗下的基金，投资公司不这么做。
- 营销公司大肆鼓吹旗下最小基金的历史业绩，尽管知道基金的回报率会随着基金成长而下降。投资公司不这么做。
- 营销公司创造新的基金，是因为它们容易买得出去，而非因为它们是好的投资。投资公司不这么做。
- 营销公司靠债券型基金的回报率进行推广，在它所有的股票型基金广告中，不时使用“第一名”的字眼，在其所有促销材料中使用如阿尔卑斯山一般陡峭的峰状图。投资公司不会做这些事情。
- 营销公司不仅仅根据投资业绩，还根据基金资产和现金流，来给投资组合经理支付薪水。投资公司不这么做。
- 营销公司渴望它现有的顾客支付任意价格，承担任何费用，这样就能在所谓共同基金超市里吸引无数新顾客。而投资公司会设定限度。
- 营销公司很少或根本不警示客户，提醒他们市场并不总是上行，历史业绩没什么意义，市场在看起来最安全时其实最危险。而投资公司则反复告知其顾客这些事情。
- 营销公司只想“跟着潮流走”。投资公司则会问：“如果市场明天下跌67%，会对运营的每个方面有什么影响？我们又该怎么应对？需要什么样的计划来渡过难关？”

所以，你必须做出选择。你可以大体上做一家营销公司，或者你可以大体上做一个投资公司。但你不可能两者兼备。只要你给予其中之一以优先地位，就必须放弃另一个。

基金业是一项信托业务；我认识到这个说法有两层意义。你是受托人，没错；你也是寻求利润最大化的企业，也没错，这理当如此。但在长期，如果你不首先强调自己是受托人，你就无法作为一个企业生存下去。

在短期，主要做一家营销公司而非投资公司是赚钱。但长期来看，这不可能成就一个伟大的企业。

我非常赞同这位坚持原则的记者的观点。但在晚餐会上，他被闹哄哄地轰下台并被几位听众质问。他对于当前很多人把投资原则放到次要位置，而认为营销优先于管理的坦率批评让一些人感到非常愤怒。碰巧，他的听众大部分都是挥金如土的共同基金的广告商。但我毫不怀疑，如果论坛中都是共同基金投资组合经理和分析师，他将受到热烈欢迎。

媒体嗅到了信息

营销是基金业的主要驱动力，而产品就是基金业所提供的，这一说法现在已经被如此广泛地接受，以至于几乎无需证明了。但是，为了打消任何疑虑，让我来展示若干金融出版物近来的一系列言论：

- 《投资新闻》(*Investment News*)

标题："对营销商来说基金是什么？又一罐豌豆而已。"

内容："基金经理面临的挑战是：如何在群体中脱颖而出，卖掉你的产品……基金正变成就像牙膏销售商一样的消费品营销商，试图在竞争者中赢得优势……基金业绩和投资技能都是艰难的领域……但营销的基本原则是一样的，无论你卖的是一罐豌豆还是一只共同基金。"

- 《机构投资者》(*Institutional Investor*)

图片标题引用某大型基金集团高级经理的话："在长期，我们相信，销售为王。"

- 《基金营销警示》(*Fund Marketing Alert*)

标题："投资者看重品牌，但他们对费用却一无所知。"

内容："70% 的投资者说一个知名的品牌很重要，但大部分人没有意识到他们支付的费用——60% 的人不知道他们是否支付 12b-1（发行）费，被问到他们是否支付顾问费时，40% 的人说没有。"

- 《华尔街日报》

标题："共同基金使用新招术来出售产品。"

内容："基金公司已开始用消费品公司销售麦片和洗洁剂的方式，来推销他们的产品……（基金）超市货架很拥挤，所以促销预算也达到了创纪录的水平。"

标题："由于优秀的业绩更难实现，共同基金公司开始计划闪电战。"

内容："基金经理们发现跑赢市场平均水平越来越难，所以知名度成为争夺顾客的另一个武器……业绩不再是基金能控制的变量。"

- 《共同基金市场新闻》(*Mutual Fund Market News*)

标题："更多的基金顾问寻求营销的支持。"

内容："类似有形的消费品，基金制造商们希望得到主要的货架空间……他们想要投资者热爱其品牌，成为回头客……成功的决定因素不是资产管理的专业技能，而是把合适的产品置于合适的受众面前的能力。”

- 《财经世界》(*Financial World*)

标题：“华尔街上的品牌战争：金融服务公司在其品牌名称上花费数百万，以控制你的资产。”

内容：“品牌公司不再靠低费率和高回报率进行推销……它们正为品牌形象而努力……‘我们希望我们的名字出现在百威、麦当劳、IBM、微软和汽车公司旁边’，一位行业领导者说，‘创造需求对基金发行商来说已变得至为关键’。当然，除非基金公司能给人以有价值的印象，否则他们就无法证明其高佣金或费用的合理性。”

十年以后

是投资公司还是营销公司？

让我们承认吧，当年《华尔街日报》专栏作家的贾森·茨威格的观点是完全正确的。他列举了10种营销公司区别于投资公司的方式，每种都恰如其分。然而，自那时起，情况没有任何改变。据我估计，这一领域内几乎所有的公司在本质上都是营销商；只有极少数满足“投资管理”的标准。奇怪的悖论是，领航是这极少数之一，因为我们基金的主导投资方针之一是指数化和虚拟指数化，而在这里，投资管理（在传统意义上）根本不起作用。

真正的业务：聚集资产

尽管如此，几乎没人对今天基金业的发展方向有疑问。权威的投资银行高盛公司（Goldman Sachs & Co.）在1995年的一份题为《共同基金业的持续演进》（*The Continuing Evolution of the Mutual Fund Industry*）的报告中说得很好：“资产管理不是资产管理业的真正业务，聚集和保持资产才是。”1998年更新的一份报告更强调重申了这一结论：“成功的关键要素正在从制造资产管理产品转移到发行资产管理产品。”从媒介到信息，就是这样。

尽管只有一名记者意识到了这一有害趋势对基金份额持有人的负面影响，但媒体很清楚今天这项业务的本质。有一点必须清楚的是：由于不能提供超越市场的回报率，实际上已落后于大牛市的回报率了，共同基金业在事实上已经抛弃了传统的“管理”口号，采用了新的口号“营销”。说服的技术已经取代了创造业绩的技艺。

既然基金在营销方面的支出减少了其回报率，那么让现有的基金份额持有人去承担吸引新份额持有人所需的成本，似乎既反常又不公平。逻辑表明，新的份额持有人被超市最新的“大减价”（最近业绩最好的基金）和“免费”等广告诱惑进来，他们的投资期限更短。他们对短期回报高度敏感，能够自由地转移他们的资金。所以，他们频繁地更换基金，基金必须不断买卖股票以适应这种资金流入流出，现有的份额持有人则要承担这笔额外投资组合的换手成本。以长期投资者为代价，为短期交易者或赌徒服务，这对营销公司来说可能是个成功的策略，但对投资公司来说则绝对不是。

基金公司滥用高成本的发行策略取代良好的管理策略，已到了无可救药的地步。如果有足够的信息，个人投资者可以很简单地拒绝那些直接、公开收取 12b-1 费的基金。基金份额持有人可以投票反对收取这些费用，尽管他们过去基本没有这么做过，将来也许也得不到什么机会（大多数想要收取这些费用的基金经理已经这么做了）。他们可以恳求基金的独立董事改变原先的决议，尽管基金董事未按基金顾问的意见行动，但记录表明，对此不要有什么指望。

有治 12b-1 病的药吗？最好的药方是阳光；我们要让更多的阳光照进窗户。证券交易委员会的官员们应将这些问题交给公众去辩论，收集并发布详细的行业统计信息，包括顾问与发行费用、投资组合管理和投资研究服务的费用、广告和营销服务费用、基金运作的支出，以及投资顾问赚取的利润。

共同基金应遵循更高的标准。我们不是在售卖皮肤护理液或者出国旅行的服务。我们不应兜售希望、梦想、青春或健康。我们也不应像宝洁、百威或可口可乐那样出售品牌专营权。我们不应像兜售消费品那样，或者模仿对它们来说很自然的激进的产品营销策略。共同基金是，或至少应该是，投资者储蓄最优先且最优秀的保管员。

在共同基金业中，我们需要的是对份额持有人的资产给予更多的关注，而不是对基金份额营销的关注。我们需要对基金是什么，以及为谁服务的理念进行重新定位。将投资者作为份额持有人而不是顾客来对待，是向古老的信托责任原则的回归。早该如此。将共同基金作为信托机构或信托资产而非产品来对待，将是迈向改善今天的基金份额持有人利益的一大步。制造所有能卖掉的东西，不管它是否经得起时间考验，这实际上忽略了我们客户的福利。打造出好东西，然后出售所制造的东西，才能表明我们把客户利益放在第一位的意愿。

对于需要帮助的投资者，我们对其资产的信托责任远远比我们从基金交易中所收取的费用重要。这样将给我们的基金持有者们公平的待遇。只有当管理取代营销，坐上共同基金的驾驶席时，我们才能做到这点。在写下这些话时，我很惊讶地发现它们和共同基金业基本原则的相似之处。这些原则我在前一章已探讨过，在大约50年前，我在普林斯顿大学的研究论文中便已提到了："投资公司的首要职责是管理其投资组合。所有其他事情对这一职责的表现来说，都是次要的。"

现在是我们恢复这一使命的时候了。

十年以后

营销和管理

在过去10年中，基金业在与我呼吁的相反方向上前进。仅在过去的两年中，关于共同基金的广告就花掉了近十亿美元（你的钱）。大宗商品基金、绝对回报率基金、新兴市场基金和各种新型的退休基金等新产品，都是以牺牲传统中庸的股票型共同基金为代价发展起来。即使是指数基金的可观增长，也主要是因为新的指数基金能在股票市场上每日进行全天候的实时交易，交易型开放式指数基金（ETF）就是这一发展。ETF基金主要用于投机，持冒险策略的基金发起人经常发售这样的基金：杠杆、双倍杠杆、对市场的微薄价差进行交易，甚至采取貌似聪明但未经检验的方法，试图跑赢传统的指数基金。

我们已经与为投资者提供服务这一使命渐行渐远了。

第17章

现代科技：又有何益

让我们从一个有事实基础的共同基金的寓言开始。1996 年 5 月 23 日，一位典型的共同基金投资者，在他的“加速”（Quicken）电脑程序上完成了对价值 15 万美元的 15 只共同基金投资组合的日常检查。这位投资者确定，他已在股票市场中错过了太多的行动机会。在美国在线（America Online）的网站上，他得知“彩衣弄臣”（The Motley Fool）公司的人认为应该跟进热门股票，所以他决定将他的 10 万美元的货币市场基金投资转换为热门的“动量”新兴成长型基金。

该投资者浏览了用于交易基金的无交易费用的共同基金市场网站，他注意到这只热门基金在第一年就上涨了 60%。其投资经理极为成功地运作过另一只基金。并且，通过花费新基金持有人支付的一部分顾问费，他跻身于基金市场中，吸引到了超过 10 万名投资者和近 10 亿美元的资产。该经理在报纸和电视中出尽风头，并很快在 6 月成为晨星年会的明星。在晨星网站上快速检索，即可让我们的投资者得到一整套能想象到的关于该投资组合经理早期业绩的所有数据，包括他最偏爱的 10 只股票，投资组合的核心组成部分的股票市盈率为 45，中位市值为 7 亿美元，53% 的资产集中投资于科技和医疗股，500% 的组合换手率等。

这位投资者再次访问基金市场的网站，在电脑上敲了几个键，马上就将他的货币市场基金换成了新兴成长型基金。两边的交易在市场关闭前的半小时已经执行，没有可见的佣金或成本。该投资者对当天的工作很满意，关掉了电脑。

两个月后，到了 7 月底，该投资者开始发愁了。市场下跌，而他的基金跌得更快，自他申购至今已跌了 22%。而一家全国性的共同基金杂志依然宣称这只基金是下一只“麦哲伦基金”。该投资者决定继续持有，等待必将到来的市场反弹。

几个月后，到了 1996 年年底，该投资者在“加速”上详细检查了他的投资组合后，感到相当的不安。他猜对了：牛市回来了。标准普尔 500 指数自 5 月 23 日起上涨了 11%，但是，根据电脑上的数据，他的新基金还是下跌了超过 20%。他提醒自己要关注这只基金。市场继续其趋势，到 1997 年 3 月中，又上涨了 6%，但他的基金又损失了 18%，现在共下跌了 35%，虽然同期市场反弹了 18%。他的投资现在与标准普尔 500 指数相比，相差了 53%。

他迅速行动，在基金市场网站上，把那只已是明日黄花的基金换成了一只新的基金。指数基金对他没有吸引力（对于消极管理、拥有市场、成本优势、大盘股和长期投资等，他感到厌倦），但他从最佳业绩基金的每周回顾中知道，标准普尔 500 指数基金很热门，跑赢了 90% 的主动管理型基金。在他的基金市场中，他买不到想买的那只被《华尔街日报》称为“行业至爱”的标准普尔指数基金。（显然该基金负担不起进入这个基金市场的成本。）但他找到了另一只差不多一样好的基金，进行了交易，又一次只是在电脑上敲了几个键。他会先试试这只基金。如果他又猜错了，他还能改变想法，只需轻点鼠标即可……

十年以后

又有何益？

我所描述的第一只基金（没有提到它的名字）是冯·凡谷纳（Van Wagoner），一只新兴成长型基金。我们假想的投资者将它清盘是对的。在接下来的 10 年中，这只基金的业绩让其成为了这一领域中业绩最差的基金。2008 年，整个冯·凡谷纳基金集团被并入另一家公司，但这可是投资者在其共同基金上遭受了 30 亿美元损失之后的事情，对那些不明智地将赌注押在这位“明星”经理身上的人来说，代价惨重。像许多其他基金一样，他管理的基金只是个彗星，在天空中昙花一现后，便无影无踪了。

悖谬的是，这位过分活跃的投资者是由于错误的原因购入了标准普尔 500 指数基金。没错，10 年前，指数本身很“热门”，跑赢了 90% 的股票型基金。但这 90% 的优势（正如我在本书旧版中所写的）只是个随机和不大可能出现的结果。指数基金通常在任一指定年份里只能跑赢 60% 的基金，尽管在更长的期限里可以跑赢 80% 或更多。令人欣慰的是：自 1997 年 3 月起到 2009 年年中，虽然标准普尔 500 指数只有 3.3% 的年回报率，但还是跑赢了超过 60% 的大盘股共同基金。

我刚才描述的，是共同基金业在计算机技术新兴时代的缩影。这个简短例子里的基金都是真实存在的，但投资者是虚构出来的吗？我举这个例子只是要向你介绍科技进步带给共同基金业的影响：

- 一个金融体系，使专业的基金经理能提供全新的投资产品，为交易提供充足的流动性，并以光速在全球范围内展开交易。

- 一个随时更新的信息网络，可提供关于共同基金投资组合和业绩的数据，信息量之大，超出了人类心智所能把握的范围。
- 一个极有效率的通信网络，任何基金投资者都能即时下达交易指令（虽然迄今交易还是以每小时执行一次的频率进行），无需离开他的台式电脑寸步。

可是，即使投资者可以利用如此非凡的技术手段，我要问：又有何益？

我完全承认计算机技术在共同基金业的增长中所起的重要作用。基金业成功和被广泛接受的首要原因是过去 16 年从未间断的不可思议的大牛市。但计算机让这一行业的增长多了一个数量级。而且在某种程度上，正是计算机让基金业成为一个与其之前古板保守，明显不同的全新产业：在品种、概念、投资者参与程度、服务质量以及定价方面，都是全新的。

最明显的是，共同基金的数量呈现了爆炸式增长，这给投资者在基金目标、投资策略和基金经理等方面带来了无比多样的选择。原先的基金业，在仅仅 20 年前只有 300 只股票型基金，它们是 1973—1974 年大熊市后舔舐着伤口并严阵以待的幸存者。如今的新基金业，包括 3 300 只股票型基金，其中一半都是在过去 5 年成立的。当下股票型基金的数目，已超过在纽约证券交易所上市的全部的 2 900 只美国公司普通股的数量。

如今，平心而论，在很大程度上，股票是“过时”的，而共同基金正当“时髦”。我想，就现实来说，这个说法还没错。但只讲到这还不够。事实是，共同基金像股票一样被估值、被申购、被交易，在商业圈里和鸡尾酒会上被广泛讨论。对数百万投资者来说，基金就是股票。

想想最近的这个例子。《晨星投资者》（*Morning Investor*）上的一篇文章不带感情色彩地展示了一位投资顾问向一对距退休仅有 5 年，打算进行 35 万美元投资的夫妇的建议。他推荐了一个几乎全部由 17 只股票型基金构成的投资组合，包括小盘股基金和国际基金。我们可以预计到，这 17 只基金组合中的总共 2 000 只股票很可能在扣除费用之前，至多能获得市场平均回报率。扣除平均多达资产 1.6% 的基金费率，因每年平均 92% 的投资组合换手率而产生的基金交易成本，以及 1% 的顾问费用后，将总的成本算作 3.5%，或者每年 12 250 美元。这样看来，要让这对夫妇对他们退休时的投资结果满意，几无可能。这对夫妇将所得回报的一大部分付给了投资顾问和共同基金管理公司等公认的投资专家。而他们自己顶多只能获得与市场回报率相当的回报率，而且是在扣除成本之前。一个包括 2 000 只股票的投资组合，真有机会能跑赢市场吗？

十年以后

作为股票的基金

随着从互联网上可获得价格信息的股票和基金（以及所有其他金融数据）的数量呈指数级增长，《纽约时报》如今只公布了数量极其有限的股票的价格，以及更少量（时断时续的）基金的价格。但把基金作为股票来看待的观念却迅速流行开了，交易型开放式指数基金现在以远高于个股的换手率进行交易。在纽约证券交易所上市的股票在2009年上半年的年平均换手率为155%，而ETF换手率竟达到了令人难以置信的3 000%。我为此很难过，对基金份额更类似于股票的积极交易和过分投机感到担忧，事实证明，我的担心不无道理。实际上，基金交易已然压倒了股票交易。荒谬的是，大多数基金交易产生于指数基金（通过ETF），可指数基金本来是为长期投资者设计的。

那对夫妇的顾问在1997年建议他们的投资应更进取一些，并要他们投资于含有17只（大部分高成本）股票型基金的投资组合，放弃他们持有的30%的债券型基金和现金，以达到至少10%的年回报率目标，现在他们怎么样了？我当时说："要让这对夫妇对他们退休时的投资结果满意，几无可能。"事实证明，我的警告很有预见性。在受推荐的投资组合中的17只基金中，足有8只（近一半！）在接下来几年中倒闭，仅有9只幸存。的确有些幸存者在后续时期跑赢了标准普尔500指数，但我们永远无法知道，那8只倒闭的基金如果继续经营下去会有何表现（虽然我们可以设想他们的业绩会很差）。一个含有17只股票型基金的投资组合与"选股者的投资组合"很难说有什么不同。我相信，这个例子不是此类策略损害投资者财富的孤证。

将基金转变成股票的趋势是逐渐形成的，但对我而言，有个特别的日子清楚地标志着这一转变的发生：1995年3月19日。这一天，即使不会被钉在历史的耻辱柱上，也是我眼中的里程碑。在那个星期天，《纽约时报》的编辑们将共同基金的价格和业绩列在了纽约证券交易所的股价行情表之前。很久以来（肯定超过一个世纪），纽约证券交易所股价表一直是《纽约时报》读者第一眼看到的内容，但自那天起，纽交所的股票行情表只能在共同基金这位巨大的暴发户面前，退居次席了。

投资技术：更大、更快、更复杂

这种转变是如何发生的？让我们从投资技术和金融市场体系开始。想想我们今天拥有的那些投资工具，如果没有计算机，它们的存在几乎难以想象，也肯定不会得到如此广泛的应用，更不会有如此高的流动性：

- 未偿付的名义价值高达 20 万亿美元的金融衍生产品。
- 世界外汇市场上估计有 1.5 万亿美元的日交易量。
- 活跃的金融期货市场，包括名义价值近 2 000 亿美元且实时更新的标准普尔 500 指数期货。
- 多种市场指数（据我们最近统计已超过 3 000 种！），以及由此而来的指数基金。
- 巨大的市场交易量，在较繁忙的交易日，大约 10 亿股股票在纽约证券交易所里交易，另有 10 亿股股票在纳斯达克市场（NASDAQ）上交易。每天总共有价值 300 亿美元的股票换手。

在这种狂热的交易氛围中，共同基金业已经开发出了我们在 15 年前无从想象的激进而复杂的投资技术。我们有了微型股票型基金、数量管理型基金，基于价格动量理论、盈利预期理论、市场技术判断和基于多元回归的基金，还有可调整利率抵押贷款基金、备兑看涨期权基金和外汇基金，另有投资于越南、印度尼西亚和捷克共和国股票的基金，这些国家迄今尚未作为资本主义的堡垒而为人所知。许多作风传统的基金改弦更张，仅仅采用过去都会被认为是耸人听闻的策略。一般说来，在 20 世纪五六十年代，共同基金经理以 15% 的换手率来调整他们的投资组合。即使在 1965～1968 年的活跃期，换手率也只升至 40%。但在 1997 年，平均换手率竟高达 85%，这表明，一只股票的平均持有期只有一年多一点。专业投资者的长期投资怎么了？

随着专业投资者和个人投资者的趋同，两者都变了成积极交易者，大肆利用今天受计算机驱动的金融体系及其创造的流动性，曾被认为是长期投资的共同基金，在很大程度上，已变成了短期投机工具。许多以前的牧羊人自己成了绵羊：游移、反复无常、狂乱，放任、冲动地做出决策（这种冲动有时可以量化），完全破坏了以公司价值为基础的传统投资标准。投资技术使我们能够参与到所有这些狂躁的行动中。技术只给了我们工具，却没有给我们如何有效使用它们的智慧。

十年以后

投资技术

我先前关于衍生工具的担忧已变成现实。衍生品的名义价值从1998年的20万亿美元飙升至2008年的600万亿美元，当衍生品的巨大风险累积起来后，沉重打击了世界各大金融市场和经济体。没错，虽然衍生品变得更大、更快、更复杂了，但它们也变成了金融市场的阿喀琉斯之踵[①]。机构投资者们不仅缺乏驾驭这些复杂衍生品建设性的智慧，也过于享受已被证明是极具缺陷的风险测度方法。

信息技术：信息还是智慧

计算机与互联网让我们可以不停地获取数据，使我们能够对共同基金随心所欲地分析和估值，并根据触手可及的海量信息做出选择。共同基金投资者再也不会因缺乏充分的信息而无法做出投资决策了。共同基金投资者应该是计算机革命最大的受益者之一。

或许如此，但他们也可能是最大的受害者之一。正像本章开头的例子中所描述的投资行为一样，每一天共同基金投资者的行为都表明（如我们一直以来知道的），在投资活动中，信息经常被误认为是知识，而知识极少转化为智慧。可是，智慧远胜于堆积如山的数据，并且常识远胜于机会主义，二者注定是长期投资成功的首要因素。

当我们考虑基金的投资决策，在购买、持有、加仓或减仓和完全退出时，通信技术让我们能随时获得大量信息。多少信息？即使是今天最寻常的电脑和通信技术，也能在几秒钟内将你带进晨星的网站，或将其“普林西皮亚”（Principia）数据库下载到你的电脑上。打开“普林西皮亚”程序，比如说，点击某个特别大的平衡型基金的名字，然后点击“打印”，会打印出来37页（数数吧）的数据和图表，内容有：

- 股票投资组合：市盈率和市净率、盈利增长率、市值和行业分散度。
- 债券投资组合：到期日、信用等级和息票。
- 全部投资组合：换手率、持有最多的25只证券和总发行量。
- 风险：R^2、β、α、标准差、夏普比率。

① 阿喀琉斯是荷马史诗《伊利亚特》中的英雄，传说他除了脚踵外，周身刀枪不入。此处意为致命之处。——译者注

- 回报率:以往25年的业绩,月度和滚动3个月的业绩,与指数和目标组比较的排名,税后调整回报率。
- 每年的投资风格:股票的9个风格箱[①],债券的9个风格箱。
- 成本:销售费用、12b-1费用、费率比较。(不要忽略成本!)
- 结果:获得的星数。(很高兴,我们的平衡型基金获得了"四星级"。)

毫不夸张地说,晨星的一流服务给投资者评估基金特征、理解基金风格,做出有根据的决策所需的一切信息。实际上,公平地讲,如果投资者有"普林西皮亚"的输出结果,使其在做出投资决策时具有一定优势,那么,许多基金经理在测试中可能顶多也就拿到个C。

依赖这些信息的投资者,我想他们最多也就是看看基金业绩和星级等内容。投资者信任的是"我们的星级,而不是我们自己"(与卡修斯[Cassius]告诉布鲁图斯[Brutus][②]的相反)。在1997年流入股票型基金的1 600亿美元中,大约有85%流入了四星级或五星级的基金,只有15%流入了一星、两星、三星级的基金。(或许更糟糕的是,另有600亿美元流入了未经检验的基金,它们往往有着不错的记录,但还没有获得评级。它们尚未达到能建立基金经理信誉的持续期:只有三年,而且是在一段牛市时期。)

如果知识可以转化为智慧的话,那么实际上,知识就是力量。但是,仅靠信息和对"星级"的信任,并不会提高投资者的回报率,除非投资者能明智地使用这些信息。简单地说,虽然晨星的网站和软件对理解基金投资风格、历史回报率和当前投资组合来说,都是无价之宝。但确凿的证据表明,这对投资者挑选出未来业绩最好的基金来说,毫无价值。技术让信息更易获得,但技术并不提供知识,也不产生智慧。也许重读《箴言》篇,能够提醒我们,什么才是真正重要的:"要得智慧,要得聪明。"[③]

交易技术:趁热换铁

交易技术给予我们超乎想象的交易基金的能力,但这对基金投资者和基金经理来说,毫无益处。投资者确实利用了这种能力,股票型基金份额的换手率飙升。在20世纪60年代和70年代,股票型基金份额每年的赎回份额(和出售)平均占资产总额的9%。但

① 晨星于1992年创立的投资分析方法,以九宫格的形式为股票或债券投资的风格进行分类,详见本书第六章。——译者注

② 此二人皆为古罗马时代凯撒的反对者,这是当时的一个典故。——译者注

③《箴言》篇出自《圣经》旧约。该句为4:5第一句,原文为Get wisdom, get insight. 此处取和合本译法。——译者注

是到了20世纪90年代，这一比率已经增加了两倍多，达到了31%。基金投资者变换其基金经理，就像改变其所持有的个股一样迅捷。

把这些数字的倒数作为股票型基金份额平均持有年数的替代变量（这是相当好的替代变量），持有期从20世纪60年代70年代的11年下降到90年代的略多于三年。三年而已[①]。在我看来，这一趋势已削弱了广泛分散化、扎实管理、有效运作的共同基金作为最佳长期投资手段的目的。共同基金持有人的长期投资到底做了什么？我们时代最伟大的投资者沃伦·巴菲特的策略就是买入并持有，而他也在年报里向全世界阐述了他的策略。但我们还是无视了他的忠告。

也许正是对投资技术、信息技术和交易技术结合的顶礼膜拜，所以在一个免交易费用的共同基金市场的基金赌场里，基金可以买下一块网上的广告牌，让份额持有人能够快速交易其份额，而表面看上去无需缴纳佣金。这个体系的成本被遮蔽了。首先，在大多数情况下，所有份额持有人都为一小部分使用者付费。基金向持有基金资产的赌场支付每年大约35个基点的费用。其次，所有份额持有人都承担了因少数人的资本流入流出而导致的投资组合交易成本。赌场中的基金份额持有人对股票市场波动的敏感度，明显高于其他基金份额持有人（虽然之前的数据表明换手率已很高，但后者的换手率更高）。

至少还有几位和我一样，对于投资世界中技术的作用和投资者基金份额换手率的不断加速而感到担心。《纽约客》最近的一篇文章以严肃的口吻写道：“轻浮的基金经理（我还要说，包括主动管理其基金投资组合的投资者）都被新奇玩意儿迷住了，如今，技术在宗教般虔诚的投机癫狂和金融狂热中占据了中心位置。”

这个谴责似乎过于强烈，但其中不乏真理。不过，我承认，技术在某个方面为基金份额持有人带来了极大的好处：基金份额交易和基金投资组合交易的单位成本急剧降低。实际上，这种降低确实有助于减少共同基金的运作成本。计算机成本几乎下降了99%，从1985年的每秒每百万条指令（MIPS）的150 000美元，降至1998年的每MIPS不到2 000美元。1985年的人工电话答复成本为10美元；今天自动电话答复的成本（对许多投资者来说有点不舒服）仅需2美元。投递一份印刷版招募说明书的成本为8美元；同样的招募说明书在互联网上投递，成本不到1美元。基金可以实施电子化交易，只需在个人电脑上敲几个键，这又省了一大笔费用。

最近有人估计，5 000万基金投资者中的2 000万有家庭电脑，1 000万将其用于

① 那正是三年的好年景。在1987年的惨淡气氛下，基金的赎回/交易率惊人地跳升至资产规模的62%，这可能是下一次市场衰退令人不安的预兆。

投资。（另一项估计认为在最大的基金市场中30%的份额持有人在其网站上进行交易。）今天的1 000万用户将很快变成1 500万，然后是2 000万，所有的持有人都能在弹指之间赎回他们的份额。稍微动动脑筋便可知道，如果有一半人对一次地震（字面意义上的或者比喻意义上的）新闻事件有所反应，金融市场将发生怎样的变化。无论是好是坏，电话忙音说明这一基金业的老看门人要退休了。或许只有当互联网服务提供商的线路繁忙，或者网络崩溃，才会“保护”我们。说实话，这是更大的恐慌。

像共同基金提供给投资者的大多数有用和节省成本的服务一样，技术导致成本下降所带来的好处，主要由基金经理而非份额持有人享受了。实际上，基金业总是宣称新服务增加了成本而不是降低了成本。不过新的服务大多是被设计来吸引投资者及其资金的市场营销服务，这提高了顾问费和记录维护费用，增加了基金管理公司的利润。

十年以后

交易技术

现在我们知道，前文在引用的《纽约客》的文章中表达的担忧恰当其分。10年前，技术确实“处于宗教般虔诚的投机癫狂和金融狂热中的中心位置”。早先，科技股的“新经济”泡沫在2000—2002年间破裂，这导致股市整体下跌了50%。但那时我们还不知道，很快将面临另一场更大的“宗教般虔诚的投机癫狂、金融狂热的泡沫”，这次泡沫将于2007—2009年间破灭。产生这次泡沫的部分原因是技术因素，这种操纵数字的技术容许将抵押贷款组合转为债务担保债券（CDOs），也容许证券化、房地产投机、质量可疑的（甚至欺诈性质的）抵押贷款、评级机构的失败、缺乏足够储备的保险金融工具等。后一场泡沫的破裂比前者的结果更糟：股价下跌了57%，这是自大萧条以来最大幅度的下跌。随着2009年3月以来市场的复苏，最坏的时候似乎已经过去了。我希望将来也是如此，但我还是会保持警惕，以防万一。

关于通信成本和交易服务成本的下降，没有什么确切的信息，因为基金经理们很少披露他们如何花掉所收取的费用。不过一家很大的基于“按成本定价”运作的基金公司，已经将其持有人的总单位支出减少了超过50%，从15年前占资产近20个基点到1998年的不到10个基点，每年为其基金持有人节省了4亿美元。相应地，这家公司管理的基金资产增长到了原先的近20倍，规模经济的好处全部给予了基金持有人。有一个

1 000 亿美元的基金集团采取了类似的措施，可能会将 2 亿美元的成本降至 1 亿美元，但是未将节余部分回馈给份额持有人。

对基金投资组合的换手率而言，技术也削减了成本——但可能仅是单位成本。举例来说，如果股票交易的成本降低了 50%，而换手率增长了两倍（事实正是如此），基金持有人承担的总成本将会增加 50%。又一次是基金持有人而不是基金经理承担了这笔费用，同时没有任何证据表明，这些疯狂的交易活动增加了持有人的净回报。

报告卡片

让我们为当前共同基金投资中使用的各方面技术手段打分：

- 投资技术：创新金融工具，A+；流动性，A+；基金的丰富性，A+；新基金的稳健性，C；基金经理的投资行为，D。
- 信息技术：数据对投资者的可得性，A+；完整性和范围，A+；重要知识的可得性，A；知识的有效利用，D；考虑未来业绩的基金的理性选择，D；持有人的投资行为，E。
- 交易技术：易用性和便利性，A+；暗中鼓励基金交易，A+；效率和费用节省，A+；持有人获得低成本的好处，F；有助于提高持有人的回报率，F。

我们的报告卡片显示，技术对信息的贡献是 A+；对知识的贡献是 C；对智慧的贡献是 D 或者是 E。总的来看，技术得分较高，而用户得分较差。

技术革命对明天的启示是什么呢？更多的网站、更多的公告牌、更多的信息、更多的交易，交易更便利、更快速，以及节省更多成本（虽然持有人可能得不到好处）。而且我还要加上一点，就是风险更大。计算机科技的力量所创设的大多数新型金融工具，从未经过熊市的严峻考验。大多数现在可以随心所欲进行交易的基金持有人也一样没有经过这种考验。并且，当有了互联网以后，无论好坏，他们都可以不再因基金公司电话线上人手不足的问题而停止交易。在我看来，任何人若没有认识到这些风险正在形成，都将会犯下严重错误。

但我并不是一个否定未来、呼吁回到过去的腐朽的勒德主义者[①]。我们不可能回到过去，不过我的确希望能尽快回归到基本原则，即共同基金最好被用来长期投资。我是个十足的理想主义者，相信今天流行的赌场资本主义不会在基金业内永存。基金份额的交

① 英国 1811—1816 年以捣毁纺织机械为手段抗议资本家降低工资和解雇工人的团体的成员。——译者注

易不只阻碍了基金策略的施行，还引致了所有基金持有人共同承担额外的成本。更重要的是，对采取积极交易策略的基金持有人来说，这也是一个失败者的游戏。技术，就其所创造的所有奇迹而言，是祸福相倚的。

技术的普遍影响

这种两面性在其他领域同样存在。想想医药界：伯纳德·罗恩（Bernard Lown）医生，杰出的心脏病学家，其医术让我从 1967 年一直活到我接受心脏移植手术（这是现代医学科技的一个奇迹）的 1996 年。他最近评论道："医学极度依赖科学，但它本身不是科学。医学和技术做了个浮士德式[①]的交易，其以贪婪作为润滑剂。以此我们创造了一个古怪的体系。"共同基金业亦是如此。

畅销书作家迈克尔·克莱顿（Michael Crichton）将信息技术革命浓缩进了从 A 到 Z 的范围——从空中交通（air transportation）到动物学（zoology）。在《机架》（*Airframe*）这本书里，68 岁的资深记者约翰·劳顿（John Lawton）评论道："信息时代的讽刺在于，无知的观点得到了尊敬。现在，每个人似乎都相信圣诞老人，相信天上会掉馅饼。"在《失落的世界》（*The Lost World*）中，莎拉·哈丁（Sarah Harding），一个迷人而年轻的生物学家告诉她的学生："在踏入野外之前，动物学家会阅读关于他将要研究的动物的所有读物，如通俗著作、新闻报道、科学论文等，然后走出去自己观察动物。你知道他一般会发现什么吗？那就是几乎所有之前人们写下或说出的都是错的……夸张，或误解，或只是凭空的幻想。"基金业只能希望克莱顿先生接下来不要将他的批判性眼光投向共同基金，因为在那里，天上掉馅饼的理念盛行，而且充斥着大量关于未来回报率的凭空幻想。

我之前的问题，"又有何益？"，并未打算贬低技术应用的非凡作用。我只是要求投资者更全面地考虑如何驯服我们创造的这个强大的怪物，要弄明白怎样让它向我们低头，而不是相反的效果。我们必须抛弃以下观点，即基金像可以像个股一样积极地交易（有时以奇异的形式），而管理可以产生奇迹。还要摒弃大量的广告宣传，即像啤酒、牙膏、香水那样为基金大做广告，这才是朝正确方向迈出的第一步。我们也应认真考虑适当限制交易频率，限制电话交易（虽然随着互联网变成我们更偏好的交易模式后，这不会有太大帮助），以及对短暂持有后赎回份额的投资者采取费用惩罚措施。对所有这些措施的憎恶，不仅来自于把基金视作股票的短期投资者，还来自于只寻求增加资产而不关心持久性的基金经理。但这每一条措施，都会有助于我们誓言为之服务的长期投资者。

① 歌德作品《浮士德》中的主人公，为了获得知识而向魔鬼出卖自己的灵魂。——译者注

想想本杰明·富兰克林（Benjamin Franklin）在1787年制宪会议闭幕时的讲话。谈到刚刚创立的新美利坚合众国时，他指向华盛顿将军的座椅，上面用金箔绘制了一个太阳。他说："我在会议议程中，希望与恐惧交替，看着这个太阳，分辨不出它是正在升起还是正在落下。但现在，我很高兴地知道，它是旭日而非夕阳。"

类似地，关于计算机技术对我们创造的新兴共同基金业的影响，我对此也充满了希望和恐惧，它是旭日还是夕阳，这由共同基金投资者决定的。

十年以后

技术的普遍影响

正如我们现在所知的，技术已被证明是旭日，而它的上升阶段（也许还包括它对投资过程的支配）尚未结束。但技术带给金融机构和基金投资者的自虐式损害，已远超它潜在的益处和实惠——技术对这些机构和投资者来说，显然是夕阳。就像我在第5章提到的，晨星的数据清楚地（而且也基本一致地）确认，指数ETF的交易者获得的回报率远低于那些ETF分别跟踪的指数的回报率。2009年年中之前的5年，典型ETF的年回报率保持在0%，而其投资者获得的年回报率是–4.2%。这意味着他们的资本在5年内的累计损失达20%左右。

当所有这些交易成功完成时，将会产生额外的税款，这对积极的个人投资者来说是很大一笔成本。（对买入并持有的投资者来说，资本所得税的大部分被推迟了。）我本应在本书前一个版本中加上一段关于税收的话的。倾向于限制交易活动的传统成本几乎消失了，税收也不再为大多数机构投资者造成明显的摩擦成本。捐赠基金免交联邦税，大约一半的股票型共同基金属于税款递延的退休金计划和储蓄计划。（另外，那余下的一半资产也被当作像税收递延一样来管理，这让基金投资者支付多余的税收成本。）我相信联邦税收政策应被用于阻止赌场式的交易，我还建议，应创设一个新的税种，即对交易的每份股票征税5美分。这种税既能帮助平衡联邦预算，又能减少我们留给后代的赤字。

第18章

基金董事：一仆事二主

"一仆不能事二主。"[①]大约在2 000年前，《马太福音》记录下了基督这句铿锵有力的话语。在美国证券法规的发展中，这一原则被充分尊崇。**公司董事的基本职责就是事奉唯一的主人，即公司股东，用具有操作性的话语可表述为：专心照顾股东的利益。**董事们已自愿接受了这种信托责任标准。举例来说，一家《财富》500强公司董事会将使命陈述为：

> 董事会的任务是使股东获得长期的经济价值。董事会相信本公司在反映股东获得的总回报的经济价值上，应位居行业前三位。董事会成员应将自己视作其他股东的代表，也就是公司的所有者。

我相信这份陈述中的原则，即使措辞不同，今天也已被美国几乎所有主要的公众持股公司所奉行。

除了那些共同基金公司。

大多数基金董事似乎是根据一份完全不同的使命陈述来开展工作的。共同基金的董事所遵循的信条，与所有其他公司不同，他们可以事奉二主。虽然基金因缺乏使命陈述而格外刺眼，但从基金董事的行为可以想见，他们的使命陈述可能是这样的：

> 董事会的任务是对基金管理公司控制和运作基金各方面事务进行监督，批准一份与基金管理公司的合同，允许其向基金持有人收费，以充分保证基金管理公司的资产增长和盈取利润。董事会可考虑其基金持有人相对同行和无需管理的市场指数的所获回报的经济价值，但即使是在长期，也可接受落后于其中任一标准的长期价值水平。

对比来看，公司使命陈述表达的正是美国当下的办事方式。创造股东价值已变成了口号、真理和命令。挣得"资本成本"已成为战斗方针，获得金融市场上可比较的

① 《圣经·新约》马太福音 6:24。——译者注

投资回报是必要的。无法挣得资本成本的基金经理要么丢掉他们的工作，要么失去他们的公司。

十年以后

一仆事二主

10年的时间再次确证了我的担忧，即共同基金董事的行为依然过分倾向于为基金管理公司的利益服务，而基金份额持有人（毕竟正是他们选出了这些董事）的利益仍在其次。奇怪的是，我对公司董事会事奉一主（股东）的信心被严重动摇了。特别是在最近的金融危机之后，公司经理将他们自己的利益（经常是短期的）置于公司所有者利益（必定是长期的）之上的趋势愈加明显。看来问题的一部分就在于将长期经济价值定义为公司股价，而非公司业务的内在价值……盈利、现金流，以及长期中产生的股利。

另一方面，基金的使命陈述，是对“股东优先”的敷衍。这意味着，基金董事应尽力维护基金持有人的经济利益，但是他们也要维护基金管理公司的经济利益。结果，不论基金持有人得到的服务是好是坏，基金经理们一般既不会丢掉他们的工作，也不会失去合同。今天的利益天平明显是倾向基金管理公司的。

控制的手段

为什么？首先，想想基金治理的控制手段。基金董事会主席，通常也是基金管理公司的主席和首席执行官。往往大约1/3或1/4的基金董事是关联董事——高级职员或基金管理公司的主要所有者。一般来说，关联董事是公司的全职雇员，公司付给他们全额薪酬。基金董事通常每年只开4次会。常规情况下，即使不是全部，基金的大部分独立董事都是由基金经理事先选择或批准的（并且在其成为独立董事之前就与首席执行官有着深厚的私人关系）。这会使人们难以相信董事的独立性，至少在一定程度上，这会威胁到他们履行自己的使命。

而且，支付给本应保持独立（用法律术语来说是无利害关系）的董事的薪水，常常远高于公司预设的标准，这就引发了很严重的问题，即独立董事和管理公司之间可能存在某些微妙的暗箱交易。10大高薪的基金集团董事，平均薪资是每年15万美元，这几乎是美国《财富》500 强中 10 大高薪公司董事 7.7 万美元薪资的两倍。为其董事支付最高薪水的 5 家基金公司的平均薪资如表 18-1 所示。

表 18-1　　高薪基金董事的平均薪资

排名	1996 年	2008 年
1	$240 986	$312 794
2	184 750	294 115[a]
3	172 532[b]	289 071
4	145 629	260 211
5	141 683	258 175
平均	$177 116	$282 873

注：a，该基金集团的董事会主席薪水为 40.8 万美元。

b，该基金公司的董事会主席，被认为是独立的（与经理无关联），薪水为 43.1 万美元。

根据晨星 1996 年的一项研究，支付董事高薪的基金公司，其管理费可能也很高。这项研究认为，“受托人得到的钱越多，持有人支付的费用就越高”。理性的人可能不同意仅凭这一关系就能充分证明暗箱交易的存在（“如果你想要得到更多的管理费，就要给董事更高的薪水”），但事实却很难让人安心。

最后，大多数基金董事都不大认为自己是“公司其他所有人的代表”。他们持有的基金份额很少公布，更少在媒体中报道，通常只是象征性的或根本就不存在。最近一家大型基金集团的声明，虽然是个轶闻，但这种情况却很寻常。这家基金集团有 24 只基金，一位典型的独立董事持有其中 10 只基金的份额；总量为 1 900 份，或者说每只基金 190 份，平均市值仅为 3 000 美元。总计是这位董事在所有他所供职的基金中一共持有价值 3 万美元的份额。一般人都会认为，这样的财务利益对防止过错来说，根本微不足道。在这种情况下，“董事个人投资极少”这一现象的普遍性，很清楚地表明了董事与其他持有人的利益不存在必然的一致。

总之，共同基金的治理充满利益冲突，从董事会的人员构成、董事会会议的性质和频率，直到董事的薪资水平，甚至这种情况因独立董事几乎不持有基金份额而恶化。如果这种情况还不足以使基金管理公司对基金拥有事实上的控制权，那么实际上公司最后提供给基金所必需的每项服务（包括行政管理、投资组合管理，以及在一定规模下采用单一捆绑合约的基金发行）这个事实，更加充分说明，是基金管理公司，而非基金持有人，才是真正被事奉的主人。

十年以后

控制的手段

表 18-1 反映了过去 10 年中基金董事薪资惊人上升的情况，一般来说，他们的薪资都会高于巨型工业企业董事的薪资将近 20%。后者最终要为公司的管理负责，而基金董事则主要只负责雇用公司来管理基金。

颇具讽刺意味的是，在另一个关于基金管理公司权力的例子里，它们尽量减少信息充分披露的程度，而充分的信息披露曾是基金业品质的证明。基金不再需要报告它们的董事所持的基金份额数，只需报告持有的金额，最高为 10 万美元或更多。所以，如果一个持有 100 万美元基金份额的董事出售了 899 999 美元的基金份额，只留下 100 001 美元来继续持有，那么基金持有人不可能知道这个变化。为什么证券交易委员会允许共同基金与其他公众持股公司不同，并能免于完全披露董事持有的基金份额，这依然是个谜。同样，SEC 也未要求披露基金高管的薪水。事情越来越复杂了。

尽管如此，我们确实知道董事们往往不持有基金份额。在最大的基金集团中，可以确定的典型情况是，在 154 只基金中的 121 只里，独立董事们不持有基金份额。对于基金营销人士在过去 10 年中创立的新型基金，基金董事似乎特别厌恶持有其份额。这是个警告信号，它埋没在了基金招募说明书的冗长词句中，说明那些得到基金董事批准的基金，不足以吸引他们的投资注意力。这对正在考虑投资于这些基金的投资者来说，可千万要注意呀！

控制的结果

这一治理结构造成的后果很明显。首先，共同基金持有人得到的回报率远低于市场回报率。过去的 16 年里，在 258 只专业化管理的股票型基金中，只有 42 只跑赢了不受管理的威尔逊 5000 股票指数。相对于不受管理的债券指数而言，债券型基金的表现更加暗淡。而货币市场基金要跑赢不受管理的短期利率指数，根本没戏。没有哪只基金做得到。

产生这些持续差距的主要原因是基金费用的拖累。**让我用法律术语来类比金融服务。我把“总回报 – 费用 = 净回报”这个等式叫作宪法原则，把“在有效市场中，平凡**

即是标准”的信条叫作成文法。在金融服务的舞台上，宪法原则不能加以修订，成文法也不能废止。它们代表了金融世界不可改变的事实。

虽然基金资产有了惊人的增长，但其费率也在加速上升。这种费率不断攀升的情况由来已久；实际上，它看起来似乎还会持续下去。自1924年美国基金业诞生以来，新基金的最低费率就越来越高了;在最初的60年中,最低费率从0.38%上升到了0.58%。(这些最低费率是费用清单上的最低者，通常，仅在未来基金资产规模足够大时才生效，而这一规模可能永远无法达到。平均费率显然更高，而且通常要高得多。）然而，在20世纪80年代和90年代，增长速度提高了两倍：最低费率从0.58%升至0.72%，上升了差不多有25%。而在费率增长的同时，基金资产变成了原来的37倍，导致费用金额增长得更多。图18-1显示，在基金业历史中，基金的平均最低费率几乎翻了一倍。

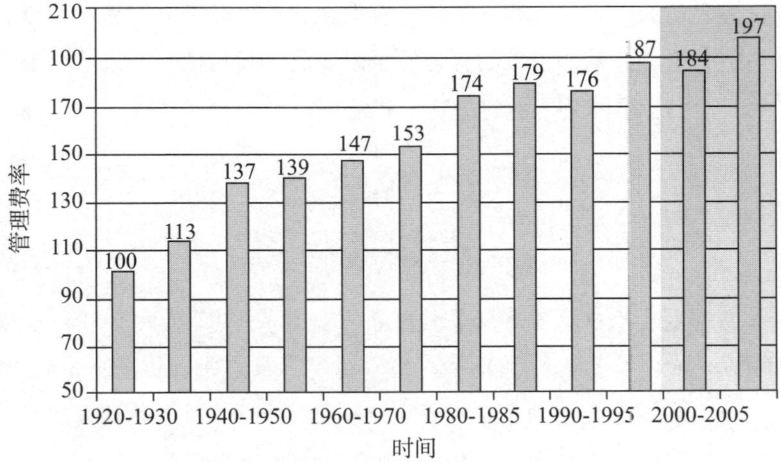

图18-1 管理费率随时间的变化（1920—2008年，基点为100）

此外，新型费用被加入到了费用结构中。最近才出现的现象是，我们还要付费给投资顾问们，让他们挑选次一级的投资顾问，而后者又因实际管理投资组合而获得薪酬。自1980年起，从基金资产中直接扣除发行费用已变得非常普遍。这些仅用于促进新基金份额销售的所谓12b-1费用，现在有60%的基金都要收取。

提高顾问费用和新的发行费用，以及更高的基金运营费用，这些合起来急剧地提高了基金费率。举例来说，在过去的15年里，股票型基金的平均费率从1.04%升至1.55%。同期股票型基金资产从800亿美元变成了原来的35倍，达到了2.8万亿美元。股票型基金费用估计从6亿美元增长到了340亿美元，几乎增长了60倍。

基金经理的利润增长得更快。虽然基金经理普遍未能跑赢不受管理的基准指数，而如今他们的税前利润率却定在了40%或更高的水平上。先不考虑营销费用的话，

50% ~ 70% 的利润率无疑也是存在的，营销增加了资产，有利于基金经理，却由基金持有人承担相应的成本。如果这些利润率看起来太高，那么想想那些正在兴旺发展的金融机构，它们付高价收购投资顾问公司，无非也就是为了有权获得它们 50% 的收入。即使这些顾问公司出让了自己一半的收入，也能照样持续运营，大赚特赚。

基金管理公司也以假定这些可观的利润率还会持续的价值，被出售给大型金融服务集团。这些金融集团急于实施“一站式购物”，为了收购这些基金管理公司，它们一般要付出相当于其所管理基金资产的 3%～5%。比如说，一家管理 100 亿美元资产的基金管理公司，其价格为 3 亿～5 亿美元，而首先创造了这些价值的基金持有人却分文未取。

在基金管理公司转让时，更重要的是在设定顾问费率以确定各方获得基金回报的份额时，基金管理公司的所有人，和基金的所有人在利益分配上有明显的冲突。这是共同基金业面临的中心议题，基金董事们有责任予以解决。我相信，如果基金董事试图事奉两个主人，那么他们就不能公平地解决这个问题。

十年以后

控制的结果

在过去的十几年中，普通股票型基金的费率从 1983 年的 1.04% 升至 1997 年的 1.55%，在足足上升了 50% 后，终于稳定下来，并有所下降，到 2008 年平均为 1.3%。但基金费用的总金额还在继续飙升。股票型基金的总成本，1981 年估计为 6 亿美元，十几年前为 300 亿美元，而 2008 年估计高达 430 亿美元左右。总体来说，对于持续跑输股票大市的基金管理公司群体而言，付给它们的钱太多了。

法律怎么说

当投资公司以投资顾问而非基金持有人的利益来组织、运作和管理时，或当投资公司不受充分独立的监督时，国家公共利益和投资者利益都将受到负面影响。

这些话都是法律条款，在《1940年投资公司法》的序言中有明确陈述。该项立法的精神清楚地表明“基金持有人必须优先”。很显然，没有任何条文表明，公司应该同时服务于两个主人：一个是拥有基金的份额持有人，另一个是控制基金的投资顾问。很难想象，在共同基金业中，法律的字面意义或其精神有任何一个得到了践行。

但是，至今尚无任何正式的抗议声出现。实际上，投资公司协会的《投资公司董事指南》（*Introductory Guide for Investment Company Directors*）重点关注的是相当琐碎的行政事务，而忽略了关于基金控制的主要议题。该《指南》明确接受了目前的外部管理公司的理念。虽然它也承认董事的职责是对基金业绩进行持续评估，但它没有提到业绩的比较标准，也未说明基金费用对基金回报的影响，或是其他可行的治理结构。该协会的官方立场是：基金董事是基金业的“监察人”，这已经足够了。

美国律师协会（American Bar Association）的《基金董事指南手册》（*Fund Director's Guide Book*）重申了这一基调。它引用美国联邦最高法院的裁定，声称，基金非关联董事的角色是“独立监察人”，被授予“保护份额持有人利益的首要责任”。这已接近于建立一个有价值的标准了。但《手册》接着却纠缠于无数董事会需要考虑的技术性和细节性的问题，未触及问题的核心：**投资顾问对基金事实上的控制，会导致基金持有人不堪费用之重负；而顾问所得回报之高，令大多数其他公司相形见绌；缺乏评估基金业绩的明确标准；基金董事会可以连招呼也不打就撤掉外部的管理组织机构，进而雇用自己的班子。**

独立董事真的是专心照顾基金持有人利益的监察人吗？在考虑共同基金业治理结构有效性时，这是必须要回答的核心问题。不断上升的基金成本和落后于市场的回报率记录、糟糕的董事会结构，以及董事会成员基金份额持有量的稀少，都表明监察人实在不够警觉。独立观察家们已开始表达他们对情势的担忧了。沃伦·巴菲特以其一贯的尖锐措辞发表了观点：

> 我觉得独立董事们一点也不独立。《1940年投资公司法》为独立董事做出这些规定，是基于独立董事会成为代表所有投资者的监察人的理论。总体来说，1940年以来，独立董事们的行为，就是为来自管理层的每一笔交易盖上橡皮图章——不论管理层是好是坏，抑或漠不关心，更没协商费用削减等问题。很久以前一个律师说过，在挑选董事时，管理层找的是西班牙长耳狗而非德国短毛猎犬。我要说，他们确实找到了不少西班牙长耳狗。

毋须多言，大家都知道，西班牙长耳狗可不是凶猛的、极具攻击性的护家犬。

另一种备选结构

没有人对下述问题问过为什么：在基金董事会懈于监督的情况下，今天的外部管理结构要如何为基金持有人服务？为什么一个100亿美元的基金集团需要一家管理公司？典型的情况是，联合体中的基金费率为每年1.2%，即每年花费1.2亿美元：2 000万用于投资管理，2 000万用于营销和广告，3 000万用于行政管理，这总共是7 000万美元，剩下的5 000万美元就是基金管理公司的税前利润了。为什么不进行内部管理，砍掉无益于基金持有人的营销成本，每年省下7 000万美元？这会对投资顾问的经济利益有好处吗？几乎不会。会对基金持有人有益吗？会的。

今天外部管理体系之所以存在，仅仅因为其代表了现状而已。它不会很快消失。但如果基金董事们停下来观察并听取关于业绩和费用之间因果关系的统计证据，他们将会认识到一个简单的原则：当区分经济价值受损的原因时，成本很关键。

这很清楚地表明：一只基金要在同类基金中达到投资业绩的前1/4，最简单和最可靠的方式就是使自身的费用排名降为靠后的1/4。统计数据证实了这个原则,它并不复杂。当基金董事们掌握了这一事实，要求大幅削减费用并分享基金的规模经济时，基金投资者就会得到好处。

今天的问题在于，基金董事们没能认识到，基金业绩和费用之间存在着反向因果关系。相反，在用投资顾问与同类基金比较费率来证明其提高费率之合理性的过程中，基金董事起了一部分作用。在基金董事会对有着相似投资目标和资产规模的基金费率进行研究前，貌似独立的基金顾问就会加入进来。特别是如果该基金的费率被认为是低于平均水平的（这显然是十恶不赦的重罪，需要立即修正），投资顾问就会让董事们相信，在管理公司推荐的更高的新费率结构之下，基金仍会保持竞争力。这一建议当然会获得受雇于同一家基金公司的董事们的衷心拥护；而独立董事们也不会指手划脚了。

我的理解是，至少有一个咨询顾问在上述比较中遗漏了事实，即基金业中成本最低的基金恰好是按照成本定价运营的。结果是，竞争性基金的成本被高估了，导致基金费率进一步增加了。假定出现了这种遗漏，那么基金董事在研究费率时，就无法得知基金运营的其他可能方式。这种情况表明，咨询顾问很清楚他或她的工作是什么：为正当地提高费率的动议提供素材。

无论如何，这个棘轮效应与美国公司制定高管薪酬的过程几乎完全一样。（有没有过哪个咨询顾问建议削减CEO薪酬的？）这只会导致管理层工资、奖金和股票期权呈螺旋式上升。在当今活跃而自由的金融环境中，我们观察到同样的现象出现在共同基金费率上。更有甚者，不断上涨的费率因迅速扩大的基金资产而被严重放大了，使费用总额非常庞大且不断增长。已经开始关心费率水平的基金持有人的典型反应是："应该有部法律"来对付它们。确实有这么一部法律，即之前引用过的《1940 年投资公司法》，但是好像没有人特别关注它。

法律行动是否将要来临

也许我们将会制定一部新法律，或者至少根据现行法律来更新追索权（renewed legal recourse）。早先，我注意到相关性分析显示，基金董事报酬高的公司，其持有人支付的费用也更高。特别是，在股票型基金中，支付至少 10 万美元的酬金给董事的基金公司所收取的费率，要比支付给董事不足 2.5 万美元薪酬的基金公司的费率高 16%。格外惊人的是，那些支付更多给薪酬董事的基金，拥有比其他基金高许多倍的资产。结果，巨型基金支付的费用远多于小型同类基金支付的费用。

最近，《哥伦比亚法律评论》（*Columbia Law Review*）上的一篇文章表明，晨星的那项研究结果非常符合我们对"不当影响"的法律定义。文章指出，若"不当影响"作为案由被呈交法庭，为了证明批准过多管理费的基金董事会的确有不当影响，原告的证据需满足三个标准：机会、动机和受影响程度。文章继续说："既然基金由顾问机构创建和管理，这就提供了机会以显示外部董事对顾问机构的依赖，这相当简单，因为管理费按比例提取，顾问机构有充分的动机去影响董事，使其批准有利于顾问机构，但却有害基金持有人的顾问合同。（晨星对费用研究的结果）显示，外部董事易受顾问机构影响，因为后者拥有对前者的控制权。"

这篇文章正确地指出，共同基金的收益"不能使投资顾问从他人的投资资本中获得的不义之财正当化"。这才是关键的问题，无论它在法律上有多么难以解决。[①] 迄今为止，基金业在法庭上还没有真正输过。基金经理即使未被顾问机构支配，也充分认识到可以收回支付给管理公司的费用，如果他仍然做出放弃索回的理性商业决策，那么法庭对基金董事批准增加管理费就需要仔细考虑了。在这样的法律背景下，不管推行新法的优点有多清楚，想要针对这种不当得利的法律行动奏效，还有很长的路要走。但是，更奇怪的事情已经发生了。更有可能的是，期待已久的减免基金高额管理费用的解决方案将另有出处，诸如来自立法和监管官员的道义劝告。

---

① 这种未经审理的诉讼，取决于每个案例的具体情况，可能胜诉，亦可能败诉。

十年以后

法律行动将要来临?

在本书1999年版中，我注意到，尽管将遭遇强烈反对，但法律行动可能会最终澄清共同基金业中费率设定的性质。正如我在第15章中提到的，目前摆在美国联邦最高法院法官面前的一个案子，主要是关于基金顾问向独立的非基金客户（大多为养老基金）收取的费用，远低于向其控制的共同基金客户收取的顾问费用，基金持有人有权对此提起诉讼。早先最高法院复审一个基本维持现状的上诉法院的裁定，促使最高法院采取行动的关键因素，显然是广受尊敬的理查德·波斯纳（Richard Posner）法官所撰写的强有力的不同意见。

有趣的是，波斯纳法官对我在1999年版中描述的“棘轮”效应给予很高的关注；他对基于同行标准的薪酬体系进行了比较，发现该薪酬体系是根据同行标准来设定基金费率的，以使基金公司高管大获其利。在上述两种情形中，投资价值的创造都被忽略了(或者,更可能的是被破坏了)。使情况更糟糕的是，典型的基金费用的比较仅仅是基于费率的，往往忽视了庞大的费用金额。0.8%的年费率相对于一只同类基金0.65%的年费率来说，可能并不过分。但假设那只“低成本”基金拥有500亿美元的资产，将产生3.25亿美元的管理费用；而“高成本”的基金只有10亿美元资产，却仅产生了800万美元的管理费用。谁不会因为这3.17亿美元的巨大差距而感到良心不安呢?

在波斯纳法官的不同意见中，他写道，“大型公众持股公司中的高管薪酬往往过高，这是因为董事会缺少监督薪酬的激励。产品和资本市场上的竞争无助于解决这一问题，因为在所有大公司和包括共同基金在内的这一类实体中，相同的激励结构都在运作。”我们只能希望像波斯纳法官这样的睿智观点,可以占据上风。

国会与证券交易委员会

在华盛顿特区，已有些微弱迹象表明，对顾问机构来说，如今舒适的现状可能即将改变。证券交易委员会的投资管理部门正“开始严厉审视那些享受高额利润，却带给基金持有人相对较差业绩和较高费用的基金”。国会议员吉尔曼（Gillman，来自俄亥俄州的共和党人）和马吉（Markey，来自马萨诸塞州的民主党人），已经对基金费用和董事的勤勉程度表示出了严重关切。

最近，证券交易委员会主席阿瑟·列维特（Arthur Levitt），这位我心目中证券交易委员会历史上最支持共同基金持有人权利的人，已经开始关注这个问题了。在最近一次投资公司协会成员的会议上，列维特主席提出了他的观点。他关注的第一个层次，是基金费用对回报率影响的信息披露得普遍不完善："我没必要告诉这些听众，增加 1% 的费用将在 10 年后使期末账户余额减少 17%。"事实上，一般股票型基金超过 2% 的总成本，在10年后将使资本积累减少24%，在25年后会减少39%。(具体数字取决于实际回报率。)

在同一次讲话中，对于基金董事会的适当地位，列维特主席也表达了关切。他反问道："董事什么时候才能独立？在选择和终止基金顾问时，董事会和基金持有人各自的作用又是什么？"在谈及"费用应接受质问"时，他补充说，"没人应该接受这个'神话'，即基金董事不需要像公司董事那样强健、警觉和独立。那些真的（接受这个神话）的人，是在为那些没有时间或兴趣代表基金持有人的董事开脱，如果基金董事忘记了自己代表谁的利益，那些基金是难以基业长青的。"

证券交易委员会主席还宣布，他不久将会召集一个圆桌会议，"以争取在是否需要改变当前基金治理体系的问题上达成共识"。他用下面的话结束了他的评论："我希望基金董事们记住自己的服务对象是基金持有人。我还希望基金董事们不懈地为基金持有人谋取利益。"

这些话，很可能是期待已久的改进基金治理体系的起点。列维特主席在其位上迄今为止最为强硬的措辞，应有助于推动公众拓宽对基金负面作用的认知程度，这个负面作用是由于基金成本、董事职责和产业结构的相互纠缠而形成的。国会的质询有可能将引发进一步的思考，其内容是关于《1940 年投资公司法》的序言与基金业令人尴尬的收费记录之间的关系。一个新的关于董事信托责任的联邦标准，将很好地为基金持有人的利益服务。并且，媒体如能积极作为，更多地关注传统投资组合管理的不足和成本对长期回报的不利影响，也将对此多有助益。总之，这一道义劝告若转化为投资者提高的认知和谨慎的决策，可能最终会唤醒董事们的信托责任。

空架子[①]

尽管有些犹疑不决，但财经媒体已经开始关注共同基金董事是否履行其责任了。在 1998 年中期，《纽约时报》的一篇头版文章标题为"当空架子填充满

① 原文为 empty suit，指不成功的管理者，在此比喻董事会成员西装笔挺参加会议，却不为投资者做主，仿佛只是空架子。——译者注

了董事会会议室时”，其所配的大照片上是董事会的会议桌周围空空的架子。文章注意到，“董事们一犹豫，个人投资者就会遭受损失”，并且直言不讳地比较了公众持股公司董事会和共同基金董事会。《纽约时报》继续描述了“权力的天平是如何从基金董事向那些建立、营销和管理共同基金的公司倾斜的”。

文章以两个惊人观点结束。首先，美国似乎没有令人满意的基金治理结构，在这种治理结构下，“基金董事可以不负责地设定基金的管理费率，也无需推敲基金管理合同的损益，由此董事们就可以把时间花在监督基金经理的业务操作上，比如投资方针是否得到遵守。”然而，忽略实质而重视过程，似乎就是为公共利益解决基金业“空架子”董事综合征的独特路径。文章的第二个惊人之处是，公众根本没有认识到，一家大型共同基金综合体采用完全不同的治理结构，拥有并控制其自己的管理公司，后者将以低于行业标准 75% 的成本运营，每年将为其基金持有人节省 30 亿美元。沃伦·巴菲特曾说过，如果基金董事们将这一不同的治理结构派生出的若干政策付诸实施，每年就可为投资者节省 100 亿美元。其实，这些节余很容易达到每年 300 亿美元。

总结

在美国，公司董事对股东价值的关注，实际上已经革命性地改变了全世界公司的运营方式。相较之下，共同基金董事没能以基金持有人的价值为先，是因为董事会像温顺的看门狗一样，不但疏于监督，而且似乎一直未能认识到成本至关重要的原则。

这一区别来自于对董事的使命陈述。一般公司的董事的使命是“不去做，就去死”，除了提高股东价值，别无选择。而对基金董事来说，则是“接受现状”，基金董事疏于监督，持有人价值的创造远低于最优水平。或者，采用巴菲特先生的表述：他们不想把自己塑造成德国短毛猎犬，而是想成为西班牙长耳狗。

基金业如何才能尽量让董事和基金持有人的利益协调一致？常识指出，一个有效而简单的开始是：让基金董事会起草自己的使命陈述，并在基金年报中公布。这将是一个良好的开端。

大约有 5 000 万个面目模糊、默默无闻的基金持有人，因享受到了长期牛市的盛景而神魂颠倒，而他们没有认识到自己所得的份额远远少于应得的。他们本应从自己选出来并代表其利益的基金董事那里得到更好的服务。这些基金董事必须事奉一个、而且是唯一的一个主人：那就是相信基金董事能保护他们利益的基金持有人。

《马太福音》中完整的那一节是："一仆不事二主。不是恶这个爱那个，就是厚此薄彼。你们不能又事奉神，又事奉玛门[①]。"事实上，根据《1940年投资公司法》，基金持有人就是应被事奉的主人。但他们本应拥有的财富被过高的基金费用严重侵蚀，而大笔的财富（显然是玛门的代表）却持续被共同基金经理所获得。基金董事有责任服务于那些选举出他们、相信他们、用自己的投资资金创建了基金的人们。基金持有人才应该是基金的主人。

十年以后

基金董事

尽管证券交易委员会怀着最美好的意愿，当时的主席阿瑟·列维特也强烈督促，但仍没有任何证据表明基金董事已经变得"不懈地追求份额持有人的利益"。所以在董事们做"西班牙长耳狗"而非"德国短毛猎犬"的又一个10年以后，我开始相信，不仅是共同基金经理，而是所有的机构资金管理人，都应遵行信托责任的联邦标准，这是一个基于原则（而非基于规则）的标准，在当今这个疏于代理责任的社会，它列举出了代人理财者的责任，以及委托人不言自明的权利，即代理人有义务为委托人服务。以下这6大原则将构建起我理想中新的信托社会框架：

1 投资者有权让他们的资金管理人/代理人仅为其利益行事。简而言之，客户就是国王。

2 投资者对基金投资组合证券进行评估时，有权根据资金管理人和证券分析师的职业勤勉精神和高度专业标准来进行。

3 应保证代理人作为负责的商业人士行事的权利，恢复被忽视的委托人作为股东的权利，还应要求公司董事和经理们履行对股东应尽的信托责任。

4 投资者有权要求共同基金在发行中遵守纪律并保持诚信，这同样也适用于基金营销者所提供的金融产品。

5 顾问费用的结构必须满足"合理"标准，该标准不仅基于费率设定，而且要基于总金额设定，更要参考该管理人其他客户的费用结构情况。

① 玛门是财利的意思。——译者注

6 消除所有妨碍达成上述目标的利益冲突，包括阻止公众（或联合）拥有共同基金管理公司。

这6大原则要求共同基金“以基金持有人而非投资顾问的利益来组织、运作和管理”，这是《1940年投资公司法》中明确规定却备受忽略的标准。让我们依照《马太福音》来表述这些原则，即“一个基金经理不事二主”，而那些将资金投资于共同基金的人，最终将成为唯一的主人。

第19章

基金治理结构：策略规则

大多数共同基金投资者不知道他们的基金公司是如何组织的。事实上，可能我们并没多少人去想过与之合作的公司的组织结构。为什么我们要关心呢？我们的银行是储蓄贷款协会还是商业银行，有什么关系吗？在这个例子里，既然每个账户有高达 10 万美元的保险[①]，我们大多数人也许就不应该关心其他事情，只需得到最好的服务和最高的利率就行了。

但在共同基金业里，我们应该关心公司的治理结构。基金的组织结构能对我们的回报产生重大影响。可是，几乎没人关注这个问题。媒体不知道这个问题，也不关心或者只是接受现状。但共同基金的公司治理结构不只是一个法律上的新问题，它还是决定基金集团和基金持有人之间关系的根本因素。

除了某个明显的例外，所有共同基金集团都在一个单一结构下运作：股东拥有（更不常见的情况下，是受益人有效拥有信托资产）一组相互关联的投资公司（共同基金），并由其董事进行治理。该组中的每只基金都与一个外部管理公司签约，并由后者进行管理，同时支付后者管理费。管理公司提供基金存续所需的所有必要服务：投资顾问服务、发行与营销服务，以及运营、法律和金融服务。

虽然基本公司结构和其他的共同基金组织相同，但那个唯一的例外自有其独到之处。这就是我于 1974 年创建的领航集团，它不是花上一笔费用雇用外部公司来完成所需的服务，而是按成本定价来管理自身事务。这两种结构的区别如图 19-1 所示。

《1940 年投资公司法》对这两种结构都有考虑。该法案客观而公平地对待这两种结构，实际上，它并未确定表明要选择哪一种结构。但无论是哪种情况，《1940 年投资公司法》清楚地阐明，共同基金由其持有人完全拥有，只能根据其所有者的利益运作。这条原则在该法案序言中也得以明确表述。但是，在现行法律框架下，要实现这一基本原则几乎不可能。基金业的传统结构深陷于利益冲突之中，即共同基金持有人和运作共同基金、追逐高利润的基金管理公司所有者之间尖锐的利益冲突。当分配投资回报时，基金

① 指美国的联邦储蓄保险制度。——译者注

管理公司得到的越多，基金持有人得到的就越少。基金管理公司得到的一美元利润，就是共同基金持有人一美元的损失。就这么简单。

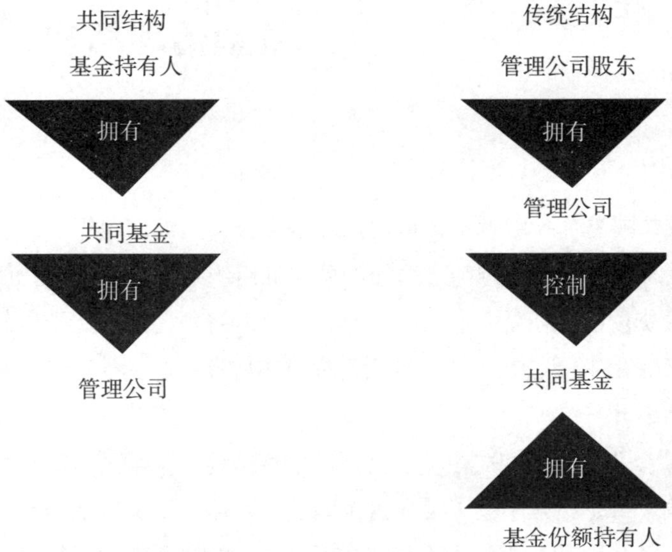

图 19-1　共同所有权结构与传统公司结构

所有权结构的对比

在传统的治理结构中，基金仅仅是一个公司化的外壳。它的唯一角色是投资证券组合的法定所有者。基金通常只是名义上的存在。基金持有人是其最终的所有者，但是，因为这种所有权经常分散在成千上万的投资者那里，基金持有人其实并未控制基金。控制权实际上属于外部管理公司，它创设基金，取得经营权、挑选（绝大多数本应独立于管理公司的）董事。基金管理公司为基金提供高管和基金存续所需的所有服务。作为回报，每年基金付给管理公司管理费，一般按基金资产的一定百分比来计算。基金管理公司通常为共同基金集团中的 5～50 只，或者更多的姊妹基金提供同样的服务。而基金管理公司的控制权往往属于一两个所有者，或一小群其雇用的合伙人，甚或是些外部的公众股东。

实际上，在基金业现行结构下，基金家族由顾问机构控制；控制权与所有权完全分离。与之形成对比的是，在真正的共同治理结构下，基金由其持有人拥有和控制，且完全根据持有人的利益进行运作。就像普通公司雇用自己的高管和职员一样，基金家族管理着自己的事务，不过，为了方便管理，它通过一个分离的管理公司来处理这些事务，但这个管理公司为基金家族 100% 所有和控制。在管理公司和基金家族中,他们的高管,董事,包括独立董事，都是同样的人员。他们都不持有管理公司的股票。这种共同治理结构的效率很高，意味着基金董事们不只为基金本身，还为基金集团这个将很多基金作为一个整体来运营的商业实体提供指导和监督，并负责管理。在真正的共同治理组织中，只有一个主人得到服务，就是基金持有人。

这两种完全不同的公司结构之间的根本区别，产生了迥然相异的公司策略。在共同治理结构下，该组织除了服务其所有者，即共同基金持有人之外，别无其他策略可以选择。相较之下，因为需要同时服务于基金持有人和管理公司股东这两个主人，传统的共同基金集团执行的是同时服务于两个群体的策略，而这两个群体又有不同的需要。简单的逻辑表明,这些组织结构形式的根本差异会导致明显不同的公司策略。情况确实如此。在基金业中，形式决定功能。这一原则与伟大的路易斯·沙利文（Louis Sullivan）的建筑原则“功能决定形式”正好相反。实际上（即便是非常有限的），**基金业的历史已然证实了这一重要关系，即结构决定策略。**

在讨论区分两种结构的不同策略之前，让我们先来挖掘所有权问题的更多细节，特别是形成基金业惯例的强大财务激励问题。

形成中的历史

想象一下，假如有个刚刚从外星球来的投资者见到我们的共同基金业，他的第一反应会是困惑。很难想象共同基金的运作方式与资本主义市场中的其他领域有何相似之处。将资本投资于基金中并承受风险的基金持有人，却要等运营基金的管理公司收到费用、花掉支出并收获报酬之后,才能拿到他们自己那份报酬。基金管理公司没有承担显著（如果有的话）的风险，却享受着一大部分的报酬。基金持有人所得报酬仅由基金获得的净回报决定，而基金管理公司所得回报大体上则由其为基金持有人管理的资产规模决定。也许令人吃惊的是，基金的相对回报，即长期中它跑赢或跑输市场回报率或同类基金回报率的幅度，似乎对顾问机构的报酬没什么影响。

对一个不了解传统基金结构的外星观察者来说，这种情形看起来肯定很奇怪。为什么大型基金集团不管理自己的事务？为什么它不像美国其他公司那样仅为股东的利益服务？（尽管这一系统运行得并不完美，但已经相当好了。）这些问题用逻辑无法解决。只有历史才能提供答案。

许多早期的共同基金由受托人建立，目的是为了服务于信托受益人；他们只是集中个人投资账户中较少的资本，以达到分散化和高效率。但是，使这个主导的行业出现了变异并在今天盛行一时的，就是由企业家组建的基金集团。这些企业家将他们的资本和商誉投资于一家公司，其目标就是开发、营销和管理多只基金，使其资产增长到很高的水平。

经济利益的分量已经变得很大了。几乎所有的基金管理公司，开始时都是由创立者完全拥有，但后来逐渐变为合伙人和高管所私有。后来，在20世纪70年代和80年代，公募的趋势不断加速，这就带来了一批与基金集团无关的新投资者。他们唯一的兴趣就是分享基金管理公司不断增长的利润。如今，到了20世纪90年代末，更多的基金组织被卖给其他公司。早期私人和公众所有权相结合的关系，正以巨型金融集团的形式出现。

基金管理公司的价值根据现行酬金率来确定，即基金管理公司所有权换手的价格，该价格通常（虽然变化很大）为其管理下基金资产市值的4%左右。随着共同基金业资产规模超过5万亿美元，分立的管理公司的价值至少为2 000亿美元。无论以什么标准衡量，这都是个巨大的数字。要证明这一估值的合理性，欲收购管理公司的集团（或者基金业中现有的私人合伙人和公众所有者）必须要看到其资本有一个丰厚的预期回报率。比如，税后年回报率为12%，或者税前回报率达到17%。若基金管理公司的所有者以2 000亿美元的投资获得17%的税前回报率，则基金持有人每年需要支付基金管理公司340亿美元，该笔费用远高于提供给基金用于管理、营销和行政服务的实际成本。这种治理结构给共同基金持有人造成的问题包括：

- 考虑到金融市场上可获得的投资回报从基金投资者流向基金经理，这种传统的基金治理结构是否应该普及？
- 支持这种治理结构的顾问费用的设定是否公平合理？
- 对基金持有人和管理公司股东利益的不平衡，基金治理会做出反应吗？或者，是否最终会有若干种可接受的共同治理结构出现？

十年以后

基金所有权结构

在过去10年，基金业忽视了上面的每一个问题。现状一次又一次被证实。传统的基金外部管理人结构毫发无伤。没有一家公司像领航那样以真正的共同治理结构来运作。尽管（在第 15 章和第 18 章中有所提及）联邦最高法院对顾问费用的设定过程提出了挑战，迄今为止，现行模式仍未改变。在我看来，这对基金投资者而言既不合理也不公平。虽然证券交易委员会的一些规定要求基金董事做出更多的改进，但基金治理结构对此要求还是没什么回应。

一个已经发展得如此庞大的产业一直抗拒改革，不禁使人感到痛心。这个10 年前高达 5 万亿美元规模的产业，到 2007 年已增长至 12 万亿美元，只是在最近的股市崩盘后，才于 2009 年回落到 9.7 万亿美元。所以，现在的基金费用和成本水平可能至少是 10 年前 350 亿美元的两倍。

实际上，可以说治理结构问题已经恶化了。巨型金融集团拥有基金管理公司的趋势还在继续。这些集团公司如今拥有并控制着 40 家最大基金管理公司中的 21 家；另外有 13 家主要由公众股东所有。只有 6 家仍为私人所有。如果“一仆不事二主”是信托责任的标准，那么，基金管理公司由公众拥有怎么能是合理的呢？

结构决定策略

依我看，上述问题的答案应该取决于哪种公司策略能最好地服务于基金持有人的长期利益。两种结构的不同是导致策略差异的关键。其中一种是传统的产业结构，该结构同时服务于常有利益冲突的两类所有者；另一种是共同治理、内部管理的基金结构，该结构仅为基金所有者的利益服务。如图 19-2 所示，在今天我们唯一的共同化结构的例子中，其策略与传统结构下的策略有许多显著的差异。二者唯一的相同之处是服务策略。

策略	共同治理结构	传统结构
1. 利润	高（对基金持有人来说）	非常高（对管理人来说）
2. 定价	按成本定价	尽量高
3. 服务	优秀	优秀
4. 风险管理	不容忍风险	容忍风险
5. 产品	切合实际	追逐时尚
6. 指数化	传教士般热心	哭天抢地说不要
7. 营销	保守	激进

图 19-2　结构决定策略

利润策略

毫无疑问，最佳的外部管理公司也会努力为基金持有人获取尽可能高的回报率，这当然是指在扣减其费用之前。同样，它们也会力争最大化自己的利润。这种最大化公司利润（与基金利润迥异）的取向是它们的义务。基金管理公司对其股东也负有信托责任，而其股东像任何组织的资本所有者一样，期望投资能获得高额回报。这些组织期望（也的确是这么做的）能从其共同基金持有人处收取费用以弥补自身的开支。当收取的费用相对于其他基金较低时，它们就向基金董事提出（且通常能得逞）增加费用的要求。即使当飙升的股市带给管理公司三年前做梦也想不到的利润水平时，它们也未实施过真正的费率削减。既然事实是基金持有人将其资产委托给受托人，即资产管理公司，这或许也没错，但这些资产却成为使管理公司股东暴富的基础。确实，这就是资本主义运行的公认方式，但与信托责任迥异。但是，恕我直言，也许还有种更好的方式。

共同治理的基金组织也力争为基金持有人获取尽可能高的回报率。在理想情况下，正是共同基金的这种结构，才使其将大部分利润返还给基金持有人。这些所谓的利润仅代表一个差额，即共同治理结构下运营基金的实际开支，与按业界规范以分立的管理公司运营基金所得收入之间的差额。**共同治理的基金公司多省下的一美元成本，就是共同基金持有人多获得的一美元利润。**就这么简单。所以，共同治理结构的单一取向，提高基金持有人的回报率和基金业界的双重取向，既能增加基金持有人的回报率，也能提高管理公司股东的回报率，两者之间形成了鲜明对比。

图 19-2 列出了为基金持有人获取“高”利润的导向和为管理公司获取“非常高”利润的导向之间的差异。这反映了一个符合直觉的简单观念，即为基金持有人赚钱的动力，可能不如通过持有管理公司所有权为自己赚钱的动力那么强烈。当亚当·斯密在描绘“看不见的手”这个概念时，他总结认为个体商人“基本上既不想去促进公共利益，也不知道他在多大程度上正促进着公共利益”。因此，斯密称“我们每天所需的食料和饮料，不是出自屠户、啤酒商人或面包师的恩惠，而是出于他们的自利打算……他们的利己之心。”传统的共同基金业也一样。我们不能期望基金管理公司为公共利益服务。我们必须认清这个现实，即它们用别人的钱进行投资以最大化其自身的利润，即使这些利润是以牺牲基金持有人的利益为代价换来的。

定价策略

坦率地说，传统的外部管理基金集团的定价策略，就是收取现状所允许的尽可能高的费用。这一策略的产生，或许是出于公众对共同基金的默许，因为后者在这些年的大牛市中为投资者提供了相当丰厚的绝对回报，即使扣减了成本后也仍然如此。或许是由于公众对成本在形成回报中的作用并不清楚。可能并非巧合，在20世纪40年代更为平静的投资环境中，当时的情况只允许股票型基金每年的费率为资产规模的0.75%，而这就是酬金率。在今天这个活跃的市场环境，则可以承受两倍的费用：股票型基金的费率平均超过了1.50%。基金业者运用其创造性的精神，证明了一系列用于基金销售和营销的附加费用是正当的。如今，由共同基金（包括债券型基金和货币市场基金）持有人支付的全行业平均费率已经接近1.2%，并且还在继续上升。在外部管理的基金集团之间的竞争中，价格是被这样设定的：在不损害基金持有人回报的条件下，使基金经理的投资回报最大化。结果是：投资者支付了很高的价格。

长久以来，顾问机构都知道：基金持有人对费用的小幅增加几乎是视而不见的，但这却对基金管理公司的利润有重大影响。如果一个顾问机构管理着250亿美元的股票型基金集团，它要提高顾问费用（或增加发行费用），使基金费率从0.80%升至1.00%，大多数基金持有人对此是不会察觉的，并将按法律规定投出赞成票。这些基金的成本依然会低于平均水平。但顾问机构的收费将会提高0.20个百分点，或者说5 000万美元。假设顾问机构未增加额外费用，那么增加的收入都将成为顾问机构的税前利润。提升费用对利润有很大的杠杆效应。当公众不太关心其成本时，就会有如此顺理成章的结果，尽管这对基金持有人不利。

公司治理结构差异造成的结果是，具有共同治理结构的基金公司所提供的基金，其成本远低于现状。根据记录显示，迄今为止由基金业中唯一采用共同治理结构所管理的基金，成本是全行业最低的。其运营成本、顾问成本和发行成本加起来，平均每年不到其资产规模的0.30%，或者说比1.20%的基金业标准低0.90%还多。假设某小型共同治理结构的基金集团，其运行成本是50个基点，结果是每年可省下70个基点变成利润（这也就是为基金持有人省下的成本）。对一只100亿美元资产的基金来说，每年就可节省7 000万美元。共同基金业是个非常赚钱的行业，这对基金经理来说的确如此。

对于共同基金投资的成本，人们歧见重重。不过就如本书所反复证明的那样，**成本至关重要**。在货币市场共同基金中，保持信用等级不变的话，投资者净收益的差异实际上完全由成本差异造成。在债券型基金中，当信用等级和期限保持不变时，成本差异可能会造成80%的回报率差异。由于在货币市场基金和债券型基金中，成本和回报率之间的直接关系非常明显，它们的出现以及在过去20年中的异军突起，引发了对于行业定价的质疑，并最终会引起投资者、基金销售商和监管者对“现状所能允许”这一陈腐标准的质疑。

在回报更低的股票市场中，股票型基金的投资者也要求一个更开明的标准。如果我们假设股票回报率大约为10%，经过通胀和税收的调整，扣除基金成本前的年回报率可能只有5%。而如果股票型基金每年的总成本是2.5%，那就会消耗掉50%的税后实际回报率，信不信由你。一只低成本基金的费率为每年0.2%，则只会消耗不到5%的回报率。不要忘了，虽然实际回报率（名义回报率减去通胀率）是投资者可支配的，但还必须考虑名义成本，它是对投资者支付过高成本的惩罚。无论你的投资回报率是10%还是5%，也不论你是以名义值还是真实值来衡量的，你的成本都将在2.5%～0.20%的范围之间。聪明的投资者必须认识到投资中的过高成本的惩罚效果相当惊人，要考虑到潜在的未来回报率，首先调整税收，其次调整通胀。

服务策略

共同基金业不仅要达到，还要超过客户的期望标准，优秀服务正在成一种商品。共同基金投资者服务的提供者有好坏之分吗？当然有。但两者之间的差距正迅速缩小，但可悲的是，无论哪种组织形式都未能达到高标准。

在这里，两种基金组织形式之间的区别不大。在传统的治理结构下，顾问机构出于明确的私利目的而为基金持有人服务。毕竟，至少在短期，个体持有人更注重其对服务的满意程度（或不满意程度），而非成本及其对回报率的影响。满意的基金持有人不会赎回他们的基金份额；实际上，在当今金融市场走强的日子里，满意的基金持有人可能会不断增加投资，并且还会投资于同一联合体内的其他基金。对基金经理来说，一个满意的共同基金持有人可被视为银行提款机。

然而，一个共同治理的基金公司享有内在的优势，这可能会增强其对优秀服务的承诺。在共同治理结构下，其所提供的服务会略有不同，基金持有人通过他们对基金份额的所有权，同时也拥有基金管理公司的股份。许多公司都崇尚这一信条：“像对待公司的所有者一样对待你的顾客”。而采取共同治理的基金公司可以在后面准确地附上一句：“因为他们就是我们的业主”。这可能是基金对其客户服务态度差异的关键之处。更有甚者，因为共同治理的基金公司以低成本运作，所以它在服务上更具优势，轻易地多花费一点就可提高投资者服务，而不会对其巨大的成本优势产生明显影响。相形之下，传统基金公司的基金管理，可能对是否在服务上投入更多而变得心态矛盾，因为这些开支会减少基金管理公司的利润，至少在短期如此。

风险管理策略

传统运作的股票型基金，其风险管理策略最明显的特征就是“相对无差异”。所谓“相对”，是因为不同种类的基金（大盘成长型、小盘价值型等）所承担的风险大体上符合其类别。在股票型基金里，风险充其量只是一个难以掌握的概念，而短期价格波动率的使用，虽然很容易量化，却是个粗糙的代理变量。然而通常来说，投资者对风险的期望基本上还是把基金价格的波动率（无论怎样衡量）与同类投资特征的基金做比较。这些特征可按晨星九宫格风格箱进行分类：横轴上是价值型、混合型和成长型；纵轴上是大盘股、中盘股和小盘股。真实的风险当然出现在股市重挫时，但历史表明，这 9 种类型的基金下降幅度趋于重复与过去保持一致：比如，大盘价值型基金通常跌幅最小，而小盘成长型基金则跌幅最大。

然而，当我们考虑债券型基金和货币市场基金时，许多以传统方式运作的基金展示出了相当大的风险承受力。影响投资者选择收入取向型（income-oriented）基金的主要因素之一是回报率，而基金净回报率很大程度上是由其总回报率和费用之间的关系决定，即一美元的费用直接去掉一美元的收益。随着时间的推移，回报率成为固定收益型基金总回报最主要的组成部分。净回报率的差距在很大程度上决定了长期回报的差距。高费用的基金顾问机构不得不满足于缺乏竞争力的回报率，假设市场具有洞察力，它们用来获得较高费用的资产规模也很有限。作为另一种选择，这些顾问机构只能提高风险，相对于其对手的低成本基金，它们不得不接受某些质量更低或期限更长的投资组合，并以此将其净回报率提高至市场水平。

债券型基金投资组合的统计显示，事实上这种不同信用质量和期限的混合组合正在出现。更高成本的债券型基金倾向于持有低等级的投资组合（参见第 7 章）。令人惊奇的是，有时这种组合可能会提高回报率（比如在市场繁荣且利率下降的环境下）。但在长期，这种组合肯定会降低回报率。高成本自身会消耗掉大部分甚至全部来自持有低等级和更长期限债券的风险溢价。

然而在货币市场上，因为美国证券交易委员会对信用等级和期限实施严格的监管，几乎没有增加风险的空间了。另外，基金管理公司必须考虑自己的“名誉风险”。如果一只基金的资产净值从大众期望的（如果未被保险或担保的话）的每股 1.00 美元跌到了每股 0.99 美元，它实际上就把自己从货币市场基金业中除名了。红字（a scarlet letter）[①]就将伴随着该基金管理公司，而其管理的债券型基金和股票型基金也将声名狼藉。

① 此处借用小说《红字》的典故，即身败名裂。——译者注

正因为如此，还没有哪个主要的基金管理公司的货币市场基金因为1.00美元的份额净值出过问题。当货币市场基金承担着过多的风险（经常是为了补偿其高额费用）且最终要面对这一问题时，就会得到其管理公司的救助。后者将按账面面值收购有问题的货币市场基金。

作为对比，共同治理结构下的基金公司的风险管理策略是规避风险。因为这类基金的低成本具有着竞争力，它已经提供了一个溢价的回报率，那还需要再去债券型基金或货币市场基金那里寻求更高的回报率么？如果对传统基金来说，承担最大可能风险的诱惑实际上是不可抗拒的，那么对共同治理结构下运作的基金，特别是对保持信用等级并控制期限的基金来说，这种诱惑会被断然拒绝。如果回报率相等（它们本来就类似），聪明的投资者难道都不会更青睐于运作良好、低成本、AAA级的中期受担保市政债券型基金，而选择其他A级中期债券型基金或AAA级受担保长期债券型基金？很明显，常识会指导我们做出选择。与广为接受的格言“天下没有免费的午餐”相反，在共同基金世界中确实有免费的午餐。高回报并不一定带来高风险。**当风险保持不变时，通过更低的成本可获得更高的回报。**

十年以后

风险管理策略

我10年前担心的事情，从现在看确实值得担心。虽然正如我所描述的，基金业唯一真正共同治理的共同基金公司（因其低成本），其管理的共同基金投资组合表现出风险的规避，而许多高成本的基金，特别是一些债券型基金和货币市场基金，也如我所预期的，体现出了增长的风险规避意识。为什么呢？因为高成本固定收益型基金的管理人仅有两条现实的途径可以提供有竞争力的回报率：(1) 减少费用以获得更高的净回报率；(2) 增加风险以产生更高的总回报率。

关于债券型基金，我曾警告说：“在长期，（低等级的债券投资组合）……其回报率肯定会下降。”2008年，这种情况在全国市政债券型基金中确实发生了。185只此类基金中只有两只跑赢了其基准，其中26只的价值下降了10%～32%！在1 025只应缴税的债券型基金（公司债券或长期国债）中，虽然债券指数在当年上升了5%，但实际上，633只基金（超过半数）的回报率却下跌了（高达79%）。事实上，跑赢泛债券市场指数的基金数目（182）甚至还少于落后该指数超过 20% 的基金数目（186）。

对某个杰出的固定收益型基金经理所管理的封闭式债券型基金，其份额持有人面临的情况更加严峻。在该基金经理管理的 100 只封闭式基金中，仅有两只在 2008 年实现了增值。这 100 只基金中有 47 只当年的损失超过 20%，有 25 只的损失超过 33%。

没错，在货币市场基金中，历史上第一次因采用“有问题的货币市场投资”，导致某巨型基金的资产净值跌到了每份 1.00 美元以下。也没错，该基金经理因为缺乏以 1.00 美元净值救助份额持有人的资源，无法阻止基金净值跌到约 0.97 美元，从而导致了一场赎回风波。随着“红字”烙在其名号上，这只基金实际上破产了。很难想象同样的命运不会降临到它的管理公司头上。

产品策略

我厌恶用“产品”这个词来描绘共同基金。毕竟，共同基金代表了谨慎信托责任下的分散化投资组合。但今天我们的产业与新产品的开发绑在了一起。这些新产品的设计更多的是为了赢得投资大众的注意力，而非凭借其专业的投资原则。“热门的新产品”就是今天这场游戏的名字，深受基金营销者欢迎，而其实是一个让人反感的词组。基金如能获得越多的资产，就越能让其发起人获得更多的费用和利润。

在当前市场环境中，传统的共同基金管理公司似乎有义务去追上新产品的开发。如果新兴市场火爆，就能迅速组建起一个新兴市场基金产品，诸如此类。当投资顾问公司所有者的关键目标是积累其管理的资产时，他们就有很强的动机去创造公众需要的基金品种，而不管其内在的长期价值。

痛苦的经历应该能给基金业以教训，当公众对一个新概念产品需求最强烈的时候，很可能就是气球被吹到最大的时候。我们已经知道，出售新概念的最好时机可能恰是购买它的最差时机。有可能“起一大早，赶一晚集”，基金持有人承担了这个后果。当然，这并非罕见，并且这些都被政府债券类基金、可调整利率抵押贷款基金，及短期全球收入基金的经历所印证，所有这些在第 16 章中均有记述。

然而，**共同治理结构的基金公司没有特别的需要去参与这场所谓的新产品竞赛。它不需要吸引最多的资金。它的工作不是引进无法明显增加基金持有人回报率的时尚新产品，而是为其所有者获得最佳的净回报率。**如果一种投资理念稳健而合理，那么即使它暂时被市场风尚所低估[①]，最终也会成为基金家族有用的一员，因为它向其他基金的持有人提供了一个具有吸引力的低成本选择，否则他们就不得不投资于别处。但是，就时间的充裕性而言，共同治理结构的基金公司有充足的机会，能够基于投资价值而非市场营销机会选择它的进入点。

如果一个真正的共同基金集团不是在传统意义上最大化其利润，也就是说，不为其管理层寻求商业利润，那它就能在狂热兴起而常识缺失时，承受住共同基金市场的纷扰。仅仅因为所有其他人都在做新产品，并且整个行业因此大赚特赚，这些都不是共同治理的基金公司跟风的理由。因为这一治理结构下的基金公司可相对免受某些市场压力的影响，它应该能以谨慎的态度对所谓的产品策略说“不”。

指数化策略

几乎所有共同基金都是主动管理的投资组合。但目前消极管理的指数投资组合受投资者欢迎的程度，远远超过其有限的数量（大约 300 只基金中才有一只）。指数基金成功的秘密并不神奇，正是因为其以非同寻常的低成本，提供了超常的广泛分散化的投资（近些年因为复制标准普尔 500 指数的指数基金取得了惊人业绩优势，才使指数基金获得了支持）。几乎可以肯定，那些高利润导向和高定价策略的基金管理公司，如果只创建低成本的指数基金，就无法为其自己的股东创造丰厚的价值。与此相反，许多基金管理公司编织出含混的理由来否定指数化的成功，尽量让投资者集中留在高成本的主动管理型基金中。

不过，指数基金是一种迥然不同的新“产品”（如果你想这么叫的话），特别是其在机构的 401（k）储蓄和退休金计划中，它的迅速发展已经对传统的基金经理进入该领域形成了巨大压力。让一家经营高成本的主动管理型基金的公司，又提供低成本的指数基金，这种做法是自相矛盾的，不过，对此我们不必介意。但是，因为担心而不为退休金计划的客户提供一只指数基金，基金管理公司自我吹嘘的市场销售份额就可能会下降了，因此，这些传统的经理已开始不情愿地提供指数化投资组合，削减临时补贴费用，并将成本降至这个更成熟的市场所能承受的水平。这些公司几乎不得不寄希望于以下想法：这种特别的新产品只是短期的潮流，在长期注定要失败。否则，它将严重损害基金管理公司股东的长期回报。

对于这些人，我既有好消息，也有坏消息。好消息是，建立在标准普尔 500 指数基础上的指数基金的业绩很少会像近年来那么强劲。实际上，在作为该指数主要成分的超

① 原文为“高估”（overvalued），疑误。——译者注

大盘股经历了一轮强劲的行情之后，标准普尔500指数甚至可能会落后于市场一段时间，同时，中小盘股迟早会引领市场。坏消息是，指数基金的长期回报率肯定会超过那些可比较的主动管理型基金，并且应能跑赢3/4的此类基金。初等数学、基金业现行的成本结构，以及历史经验教训综合在一起，让上述结果几乎无可避免。

共同治理结构的基金公司是指数基金这一事物的天然拥护者。就算不想这么做，它也难免要提供指数基金。低成本是指数基金所必需的。指数化可能对基金业就是赔本赚吆喝，但对于投资者肯定是叫好又叫座。尽管机构市场正呼天抢地挣扎着把传统基金公司拖进指数化领域，共同治理结构的基金却是以传教士般的狂热来完成这项任务的。指数化对基金管理公司来说注定获利最少，因为投资者不只对指数基金有需求（事实无可辩驳），而且最终还会抵制那些收取申购费用、运营成本也很高的指数基金。对决定采取指数化路线的投资者而言，只需凭常识便可以选择最低成本的无申购费用指数基金，而这类基金更有可能是由共同治理的基金公司所提供的。

十年以后

产品策略与指数化策略

我之前关于"热门新产品"的警告，在很大程度上被基金业忽视了。过去10年,新产品的开发很普遍,而且不少产品极其复杂。我们现在有了市场中性(对冲）基金；试图用投资者的资本提供退休"收入"的基金；十分接近承诺高于短期国库券利率1%、3%、5%、7%（由你来选）的"绝对回报"基金；允许你押注股市下跌的基金；具有杠杆效应，让你如果选对就能将利润放大到两倍（或甚至三倍），将市场上涨的赌注放大至两倍或三倍的基金；或者集中于细微市场板块的基金。是的，新千年的头一个10年已然见证了一场"产品开发"的狂欢，似乎正不顾一切地服务于基金营销者而不是基金持有人的利益。

在本书这一更新的版本中，我将指数化策略和产品策略合起来，极端讽刺的是，新基金产品的绝大多数竟是指数基金！10年前，指数化领域主要是由实施了充分而广泛分散化的投资策略、具有极低成本并盯住类似标准普尔500指数或全股票市场（或全债券市场）指数的基金所占据。但这些经典的指数基金现已退居次席，而另一种使用指数化原则的"热门新产品"，也许史上最热门产品的交易型开放式指数基金（ETF）正大行其道。事实上，自1999年以来，在指数基金5.46万亿美元的增长量中，超过75%都来自ETF，仅有23%来自经典的指数基金。

尽管这一发展对 ETF 的管理人来说很棒，记录却清楚地表明，正如我在第 5 章提到的，这些新的投资工具被投资者们用得很糟糕。这种奇异基金（exotic fund）中的绝大多数似乎正被用于投机而不是投资。事实证明，普通 ETF 投资者获得的回报与 ETF 基金本身取得的回报之间存在巨大差距。

底线是：(1) 无论大多数 ETF 的构建多么合理，投资于它们的投资者的回报普遍减少了；(2) 激动人心的 ETF 领域在过去 10 年中孕育了大多数奇异基金，而它们的成绩并不好。发行人说，错在投资者，不在基金。但我坚持认为，受托人不应该创设极具风险的产品，以及利用投资者的极端行为缺陷而获利的产品。

市场营销策略

如果基金业增长的经济利益大都归于基金管理公司而不是基金份额持有人，那么，基金管理公司的股东就是积极的资产聚集者。基金业最大的几家基金集团每年仅在媒体广告上就投入了上亿美元。在较早的时期，基金业平凡的发行广告还藏在日报商业版用 5.5 号字印刷的共同基金回报栏里。今天，取代这些保守广告的是黄金时间的电视栏目：大肆宣扬历史业绩的摇滚乐伴奏影像和 20 秒夸张短剧。这些方式最终可能会导致投资者期望落空，近而引发不满。

这种高压式的营销方式不仅是误导性的，而且还对基金持有人的投资结果有恶性影响。营销和发行都是高成本活动，但其成本却由基金持有人负担，而非那些推销基金的人。在追求市场份额和更多管理公司利润的过程中，“钱不是问题”这句话似乎已经成了行业颂歌。基金管理公司为什么要担心营销预算呢？基金持有人支付的费用就是资金来源，所以营销成本就将出自基金持有人的投资利润。投资者付钱培育基金并使其成长，反过来却在回报上遭受损失。

具有传统治理结构的基金集团将其管理费的一部分用于获取未来更多的管理费，所以它采取激进的营销策略必然是富有成效的。相应地，对于共同治理结构的基金集团而言，它会按成本价运营并尽可能地控制成本，故其采取首先强调信息而非推销的保守营销策略，也必然是富有成效的。和其他的商业组织一样，共同治理结构的基金公司也会关注它的市场份额，但仅将其作为一个满足投资公众需求的粗略指标。共同治理结构的基金公司有两条原则：市场份额只是指标，不是目标；市场份额只能赢得，不能买得。

“辛巴和食物链”

关于投资管理的治理结构问题，能在投资界找到一个与我观点一致的志同道合者实在是罕见的快事。基思·阿巴切希尔（Keith Ambachtsheer），一位广受尊敬的养老基金投资管理评论家，最近比较了基金管理公司的实际治理结构与理想治理结构。以下内容来自他那篇简讯的摘录，以迪士尼动画片《狮子王》中关于辛巴（Simba）心态的对话开始：

问："谁会吃掉他？"

答："谁也不会——他在食物链的顶端了！"

投资管理产业的所有者、高管和专业人士是今天金融食物链中毫无争议的辛巴。从个人财富创造的角度来看，他们明显位于食物链的顶端。然而，还有某个东西正在吃掉他们中的许多人。基金业为顾客"以合理价格产出高质量产品"来决定如何运作，与其实际如何运作，两者之间持续而巨大的差距，就是上文提及的"某个东西"。任何"理想与实际"间差距的缩小，都会让顾客兜里的钱更多，而供应商兜里的钱更少。

市场：应该如何运作

理想的投资管理产业应该具备三个关键属性：（1）公众交易的金融资产中的很大一部分，应由少数几家大型、综合性的供应商以很低的费用消极管理，将其内在的巨大规模经济反馈给顾客；（2）公众交易的金融资产中的一小部分，应由很多小型供应商主动管理，并基于业绩收取费用，因为真正增加价值的主动管理在能力和数量方面都是稀缺资源；（3）基金业的投资业绩信息发布时，应由风险调整的净回报率，与预先确定的、反映基金投资组合既定投资方针的投资基准组合进行比较。

评估“理想与实际”的差距

基金业的实际特征与理想状况大为不同：（1）金融资产的一小部分是被消极管理的；（2）金融资产的大部分是被主动管理的，并主要基于资产的规模而非业绩来收费;(3)养老基金的受托人日益察觉到，主动管理策略正在损害养老基金的价值。几乎没什么疑问的是，如果度量得当的话，共同基金部门中的价值损失将比养老基金部门更大，这仅是因为共同基金的费用普遍高于养老基金的费用。

今天，“理想与实际”的差距似乎在加大。居于顶层的供应商收取基于资产的主动管理费用，而处于底层的顾客支付了这些费用，却没有获得足够的价值。

为什么金融食物链会反向运作?

首先，对很多在其他方面都非常理性的人来说反直觉的是：在股票和债券市场中，如果你放任数万非常聪明的投资专业人士去控制几十亿美元的资产，你的额外收入会很少。投资专业人士的内心深处明白这个事实。但是让顾客们也明白这个事实，明显不符合他们的经济利益。

其次，大多数顾客仍然不理解高额费用对长期投资回报的破坏性影响。这一经济现实尚未在共同基金的世界中被广泛了解。

事实是，在投资管理产业中，金融食物链的反向运作尚未消失。困境在于，顾客所得与供应商所得之间更好的“价值”平衡，通常意味着顾客赚得更多，而很多供应商赚得更少。

缩小“理想与实际”的差距

因为费用更高,(共同基金业的)平均回报结果会比养老基金部门里不太好的回报结果还要差很多。即将到来的个位数回报率的世界不会那么仁慈。若股票回报率为8%，债券回报率为6%，那么高额费用就不会盛行。消极管理的基金经理通过削减费用，并以极低的成本提供指数基金，会更具竞争力。对自己的技能足够自信的主动管理型基金经理，可能开始认识到，按业绩收费符合其自身和其客户的利益。这些因素会将顾客提升至金融食物链的顶端，他们本就应该在那里。

明智的基金业专业人士、机构的401(k)储蓄计划、普通投资者、证券监管者、智库、金融学教授，以及诺贝尔奖得主，都想在客户和基金经理之间确立更好的利益平衡。如果他们像基思·阿巴切希尔一样直言不讳，在为21世纪塑造一个更好的共同基金业方面，也许我们能取得些许进步。

在这两条指导方针下，共同治理结构的基金公司会遵循一个更为保守的营销策略。因为在成本方面，基金持有人和基金管理公司的利益是一致的，所以共同治理结构的基金公司需要的无疑是低预算的营销手段。不像依赖激进营销策略的股东结构的基金公司那样，共同治理结构的基金公司更容易认识到，基金不是每当投资公众想要时就卖给他们的产品。它将遵守有纪律约束的营销策略，拒绝采取无益于其基金持有人的高成本推销活动。

展望未来

共同基金公司的治理结构决定了它的基本策略，即对投资的 4 个维度相互作用的依赖：我在第 14 章曾描述过的风险、回报、时间和成本。投资者、投资顾问和学者都认为，风险和回报是并存的。但正如歌曲《奇异恩典》(*Amazing Grace*)[①]所说，投资者很快会发现他们失去了什么：成本因素，以及它如何随时间而放大。而当投资者发现了这些时，基金业将不得不更加关注基金费用、投资组合的高换手率和税收过重的问题，并开始考虑指数化的内在优势。

关于或将到来的变革，让我提出一些预想，变革的结果最终可能会采取更关注基金持有人利益的策略。如果基金业要变革，这场变革必须出于基金持有人的要求，就像当年美利坚的被殖民者为了实施自己的权利需要进行斗争一样。毕竟，基金管理公司就像 1776 年的英国国王，凭借现状来获得巨大的利益。没有来自基金持有人的压力，基金管理公司就没有进行变革的动力。

当投资者作为一个整体开始要求公平待遇的时候，供需力量就会最终改变这个行业，将基金持有人置于他们本应位于的金融食物链顶部。促使投资者要求更公平待遇的会是什么呢？试错会是一种可能。被股票的长期不佳表现甚或（更刻骨铭心！）股价的大幅下挫严重伤害了的投资者，不会马上重回这个行业的怀抱。对于购买热门基金、试验市场择时且过分频繁地选购和交易基金的投资者来说，终有一天他们会通过惨痛的经历认识到，这些短期手段不仅是无效的，而且会适得其反。

信息时代的营救

更让人乐观的是，更好的信息传播会逐渐扭转局势。投资者将会了解到最必要的投

① 基督教经典福音歌曲。——译者注

资原则之一：**成本至关重要。**

那些负责为资产规模达 1 万亿美元的税收递延的雇员持股计划挑选基金的公司高管人员、拥有大量资产且自我激励的投资者、在岗位上更为有力的证券与交易委员会，以及日益老练的金融媒体，都会使成本至关重要的理念最终深入人心。但这些都需要时间。只要现行的过高成本持续下去，基金持有人的利益就无法得到保证。

如果投资者们用脚投票，表示他们倾向于长期而非短期投资、倾向于低成本而非高成本，基金经理最终会醒悟的。那么，对长期投资组合策略的关注就将会取代当下混乱且高昂的投资组合证券交易。基金将更清楚地界定其投资目标，陈述其业绩标准，坦诚地报告其结果与期望之间的差距。股票型基金经理隐含承诺的“我们能比市场做得更好”将被下述承诺所取代，即“我们能比其他目标和策略相似的基金更接近 100% 的市场年回报率”。届时，向投资者描述基金经理如何达到这一目标以及定期披露其完成目标的程度，将会是一项义务。

投资者必须要求基金业不要把创新能力用在昂贵的营销活动和媒体广告上。鼓吹几乎肯定无法重复的历史业绩有什么意义？兜售希望又有什么价值？（一个资深的基金业营销人士对以香水作为类比表示赞同。）基金业必须关注如何更好地满足投资者的需要。最缺乏好奇心的投资者都会知道，取得最佳业绩最简捷且最有把握的路径就是费用最低。毋需多言，基金业中的应纳税投资者，超过一半的基金持有人，由于有害的税收和投资组合高换手率，并未得到良好的服务。因此，必须优先考虑降低成本和减少税收的新方法。

来自另一职业的启示

在第 17 章中，我提到了卓越的心脏病学家伯纳德·罗恩医生关于执业医生和医药技术提供商之间的浮士德式交易的若干评论。最近，罗恩医生撰文评论维护健康组织（health maintenance organizations , HMOs）发起的商业化浪潮。他担心长期被尊奉的商业底线会破坏“看门人服务于主人，而不是想要破门而入的人”这样的医患关系。

在本章中，我将自己的担心都反映在字里行间，正如共同基金业的发展历程所表明的那样。下面的引文出自罗恩医生的近作，我把医学术语都换成了共同基金术语（比如,“患者”变成了“客户”或“基金持有人”;“医生”变成了“基金经理”）。这种相似性令人不安且引人注目：

> 我们职业的基本道德准则正受到威胁。投资管理是这样一个职业，其核心价值建立在基金经理与基金持有人的信托契约之上。基金经理的首要任务就是明智地投资，为提升客户的经济福利而工作。这一关系的中心是期望基金经理会将基金持有人的需要置于首位，置于任何第三方的利益之上。
>
> 相比之下，今天基金业的组织结构像其他任何企业一样，更关注收入流、市场份额、管理公司的股票市值，而不是客户的财富。然而，像医生一样，基金经理绝不能背弃他们的承诺：作为共同基金及其投资者，即所有者资产的诚实管理人。

修正还是重组

一旦基金业的唯一关注点转向尽可能有效地服务于投资者，其未来的演化就将有两种重要的方式：修正现状，让基金持有人掌握更多权力，或者彻底重组。彻底重组至少将使部分美国的基金采用共同治理结构。基金，至少大型基金家族，将能自我运营。基金将不再与外部基金管理公司签约来运作和管理其投资组合。这些职能将在基金内部完成。共同基金持有人实际上拥有监督基金的管理公司。他们会拥有自己的高管和职员，而曾由外部基金管理公司获得的巨额利润，将会转移给基金持有人。他们不会把钱浪费在以牺牲现有投资者为代价来吸引新投资者的昂贵的营销活动中。因为成本较低，他们会带来更高的回报率，或承担更低的风险。他们会改进信息披露，更加诚实地向其持有人，即所有者报告，甚至还会认识到市场指数基金的价值。

另一个更有可能的选项是，出现更多积极的共同基金独立董事。正如第 18 章中提到的，基金董事会迄今为止在基金业的传统结构中一直是个“温驯的身体”[①]。有朝一日，独立的董事会成员会变成他们所代表的共同基金持有人权利和利益的热烈拥护者。如果是这样，他们会与共同基金顾问机构积极地协商，允许基金管理公司获得公平的利润，但要承认共同基金持有人的利益必须永远摆在第一位。这些积极的董事将会分析基金管理公司的费用计划和财务报表，以确保支付的顾问服务费用不会被挪用到顾问机构的营销预算中去。他们将要求费用与业绩相联系，只有当使基金投资者获得丰厚回报时，基金管理公司才能获利。他们会质疑 12b-1 发行费用。独立董事还将对基金集团提供的投

① docile body，语出福柯《规范与惩罚》，指人体的实用性和驯服性。——译者注

资组合进行仔细分析，也不会再成为橡皮图章，轻易地批准由营销管理人员炮制出来的，用于在日益拥挤的市场中吸引眼球的花哨基金。他们只会批准基于稳健投资原则并满足合理投资需要的投资组合。市场指数基金的建立也将提上议事日程的前列。简而言之，独立董事将按照法律成为受托人，积极地代表共同基金持有人的利益。这将是令人难忘的巨大进步。

如果被这样积极的董事会监督，传统治理结构的基金公司将更可能类似于共同治理结构的基金公司，并承认共同基金持有人的利益永远至上。相对于美国共同基金业大规模的重组，如果创造和鼓励积极的独立董事是更可行的解决方案，那这也许是个值得我们努力和奋斗的目标。不过谁知道呢？随着重新定位的基金公司的价值观向共同治理结构的基金公司的价值观趋同，完全的共同治理或许只有一步之遥。

增加经济价值

无论具体的治理结构是共同治理，还是传统的治理结构，只要由基金持有人及其董事来控制基金，而不是基金经理控制，都将会让基金真正地服务其持有人。在任一治理结构下，基金业都将为基金持有人增加经济价值。基金公司将集中于本章列出的 7 种策略，力争为投资者提供更多的投资收益、更合理的价格、更高质量的服务、更好的风险控制、更切合实际的产品开发和更多的指数基金，以及更加自律的营销活动。不管共同基金业的具体做法如何，都将是结构决定策略，形式决定功能。本质上，“形式就是全部，由头至尾，再到每处细节，都体现着同样的理念”。

十年以后

修正、重组及经济价值

10 年已然过去，我当年的希望，即要么修正现状，并使基金经理在共同基金治理实质上拥有的绝对权力，要么彻底重建（真正共同的共同基金），将权力交到基金持有人手中，迄今没有任何回应。我还没听说过，有哪个独立董事成为基金持有人权利和利益的热烈拥护者，或者开始“积极协商”以削减基金费率。虽然我选择了一个意为“新趋势领导者”的词语来作为我公司的名称，领航仍是采用共同治理结构的唯一一家基金公司。本公司尚未发现它有任何追随者。

第五部分

基金精神

导读

我坚信第四部分讲述的法则将服务于共同基金业的投资方，从而将服务于共同基金投资者。然而，鉴于当前基金管理公司的经营模式，这些法则不太可能满足行业交易方的需求。当看到书中所讨论的关于投资的常识性法则问题时，读者可能会感到很惊讶，但对于投资者而言，这是至关重要的。

第五部分会让你觉得更加惊讶。我将探讨我的经营哲学，它主要反映在企业家精神、领导才能和个人价值等三个方面。在创建领航集团的过程中，我试图表现出我的经营哲学。领航集团的结构与共同基金业的标准是对立的。尽管集团的成长表明，这种结构能够有效地运行，但历史经验告诉我们，仅仅是一个文明的管理结构可能还不够。比如说，人寿保险公司坚持互助保险结构已有100多年的历史，但他们好像从很早以前就已经放弃了共同治理的法则，现在也正式地放弃了它的结构。

在共同基金业，结构仍然能够大行其道吗？不，除了结构，还需要其他的东西。无论企业的结构如何，管理别人资产的行业，必须将注意力集中于服务对象和提供服务的人身上。对于提供最佳服务、最大化基金持有人的回报率而言，共同治理的结构是必要条件，但并不是充分条件。在基金精神方面，共同基金必须是共同治理的，其中既包括组织原则，也包括人的准则。

我关于这些内容的讨论，几乎忽略了提供金融服务的各个方面（包括管理职员和信托责任），而我必须提及“领航”基金的名号。到目前为止，我已经基于领航集团的经历强调了投资法则——常识性的法则，比如保守、指数化、低成本等，我认为这些都是稳健的长期投资的基本要素。但是，不到万不得已时，我是不会提及公司名称的。此事我有言在先，以下三章内容除外。

第20章

企业家精神：创造的喜悦

领航集团是如何产生的？它的结构源自何处？为什么它的结构决定了投资策略而不是反其道而行之？当基金的丛林中出现分叉路口时，为什么我要选择这条人迹罕至的路？我猜，这些问题的答案可能与理想主义、想象力、机遇、挫折和纯粹的运气有关。但我确信，领航集团之所以被称为是企业家精神的经典案例，创造喜悦是主要原因。我不确信这种描述是否合理。我讲个故事吧，然后你自己来决定是否合理。

我们现在所享受的成功而繁荣的美国经济，主要来自于企业家们的想象力和能量。从大革命之前托马斯·潘恩希望殖民地独立的改革梦想到近代（或者更早些），当今美国大多数的大型企业都始于创始人的个人梦想。直到几年前，我才开始从历史的角度而非个人角度来思考企业家精神。在1997年年初，当我收到一封来自耶鲁大学高年级学生长达25页的论文复印稿时，我漫不经心的想法被彻底粉碎了。作者将我描述成了熊彼特式企业家的典范。

约瑟夫·熊彼特（Joseph A. Schumpeter），是哈佛大学教授、奥地利学派经济学家。在他1911年的著作《经济发展理论》（*The Theory of Economic Development*）中，首次意识到企业家是经济发展的推动力。虽然他是以一位受欢迎的供给学派英雄的身份出现的，但这并无损于熊彼特所提出的经济学开创性的方法。确实，作为经济蓬勃发展的驱动力之一，企业家精神在最近几年已经席卷全球，特别在如火如荼的技术革命中表现得相当淋漓尽致。毫不夸张地说，20世纪90年代是“企业家的时代”。

30年前，我甚至都没有意识到，自己会从一个在传统企业的可信忠诚的传统职业经理转变成一个企业家。在那时，许多人都认为企业家精神已经不复存在了。1967年，约翰·肯尼思·加尔布雷思（John Kenneth Galbraith）在《新工业国》（*The New Industrial State*）中认为，具有企业家精神的企业基本上已经不复存在了，他假定新经济的显著特征是计划、寡头垄断和规模效应。在美国经济中，财富500强（当时还未命名）企业支配着整个美国经济，跨行业经营的集团公司成为了未来发展的典范。加尔布雷思教授绝对没有意识到整个美国随后将面临的变革。

我遇到的一位真正的企业家

我认为我踏上创业之路，部分是因为工作需要，部分是因为个人冲动，部分是因为机遇，还有部分原因是因为我的导师沃尔特·摩根（Walter L. Mogan）的指引。摩根先生确实是一位企业家，1920年毕业于普林斯顿大学，是注册会计师兼投资顾问，最重要的是，他是一个富有使命感的人。他敏锐地觉察到，尽管购买个股在当时很流行，但对投资者而言，最适当的方法并不是去购买个股，而是去购买由专业投资经理所管理的分散化了的股票和债券投资组合。投资者需要的是多元化、组合管理和投资便利，而不是复杂性。我导师的投资智慧和营销直觉使他坚信，共同基金将是一个绝佳的商业机会。1928年，在他31岁时，这位共同基金的先驱者，创立了惠灵顿基金（Wellington Fund）。

在摩根先生毕业27年后的1947年，我也成为普林斯顿大学的一名学生。在大学三年级的时候，我构思着我的毕业论文，希望找到一个在学术论文中没人写过的话题。1949年12月，我在《财富》杂志上无意中发现了题为"在波士顿赚大钱"（*Big money in Boston*）的文章，从此我便知道了共同基金业的存在。当我读到"共同基金可能看上去变化非常小"，但却构成了一个"快速扩张而稍有争议、可能对美国经济有重大潜在意义的行业"时，我马上意识到，我已经找到了论文的题目。经过一年多的认真研究，我完成了论文并将它送给几位业界领袖。其中有一位便是摩根先生。他很喜欢我的作品，他后来写道："对于一个没有任何实践经验的在校大学生而言，这是一件相当不错的作品。我们邀请博格先生加盟惠灵顿组织，很大程度上是因为这件作品。"1951年毕业以后，我就开始在惠灵顿工作。

在20世纪30年代的大萧条时期，很少有年轻人投身投资领域，更少有人进入到规模很小的共同基金业。在1951年，当我加盟管理着惠灵顿基金的惠灵顿管理公司时，它还只是个小公司。我进步很快，在不到10年的时间里，我就成为沃尔特·摩根的接班人了。到了20世纪60年代早期，我就相当熟悉公司各方面的业务，在1965年早期，那时的我仅有35岁，摩根先生告诉我，我将成为他的继任者。当时公司正陷入困境之中，为了解决投资管理的问题，摩根先生就叫我"放手去干"。我意识到，一个大好的机会摆在我的面前了。

一次合并，一次被炒，一个想法

当时，刚愎自用、冲动且幼稚的我，发现合并波士顿的一家企业将有助于解决我们公司的困境。于是我们两家公司于 1966 年合并了。可惜，尽管早期还不错，但实际上不是那么回事。合并后的公司在前 5 年运转顺利，但是我过于机会主义地找到的新合伙人是激进的投资管理者，他们让基金持有人大失所望。首先，在 1972 年股市持续上涨时，我们的基金就落后于市场；随后，在市场灾难性地缩水 50% 之时，它们又领跌市场。我们管理的基金资产规模从 1973 年年初的 25 亿美元缩水至 1974 年年末的 13 亿美元。毫无意外，我和我的合伙人闹翻了。

在公司里，对手的投票权多于我，因此，他们把我从所谓的“我的”公司中解雇了。我企业家精神的首次实践——公司合并，以失败而告终。我的失败并不是因为我被炒鱿鱼，而是因为我从一开始就踏上了积极投资的投机浪潮。回想起来，这次失败并非不光彩，我唯一感觉窘迫的就是因为我草率的决定、我的幼稚和急功近利以致于忽略了历史教训，从而误导我做出如此错误的判断。生活是公平的：犯下严重的错误，就得付出惨痛的代价。

我的前任合伙人胜利之后，他们打算将整个惠灵顿管理公司迁至波士顿。但我并不想让这发生。我想让惠灵顿基金留在费城，因为它是在这里创立并扎根的，它属于这里。我想到了一个如何阻止它迁移的办法。当一扇门关闭时，另一扇窗将会为你而开。我找到了第二次实践企业家精神的机会。惠灵顿基金是由基金持有人和惠灵顿管理公司共同所有的，主要由我的前任合伙人所控制。我的主意是在惠灵顿基金的管理结构上做一个微小的变动，期望通过改变原有管理结构，能以共同基金的模式来经营一种新的事业。成功完成这一转变并不容易，我正在做一件前无古人的事情。

这种想法来源于我在普林斯顿大学的那篇毕业论文。在文章末尾，我得出了几个主要的结论：**行业未来的快速增长可能将依赖于“削减销售负担和管理费用”；“基金的投资目标必须阐述清楚”；共同基金应当避免创造“管理会带来奇迹的预期”；“共同基金的主要职责应当是稳健的管理（而不是一些次要的活动）”**。简单的说，我的想法就是，如果共同基金业为基金持有人做得更好，它自身也将运行得更好。这个给投资者以公平待遇的简单概念，将是新公司成立的基石。

但是，这个目标如何才能达成？答案还是简单化。当基金能够自我运营，并且还能够节省一小部分费用时，为什么我们的共同基金还需要外部公司来管理呢？依靠外部的公司来管理共同基金正是行业当前的普遍做法。共同基金应该是完全共同治理的。这场斗争非常艰难，基金董事会意见分歧很大。但是最终，新的治理结构获胜了。

十年以后

企业家精神

我于1951年在普林斯顿大学毕业论文中所引述的内容，并没有包含能最为贴切地描述推动领航集团显著增长的关键因素：共同基金必须以“尽可能经济、尽可能有效和尽可能诚实的方式”进行运营。这是我犯下的一个奇怪的失误。

2009年早期，当读到由著名的普林斯顿大学工程学教授戴维·比林顿(David Billington）和他儿子小戴维·比林顿（David Billington Jr.）合著的《力量、速度和结构》(*Power, Speed and Form*）一书时，我发现了一个本质上相同的句子。“在工程学中最根本的创新，”他们父子写道，“并不是基于复杂性，而是基于基本思想的简单性。”他们特别提到，工程师们追求经济效益而非高成本，追求高效率而非低效率，如果可能的话，同时追求优美而非丑陋。

前两个句子与我毕业论文里的内容相同，或许稍微延伸一下，就可将投资领域的优美看成是少有的淳朴诚实。这是我漫长的职业生涯中的两个主要创新：(1）领航集团的共同治理结构，这是为了消除传统基金结构中存在的巨大利益冲突而设计的；(2）创造了世界上第一只指数共同基金。如果你愿意这么认为的话，领航基金是创业工程的产物。

进步与阻碍

在新的治理结构下，我们需要成立新的公司，我也一直想找到一个合适的公司名称。正如1949年我在《财富》杂志上突然找到了灵感一样，这回我又在一本古籍中找到了灵感。当我正准备给办公室买些旧书籍时，我突然碰到了这本书：《大英帝国的海军成就——1789到1817》(*The Naval Achievements of Great Britain——1789 to 1817*)。其中有一章讲述了在1798年的尼罗河战争中，大英帝国军队打败拿破仑舰队的故事。当我读到纳尔逊（Nelson）勋爵在他的旗舰先锋号（HMS Vanguard）的甲板上向全体船员宣布胜利消息时，我立马就知道我已经找到了公司的名字。即“领航集团投资管理公司”，并于1974年9月26日开始运营。如同在拿破仑战争中纳尔逊的舰队占领了大片海域一样，我希望我们这个新的舰队可以控制共同基金的海域。

当基金董事们只允许领航集团（在新的共同治理结构下，由基金自己所有）负责基金的行政管理事务时，我的想法受到了阻碍。这只是共同基金运营中的三个方面之一。当 1975 年 5 月我们开始启航时，我仅有的 28 名全体船员只需负责基金在运作、法律和财务等方面的事务。共同基金三角关系中最重要的两边，即投资管理和基金发行，仍然在对手手中。

在这种阻碍之下，我根本就没有多少空间来发展我所设想的完整的共同治理结构。如果不能掌握投资管理和基金发行，我们就不能掌控自己的命运。针对投资管理不在领航的授权内的事实，我在数月之后采取了一项措施，尽管这在今天看来很容易理解，但在当时却史无前例。我终于实现了我考虑多年的想法。基于我在毕业论文中所确定的证据，我曾写道：共同基金“不应该主张能获得优于市场的平均回报”。这个想法是我后来将市场与指数基金相匹配的先兆吗？说实话，我也不知道。在 1975 年 9 月，我向董事局建言，领航将着手组建历史上第一只市场指数共同基金。如果一定要我说出是什么时候撒下建言的种子，那应该是在我 1951 年写下那些话的时候。

在 1975 年年底之前，我们就启动了指数基金。基于标准普尔 500 股票价格指数的第一指数投资信托基金（First Index Investment Trust），现在被命名为领航 500 指数，它被取笑了很多年，直到整整 10 年之后才被首次模仿。然而，在新世纪伊始，这只曾经被称作“博格的傻瓜”（Bogle's Folly）的指数基金，现在可能已是全球最大的基金。我在 1975 年向董事局坚决主张，这只基金并不需要“投资管理”。它只是简单购买标准普尔 500 指数所包含的所有股票。这个有点不够坦诚的想法勉强获胜。有了这个“准管理”上的进步，我们已经跻身于基金三角关系中的第二个方面——投资管理。

我们最终是如何进入第三个方面——基金发行呢？和我们新颖的公司结构和指数基金一样，对于这个看上去很复杂的问题，我们设计了新颖的解决方案。我们消除了对分配的迫切需求。废除了惠灵顿的经纪人网络，不再依赖销售商来销售基金份额，而是依靠买方市场来购买基金份额。在 1977 年 2 月的又一场分裂战后，我们取得了前所未有的进步。一夜之间，我们从传统的“经纪商—交易商”销售模式转变为无销售费用、无营销负担的模式。

超低的运营费用已经成为我们的标志了，我们无需销售佣金就可以获得基金份额，这是我们共同治理结构和成本法则的联合产物。事实证明，这是非常及时的一步。很久以前，在电影《梦幻之地》（*Field of Dreams*）中，为了鼓励在爱荷华建立棒球场，曾流行这样一句话：“只要你建造，他们就会来。”我们最根本的营销策略就是基于这条原则。

用了许多年的时间，我们才让投资界认识到我们新的结构和在此结构下的共同基金的内在价值。投资者终于来了，而且是数以百万计地蜂拥而至。

然而，通过不懈努力而建立的治理结构仍然如同建立在沙子上一样，并不牢靠。1977年，美国证券交易委员会只给我们颁发了一个临时牌照，只允许我们采取一些关键的、史无前例的改革措施。在1978年，我们忍受了一个长达两周的监管听证会，然后就是浩如山海的文档和法律争辩。在今天看来，这可能非常令人吃惊，但是在1980年，在我们使用临时牌照的第三年，证券交易委员会突然改变立场，规定我们不能够继续经营。我们当时惊呆了，因为我知道我们所做的都是有益于基金持有人的事情，我们坚决提起上诉并最终获胜。经过我们长达4年的斗争，证券交易委员会终于在1981年彻底改变了态度，最终通过了我们的计划。委员会以如下强有力的认可结束了它的评语：

> 领航基金的计划确保了基金的董事们能够更好的评估自身对基金的服务质量，实际上深化了（1940年投资公司法案的）目标。这个计划促进了信息披露……显著提高了基金的独立性……创立了一个健康、可行的基金集团组织。

委员会的评语使这场斗争变得富有意义。最终我们拥有了坚实的基础。

十年以后

进步与阻碍

多年之后，我才系统性地组织起关于企业家精神在领航的创立过程中所扮演角色的观点。当你读完本章前面的内容时,你将很容易理解这17条创业经验。在2004年6月的普林斯顿企业家网络大会上，我曾以此为内容做过一次演讲:

创业经验:

1．靠好运气。
2．化危为机。
3．有一位导师。
4．被炒过鱿鱼。
5．敢于放手一搏。
6．好运一直相伴胜过一次走运。

7. 从不泄气。

8. 爱默生[①]是对的。一招鲜，吃遍天。

9. 绝不放弃。绝不。绝不。绝不。绝不。绝不。

10. 做一个数学天才吧。(只是开个玩笑！)

11. 不要低估显而易见的事物的力量。

12. 如果竞争对手不愿也无法在成本上与你竞争，则你更容易赢得竞争。

13. “我是一位政府官员，是来帮你的。”这句话有时是对的。

14. 一个内部一致的策略是商业成功的关键要素之一。

15. 不走寻常路。可能会使一切都有所不同。

16. (借用约翰·多恩[②]的话)“没有人是座孤岛，只生活在自己的世界里。”

17. 在我们促进经济进步并帮助建立一个更美好世界的同时，我们自然会得到巨大的回报。

熊彼特描述的企业家精神

领航集团的简史能否证明我就是一名合格的企业家，这要留待你们来评判。但请允许我讲述一下耶鲁大学毕业生在其论文中所提到的内容。论文基于熊彼特的如下观点，**一个成功的企业家应具备的以下三个个人特征：“建立一个王国的梦想和意愿；攻克困难的意志和为成功而战的决心；创造和锻炼他人能力和独创力的喜悦感。”**

“首先，建立一个王国的梦想和意愿。”耶鲁大学毕业生借用熊彼特的话，说我的梦想是在我的普林斯顿大学的论文中首次出现的。他指出：

> 梦想内生于心也很平常，特别是对于一个年轻的理想主义者而言。而不同寻常的是，他具有坚持梦想的意愿和决心。正是梦想一直保持的年轻的理想主义之火花不被熄灭，才让他一直等待时机，直到为投资者创造了一种新型的投资公司。这种公司属于、听从于并服务于投资者，而不是投资经理。

这位作者准确地抓住了领航集团的精髓。

① 全名为 Ralph Waldo Emerson（1803.5—1882.4），美国哲学家，演说家，评论家和诗人。——译者注

② 全名为 John Donne（1572—1631），英国诗人。——译者注

他提到领航集团有“一个真实而明确的目标”，但是，作者指出（我并不赞同）我的普林斯顿大学的毕业论文只提供了关于新行业的“一个设想的核心”，并且只是“一个模糊不清的设想”。领航集团并不是如大众所认为的那样，是受理想主义驱动或是命中注定而产生的。在这个角度来看，他认为领航集团的创立是个神话，尽管是“一个好的神话”。但是，对于第一条标准而言，“博格已经实现了他的梦想”。

“第二，攻克困难的意志、拼搏的激情，为了成功本身而非成功后的结果而努力。”再看看熊彼特的下一个标准，这篇论文描述了在创建领航以及领航早期的发展过程中，我是如何凭借着“意志的巨大力量”与困难作斗争的。然而，他质疑到，如果没有这些外部环境，内在的意志是否有机会发挥作用。他总结道：“若不是被迫，博格是不愿意采取不寻常举措的……因为他保守的本性决定了，除非环境需要，否则他的企业家激情在很大程度上都会处于抑制状态。”我不得不承认，这种评论对我而言相当有吸引力，但事实如何仍然难以琢磨。

再来看看拼搏的激情，他指出：

> 自1974年以来，博格一生的故事首先是为了寻求领航集团的独立性而拼搏，然后就是看着领航集团成功。事实上，博格的一生是充满拼搏的一生，为了他一流的学历，为了他公司的创立与成长，为了他自己的生命而不懈拼搏。

（这里是指，我35年来一直与脆弱的心脏作斗争，在1996年接受了一个全新的心脏移植，还奇迹般地活了下来。）他将领航基金与富达基金（Fidelity）的争雄称之为“世仇”，尽管我只是将这场斗争看成是两个公司在投资方法上的公平较量。这两个公司的投资方法，不管是从哲学上，概念上还是战略上，都截然相反。无论如何，为了使共同基金业更有益于投资者，心脏移植成功所赐予我的第二条生命，将促使我继续拼搏。然而，不管我是不是企业家，我绝不是惟一一位坚持自己信仰并终身奋斗的人。我坚信，我只是这样做的千百万人中的一员。

再来看看“成功的结果”，耶鲁大学毕业生同意熊彼特的观点：物质和金钱的收获并不是创业过程中的主要动力。他认为我的动机并不是“如领航基金神话所暗示的那样，是纯粹利他的”，因为我早期的行动主要是由于我想掌控自己的事业。然而，他总结道，我享受的是成功本身，而非成功所带来的结果。他是这样描述的：“（在1997年年初）他本来可以拥有一个价值50亿～100亿美元的公司，但是他没有这样做，而是更热衷于创建一个昌盛的企业，而不是它的货币价值。”甚至正如他所指出的，从财务的角度来看，我做得也还算不错。话题一转，他接着说：“当一个人所拥有的超过自己的所需时，用金钱来衡量他的成功是愚蠢的做法。”不管是不是企业家，我们都应该遵循这种想法。

“第三，创造、执行和锻炼他人的能力和独创力的喜悦感。”作者声称，第三个标准是熊彼特对企业家精神理解的核心。他的论文指出，创造的喜悦在领航集团独特的结构中和第一只指数基金的成立中体现得最为明显。尽管当时这个概念被投资界所蔑视。如今它却是作为有责任投资的标志。他补充道：“企业家必须愿意奉献出他的创意，并为其付出和努力工作，以使他们的创造能够被延续和被关注。”他将我描述为“一个不会坐等自己的想法自动实现的人，他会去积极实践，促使自己的想法不断进步，并寻求外界来接受他的想法”。

贡献自己的微薄力量

总之，耶鲁大学的这位年轻作者认为，我是一位符合熊彼特三条标准的企业家：建立一个王国的梦想和意愿；攻克困难的意志和为成功而战的决心；创造和锻炼他人能力和独创力的喜悦感。当我向他坦诚“我并没有超凡的智力”时，他称赞我“有化模糊为清晰、化抽象为通俗的天赋，有为理想而不懈战斗的决心和能力。因为最优秀的企业家必然是一位受过良好教育的人”。论文中还补充到，我即使不是才华卓越，至少也有“认清楚明显事物的超凡能力”。老实说，我认为这句自相矛盾的话几乎是对我职业生涯近乎完美的比喻。（毕竟，明显的事物无论谁都可以认识清楚。）他称赞道，我的才能“来源于与生俱来的好奇心和自由宽松的教育，这促进了对基金业本质的理解，也为投资界贡献了自己的一份力量”。

我将以自己微不足道的人生成就来结束本章。自 1974 年领航集团成立以来，时代已经完全不同了。最明显的是，我们的资产规模已经从最初的 13 亿美元增加到了超过 4 500 亿美元。我们最初的员工只有 28 人，现在总人数规模超过了 8 000 人，几乎可以组建一支海军。我们为投资者提供优质的服务，我们的服务、我们投资者的忠诚度以及我们的投资业绩在行业内具有良好的口碑。梦想的确已经变成现实。

倘若企业家被定义为将一个想法变成一个公司的领导者，那么，我确实是一名成功的企业家。对此我乐于承认。但是另一方面，倘若企业家被定义为他的想法最终能被主流所接受，那么我的创业成就就是失败的，因为我的想法并没有被基金业普遍模仿。**在共同基金业，只在高质量的股票和债券上进行简单的长期投资的想法仍然只是个美好的期待，远未成为行业规则；对我们的同行而言，指数基金只是一项营销需要而并非是使命；高度自律的债券和货币市场投资组合很少被人接受；有益于投资者的低成本驱动力也明显缺失。**与其说领航基金代表着行业的方向，不如说“共同治理”的基金公司结构这一伟大的想法还未有追随者。我并没有坐等我“想象力的精华”（用他论文里的话说）自动实现。但是，我还真的不如就把它们锁在保险箱里。这些精华已经得到了一定程度的认可，但也只有假以时日才能知道它是否真的经得起时间的考验。

我希望你现在对领航集团已经有了足够的了解。你也能够决定我是否真正是“一个标准的熊彼特式的企业家”（用耶鲁大学毕业生的话说），或者根本就算不上一位企业家。但是，领航集团的创造者继续沉浸在创造的喜悦之中，仍然保留着创业精神和使命感。我们的使命未曾改变：为世界各地的基金持有人提供他们应得的公平利益。

十年以后

投资世界

自从本书的上一版发行以来，我们的增长是多么迅速呀！领航集团旗下的资产规模在1999年年底时只有5 400亿美元，而在2009年中期已经高达11 000亿美元。然而，这8%的年增长率水平还远低于历史上27%的年均增长率。但是，在新千年前10年金融系统的紧张压力下，能有这样的成绩已经相当不错了。或许并不奇怪的是，我们的增长率远远高于竞争对手。（在这10年间，许多1999年的基金巨头的资产规模事实上已经缩水了50% ～ 75%之多。）

结果，我们基金资产的市场份额不断上升，从1999年的7.9%上升到了2009年的11.2%。（市场份额占有率增加3.3%，相当于领航集团管理下的资产规模增加了3 400亿美元。）并且，没有任何征兆显示这种势头将会减弱，实际上，基金份额占比还在不断上升之中。在过去三年中，有4 200亿美元流入了长期投资的（股票型和债券型）共同基金，其中就有接近一半的比例，即1 920亿美元投资于领航基金。尽管领航集团的结构得到了基金投资者的强烈认可，但我们仍然期待着出现我们的第一个追随者。

驱使我们不断增长的动力恰恰是之前提到的工程学里的想法：领航基金诚实的结构、有效的指数化投资概念和经济的运营方式。我们发行的产品绝大部分是我们的“核心”基金，包括指数基金、“虚拟”指数基金（有明确到期日、高的投资质量、极广的分散化程度的、高评级的固定收益证券组合）和我们的多基金经理的股票型基金。多基金经理的股票型基金主要是为了复制“利基”

(niches) 市场的回报率（比如大盘增长基金等），由于提供高度的相对可预测性。当达到这个目标时（事实上这一目标我们常常达到而极少落空），我们的低成本策略通常意味着我们的年回报率要远远超过我们的同类。结果是：我们大约85% 的基金资产，都遵循了植根于领航投资策略之中的初始创业理念。

领航集团的资产构成 ①

	资产规模（10 亿美元）		
	1989 年	1999 年	2009 年中
指数基金			
股票	2.3	229.1	413.1
债券	0.1	15.3	100.5
总计	2.4	244.3	513.6
虚拟指数基金			
债券	8.1	43.5	156.2
货币市场	16.6	72.0	199.0
总计	24.6	115.5	355.1
多基金经理的股票型基金	11.1	84.8	95.1
总计核心基金	38.1	444.7	963.9
主动管理型基金			
股票	4.1	66.5	124.0
债券	3.1	18.2	43.5
总计	7.2①	84.7	167.5
总资产规模	45.3	529.4	1 131.3

① 原书为 7.1，疑错误。——译者注

领导力：目标意识

企业家的洞察力和勇敢是否是领航集团成立的主要原因，或者更通俗地说，新公司是否仅仅因拥有“认清楚显而易见事物的超凡能力”就能发展壮大起来，这其实并不重要。经过 1974—1981 年的艰苦创业，公司建立了全方位的经营业务，组织结构也已经搭建起来，然而在此结构下实施共同治理结构所要求的投资策略，依然面临着更为困难的挑战。这需要怎样的领导力品质呢？领导力应包括哪些内容呢？

创建一个新的企业，往往需要创造性的领导力，而最重要的就是要有目标意识。领导力的类型不仅与企业的本质相关,还与领导者的性格相关。什么样的人能成为领导者？在此我坦言相告，与所有人一样，我是一个独特的矛盾结合体：既拥有强大的自我，又有深深的谦卑;既具聪明才智(仅此而已),又有很多不时发作的盲点和愚笨;既镇定自若，又有强烈的不安全感；既有惊人的自信，却又常常充满怀疑；既有善于思维的偏好，却又缺乏学术的深度；既是一个有抱负、热忱的领导者，却也是一个缺乏所需的技能或兴趣的管理者。

我絮叨这些是想说，与其他人相比，我既不多什么，也不少什么。我仅仅是一个普通人而已。不过，等我讲完人生经历中的几个例子，或许你们就会知道是什么事情使我的生活和职业生涯如此精彩。在本章中，我将集中研究领航集团的领导力的内涵。近 25 年来，我为这个由我设想、建立并命名的企业不断努力，并试图为其建立正确的价值观。

在领航集团成立之时，它有新的名字，又如一张可以谱写蓝图的白纸，而我只有一个目标，这个目标却既不是拥有庞大的资产规模和占绝对优势的市场份额，也不是拥有巨大的个人财富，或者拥有可以衡量的任何东西。正如我最初告诉董事们的，我的目标很简单：使领航集团成为共同基金业最响亮的名字。而且，我将坚定地带领着领航集团朝目标迈进。

简单化是王道

公司的业务应该建立在“简单化”这个崇高而基本的想法之上。我们的基金产品应该清楚地陈述投资目标、有清晰的投资策略和精确的业绩衡量标准，其资产组合应该是广泛分散化的、稳健管理的，也应该大部分投资于高质量的有价证券。我们将坚持成本最小化原则。（我几乎独自发现了投资业最易保守的秘密：总投资收益－管理成本＝投资者净收益。这并不是很复杂。）

尽管有那么几年，我们不敢在公共场合承认，但领航集团证明了这一点：通过构造资产集合（股票、债券或者货币市场工具等），投资的核心任务是尽可能地接近金融市场所获得的平均年回报率，同时必须承认和接受个人赚取的回报率要低于市场平均年回报率[①]。我们的低成本指数基金和明确定义的固定收益类基金就是这一事实的完美典型，它们提供的年回报率几乎接近市场年回报率的 99%。需要指出的是，主动管理型（股票、债券和货币市场）基金的平均回报率大约只有市场回报率的 85%。领航集团的以客户为导向、共同的治理结构、侧重低成本管理等策略，都是为了实现把客户利益放在第一位的目标。正因为此，我们才最有可能获得接近 100% 的市场回报率的机会。这就是"简单化"价值最有力的体现。

设立了首要目标后，简单化将有助于企业设定领导力策略。为了实现所设想的企业成长速度，我们需要的不是一个、而是许多个领导者。在这艘船上，我们不仅需要大人物，还需要团队中的各种领导者：在甲板上的人和船舱中的人，为大炮装火药的人和开火的人，扬帆的人和控制缆绳的人，驾船航行的人和制定航线的人——多年来，他们尽忠尽职，都应该得到相应的回报。即便如此，掌舵的船长仍然担负着每次航行的最终责任。因此，**我要简单概述那些在我看来很重要的领导素质：机遇，充足的准备、预见性、目标意识、激情、仆从式领导、挫折、执著、耐心和勇气。**通过回顾一些重要的历史事件，我们来看看这些素质是如何决定领导力的。在某种程度上来说，领航集团的所有领导或多或少都具备这些素质，绝大多数人也是如此。这些素质的强弱，它们之间的平衡，以及在适当的时刻能否发挥作用，可能才是至关重要的。

幸运的历史

首先从大环境开始谈起，25 年前，领航集团刚刚建立，当时只是一家管理着 10 亿美元资产的小企业，它是如何成长为今天这个管理着 4 500 亿美元资产的共同基金集团的呢？实话实说，公司创立于 1974 年，当时是最糟糕的年代，是自大萧条

① 1997 年年中，在《洛杉矶时报》（*Los Angeles Times*）的一次投资策略会议的演讲中，我首次公开提出这个简单而又大胆的观点，当时观众达 7 000 人。这一观点再次出现在本书第 4 章中。

之后最糟糕的熊市底部。而如今，我们处于巅峰时期，即美国股票史上最伟大、持续时间最长的牛市顶端。差点忘记了，当前也是美国债券市场的黄金时期。我说过千百次：“永远不要把天才和运气与牛市相混淆。”然而如今，运气和牛市二者我们都有幸享有了。

在第 15 章和第 20 章中，我介绍了运气如何引领我跨入基金业之门并帮助我发展的：1949 年《财富》杂志上刊登的那篇关于共同基金业的文章；我在普林斯顿大学的毕业论文；我的导师沃尔特·摩根；《大英帝国的海军成就》和领航集团的名字；萨缪尔森、埃利斯和埃尔巴在 1975 和 1976 年所写并启发我建立第一只指数基金的文章。当这些偶然事件串联到一起时，弥漫在领航集团发展历程中的运气几乎起了神奇般的作用。事实确实如此。好运，我将其尊称为机遇，它常常是，也可能一直都是领导力的前兆。（考虑到生活中运气所扮演的角色，那些领导者必须懂得谦逊。）

充足的准备、预见性、目标和激情

可是，只有运气还远远不够。**当机遇来临时，领导者需要做好充足的准备。在生活中，若我们一直不交好运，那是很可悲的；但若机遇出现而我们没有意识到，则更可悲；但最可悲的是，机遇来了而我们却没有准备好来充分利用它们。**法国伟大的化学家拉瓦锡（Antoine-Laurent Lavoisier）曾说过：机会总是偏爱有准备的人。当机会来敲门时，我已准备好了一套与时俱进的投资策略。在即将到来的时代里，美国家庭的收入和财富不断增加，金融知识不断丰富，投资者教育无处不在。有眼光的、聪明的投资者的时代接踵而来。所以，**我们认为充足的准备是领导力的首要素质，至少是最先需要的素质。**

当早期的准备工作已经就绪，领航集团便诞生了。我们开始为投资者提供所能创造的最好价值。这一投资策略要求稳健的投资决策、极低的运营成本和无销售佣金。这种投资理念将被广为接受。领航基金成为全球成本最低的金融服务提供商，从而为基金持有人提供更高的回报率。目前，投资环境的变化似乎显而易见了，投资策略也应该随之变化。还要说的一点就是，早在 1974 年，投资环境的变化对我而言就是显而易见的。我认为，**预见性是领导力的第二大素质。**

第三个素质是我在本章开始时所提到的目标意识。1974 年我们找到了奋斗目标，并决定要合乎道德地去努力实现它。基金持有人信任我们，把他们的财富委托我们来管理，因此我们唯一的宗旨就是为基金持有人服务。“把你的客户当成老板一样来对待。”这一流行格言对我们来说意义非凡。一般的基金是被某些私下或公开持股并追逐利润的管理公司所控制。与同行不同的是，我们公司把所有权交给了共同基金持有人。由此开创了一种新的公司结构——让客户成为我们的老板。直至今日，这种结构在共同基金业仍然很独特。为此，人们说我是傻瓜，是共产主义者，甚至有人公开说我是马克思主义者。然而在我看来，这种公司结构代表了资本主义的本质：由股东掌控公司。

由成立的目的产生了一个简单的经营策略：在行业中以成本最低化的公司结构来经营，明智地进行投资，为基金持有人赚取最大的回报率。我们在经营过程中严格地最小化不必要的花销。公司领导没有巨额津贴，没有头等舱旅行，也没有高管专用餐厅。我们保留了共同基金的外部投资顾问，在协商咨询费用时与他们保持一定的距离，以此保证支付的咨询费用对投资顾问和基金持有人都很公平。我们也没有将投资者的钱花在昂贵的营销活动中。同行们并不认为低成本很重要。**但我们每天都不可辩驳地证明着：当其他因素不变时，成本越低，投资者的回报率就会越高。成本至关重要！**

目标意识不仅激励我们自我实现目标，并以此谋生，还要求我们将此信息传递给投资者。华丽的英语是最佳的宣传媒介，能够以上千种不同的方式灵活地传递信息。我负责撰写我们的共同基金年报已逾 20 年，对全体员工做过 50 多次讲话，也在美国和大西洋、太平洋地区做过公开演说，尽我所能地使投资者能够理解驱动领航集团使命的强有力的目标。

然而，缺乏激情的目标是很难起作用的。黑格尔（Hegel）曾说过：“没有激情，就不能成就世界上的任何伟大事业。”我也认为，**激情是领导力的主要特点——领导力的第四个素质。**夸张的激情展示当然毫无必要，但温和的热情（它的强度不容质疑）很适合，甚至可能会更有效。同样，引人注目的激情与活力可能较容易被认为是好动的，这主要取决于领导本人的看法。但无论如何，激情是鼓舞人心的关键。管理与领导力有很大区别。**管理主要靠完成工作来实现目标；而领导力要设立目标、设想未来并招募人才来开创一项事业。很显然，领导力决定着梦想能否变成现实。但当企业的原则和价值观经受住时间的考验时，当公司由成长型逐渐转变为成熟型时，最终可能、或者必须由管理者来发号施令。**对一个充满激情的领导来说，可能多年的努力奋斗比稳步前进更能让他获得满足感。伟大的拉什莫尔山雕塑家加特森·鲍格勒姆（Gutzon Borglum）说：“生活如同运动，奋力拼搏后，一种未知的力量会走进人们的灵魂深处。”可以确信，创业初期，我们很需要加特森·鲍格勒姆的话来唤醒激情。

言辞的力量

在向员工传达任务目标、工作激情时，我很注意措辞。在领航集团，我们禁止使用雇员、消费者、产品等字眼，而代之以船员（crew member），客户和共同基金。雇员暗含着主仆间的关系；顾客则往往代表与不同的供应商偶然达成一次商品交易的购买者；而产品则像牙膏、啤酒、灌装汤等为满足日常生活而生产的消费品。相反，船员是任何一次成功航行所必需的团队的一部分；客户，表明我们要与他们建立长期的金融业务往来；共同基金则反映了我们所提供的服务的信托本质。这些精选的词汇有助于形成投资者对我们的看法和我们看待自己的方式。

在没找到适当的词语之前，我不会使用其他言辞，尤其是当这些词语涉及航海或者是鼓舞人心等方面时。当我为领航集团总部举行开幕式活动时，想起受人尊敬的华盛顿大教堂主教小弗朗西斯·塞尔（Francis B. Sayre Jr.）于1976年7月4日在“高桅船”驶入罗德岛新港时所做的布道。他的话使我想起了“领航”这一词。在创业初期，我们顶着狂风巨浪前进。成功似乎遥遥无期，我们不得不顶着逆风，与命运抗争。而从1983年总部落成典礼至今，我们经历了一段风平浪静的美好时光，微风和潮水伴我们前行。这与塞尔主教关于美国的充满激情的演讲何其相似：

水手们知道人们后来会慢慢忘记这一切：在上帝的海洋里航行，只有随风起帆，据风向和深海潮水的流向适时转舵，否则任何航线都无法到达目的地。

在云朵中，在天际线边，在巨浪喧嚣的波浪中，航海家细心观察着各种迹象。敏锐是航海家识别有效迹象的眼睛。有了这双眼睛，航海家才能判断出上帝为他准备的是狂风暴雨还是丽日和风。

若船长足够幸运，发现天堂吹来的风向恰好与他的目的地方向一致，那船长只需扬满船帆，任船在风中摇晃，一路轻松而愉悦地急速飞驰。这与美国现代的情形一致：富裕而轻松，在整个航行中，人们只需乘着潮流和微风航行，人们都懒洋洋地躺在在甲板上。

但是，大部分时候，我们需要逆风前进。尽管与到达目的地的方向完全一样，但我们必须抢风行驶：不断来往反复，迎风航行，风拂过脸庞，雨撒落腿上，紧绷着身体以发白的手指按压住浸湿的航柄，谨慎调整着载货量使船只到达最佳状态，在逆风中争夺自己梦寐以求的命运。

此时，你的航船一定要牢靠坚固、结实紧凑，如有生命般灵活地穿梭于风浪之中；此时，水手们也斗志昂扬，在面对比他们更强大的力量时自强自尊，毫不怯懦。

仆从式领导

第五个领导力素质是具备仆从式领导（Servant Leadership）的观念。这看起来似乎有点自相矛盾。最初我也并未很轻易地理解这个观念。事实上，至少在领航集团创立的前10年里，在我们还是一个小公司时，我很可能被认为是个独裁者。我认为，自己使用权力并不是为了获得权力本身，而是为了在现实世界中实现我的创意（尽管人们对此持怀疑态度），也是为了组建一个比传统商业企业所预期的具有更高价值的公司。我一直在努力尝试，用我的才智去开发和执行新的投资方案，运用我的道德力量向企业里注入诚信、公平交易、正直和尊重个体等品质，以期其在激烈的竞争中能够生存下来并蓬勃发展。

很多年来，关于如何运营企业，我仍然思绪紊乱。而自经营理念形成以来，我在日常的全公司会议上向我们的船员讲解它，我甚至还在1987年推出了一个很详尽的“领航集团价值手册”。也正是在那段时间，我开始阅读罗伯特·格林利夫（Rober Greenleaf）的著作。罗伯特·格林利夫是美国电话电报公司的高级执行官，MIT斯隆商学院和哈佛商学院的客座讲师。他向我介绍了“仆从式领导”的概念，以及这样的一个模型结构：在其中，每个人既是领导，也是仆从。

格林利夫论“仆从式领导”

格林利夫相信，仆从式领导的观念在使企业更加人性化和事业更成功方面，能发挥重要作用。在职业生涯中，他为此进行了大量的演讲、教学和写作。对我而言，我对他的观点非常熟悉。他在《仆从式领导》（*Servant Leadership*）一书中写道，领导力的真谛是在前领路，这种态度源自对奇思妙想超乎寻常的开放心态。尽管领导者知道前面充满了不确定性，甚至充满了艰险，但他依然号召：我要向前，跟我来！（我相信他说的不仅是一种关于公司领导力的新想法，还包括企业倘若要成功，其中各种形式的领导力所必须处理的无数任务。）

他认为商业并非是次要的，而是核心的内容。他非常关注如何建立一个具有开放性视野的卓越公司：

让我们能从众多竞争对手中辨别出一家卓越公司的，并不是那些通常用来区分公司的指标，比如优秀的科技，出色的市场分析或者更好的财务基础等；而是关于梦想的非常规思维：商业目的何在，如何分清主次，以及如何组织。它有激进的哲学体系和自我形象。从传统的商业智慧来看，它根本就不可能成功。但是显然，极少成功的竞争者会说："企业所拥有的这种想法没有用，我们没能从中学到什么。"

有时候，企业关于自身梦想的非常规思维来自于开放性视野。在现代社会里，开放性视野难能可贵。在一个稳定的社会中很难提出强有力的开放性视野。但是，完全缺失这一视野，会禁锢我们的命运。尽管怀念过去那个完全传统的社会令人欣慰，但我们不可能倒转回去。世界一定会改变，有时甚至是巨大的改变。

然而，很难提出开放性视野只是原因之一，另一原因是能够概述自己的想象并能够清楚地表达出来，同时兼有尝试的冲动和勇气的人太少。但仆从式领导能清晰地预言，他们将会带来这种充满关爱和服务型社会所依赖的开放性视野。因此，世界上肯定会有他们的一席之地。

领航集团能否称得上是一个优秀的企业，我把这个问题留给比我更聪明和更客观的人来评判。但是，我相信领航集团已经做到了。我可以果断地说，它是一个目标明确、主次分明、为客户服务组织得当的非常规思维的产物。我们敢于与众不同，而且看上去经营得还很好。

领航集团从一个小企业成长为巨型企业，其领导力的挑战已经发生了根本性变化。格林利夫先生对此也有一些想法：

小企业与大企业的分界线在于：在一个人的领导下，企业能否运行良好。如果企业在很大程度上依赖于某个人的驱动力、想象力、鉴赏力和判断力，那么它将很难意识到什么时候已经越过这个分界线了。而企业最大的风险可能就是维持现状、停滞不前。

在这一点上，领导者必须建立一个管理工作流程的机制，要达到一个大企业长期最佳的业绩表现，第一步就是由作为受托人的董事会来管理。这样的机制更有可能吸引并保留大量有能力的人才。以便使企业更大、更强、更有持续性。若企业在小规模时运营很好，在大规模时也能够继续运营。

成功的领导者必须接受把个人企业转变为机构这种令人兴奋的挑战。这一机构由一群能力出众的人组成，具有自治和创造的动力，对其已有的显赫声望能够进行扩张甚至继续强化具有包容性。

只有时间能够证明我们能否迎接这一挑战。用格林利夫的话来说就是：

当目标清晰而且全面，机构的员工知道应该做什么，并且无需指示就能各司其职，这样，他们才能够在正确的时间做正确的事情。这需要一个强势的领导将所服务对象的利益置于首位，这样做是为了确保每个人都能够贡献出自己的全部力量，以确保企业能够在所在的领域里持续领先。

只有这样，我们的目标才可能达到。

格林利夫先生清楚地阐述了卓越的服务机构这一概念，卓越的服务机构有极好的声望和更高的效率。他认为，应该正确理解领导者和追随者的关系。因为“在机构中，每个人既是领导者，也是追随者”。他又补充了很重要的一点：“如果机构想以一个仆从的身份获得成功（这正是领航集团所要求的使命），那么只有那些愿意帮助他人的仆从，才适合被授权做领导。”对于这一点，我想补充道（我认为格林利夫先生会同意的）：

正如领导给予追随者力量一样，领导也从追随者那里聚集了力量。无论如何，很难知道这种哲学与我的哲学相一致，是否仅仅是一个如黑夜中随机分子相碰撞那样令人高兴的意外，还是一个伟大理念的神秘多面性的强有力证据，或许兼而有之。无论如何，它都是我对领航集团管理之道的重要部分。

挫折和执著

可能会令你吃惊，**我认为挫折是领导力的另一个重要素质**。生活中，来之不易的东西往往更美好。1951 年我加入了惠灵顿基金公司，后来成为它的总裁，但在 1974 年我被解雇了，有点心灰意冷。但恰如凤凰涅槃，过去痛苦燃成的灰烬有了神奇的改变。如今的公司出现在共同基金业的“先锋部队中”。挫折，在早期创业时如瘟疫般折磨着我们。想象一下吧，我们的新公司所管理的共同基金曾连续 80 个月出现净现金流出。但从这些逆境中，我们学到了很多重要的原则，也增强了实力。多年后的今天，我们仍然不时遭遇挫折。我们的成功早已淹没了这些挫折，当然这是题外话了，但我们必须不断从挫折中学习。

如果你注定会遇到挫折，那么就务必要努力奋斗。**另一个领导力素质——执著，在奋斗中至关重要。**因为将我们的公司结构和经营策略带到全面开花的阶段，需要花不少时间。由于我们极其谨慎的董事们不乐意再次尝试这种新的共同治理结构，我们从一开始时就遇到了重重困难。早些年，我们不断努力，一直坚持追寻最初梦想。开始时我们只做基金公司的行政管理者，后来成为指数基金经理，又成为基金发行者，直至后来征服了出于好意但被误导了的证券交易委员会。1981 年，我们为传统的积极投资管理承担第一直接责任，而到今天，我们完成了最后一步，形成了产品齐全的基金集团。7 年之后，我们的共同治理结构终于准备就绪了。（当前内部管理的资产高达 2 600 亿美元，占总资产的 60%。）这并不容易，毕竟任何珍贵的东西都来之不易。**我想我们能把坚定（如果你乐意也可称之为执著）列为领导力的第六个素质。**

耐心和勇气

同时，**执著也是与领导力的另一个特征——耐心相伴相随的。**我最喜欢提及的例子是我们开创了市场指数基金。如今，市场指数基金已经成为“行业的宠儿”和“热门产品”。我着迷于以下见解：以最小的成本匹配股票市场，随着时间的推移，一个低成本的被动管理型基金几乎已确定会超过大多数高成本的主动管理型基金的业绩。1975 年，领航集团创立了第一只指数基金。但是，这个全新的具有创造性的想法却遭到了同行的鄙视。然而，我们的耐心和执著使我们坚持了下来。

未来的领导力

成功的领导力包括哪些要素？在《金融服务业的领导力》（*Leadership in Financial Service*）中，史蒂文·戴维斯（Steven I. Davis）通过对全球金融服务行业的调查，找出了20世纪最成功的金融领袖所具备的特征。他的观点与我非常类似，只是他的观点是建立在大量的客观事实基础上，而这正是我所缺乏的。以下内容是戴维斯在他的研究过程中所找出的领导力所需具备的特征：

视野。成功的领袖拥有领导者所具备的广阔视野：奋斗的方向或者洞察力，为达成目标所需的整个流程，以及每个人在这个流程中的职责。

核心价值。成功的领导力要求尊重个体和正直的人品。从长期来看，领导力的连续性对于共同的价值观、企业文化至关重要。

领导力的执行力。既然已经确定了方向和价值观，领导者的下一步任务便是表示达成目标的坚定决心。领导者必须花费大量的时间与公司的各个阶层进行交流，从一对一的对话，到在成百上千的同事面前演讲。领导者必须为艰难的决定负直接责任，必须展现出个人的性格特征，以便他的追随者能够知道，与他们共事的是一个他们可以认识清楚的实实在在的人。

化解冲突。虽然领导者渴望尊重他人意见、让公司的每位员工团结一致，但有时候他必须做出或许与同事观点完全相反的决定。因为公司的创立者必然会选择他认为最佳的方向。

精力。在令人疲惫不堪的传达领导信息的过程中，领导者也要事必躬亲，以身作则。它要求对制度和信息负完全责任，这不仅仅是一项任务，更是对个人精力的极高要求。

毫无疑问，领导力所具有的某些特征，并不能够划分到某个简单的原则集合中。它们是个人独特的特征，随着个人的经历、智力和性格特征的不同而不同。即便如此，戴维斯还是为未来的领导者建立了一个前行的路标。

1976年，我们的指数基金首次发行规模预期为15 000万美元，但最后仅达到1 100万美元的规模。在1977—1982年间，与大多数的基金经理相比，标准普尔500指数的回报率显著落后。6年之后，我们的指数基金规模才达到初始的募集目标15 000万美元。即使在共同基金业急速发展时期，直到1990年，第一只指数基金的规模才达到10亿美元。此时距其成立已有15年时间。但我们耐心而有效地经营着基金，见证着它超过主动管理型的基金经理们，额外回报率稳步增长。我们曾经很确信，指数基金将如我们所期望的一样运行，这被证明是对的，甚至不止于此。指数化现已迅猛发展，指数化资产规模已达15 000万美元的领航集团，有28只基金跟踪着各种市场指数，这无疑已经成为基金业的领袖了。耐心最终获胜了。（笔者注：我曾经收到了一位基金持有人的来信，他在信中是这样描述我的："对于操作缺乏耐心，但对于结果非常有耐心。"这好像是对于指数化方法足够精确的描述。）

作为我冗长论述的结束语，我试着谦卑地给你们讲述领导力的最后一项特征：勇气。有时候，一家公司必须有一个艰苦的创业过程，必须有坚持自己信念的勇气，不管是逆境还是嘲笑，都要奋勇前行。领航集团在共同治理的结构上，在低成本和投资者公平待遇的推行上，在稳健的投资哲学上，在市场指数基金上，在回避热门产品、市场营销策略、地毯式轰炸的广告策略上，都是一个完全与传统观念背道而驰的公司。尽管在当今的基金业，地毯式轰炸的广告策略是如此的大行其道。有时候，当变化无常的风格处于支配地位时，坚持到底需要巨大的勇气。但是，我们始终坚守自己的信念：**尽管感知和现实间存在一定差距，但从长期来看，现实获胜只是个时间问题。**

命运伸出援助之手

机遇、充足的准备、预见性、目标意识、激情、仆从式领导、挫折、执著、耐心和勇气。就我个人的经历而言，这9条主要特征对有效的领导力至关重要。在我职业生涯的暗淡岁月里，对我个人而言，命运昭示我最好能够拥有这些特征。为了应对身体的衰弱（特别心脏衰弱），我深深地学会了我能够、也是每个人都能够掌握的特征：执著、耐心和勇气。1995—1996年间，在接受心脏移植手术之前，依靠静脉注射维持生命，我在医院忍受了128天的煎熬。没人能够想象我得到的新的心脏（生命中奇迹般的第二次机会），赐予给我重生的力量和十足的喜悦。奇迹给予我的部分喜悦，来自于余下的年份里，我能够继续引领和拓展我的智力工作，将常识引入到共同基金投资和共同基金业的结构中。我也能够继续我的道德追求，将更高级的商业管理理念带给全世界。

十年以后

领导力

1996年，我从领航集团董事长兼首席执行官的职位上卸任了。1999年，我的领航集团高级委员会主席的职务生涯也结束了。即便如此，虽然10年时间过去了，对于前一版的关于领导力章节的内容，我觉得并没有多少新内容可以添加。我现在的官方管理职务，仅限于博格金融市场研究中心，其为2000年设立的领航集团下属的一个单位。包括我在内只有4名职员，主要研究共同基金、证券市场、美国企业、经济和金融体系等。大多数研究在我持续的演讲中可以找到（在我的电子博客 www.johncbogle.com 上，你可以找到400多份演讲稿）；在我持续写作的专栏中可以找到（包括2009年的两个，总共有20多个专栏吧）；在我所著作的书中可以找到，包括新版的《共司基金常识》，总共有8本，还有几本正在筹划中。

虽已是耄耋之年，但为了帮投资者构建一个更好的金融世界，我仍然在继续奋力前行。我的精力依然旺盛，也有种深深的责任感，我应该充分利用老天赐予我的余下时间（13年前，我接受了心脏移植手术，并且奇迹般的活了下来）。当然，不管我喜不喜欢，我确实老了！但是，正如我在2009年晨星会议上所说的一样，最近这些年，当我面对身体的严峻挑战时，对于一个已经多活了13年的人来说，我认为去抱怨人类生存这个微不足道的挑战是很不明智的。

正如我在2009年写道的，我突然发现，我在本书第一版最后一段中所暗示的领导力很有先见之明：智力领导力和道德领导力。当然，这些品质要求的是不同于传统的公司领导者或者投资领导者所需具备的领导才能。即便如此，我仍然坚信，即使在传统的分类中，最好的领导将会在智力和道德领导力上都表现完美。这个无法动摇！

在过去的10年间，我极力展示的智力和道德领导力的主要形式已经在我的书中显示出来。(是的，是我用灌墨水的钢笔和带条纹的便签簿亲自写的。对我而言，将一个人的名字写在其他人的著作中，并不是很道德。）我的第一本著作《博格漫谈共同基金》（*Bogle on Mutual Funds*）写于1993年。本书的第一版于1999年出版发行，接下来出版发行的是，2001年的《约翰·博格论投资：最初的50年》（(*John Bogle on Investing: The First 50 Years*）“金融领域的伟大理念”系列书籍中的一部分）；在2003年出版的《品质制胜》（(*Character Counts*）收录了我对领航集团员工做的演讲含评注）；在2005年出版《为资本主义的精髓而战》（*The Battle for the Soul of Capitalism*）；在2007年出版《投资常识》（*The Little Book of Common Sense Investing*）和《够了》（*Enough*）;在2008年出版《货币、商业和生命的真实测量》（*True Measures of Money, Business, and Life*）。

我热爱写作、热爱英语，热爱所从事的研究，热爱严苛地编辑自己的文档，我（通常）热爱评论家、媒体、博客主，特别是读者的反馈。他们并不都是很友善、支持的，有一小部分人根本就不在乎我的作品，他们的行为让我很失望，甚至很生气。(毕竟我也是一个人啊！)但是,绝大部分人给了我作品很高的评价。比如说，在亚马逊上的300条评论中，有90%的评论给了我的作品四星级或者四星级以上的评价，其中有80%的评价是五星级。我的书籍总共已经出售了80多万册。谁知道呢？或许某天会超过100万册。然而对于我而言，真正的奖励并不是看到作品被大家接受的喜悦（也不是版税收入,我都捐给了慈善机构)，而是我一直努力尝试在公民之中推广的智力和道德领导力，已经找到了大量的受众，不仅仅是在美国，还包括全世界。

COMMON SENSE ON MUTUAL FUNDS 第22章

人性化：客户和员工

从领航集团的创立，到1974—1981年间的顽强拼博，再到个人领导力在磨炼当中的提升，这些对我而言，都是喜忧参半的事情。每次刻骨铭心的失败后，最终都会是柳暗花明。直到1981年现代领航集团完全形成时，我们才开始踏上坦途。但即使在早年经历惊涛骇浪、前途未卜和生死难料的时候，我仍然想着那些人，那些与我们一同奋斗的和我们为之努力服务的人们：这就是我所说的人性化（Human beings）。

如果简单化是我们投资法则的核心，那么人性化便是我们管理法则的核心。这么多年来，当描述我的客户和员工时，我逐渐喜欢提到"人性化"这个词。1997年12月，我在哈佛大学商学院做了一场报告，关于人性化是如何促使领航集团成为哈佛大学所谓的"服务杰出公司"。我曾要求同学在他们读过的关于公司战略的书中找找"人性化"这个词，据我所知，没人能够完成这一任务。但"人性化"确实是我们发展的关键要素之一。

这么多年来，我经常说，应该把服务对象看成"怀揣个人理财目标、诚实而又踏实的人们。"这则信条既没有提到总的资产规模，也没有提到广大的投资者；既没有提到市场份额，也没有提到公司战略；更没有提到对于财务控制、技术支持和关注市场营销的需求，尽管在某些程度上，这些都是必须的。但较之于我们的首要目标：为客户提供力所能及的服务，它们仍然是次要的。坦率、诚实而公平地为他们提供服务。踏踏实实管理好客户委托给我们的资产，就如同对待我们自己的资产一样去对待他们的资产。这项任务并不复杂，但既然说到，最好每天都能够做到。

无须多言，"人性化"的概念也应该能够适用于领航集团的员工。大家都在领航集团谋一口饭吃，推己及人。这其中的关键是：**尊重他人，意识到即便只是一个人，也能够有所作为**。基于我们的员工为基金持有人所创造的价值来论功行赏。我们的员工几乎让我舒舒服服地过了25年，这些功劳应归功于他们。

在最后一章，我对于与客户和员工如何相处有一些看法，这个看法并不复杂，但是它会对与投资者、与员工之间的传统关系产生深远影响。当你把投资者当作一个个体时，你肯定会寻求与客户之间的信托关系，而非与消费者之间的商业关系。当你将同事当作一个个体、而非是简单的雇用关系时，你就会采取一些尊重他人、奖励他人付出的措施。总之，“人性化”必须体现在公司的方方面面。

十年以后

博格迷组织[①]的兴起

在1999年此书前一版出版时，有些人就问我：“在一本关于投资的书籍中，还有一章专门讲述人性化，这到底是为什么？”我稍显严肃地回答说：“你认为我们的投资是为了谁？”无论如何，对于关注“人性化”的策略，我一点都不后悔。“人性化”以各种各样的方式出现在我所著的每本书中。

我逐渐认识、喜欢上了成千上万谦卑的人们，这些好公民是数以百万计采纳书中所描述的稳健投资策略的投资者中的典范。他们也享受了这种策略的好处。

《共同基金常识》前一版在1999年出版后没多久，我关于人性化是稳健投资过程的核心和灵魂的观点就得到了证实。2000年3月10日，在佛罗里达州（Florida）的奥兰多（Orlando）的《金钱秀》（*the Money Show*）访谈节目中，我首次遇到了泰勒·拉里莫尔（Taylor Larimore）。他是一名退伍军人，曾经在美国“最伟大的时代”[②]服役，现在是一个快速成长的组织的非正式领导人。这个组织是由一群有社区意识的、主要依靠自学的和正直的投资者组成，他们很快成立“博格迷”（Bogleheads，原来被称作“领航的死忠分子”[Vanguard Diehard]）这个组织。泰勒和我一见如故，10年时间过去了，我们的友情日笃。

不管是从个人的角度，还是全局的角度来说，博格迷组织都积极拥护领航集团投资简单化的理念——经济、效率、高质量的广泛分散化投资组合和低成本，最重要的是，常识性的关注长期投资的明智以及短期投机的愚蠢。他们也相信领航集团的信托哲学，坚信基金持有人的利益高于一切。

在晨星网（Morningstar.com）的一个专用网站上聚集了许多年后，2007年博格迷组织成立了自己的网站（Bogleheads.org），代表他们使命的口号如野火

① 简单的说，就是相信指数化投资的人。——译者注

② The Greatest Generation，最伟大的时代，指经历过第二次世界大战，并启发后续变革的时代。——译者注

般迅速蔓延开。现在每天大约有 9 000 人访问博格迷组织的网站；每个月有超过 10 万名投资者访问该网站，点击率超过 30 万次，集体钻研着网站上的上百万条帖子。这个论坛是信息的聚宝盆，关于投资领域的各种话题，撰稿人和网站访问者都毫无私心地互相帮助着。

在 2006 年，博格迷组织中的三个人泰勒·拉里莫尔（Taylor Larimore）、迈克·林道尔（Mel Lindauer）和迈克尔·勒伯夫（Michael LeBoeuf）聚在一起，为投资者撰写了一本杰出的自助书籍《博格迷投资指南》（*The Bogleheads' Guide to Investing*），此书很快成了畅销书。在 2009 年，博格迷组织成员理查德·费里（Richard Ferri）和劳拉·多乌（Laura Dogu）邀请原书的两位作者泰勒·拉里莫尔和迈克·林道尔出版了续集《博格迷退休计划指南》（The Bogleheads' Guide to Retirement Planning），此书很快赢得了读者的赞赏。博格迷的故事就是成功的投资者聚在一起，形成一个交流社区，传播他们简单投资智慧哲学的，分享他们的个人投资经历。

2000 年在泰勒的迈阿密公寓中，享受着泰勒妻子做的丰盛晚餐，我第一次与大约 20 位博格迷们见面（“博格迷Ⅰ”），自那以后，这些对领航集团的法则抱着坚定信仰的人们每年都会聚一次。比如说，2004 年在丹佛（Denver），2006 年在拉斯维加斯（Las Vegas），2008 年在圣地亚哥（San Diego），最近的一次在 2009 年，在达拉斯（Dallas）（“博格迷Ⅷ”）。在那里，这些聪明、愉悦的投资战士们被再次召集在一起，分享他们的投资智慧、投资经验，分享他们生活和职业生涯中的故事。

除了 2009 年由于疾病原因不能够前往，我参加了每一场聚会。与这些“怀揣个人理财目标的、诚实而又踏实的人们”（我曾经如此描述领航投资者们，并且将一直这样描述他们）相聚，是我漫长的职业生涯中最精彩的事情之一。

是的，投资就是与人性化密不可分。

把投资者当成个体对待

当“人性化”成为公司的核心时，一些举措自然随之而至。**我们的首要目标就是帮助客户在投资活动中追求个人的成功，达到个人经济上的和情感上的目标。**成功的投资能够帮助客户完成个人目标，比如买房子、支付孩子的教育费用、享受舒适的退休生活。倘若投资失败，则这些基本的个人目标就无法达到。在长期的牛市中，共同基金业看上去就忽视了这些现实。基金公司不是为了帮助投资者建立长期、谨慎的投资计划，相反，它们采取了激进的营销策略。许多基金都采取了不够谨慎的投资策略，尽管身处长期的大牛市中，但他们的基金持有人仍付出了巨大的代价。当投资回报率最终回复到基准水平时，许多基金持有人会大失所望。另一方面，**“人性化”的公司所扮演的是受托人的角色，而不是激进的资产集聚者的角色。他们努力维护受托人的价值：坦率、正直、信任和公平交易**。这些公司更可能预测到金融市场中即将到来的风暴。

这些价值是如何对领航集团的交易产生重要影响的？坦率，就意味着在与基金持有人交流时，我们必须遵循完全公开的策略：告知基金持有人全部事实，别无他法。这个策略看上去并没有什么特别之处，但是在共同基金业的促销材料和与基金持有人的交流中，却明显缺乏足够的坦率。股票市场的长期回报率没有经过持股成本的调整。基金广告大肆宣扬它们过去的业绩，而过去的业绩在将来却不可能重复。基金的章程中也没有陈述成本的重要性。基金年报中也往往疏于探讨特定投资策略中的内在风险。当我们把投资者看成是个体而非目标市场时，我们就会意识到，当顾客想要获得成功的投资时，他们需要的是直言相告和常识：坦率地谈论风险和回报率；与基准和同行相比基金成功或失败的概率；对平衡投资项目的基本原理进行评价；关注成本对长期投资回报率的影响。

坦率加强了受托人和客户之间关系的第二个因素：正直。归根结底，正直就是信托的能力：当机构投资者自身利益与客户利益相冲突时，客户利益应当放在第一位。领航集团投资成功所赚取的收益累积到了基金持有人身上，而不是管理公司身上。领航集团这种独特的公司结构减少了许多金融机构及其客户之间潜在的利益冲突。然而，正直需要一些额外的举措，这些在公司结构中并没有被提到。**正直意味着在各种关系中，需将客户放在第一位；意味着应当进行谨慎性投资，满足特定的投资目标是唯一的目的；也意味着要在广为接受的商业指导法则下严格地经营运作**。这些举措并不是来源于组织结构或者策略手册，而是来源于这样一种认识：客户作为个体，应该得到最大程度的尊重。

与正直紧密相关的是信托关系中的第三个因素：公平交易。我们保证尽力来服务客户，与他们所投资的资产类别或市场板块相比较而言，我们确信他们的投资成本是低廉的，且投资回报率是尽可能高的。商业利益和组织的信托责任之间经常产生冲突。服务于个人的组织结构需确保信托责任置于首位。以一个潜在的冲突为例，在 1996 年，一个机构投资者想在领航短期固定收益基金中投入 4 000 万美元，这笔资金约占基金资产规模的 10%。为了满足它预定的财务计划，他打算在 2 个月之后赎回他的财产。在这位客户的角度来看，这个协议是双赢的：对于领航集团而言，这名新的基金持有人带来了一笔巨大的资产；对于这名客户而言，通过买进、卖出投资组合而无须支付交易费用，这么一大笔资产能够为他赚得相当可观的回报。

对于致力于客户利益最大化，而不是盈利、资产规模和市场份额最大化的机构来说，是不会对一个临时基金持有人感兴趣的。通过买入、卖出投资组合，如此大规模的短期交易，势必会强加给其他基金持有人不必要的交易成本。我们拒绝接受这笔单子。这位投资者恼羞成怒地告知我们，他将告知他的同行“再也别与领航集团有生意上的往来”。另外，他将此事见诸报端，出现在《华尔街日报》“货币与投资”版的头条上。报道称，这位客户“毫无疑问，在其他共同基金公司中发现了许多同样愤怒的人们，特别是当如此大的一笔投资能够为基金公司带来约3万美元的管理费用时”。然而，如果接受这笔投资，赚取这笔费用，将会使基金公司的商业利益凌驾于其余基金持有人的信托责任之上。对于这篇描述我们拒绝了一笔4 000万美元单子的文章，外界反应异常激烈。我收到了大量来自于我们基金持有人的信件，他们100%都支持领航集团的立场，这些信件都称赞这种行为，以至于我觉得应该给《华尔街日报》的编辑写封信，称“我仅仅是选择这条光荣而合乎道德的道路，就受到了公众如此拥护的关注，内心反而觉得有点局促不安。”

十年以后

信托价值

在前一版中，我将正直作为信托价值的关键因素之一，其实并不是很乐意，原因有二：(1) 正直虽然重要，但吹嘘它似乎有点太过自私自利；(2) 尽管我认识或者熟悉的所有领导都将正直看成是领导力的主要素质，但并不是每个人都在他们的商业生涯和个人生活中履行了自己的诺言。但是，我一直都是正直、坦率、信任和公平交易的。然而在这过去的10年间，金融系统中传统信托价值的履行情况，每况愈下。

信托责任在英美法系下已经存在了几百年。我最近的工作是要求我们的货币市场基金经理达到信托责任的传统标准。共同基金持有人和养老金受益人将其资产用于股权投资之中，但货币市场基金经理并没有充分尊重他们作为投资个体的权利，让他们的储蓄处在危险之中。而一个信用社会本应该保障最终所有者权益的。(在第18章中，我曾描述过我的工作日程。)

为了培育我设想的新型信用社会，必须要求联邦政府采取措施。最重要的是，请政府来设计并负责推行托管制度和信托责任是绝不会有错的。在此情况下，货币市场基金经理能够唯一地、排他地为受益人的利益服务，简而言之，就是“一仆不事二主”。

基金持有人的反应

每个人都想被当作个体来对待，没人想成为目标市场的一部分。我认为，领航集团之所以有最近几年的发展，部分原因来源于公众对它的认识。公众认为，领航集团将投资者当做一个有价值的个体，而非货币符号。在我收到的许多来自于基金持有人的信件中，一个共同的主题是称赞我们是坦率、公平、正直地与他们进行交易，帮助他们达成重要的投资目标。现在来看看一些信件的摘要。第一段来自于一位读过刚才提到过的《华尔街日报》上的基金持有人的文章：

我一直都清楚您说得对，如今我知道，您也行得正。

我和我妻子现在已经年逾50，身家过百万，无负债、已经还清了房贷。想到我们之前在一年内还从未赚过4万美元以上，想到我在30岁来美国时，几乎一无所有，头4年还在大学学习，想到这些，心里就感觉还不错。我希望您能够了解到对于像我这样的人，您有着多么大的影响，帮助我们实现了美国梦。

我投资领航的一个原因，是因为它是由博格的旧约主教形象所指导的。……将老博格比做摩西（Moses），在雷鸣电闪、乌云密布中给西纳山带来上帝旨意：简单化、简单化、简单化……其实，这并不荒唐。我希望看到领航一直坚持它的根本法则。我确定博格是一位很严厉的雇主。人们希望这种状况能够一直持续下去。我理解，在我的家庭里，也有一位这样的成员，尽管他在53年前就去世了，但他的影响力并未减少。但是，这在公众中已经产生了共鸣，人们都乐于接受，因为这些代表着美好、纯真而真实的事物。

您已经发出的冲击波不会很快被行业中其他人所遏制，相反，会在未来很长一段时间影响深远。而那些人们，应该为他们的许多行为感到羞耻。我要心悦诚服地道一声：“谢谢您，博格！”

您“能够看清楚显而易见的事物，通过准时的操作来践行这个伟大的想法，无论如何都坚持奋勇向前”……无论在怎样的海域航行，您的智慧都会帮您选择一条正确的航线。我欠您一份人情。

您提倡回到这样一个时代：商人间的一次握手远比一纸合同更有价值。当前流行趋势只关注高薪，而不关注高质量的业绩表现和服务水平。谢谢您抵制了这一潮流。再一次代表美国所有的劳动者：谢谢您！

不管是在风格上还是在本质上，您都让我想起了我的父亲。他也经常谈起低成本、回避错误和长期的买入并持有的投资哲学的智慧。当然，他也因此收益颇丰。也请您继续传播这些常识性的投资知识吧。在一个越来越被骗子所统治的行业中，您发出了重要而嘹亮的声音。

十年以后

更多基金持有人的反应

尽管我已经很多年没有管理领航集团，但我几乎每天都呆在办公室里。并且，几乎每天，我都可以收到来自客户的精彩信件。下面有些例子：

我原以为您高高在上，但令我惊讶的是，您却站在我们中间教导我们。这令我非常感动，因为您是我们中的一员，与我们同在。谢谢您一直坚持做着正确的事情，为我们留下了一笔宝贵的财富。（这是来自于一名基金持有人的信件，在前往博格迷Ⅶ的途中，我与他在飞往加利福尼亚的航班上相遇。）

非常感激您，是您让我相信指数基金和稳健资产配置的智慧。看着我的养老金规模在不断变大，涨到想象不到的规模；对于最近的市场调整，我也并不是特别担忧。晚上，我睡得很踏实，原来一切是如此简单。谢谢。

谢谢您给我们讲述的这些古老智慧，这些智慧在您的书中四处闪光。我甚至无法想象出您体内那股激人奋进的力量。尽管克服了重重障碍，您仍然在不懈努力着，将金融福祉带给个人投资者。

这些趣闻轶事能够精确地表明关注领航集团的人很多吗？答案是：是的，确实很多。克真特研究公司[①]（Cogent Research）最近的一项研究表明："领航集团客户的忠诚度远远高于其他的基金公司……它比其他的同行做得更出色。"其研究方法主要是针对基金客户的民意调查。调查的主要内容是询问基金客户，他们是否"肯定会"或者"肯定不会"将自己所持有的基金推荐给亲人朋友，

① Cogent Research是1996年建立于马萨诸塞州剑桥的市场研究机构，致力于研究设计、数据收集和市场分析研究，其客户很多为大型金融机构。——译者注

回答的结果分为 10 个等级，从 10（代表肯定会）到 1（代表肯定不会）。

克真特研究公司将基金“支持者”的比例（等级为 9 和 10 的百分比）减去基金“诋毁者”的比例（等级从 1 到 5 的百分比），即得到了“净客户忠诚度”。领航集团获得＋ 44 分的评定成绩，以压倒优势遥遥领先。而接下来的三家公司其评定成绩大约在＋ 25 分左右，排名第 11 位（总共有 38 家公司）的公司评定成绩刚刚为正数，为＋ 1 分。剩余 27 家公司的净客户忠诚度都为负，其中最低的公司评定成绩为 –45 分（！）。除了领航集团，若将其余的基金公司看成一个整体，其平均的净客户忠诚度为 –13 分。这个令人惊讶的结果显示出投资者对共同基金广泛的不满。尽管到目前为止，这种不满还未得到行业的重视，但迟早会被重视的。

领航集团的船员

这些信件不仅是对坦率、正直、公平交易等信托价值的称赞，同时也是对履行这些价值的人们——领航集团的员工称赞。我们于 1975 年开始运营，选择“船员”（crew）这个词，看上去有点过时老套了。但是如今，它已经被广为接受。它继承了英国皇家海军旗舰领航号上船员的传统：团结合作；共同抗击在航海过程中出现的每个问题（因为任何一位船员的错误操作都可能导致轮船沉没）；尽最大努力来确保航行安全平稳；不管是风平浪静还是波涛汹涌，我们都要坚定地按照既定的航线前行。

毫无疑问，任何渴望符合战舰标准的企业，都必须依赖船员的忠诚度。无论是在完成一个共同任务，或者是实施薪酬奖励，或者是面对恶劣的气候，没有领导不渴求船员忠诚的。然而，忠诚度必须植根在企业的价值观和特征中，有则教训必须提到：忠诚绝非单行道。无论一个企业经营多么努力，倘若它不能够向员工保证并提供自己的忠诚，那么，它就没有任何权利要求为它努力工作的员工为之付出忠诚。如果一个机构关心它的客户，那么它必定会很在乎那些负责服务其客户的人们。员工是企业的核心和灵魂，没有他们的付出与努力，企业必败无疑。

在给员工做的日常报告中，好几次我都引用了 MIT 前主席霍华德 · 约翰逊（Howard M. Johnson）关于机构是如何需要员工关心的至理名言：

> 我们需要那些关心机构的人们。在一个日益冷漠的世界里，我逐渐意识到个人对机构的关心，是机构成功的必要条件。

> 机构是个人关心和耕耘的对象：即使它可能出现错误，做错事，但它仍应该被它的所有者、服务人员、服务对象、管理者等关心。
>
> 我们都知道，关心他人是一件很费神的事情。它不仅需要兴趣、怜悯和挂念，还需要无私奉献、智慧、刚毅和纪律。每一位有责任心的人，都应该关心在他生命中所接触过的机构。

倘若为了满足我们客户的需求，而要求领航集团的员工好好对待领航集团，我们也应该关心我们的员工。我们应当尊重领航集团的所有员工，不管是级别最高的，还是级别最低的，都应该尊重他们。我们无法容忍所谓的“大人物”瞧不起“员工”。（如果他或者她这样做，倘若让我知道了，他将会被解雇。）这项政策导致“没有额外补贴”的规则——没有租赁的汽车，没有预定的停车位，没有头等仓，没有行政餐厅。每天工作时候，我最好的方式便是能够在食堂与那些服务于基金持有人的员工一起聊天吃饭，我非常信任他们。这么多年来，我告诉我的员工们，我们只有一条商业指导法则：**“做正确的事情，如果你不能确定，请问你的老板。”**

除了这些，为了鼓励员工的努力工作，我们也建立了正式的激励机制。其中，最重要的是“卓越奖”（Award for Excellence）和“领航团队计划奖”（Vanguard Partnership Plan）。前者是为了奖励个人杰出的成就；后者是为了奖励员工的集体努力。总而言之，这两项奖项都是为了奖励那些为客户提供有价值服务的员工。我们需要那些维护我们的价值观、公司品格和精神的员工。

卓越奖：一个人也能够有所作为

在 1984 年设置“卓越奖”时，我的初衷是为了奖励那些具有“领航集团精神”的员工，这项奖励每个季度颁发一次，每次获奖人数从 5 名到 10 名不等，奖励那些在工作中表现特别优秀的员工。自从那时起，有超过 350 名员工获此奖励。这项奖项的特别意义在于获奖者是由同事提名选出的。在颁奖午宴上，我们报出这些由广大的员工提名出来的候选人，称赞他们“付出了 110% 的努力”，表现出了“速度、决心、精力和聪颖”，他们是“镇定、可靠、有责任感和不屈不挠的”（仅仅是举出有代表性的评论）。作为一个服务于个体、也被个体所服务的机构，这个仪式是一个重申我们尊重个人这个核心价值的机会。

在这个日益冷漠的社会中，当官僚主义和科学技术逐渐模糊了个人的贡献的时候，卓越奖是对个人努力的肯定。每位获胜者都将获得一块刻有**“我相信即使是一个人也能够有所作为”**这句话的奖章。在我的整个职业生涯，我用这句话来认可个人潜能。在领航集团，个人能够如此，并且也确实做到了。尽管我们的规模在不断的增长，我们也承认员工是由个人组成的团队，并且，无论我们的团队规模有多大，一个人也能够有所作为。

团队：分享我们的劳动成果

如果说卓越奖是为了奖励个人的努力，那么领航团队计划奖是为了奖励在为基金持有人创造价值的过程中，集体所付出的努力。自从第一天开始上班，每位员工都是领航集团的一部分。领航集团的员工不能够投资于领航集团，也不能享有领航集团的收入分成。领航集团是由共同基金的基金持有人，而非被第三方的股东所拥有。领航集团的收入主要由相对于基金持有人回报率的价值增值部分组成，主要有两个部分：（1）若我们的平均费率与最大的竞争对手相当的话，就是我们的费用和普遍费用的差额；（2）由基金经理独特的组合管理技巧以及基金的投资策略所赚取的额外回报率（净回报率差额）。单单1998年，基于所管理的资产，我们就为客户创造了超过30亿美元的价值增值。毫无疑问，为了答谢公司员工为了基金持有人的价值增值所做出的贡献，每年节省下来的一定比例的价值必须在公司员工中分成，这些分成也仅仅是我们经营中的效率和生产率所创造价值的一部分。

自公司成立以来，我们就一直在削减平均费率。这项成绩得归功于我们独特的共同治理结构和成千上万名员工的精力和积极性。员工们不辞辛苦地为基金所有者提供着更好的服务。他们都在不断地想方设法改善服务质量，为基金持有人节约大量的费用：在万维网上引入节约费用的服务，开发更有用的会计财务报表，减少重复邮件，提供大信息量的税负报告等，这些仅仅只是列出了一些。领航团队计划奖是为了奖励这些集体所付出的努力。

每年春季，我们会在领航集团集体郊游时派发集体支票。支票面额大约占一名员工年薪的30%。毫不奇怪，为什么如此多的员工对在瓦利福奇（Valley Forge）公园的一个硕大帐篷下的聚会如此感兴趣，他们还可以倾听关于领航集团公司价值的饱含信息、极富希望、具有启发性的评论（我的评论被称之为“布道”，但我不确定这话是否是赞美之词）。这些年来，我定期地提醒团队，我们参与的是一项重要的工作——为基金持有人服务，而领航集团的每个员工所付出的努力都产生了巨大的影响。在一个尊重个人价值的公司里，每个人的参与感是很明显的。下面的内容摘录于我现在或以前收到的员工信件[①]，即可证明这点：

① 或许这些言语应该打个折扣，因为员工写给他老板的信件，并不能够完全确定他的动机所在。

恭喜你创立了领航集团，它是我们所有员工引以为豪的资本。很少有公司拥有如此高的道德和诚实标准。你所谈到的最美好事情是，你总提醒我们在别人的生活中，我们的重要性与我们肩负的伟大责任。

离开领航集团已经有4个月时间，我也终于有机会来仔细想想这个机构，以及对于它的领导和员工而言，领航集团意味着什么。有三件事情最让我怀念：员工、对这项事业的热爱和一个显而易见的强有力的领导。

这家公司给我印象最深的，是所有同事积极向上的态度。这里的环境很独特，在行业中很难再找到。我所接触的每个人，看上去都在享受自己的工作。我曾经自问，为什么所有人都对领航集团如此满意呢？因为领航集团优先考虑员工的个人福利——提供广泛的受益和晋升的机会，培育友好互助的氛围，以及管理层真正的关注员工的福利等。

谢谢你给我的这个机会，能够为您这位伟大的船长服务，我感到很荣幸。你的领导才能、细致入微和正直不屈的精神是我努力模仿学习的榜样。你每天以身作则，对我的生活产生了巨大的影响。

领航集团今天的成功，在很大程度上归结于你教给我和成千上万的现在及以前员工的价值观。你的价值观渗透到了机构之中，它确实起到了作用！在公司为员工“做了正确的事情”的时候，也要求员工为客户“做正确的事情”。通过每天简单而强有力的生活教训，这种理念不断在我们身上得以加强。

十年以后

领航集团的员工

当我结束了在领航集团的管理工作后，就经常与获得卓越奖的员工（每个季度大概有10人）聊天。每次交谈的时间大约一个小时，谈话的内容广泛，涉及私人、行业以及投资问题等。到目前为止，谈话的次数已经超过300多次，我确信我对员工高昂斗志非常了解。以下三封来自员工的邮件就可证明我的自信：

我们当中的许多人都坚信你合乎道德的投资方法。你创造的文化成就了一个如此伟大的公司，最重要的是，对于我们的客户而言，这也是一种了不起的经历。

谢谢你创立了这个公司，作为其中的一员，能够为它效力，我感到无比荣幸。在我第一天加入领航集团的时候（在1988年），你欢迎我的手势令我无法忘怀。当时，你在走廊里拦住了我，不但做了自我介绍，还与我握手示意。

10年前，在我获得领航集团卓越奖时，曾与你一起共进过午餐。我们一起聊天，谈论我喜爱的考古学，谈论你参观史前巨石柱的经历，谈论你看见太阳透过浓密的乌云普照大地时的感受。从那时起，每当我看到阳光透过乌云射穿云层的时候，我就想起了那次谈话。我曾告诉你，我没打算在领航集团呆太久，但你说，即使我在领航集团再工作10年，你也不会感觉到诧异。确实，我确实在领航集团扎根了。我拥有一位美丽的妻子和三个漂亮的女儿，在我们的机构中从事着一些极富兴趣的挑战性工作。谢谢那天的谈话，谢谢在领航集团的美好回忆，谢谢你创立了一个如此好的公司。

当然，从我收到的来自于员工的千百封信件中只引用这几个例子是很有限的。但是，我没有其他的表达途径了，我们称之为战舰的领航集团拥有如此多优秀的员工，他们都深刻领悟了我们成立公司的价值所在。信任与被信任，不仅是一种合适的道德策略，它有可能还是一种获胜的营销策略。

黄金法则

领航集团的经历，是未曾料到的环境和不寻常理念的独特结合体，这些理念关乎企业家精神和领导力，在第20章、第21章中，曾有过详述。部分原因归结于命运的转变和灵感的突现，但我认为领航集团现在的成就其关键在于它秉承着“人性化”的理念。如同本书中的其他道理一样，将人们看成是单个个体的想法是一种常识。简而言之，黄金法则就是：**己所不欲，勿施于人**。一旦一个公司将这些理念奉为组织的核心价值，将客户和员工们看成是“怀揣个人理财目标的、诚实而又踏实的人们”的时候，最终结果就能够实现公司的成就。

许多人认为这种愿景是乌托邦式的。我也不会傻到希望共同基金业里的每家公司都是这样的金融服务机构：**严格要求自己、遵守纪律，遵循简单的投资策略和黄金法则的服务策略，将自己的将来寄托在极易犯错误的人们手中，并且不管在惊涛骇浪还是风平浪静的时候，都与客户保持着友好的关系**。然而，正如《国家》杂志的专栏作家克里斯多夫·希钦斯（Christopher Hitchens）最近所说："人不能仅仅生活在乌托邦的世界里，但是正如奥斯卡·王尔德（Oscar Wilde）的诙谐评论，一个没有乌托邦的世界根本不值得一看。"以托马斯·潘恩所固有的常识，他也会极其赞同这一点的。

十年以后

依然是一个乌托邦愿景

10年时间，沧桑巨变！过去的10年里发生了很多意想不到的事情，有些令人愉快，有些让人恐惧，然而它们之中有很多注定要载入史册。然而，和我2009年所写的一样，1999版《共同基金常识》总结部分的乌托邦式愿景至今仍然如故，还是一座未被认识的、尚需多年才能发出智慧的光芒与希望的灯塔。但为投资者培育一个健康的共同基金业，依然是我矢志不渝的使命。

后记

为了构建一个简单、合理、有效的基金组合，我们已经穿越了关于投资策略、投资选择，以及投资业绩等方面的知识海洋，结束了我们的常识之旅。如果能够遵循前面所阐述的投资原则，那么，我确信你将成为一名非常出色的长期投资者。同样，我也毫不怀疑，较之于传统谨慎、严守纪律的投资组合管理，共同基金业将会成为回报极高的投资工具。当然，这种变化最好是基于一个适当的治理结构，其中关注的利益主体并非基金经理，而是基金持有人，即基金业需要为之负责的个体。

正如我最后一次提醒你的，在构建投资组合或是在基金治理过程中，常识十分重要，同时我还要重点指出的是，把“常识”作为本书题目具有启发意义。托马斯·潘恩所描述的美国殖民地居民所遭受的不公正待遇和共同基金持有人回报不足的现象之间的相似性，并不仅仅是一个偶然。了解了共同基金与基金持有人关系的背景情况，我们就会发现，潘恩在《常识》中的一些话看起来具有石破天惊般的先见之明。

> 潘恩论代议政制的逻辑：“……随着殖民地的扩张，公众关注点将不断趋同，但社会成员之间的地理性分割会造成社会成员集体出席于每个场合变得相对不便……这就会催生便利的代议制度，即社会成员同意每个人让渡一定的立法权力，由一个选定的成员代为管理，这位个体成员应该站在选举人的角度，按照成员整体的行为方式代为表达所有成员所关注的公共事项……我提出了我对政府形式的本质的想法——它不能够被任何权术颠覆。越简单的事物，它就越不容易失调；当失调时，它也更容易修复。”

理论上，由数量众多、个体权力有限的基金持有人集体选举出来的董事会，应代表基金持有人的整体利益。在共同基金业中，董事会成员忽视自身使命时，与政府结构中相似的情况就发生了。这种制度安排的优越性在于其简单易行，但实际上却出现了无序的结果。现实中，如果共同基金通过合同把所有的操作都委托给外部管理公司，那么基金就不再能够控制外部管理层，而是被外部管理层所控制。经验结果显示，由管理层选举出来的高管或者是董事会成员，他们都没有像宣传中的那样与基金持有人休戚与共。

董事会通常更倾向于先满足共同基金管理公司的需求，其次才关注基金持有人的利益诉求。以下是潘恩论对独立性似是而非的辩解：

> 这些殖民地持续承受很多实质性伤害……都源于与大英帝国的联系或身不由己的依附。当然，我也听闻一些人断言，美洲的繁荣正是过去同大英帝国联系的结果，他们通向未来幸福的必经之路就是保持相同的联系，发挥相同的作用。没有什么能比这样的辩解更虚伪的。按照以上论断的逻辑，我们可以得出这样的结论，一个孩子如果能够通过喝奶而茁壮成长，那么他永远都不需要吃肉，或者说我们生命的头20年将成为接下来20年的前例。

在将近20年的时间里，基金持有人已经从他们的基金投资中获得了可观的回报。但考虑其成本较高，他们也错过了在蓬勃发展的股市中获得更多收益的机会。我们未来要面对的经济环境可能并不十分乐观，大量的机会成本可能对基金回报率产生更重要的影响。更需要关注的是，共同基金业如同一个孩子，已经进入了他的成熟期，其资产已经比20年前增加了90倍之多。既然他们已经成人，那么就不再需要慈祥的父母来照顾，另一方面，基金管理公司的服务费持续飙升就显得越发不合时宜了。如果这正是基金持有人独立的时机（我坚信是），如果基金未来的运营模式与过去有所不同，基金持有人理应得到更好的服务。以下是潘恩论理想政府成本：

> 以下的摘录来自于一位聪明的观察家对意大利的德拉果内蒂（Dragonetti）政府的论述。(《论德行与回报》[*On Virtue and Rewards*])。"科学研究表明，政治家的主要组成部分是确定幸福与自由的真正含义。如果他们发现一种在国民支出最小的前提下，公民能够达到个体幸福最大化的政府模式，那么这些人就应该能够得到长时间的感激。"

共同基金持有人在投资中表现出相同的诉求。正如政府可以在国民支出的最小前提下最大化地实现个体幸福一样，共同基金应该能够在管理支出最小化的前提下，让投资人能够得到最大化收益。以下是潘恩论领袖与国民间的权力平衡：

> 不能自我保护的小岛是一个帝国统辖的合适目标；但假如一块陆地永久的处于一个岛屿的控制之下，这听起来就颇为荒谬。卫星比它所围绕的行星大这样的情况在自然界中是根本不存在的。[①]

---

① 讽刺的是，我在1951年的普林斯顿大学毕业论文中运用了相同的表述方式："为了优先保证共同基金投资人的利益，所有其他职能都应向卫星一样围绕这一中心运行。"最近，在《博格漫谈共同基金》中，我提到在共同基金业，哥白尼将会很惊讶的发现"巨大的太阳围绕它的小卫星旋转"。

所以，在共同基金业同样如此，自然秩序已然颠倒。通常只需要极少资本的管理公司是一个高效运行的小岛，管理着一块资本的大陆，这些资本就是共同基金持有人所持有的巨额资产。在今天的共同基金世界里，主星正在其卫星的轨道上运行。这种结果不仅是对自然规律的藐视，同样完全违背常理。

在以上摘录的片段中，托马斯·潘恩痛斥了一个与我们距离遥远却权力无限的领导阶层，以无数被统治的殖民地居民的利益为代价，政府仅服务于自身的利益。如果说现在共同基金持有人的境况同两个世纪前美国殖民地居民的境况相同，可能有些极端，但他们的确明显有相似之处。对于基金投资者来说，能够得到公平对待的最好方式就是让基金完全代表自身利益，在管理重点、营销策略和成本结构等各个方面有共同的目标。长期来看，那些将常识应用于投资策略、投资选择和投资业绩的基金持有人，或认识到常识就是让基金反映其拥有者利益的基金持有人，更容易获得成功。

十年以后

更新后记

如同1999年版一样，托马斯·潘恩的《常识》与2009年版也密切相关。特别是“越简单的事物，它就越不容易失调”的论断。共同基金业深奥复杂的结构，连同基金经理们不纯动机和别有用心，毫无疑问，这对基金持有人的投资回报会产生负面影响。

哎，然而，在过去75年中（1924—1999年）盛行的管理结构，同时也在后10年中普遍盛行，现在已经到了终结的时候。正如我之前警告的，“未来我们可能面对的经济环境并不十分乐观（当然，我们已经目睹了它的发生!），大量的机会成本可能对基金回报率产生更重要的影响”。显然,这些都已经发生了。

基金经理直接服务于基金持有人的自然秩序已被破坏，并且，管理公司所有权也开始朝着金融混业经营方向加速迈进。但再浓密的乌云也无法完全遮住阳光。越来越多的基金投资者开始寻找成本更低廉的基金。这些基金主要是由私人控股的管理公司或者单一的共同治理的基金公司（例如领航集团）所发行，它们具有最低廉的成本、简单的结构和更符合“常识”的投资原则。

附录一

2010年年初对股票市场的一些思考

如今，很难想象出 1999 年股市的繁荣景象，那里正值第一版《共同基金常识》付梓之时。最佳例证或许是新闻工作者詹姆斯·格拉斯曼（James K. Glassman）和美国企业研究所的凯文·哈希特（Kevin A. Hassett）在《华尔街日报》上的评论文章。文章已于我的书出版后数月的 1999 年年末扩展为一本书出版，书名为《道氏 36 000》（*Dow 36 000*）。那时，道琼斯工业平均指数在 10 273 点的水平，而在 2000 年 1 月，迅速上涨至 11 722 点，在 2002 年 10 月，滑落至 7 286 点后，于 2007 年 10 月又上升到新的高点 14 164 点，此时仍是一片大好的牛市景象。然而，在 2009 年 3 月，道指暴跌至 6 547 点，到 2009 年秋天，此书写作之时，才回调到 10 000 点左右。

36 000 点的水平，看上去就如白日梦般不可能达到。当然，道琼斯工业平均指数肯定有一天会达到这个水平。比如，如果道琼斯工业平均指数所包括的 30 家企业的回报率以历史年增长率为 5% 的平均水平增长，股票价格也以同比例增长（这仅仅是一种假设，而非预测），则道琼斯工业平均指数将于 28 年之后，即 2037 年达到 36 000 点，几乎比格拉斯曼和哈西特预测的时期晚了近 40 年。（确实，他们的文章指出，25 倍的市盈率交易能够安全地短暂支持的市盈率为 50 倍的价格。）

当然，我必须对这些荒谬的预测提出质疑。在 1999 年版的《共同基金常识》中，我写道："我并不想承认股票没有风险溢价。"一些简单的想法让我不得不对"未来股票市场的回报率产生强烈的关注"。我个人认为，在未来 10 年中，股票的名义回报率可能在年均 5%～8% 的区间。而令人尊敬的货币市场基金经理加里·布林森（Gary Brinson）和杰里米·格兰瑟姆（Jeremy Grantham）分别预测了这期间的股票回报率为 7% 和 3%，与我的预测大致持平。

在牛市的"非理性繁荣"时期，这些预测都显得低得荒唐。但真实情况是，与随之而来的实际情况相比，我们三位还是很乐观的。在接下来的 10 年间，股票的回报率转为负值，年均回报率在 –1.5% 左右，是在过去两个世纪中，第二低的 10 年期回报率。从预测股市的回报率转为负值的角度来看，我们三个都预测错误，但是，从预测股市将从前 20 年的年均 17% 的回报率上掉下来的角度来看，我们三人的预测是正确的。

我们三人相同的地方便是坚信：**从长期来看，股票的价格不能脱离潜在的基本面。**对于我个人而言，我仍然没能够预测到 10 年以后实体经济有如此糟糕的衰退，尤其是在 2007—2009 年间对金融服务部门产生的冲击。事实上，以标准普尔 500 指数计算的金融服务部门的每股账面收入从 2006 年的 37.59 美元下降到 2008 年的 −37.77 美元，令人震惊地下降了 200%。而与此同时，以标准普尔 500 指数计算的其余部门的回报率“只”下降了 31%。

在本书的原版中，我提到了本杰明 · 格雷厄姆和戴维 · 多德于 1934 年首次出版的经典著作《证券分析》（*Security Analysis*）。他们警告说：忽略经济体基本面状况，比如股息率和资产价值，仅仅依靠预测公司的未来盈利情况是很愚蠢的行为。然而，后来版本的《证券分析》竟然把关于“新时代理论”之愚蠢的内容删节了。在 1999 年版的最后一章中，我得出了结论：“这一处的删节，可能是最不祥的信号。”后来，事实证明的确如此。

预测未来

在 2009 年中期，我们的经济体仍处于不明朗的状态。股票市场已经经历了自它的现代历史以来的第二次大暴跌，从 2007 年 10 月的最高点下降到了 2009 年 3 月的最低点，降幅达 57%。到 2009 年中期，已经反弹了 57%。（提示：先下降了 57%，然后反弹 57%，并不能够让投资者盈亏平衡，投资者将总共亏损 35%。算算看！）

但依据定义，股票的价格越低，预期的未来回报率越高。有许多种方法来测量这种效应，我们仅仅关注其中的两种。第一种主要是依据这种看法：股票的市场价值最终将跟踪经济体的价值。如图 I-1 所示，市场的总市值一般是国民生产总值的 63%。这比例在 1929 年达到了 72% 的高点，在 1972 年达到了 81% 的高点（最终证明，这两点都是市场的高点），在 2000 年，又高至 184%（又一个高点），出现一段时间的下降后，于 2006 年又回复到了 148% 的高位。在股票价格下跌之后（国民生产总值下跌的幅度比这小多了），如今这一比例维持在 82%。启示：尽管便宜得还不够多，但股票已经便宜多了。

另一个指标（本杰明 · 格雷厄姆和戴维 · 多德将会喜欢）是股票市场价格和公司账面价值（现金、应收账款，工厂和机械设备，特许权价值和研发费用等）间的关系。如图 I-2 所示，在有数据记载的三十年间，以标准普尔 500 指数计算，平均每一美元的账面价值对应着 2.4 美元的股票市场价格。从 1977 年到 20 世纪 90 年代早期，这一比例一直都很稳定，但是在2000年，这一比例已经翻番至高达5.42美元。（投资者都在想些什么呢？）经过几年时间，市净率（price-to-book ratio）下降至大约3美元，然而，在2007—2009年间，这一比例骤降至1.78美元。同样的启示：尽管便宜得还不够多，但股票已经便宜很多了。

图 I-1　股票市场总市值占美国GDP百分比（1929—2008年）

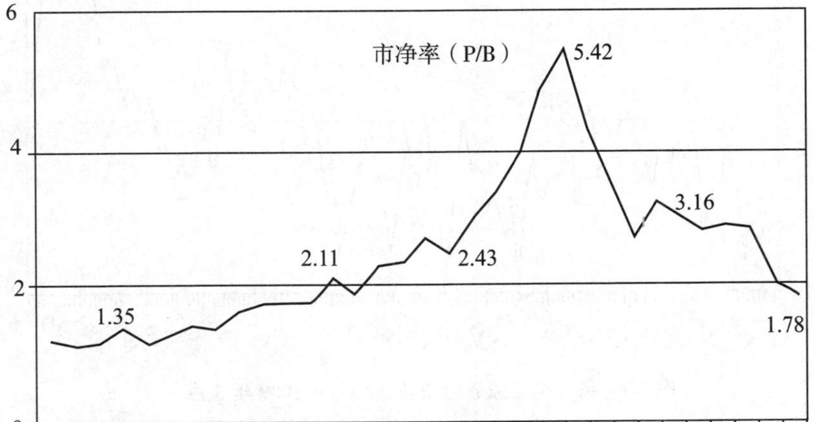

图 I-2　标准普尔500指数市场价格与账面价值之比，即市净率（1977—2009年3月）

未来的投资回报率

现在，让我们通过第 2 章中的视角来看看未来的股票回报率。我们若想预测未来，首先从投资回报率开始，它主要由两部分组成:（1）当前的股息率;（2）未来的盈利增长率。其中，股息率差不多是个已知要素，因为整个美国的股息长期以来一直都在上升，很少有急剧下降的。也就是说，2009 年以标准普尔 500 指数计算的股息下降了 22%，是在过去的 100 年来股息下降最显著的 10 次之一（都超过了 10%），也是下降最厉害的三次之一。（请注意，这里指的是每股的股息下降的水平）。

预期 2009 年每股股息为 21.97 美元，标准普尔 500 指数的回报率大约为 2.1%，这是我们基于基本面分析投资回报率的第一步。但是请记住，2.1% 的回报率相当于为每美元股息支付 47 美元，这个价格大致是长期平均水平 26 美元的两倍，尽管只是 1999 年最高水平 87 美元的一半（见图 I-3）。在确定长期价值的公式中，股息率是很重要的组成部分，与过去的回报率相比，股息率所产生的缺口必然会对未来的回报率造成损失。（过去的 100 年来，回报率的平均水平为 4.3%）。

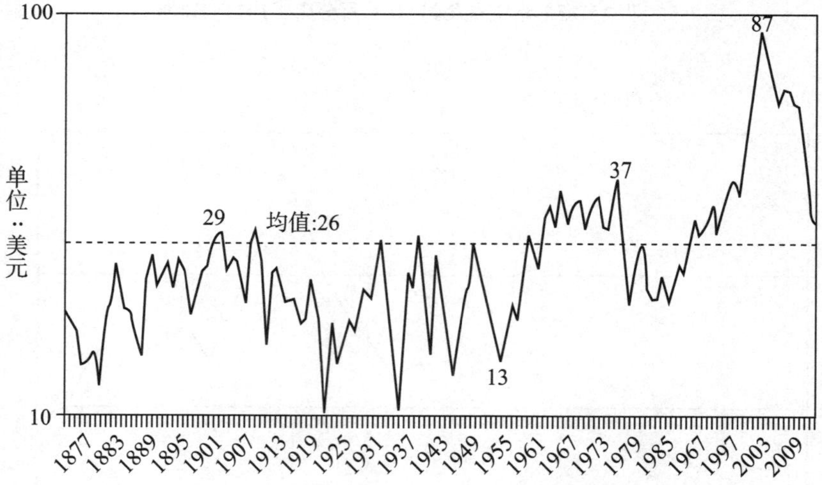

图 I-3　每一美元股息的价格（1981—2009 年 3 月）

至于未来的盈利增长率，我们了解的信息非常多。因为，不仅在长期（当然，这是我们能预料到的），而且逐年来看，公司的盈利增长率都与经济体的增长率大致持平，年与年之间的环比也是如此。事实上，税后的公司盈利很少超过 GDP 的 8% 的水平，当然，也不会少于 4% 的，这一个非常窄的区间的平均水平为 6%。图 I-4 展示了一种很强的趋势：每股 GDP 的回报率趋向于恢复到其长期的平均水平。所以在 2005—2007 年间，当每股 GDP 的回报率达到其创纪录的高水平 10% 时，我们已经被告诫，公司的盈利能力将会很快下降的。确实如此，已从 2007 年的 1.44 万亿美元下降至 2009 年的 9 700 亿美元的水平。

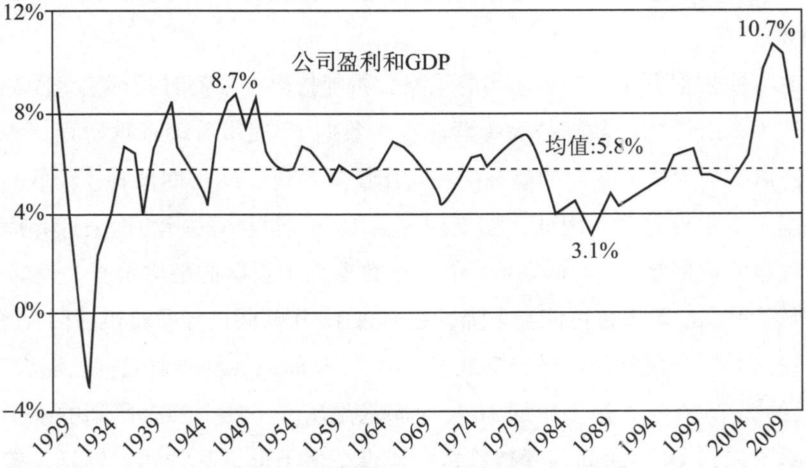

图 I-4　税后每股 GDP 的公司盈利能力（1929—2009 年 3 月）

合理的预期表明，从现在的水平来看，以标准普尔 500 指数计算的回报率的增长率，将与长期趋势水平 4.5% 相当，或者略高。（注意，此处的增长率不同于图 I-4 中所描述的每股 GDP 的平均增长率 5.8%。）因此，如果我们将这个增长率与 2.1% 的股息率相加，我们就可以得出在未来 10 年，投资回报率大约在 6%～8% 这个区间。

未来的投机性回报率

简单地说，股票市场的总回报率，是投资回报率与市场的投机性回报率之和。而依定义，投机性回报率是股票市盈率年变化的百分比。（正如同在第 2 章中所述，对于每一美元的收益，投资者所愿意支付的美元数的变化百分比。）预测未来的市盈率可能是件简单的事情，因为，当市盈率高于 25 时，它们更可能下降；而当市盈率低于 10 时，它们更可能上升。

但是，预测长期的市盈率其实比这复杂得多，为什么呢？因为在最近这些年，盈利被太多的公司管理者所操纵而被夸大了。不仅仅是金融工程曲解了盈利的数据（比如说公司所假设的养老金计划的未来回报率很可能达不到），而且，正如第 2 章中所说，营业收入和账面收入之间存在差异。营业收入反映了当前的经营结果，而账面收入反映的是营业收入减去（总是减去）管理层在早期的错误判断造成的损失，比如说公司的资产价值或者资产负债表的恶化（比如说 2008 年的银行业），不明智的、失败的合并、兼并和收购等行为造成的损失等，诸如此类。这之间的差异极其巨大。在过去 10 年间，标准普尔 500 指数的营业收入平均为每股 61 美元，而账面收入平均为每股 49 美元，几乎减少了 25%。

那到底哪些数据有用呢？华尔街的策略分析师指出，任何时候都应该满怀信心，他们明确地认为，所使用的数据越高（营业收入数据），股市看起来越便宜。然而真实的情况是，公司必须为他们错误的财务决策付出惨痛代价。从长期来看，较低的数据（账面收入数据）占主导地位。因此，如果用过去 10 年回报率的平均值来计算市盈率，当前每美元收益的价格是 16～20 美元。前一个数据高于长期的平均水平，但却是合理的；后一个数据显示，市盈率很可能会下降，在未来 10 年时间内导致投机性回报率为负。

但假设当今的公司管理者已经吸取了过去 10 年间的各种惨痛教训，那么正如 20 世纪 90 年代的那个 10 年，接下来的 10 年时间只是反映了两个回报率间的细小差距。因此，市盈率可以在 10 年时间内保持稳定，或者缓慢上升。我猜测，仅仅是猜测，鉴于当前稍高的盈利增长率和稍高的市盈率，以及公司股息的快速恢复，在接下来的 10 年间，将会导致股票的名义回报率（包括投资回报率和投机性回报率）在 7%～10%。

与什么相比较？

以上仅仅是个人的合理预期，并不是基于历史的市场回报率。虽参考了一个多世纪的股市回报率，但没有考虑对于经济体的“新模式”。我们可能会面临一个长期缓慢的经济增长周期，而很难知道这一前景有几分反映在了当前的市场估值中。对于市场回报率，其他聪明的评估员是怎么认为的呢？其中杰里米·格兰瑟姆是评估最准确也最直率的人之一。他现在认为，在未来 7 年时间内，美国股票的真实回报率为 3.5%，大致相当于没有考虑通货膨胀率之前约 6.5% 的名义回报率，与我预测值的下限大致差不多。

或许有人会问，与什么进行比较呢？在 2009 年中期，10 年期美国国债的回报率为 3.7%，正如此书的前面提到一样，在接下来的 10 年，现在国债的回报率是一个很好的参照系。国库券的回报率低于 1.5%，两年期的国债其回报率不可能更高，大约为 1.5%。因此在我看来，对于当前股票的估值情况，股票应该是大多数资产组合中的重要组成部分，其中资产配置情况应该与我在第 3 章中所提到的一样。

可以肯定的是，金融市场回报率也受到强大的外部力量的影响。如今是一个纷争频仍的世界，伊拉克和阿富汗战争以及一直存在的核扩散和恐怖主义威胁；奥巴马政府寻求经济刺激政策，处理规模空前的赤字，还包括社会保障和医疗保健；全球环境变暖；一个竞争性的国际化经济体中，最穷的与最富的经济体的差距拉大等等。这里不仅有我们“知道的未知领域”①，还有我们视野之外的“不知道的未知领域”。

然而，尽管有这些风险，但若我们想保证自己的财务安全，则必须投资，仔细地权衡在接下来10年或者更远的时间里，可能对的概率与可能错的概率。然而，概率仅仅是概率，并不是实实在在的事实。正如罗伯特·布伦斯（Robert Burns）所说：“即使计划很完美，人们也经常出错。”因此，请别忘了，考虑未来回报率的概率，仅仅是做决策过程中的第一步。决策有其后果。如果关于未来回报率最坏的结果危及到了你未来的金融财富，那就请保守些。②**遵循一个平衡的投资项目；寻求最低的成本；依赖高度分散化的债券和股票型指数基金；要求税收有效；交易不过于频繁；对过去的市场回报率和热门基金经理的业绩表现重复表示怀疑；眼光放长远些。然后，坚持到底。**

① 此处借用美国前国防部长拉姆斯菲尔德在一次回答记者提问时的有趣说法，即在伊拉克既有美军知道自己不知道的情况，还有美军不知道自己不知道的东西。——译者注

② “结果一定比可能性更加重要”，正如帕斯卡（Pascal）告诫我们的，在第6章的结尾处我也提到过。

1999年年初对股票市场的一些思考

回顾 20 世纪 90 年代这 10 年，对聪明的投资者有许多教训。但我们大多数人想知道即将发生的各种可能性。在第 2 章中，我曾讲述过关于未来股票的回报率所面临的富有挑战性的任务，所以在附录部分我补充了一些关于我对这些内容的深层次思考。我也想对照在第 2 章中所讲述的未来 10 年的股票回报率的范围，这可能会给部分读者非常普通的印象。因为当前的股票市场流行着“新时代”的想法：市场上升得越高，能够赚取的现金也越多。

由于 1998 年股市飙升，那些断言股票市场被高估的怀疑论者的人数持续减少。例如，股票型基金的现金头寸空前的低。在金融市场上历来如此。牛市开始于 1982 年，当时股票的市盈率定价为 8 倍，小心谨慎是当时的主基调。16 年后，市盈率达到 27 倍，市场一派繁荣。仅仅这一个改变，股票价格的投机成分就往股票的基本面回报率中每年增加了 8 个百分点。在 12.1% 的基本面回报率中，有 4.5% 为初始股息率，7.6% 的稳健收益增长率。投机成分增加的 8%，占过去的 16 年期里市场年回报率 20% 的 40%。

100 倍市盈率的公平估值?

事实上，在 20 世纪末期，观察家们提供了市场上实际被低估的强有力证据。在 1998 年 3 月的《华尔街日报》社论版的一篇文章，詹姆斯 · 格拉斯曼和美国企业研究所的凯文 · 哈西特及时予以肯定。一个大号标题问道：“难道股票高估了？”立即接着答案：“不可能。”作者认为，当时市盈率为 25 倍的股票可以安全地让价格翻倍到 50 倍的市盈率。“我们没有那么愚蠢，以此来预测股市的短期趋势，但我们认为，在关于利率和利润水平的适度的假设下，目前的市盈率水平不会让我们有多担忧，即便是翻至两倍的水平也不会。”

他们的分析主要依赖于两个假设。**第一个假设是，与债券相比，股票不应该获得风险溢价。**援引沃顿商学院杰雷米 · 西格尔教授的研究，股票长期的真实回报率波动性低于债券和票据。格拉斯曼和哈西特认为，股票要求的超过债券 3.5% 的历史风险溢价可以完全消失。由于风险溢价下降，股票价格上涨。

他们的第二个假设是，从长期来看，流向股票投资者的现金流速度大体和经济增长速率持平。当两个假设被代入简单的数学模型中时，结果是在那些被高估的股票中，市盈率几乎为零。在他们的文章中，作者报告说："我们发现，与从股票及债券流出的现金流的现值相等的市盈率大约为 100 倍。股市由此被低估了 4 倍。"这表明，股市大约在 25 倍的市盈率处定价，可以翻两番。这一分析强烈地反映了当时的乐观情绪。

但是，这种情况没过多久就被反驳了。"股市低估了？嗯，不确定。"数周后，在《华尔街日报》上，可以看到上述的两列小标题。这次攻击来自西格尔教授本人，其研究支持他原来文章中的结论。他指出，关于每股现金流增长率的格拉斯曼—哈西特假设是错误的。"尽管假设公司的回报率以经济增长的速度增长是合理的，但若不考虑从当前的或者潜在的投资者'借钱'的话，每股现金流将以此速度增长是不现实的，也与历史数据相左。"

西格尔说，文章中的模型没有观察到持续的收入增长将导致对新资产的额外投资，比如工厂和设备等。为了筹措投资资金，公司必须发行新股，或借钱，或保留再投资收益，所有这些都将减少每股现金流。因此，西格尔说："当前股价的水平被低估的说法是错误的……过去 5 年甚至是过去 15 年的高股票回报率不可能再持续下去。"

格拉斯曼—哈西特，西格尔和奥卡姆

无论哪种情况发生，这些预言家们都以奥卡姆的风格工作着，主要依靠股息回报率和盈利增长率的长期基本面来进行估值。格拉斯曼和哈西特在他们的论文中又添加了一个看似简单的变量。随着他们的大笔一挥，他们去掉了无限可变的风险溢价，以一个一成不变的标准取代：零溢价。但愿投资真的这么简单！假定股票有上升空间，使股票回报率与债券回报率相等，便消除了投机的空间。当然，依据这一假定，股票所提供的未来回报率将等同于现在美国国债的回报率。就是这么简单。

格拉斯曼—哈西特的论点虽是如此，但我仍不太愿意承认股市没有风险溢价。根据当前股票和债券的基本投资价值，甚至也没有需要承担的超薄溢价。简单的逻辑显示，随着时间的推移，按直线法所预测的最终结果（例如零息国债的复利），比大幅波动下同样的最终结果（比如一个有保本的长期回报率的股票投资组合）更有吸引力。尽管如此，说我们确实还处于新经济时代的黎明是可能的，这里股票的风险是适度的，股票的回报更加确定，而且风险溢价相对较低。

不管正确与否，许多机构投资者似乎甚至比我更担忧未来股票回报率的走势。杰里米·格兰瑟姆，[①]GMO 的创始合伙人，预测在未来 10 年，股票有 3% 的名义回报率，远低于我分析建议的 5%～8% 的范围，而我的分析是建立在良好的基本面和对市盈率适当的缩减基础上的。加里·布林森，任职于国际银行业巨头瑞银集团，是管理着大约 1 万亿美元资产的投资策略主管，他预测美国股票的未来名义回报率在 7% 范围内。正如他所说的，他关于奥卡姆剃刀的版本是基于“简单的数学。该股息回报率为 1.5%，实际增长率的历史水平为 2.8%，让我们再英勇点，说它将迈向 3.5%……于是我有了 5%。再加上 2% 的通货膨胀率，这就是我得到的 7% 的水平。**从长期来看，股票的价格不能脱离于潜在的基本面**”。

历史是否总是相似的

最后一个想法：今天的投资思想和 1929 年盛行的投资思想有一些引人注目的相似之处。1929 年的投资风格被格雷厄姆和多德在其《证券分析》的原版 (1934) 中很好的诠释了——这也许是本世纪最权威的金融教科书。在第 27 章中，作者在回顾了 1929—1933 年市场崩盘的原因时作了研究。摘录如下：

新时代的理论

在 1929 年牛市顶峰的后期，公众对于普通股的投资价值有了截然不同的态度。新的理论可以概括为一句话：“普通股的价值完全取决于它在未来的收益。”因此，股息率和资产价值的重要性完全被泯灭。这种普通股票的投资理念彻底发生了变革，而购买股票的大众还没有意识到。

对盈利的趋势判断这个新的概念获得了核心的重要性。迄今为止，历史之所以重要，是因为它给出了未来预期的变动方向。随着这个想法出现了一个伴生理论，即对于长期投资而言，普通股代表了最有利可图、最理想的投资媒介。这个结论是基于这样的研究：过去许多年中，普通股组成的多元化证券是按照稳定的时间间隔有规则地增值的。这两个理念的结合暗含着 1927—1929 年股市运行所依据的“投资理论”。该理论可归纳为如下：

① GMO，成立于 1977 年，是一家国际化的私有控股投资管理公司。——译者注

- 普通股价值取决于未来的盈利能力。
- 优质的普通股将是稳健的、有利可图的投资标的。
- 优质的普通股过去的回报率是不断上升的。

这些陈述听起来是简单而可信的。然而，它们隐瞒了两个理论弱点，其可能会、也确实导致了无尽的恶果。第一个方面是他们忽略了投资和投机之间的根本区别。第二个方面是，他们在决定是否是一项合意的交易时忽略了股票的价格。

按照代表性投资信托公司所实践的，“新时代的投资”几乎等同于投机，买股票而非债券，强调资本而非收入的增值，强调未来而非过去事实的变化。新时代的投资只仅限于盈利趋势令人满意的普通股的简单日式投机。普通股的需求完全与股票价格无关，这个念头看起来极其荒唐。然而，新时代理论却直接推出了这些观点。

此原则的一个诱人推论是：在股票市场上获利是世界上最容易的事情。唯一有必要的是购买“优质”股票，根本无须考虑价格，然后让其自然向上发展。信奉这一信条会落得个悲剧性的结局。无数人自问道：“当在华尔街无需工作即可积累大量财富时，为什么还要为生计而到处奔波呢？”随后，从实业向金融业的迁移类似于著名的到克朗代克河（Klondike）的淘金潮，其中一个非常重要的区别就是，在克朗代克河真的有黄金。

投资信托成立的初衷，是为那些未经训练的公众提供共同基金的专业化管理，这是一个看似合理的想法。最早期的信托相当重视成功投资的时间管理原则。然而这些传统原则，已从投资信托技术中消失了。投资程序仅仅包括购买收益有上升趋势的著名公司的股票，而无须考虑价格。这些高度受欢迎并以超高价发行的证券组合，被称之为“蓝筹股”。

投资信托基金实际上吹嘘，它们的投资组合都是由最流行和最高价值的普通股组成。略微有点夸张的是，它们可能宣称，在合适的投资技术下，一个聪明的、经过训练的、周薪只有 30 美元的劳动力就可以管理 1 000 万美元的信托投资基金。为了丰富的报酬，普通人被怂恿着把自己的基金委托给有卓越投资技巧的专家。但他很快被告知，这笔信托基金只会很小心地购买普通人也曾购买的股票。

在新时代的牛市中，“理性”的基础就是分散化普通股投资所表现的，长期的、有所提升的收益记录……作为例证，由埃德加·劳伦斯·史密斯（Edgar Lawrence Smith）编写并于1924年出版的名为《作为长期投资的普通股》（*Common Stocks as Long-Term Investments*）中，普通股被证明有随着时间而增值的趋势，其简单的原因就是它们所赚取的比在分红时支付的多，因此再投资收益增加了它们的价值。但是在新时代套用这一历史事实，就是一个激进的谬论。

长期持有普通股的吸引力在于：扣除成本后，普通股能够赚取比债券利率更高的收益。例如，一只股票的收益为10美元，并以100美元出售。但只要相对于收益将股票价格提高到比收益更高的水平，这种优势就不复存在了。随着它一起消失的，还有整个购买普通股投资的理论依据。当投资者为了获取10美元收益而必须为每只股票支付200美元时，他们所购买股票的盈利能力并不比债券利率更高，还没有后者的额外保护。因此，在因为普通股的历史业绩而支付20～40倍回报率的价格之时，新时代理论的倡导者将稳健的假设前提，扭曲成了一个可悲的不可靠的结果。

除了以下这种情况：在当今的市场上，为每只股票支付200美元所获取的收益少于8美元；如果格雷厄姆和多德描述的1929年的投资环境听起来就像你今天所处的环境，我并不会感到惊讶。想想埃德加·劳伦斯·史密斯在他1924年的书中以及教授杰里米·西格尔在他1998年的书中表述的类似观点；想想今天类似的市盈率；想想那个时代的投资信托和时代的共同基金类似的角色；再想想1929年所关注的投资组合与当今所流行的指数基金是否类似。1929年所关注的投资组合，由被“一个员工所管理的”投资信托中最流行和价格最昂贵的蓝筹股所组成；而当今所流行的指数基金主要是以标准普尔500指数为蓝本，因为其中主要囊括了大市值的成长型股票，想想两者是否相似。

但事情总在变化。当今有趣的情形类似于20世纪20年代末的历史，可能产生相似的破坏性后果，或许不会。然而，更好地了解过去，要好于对已有的可能教训的一无所知。

10周年纪念版致谢

我要再次特别感谢我的长期助理（长达 19 年）埃米莉·斯奈德（Emily Snyder），与萨拉·霍夫曼（Sara Hoffman）一样，她在博格金融市场研究中心忠实地服务了 4 年。还有安德鲁·克拉克（Andrew Clarke），在 1999 年原版中，他曾与我亲密高效地合作，在这本更新版本中，他也提供了宝贵帮助。谢谢他们。

除了领航集团之外，作家威廉·伯恩斯坦也提供了许多有益的建议，对于全文的组织结构给予了许多有建设性的批评意见。我还特别感谢大卫·斯文森，他欣然为这本 10 周年纪念版作序，能够得到品行和专业成就如大卫这么高的人的尊重和敬佩，是我职业生涯中的最佳回报之一。

感谢我今年 52 岁的太太伊芙（Eve），感谢你的耐心和理解。在生活中，这已成为我品行的一部分。

最后，我要感谢为我工作了 10 年的凯文·劳克林（Kevin Laughlin）。我能够想象，再也找不到其他能够如此帮助我的人了，提供数据、做研究、编辑、处理好与出版商之间的关系。因此，谢谢你，凯文。对于你的专业技能、耐心、职业素质和沉着，我不应感到惊讶，因为我每天都能亲眼看到它们。

原版致谢

感谢所有为此书付出努力的人们，这是一件很重要的事情。先从我认识的一些作家开始，是他们的智慧助我增进了对投资的见解，首先是保罗·萨缪尔森博士，1948 年我在普林斯顿大学学习的时候，曾读过他的教科书，然后（大致按照我阅读的先后顺序排序）是亚当·斯密、约翰·梅纳德·凯恩斯、查尔斯·埃利斯、威廉·夏普博士、彼得·伯恩斯坦、沃伦·巴菲特、阿瑟·杰科尔、拜伦·韦恩和杰雷米·西格尔。

如果说这些作家的思维帮助我构成了本书的框架（即使他们可能并不完全同意书中所有的观点），其他一些优秀的人们则帮助我将初稿修改为如我所期望的终稿。普林斯顿大学教授伯顿·马尔基尔（Burton G. Malkiel）、《金钱》杂志（*Money*）副主编杰森·茨威格（Jason Zweig）、领航集团主管克雷格·斯托克（Craig Stock）和詹姆斯·诺里斯（James M. Norris）等几位慷慨地付出了时间，并直率地提出了评论。当然，本书终稿的全部文责都由我一人承担。

然而，安德鲁·克拉克的作用最为重要，他是领航集团高级主席助理（请原谅我用第三人称的形式）。在处理无数的数据和图表时，他提供了始终如一、及时的支持，还帮助编辑了书中的部分章节，将我潦草改动的手稿转化为打印机可以识别的文档。他从晨星到领航还不到两年时间，其中就有一年时间与我共事。现在，他已经经历了这次锤炼，他的表现远远超过了我的最高预期。

安德鲁是从前任助手沃尔特·伦霍德（Walter H. Lenhard）手中接过工作的。在许多章节的数据方面，沃尔特·伦霍德投入了大量的心血，我深深地亏欠于他。我还歉疚于领航集团的其他一些同事，包括约翰·沃尔斯（John S. Woerth）、莫蒂默·巴克利（Mortimer J. Buckley）、格斯·索特（Gus Sauter）（特别是在指数型基金的章节）、玛丽·肯尼迪（Mary Lowe Kennedy）等，他们在一路上提供了许多评论和帮助。

从本书的酝酿到排版编辑再到出版发行，约翰·威立父子公司的帕梅拉·吉森（Pamela Van Giessen）都功不可没。最后要感谢的是我的长期助理、得力膀臂、耐心和忠诚的典范——埃米莉·斯奈德，在将一个想法变成眼前这本书的过程中，她做的工作远远超过她的职责所在。

除了共同基金业的朋友们，我还要衷心感谢由F.A.C.C医学博士苏珊·布罗泽娜（Susan C. Brozena）所领导的费城哈尼曼医院的我的守护天使们的大力支持。三年前的心脏移植手术真的是一个奇迹，倘若手术不成功，这本书根本就不可能问世。我最大的心愿是在我的第二次生命中继续我的职业生涯，为全美的共同基金持有人提供更好的服务。

最后，谨将我最诚挚的谢意献给我亲爱的妻子伊芙，在我写作此书的无数个小时中，她都坚强地支持着。她一直都希望我在从事基金业近50年后，可以将工作节奏缓和下来。尽管现在还没到那个时候，但我向她保证：再也不为下一部著作设定时间期限了。

湛庐阅读App

思想者的
声音图书馆

倡导亲自阅读

不逐高效，提倡大家亲自阅读，通过独立思考领悟一本书的妙趣，把思想变为己有。

阅读体验一站满足

不只是提供纸质书、电子书、有声书，更为读者打造了满足泛读、通读、精读需求的全方位阅读服务产品——讲书、课程、精读班等。

以阅读之名汇聪明人之力

第一类是作者，他们是思想的发源地；第二类是译者、专家、推荐人和教练，他们是思想的代言人和诠释者；第三类是读者和学习者，他们对阅读和学习有着持久的热情和源源不绝的内驱力。

图书在版编目（CIP）数据

共同基金常识：10周年纪念版 /（美）约翰·博格著；巴曙松等译．—北京：北京联合出版公司，2017.8（2025.11重印）
ISBN 978-7-5596-0531-3

Ⅰ.①共… Ⅱ.①约… ②巴… Ⅲ.①共同基金—基本知识 Ⅳ.①F830.91

中国版本图书馆CIP数据核字（2017）第132654号
著作权合同登记号
图字：01-2017-4230

上架指导：基金投资 / 投资经典

共同基金常识：10周年纪念版

作　　者：[美] 约翰·博格
译　　者：巴曙松　吴　博　等
选题策划：湛庐文化 CheersPublishing
责任编辑：郑晓斌　徐　樟
封面设计：水玉银文化 syyart@163.com
版式设计：湛庐文化 CheersPublishing

北京联合出版公司出版
（北京市西城区德外大街83号楼9层　100088）
河北鹏润印刷有限公司　新华书店经销
字数571千字　720毫米×965毫米　1/16　31印张　1插页
2017年8月第1版　2025年11月第17次印刷
ISBN 978-7-5596-0531-3
定价：109.90元
